语言产业研究

第3卷

李　艳　主编

首都师范大学出版社
CAPITAL NORMAL UNIVERSITY PRESS

图书在版编目(CIP)数据

语言产业研究. 第3卷 / 李艳主编. —北京 : 首都师范大学出版社, 2021.7

ISBN 978-7-5656-6495-3

Ⅰ. ①语… Ⅱ. ①李… Ⅲ. ①文化产业—研究 Ⅳ. ①G114

中国版本图书馆 CIP 数据核字(2021)第 100049 号

YUYAN CHANYE YANJIU

语言产业研究·第3卷

李艳 主编

责任编辑 王兰玉

首都师范大学出版社出版发行

地 址 北京西三环北路 105 号

邮 编 100048

电 话 68418523(总编室) 68982468(发行部)

网 址 http://cnupn.cnu.edu.cn

印 刷 北京虎彩文化传播有限公司

经 销 全国新华书店

版 次 2021 年 7 月第 1 版

印 次 2021 年 7 月第 1 次印刷

开 本 787mm×1092mm 1/16

印 张 17.25

字 数 348 千

定 价 48.00 元

行而不辍，未来可期
（代前言）

我国经济与社会进入新发展阶段。在以高质量发展为主题的新发展格局下，我国语言产业研究跨入第二个十年。学习、领会《国民经济和社会发展第十四个五年规划和2035年远景目标纲要》，围绕服务国家发展战略、建设语言产业交叉学科，语言产业研究应该探讨哪些理论与实践相结合的问题，值得我们深入思考。

过去的十年，从无到有，专门、系统的语言产业研究逐步繁荣。以语言产业、语言经济、语言服务、语言文化建设为研究对象的学术机构纷纷成立，学术著作、调研报告等研究成果不断产出，“中国知网”当前可查“语言产业”主题文献342篇；理论上厘清语言产业边界、行业类型与基本范畴，构建分析框架；实践上开展语言产业业态和区域调查，促进和推动语言产业发展；语言产业学科建设和研究生培养应运而生。

未来的十年，面向语言产业发展的新要求和国家战略发展的新格局，语言产业研究可以关注的点、线、面很多，择其要者，罗列如下：1. 语言数据与语言的生产力属性，语言产业与数字经济；2. 语言产业与产业经济、消费经济，语言经济中的供给与需求；3. 语言产业全行业数据库建设，语言产业的经济贡献率测度；4. 区域发展战略中的语言产业，自贸区建设中的语言产业；5. 语言产业助力乡村振兴，乡村振兴中的语言文化建设；6. 城市建设中的语言景观，城乡规划中的语言环境建设；7. 语言智能与新基建，人工智能、智能经济中的语言技术产业；8. 文旅融合发展中的语言产业，语言产业与语言国际传播；9. 边疆语言文化建设，海洋语言文化建设，行业语言文化建设；10. 语言产业与应急语言服务，健康中国建设与语言康复产业；11. 语言产业治理、政策与规划，语言产业发展与国家语言安全；12. 新文科视域中的语言产业交叉学科建设，学科建设中的产学研合作机制创新。

《语言产业研究》（第三卷）出版发行，感谢学术委员会各位高端学者的学术引领，感谢青年学者们的积极参与携手成长，感谢产业界同仁的合作共赢！自第四卷始，《语言产业研究》将作为中国语言产业研究院的年鉴服务读者朋友。

中国语言产业研究院院长
贺宏志

目　录

“迎接新十年”：中国语言产业研究的任务与使命

理论探讨

区域语言产业研究

语言行业及相关服务研究

国际中文教育研究

国外语言产业研究

企业采风

作为语言资源的方言俗语

迎接新十年："中国语言产业研究"笔谈

李宇明　卞成林　傅建彤　贺宏志　黄少安　亢世勇　汪张龙　徐大明　李　艳

期待语言产业研究为国为民、为学为业做出更多贡献

李宇明

语言产业，十年之路不易。但是，开拓了一条语言研究和语言应用的新路！行走此路，懂得人生甘苦，知晓友谊珍贵！此时此刻，期待语言产业研究能够为国为民、为学为业做出更多贡献。

1. 语言产业取得的学术成果还要用之于学科建设，把研究成果内化到学术体系中。语言学的很多交叉学科、学术流派都是在解决社会语言问题中逐渐发展起来的。

当某一领域的研究发展到一定阶段，必须重视学术人才的教育培养。其中，研究生教育(包括硕士生、博士生)、博士后的教育是为了培育出研究这类问题的专门人才，组成学术团队。

由于是新兴学科，没有成体系的、可借鉴的国内外研究，但响应国家的需要，我们必须发展语言产业交叉学科，必须开展多学科、多单位之间的合作。同时，要紧盯未来的发展方向，既要研究最新的情况，又要重视传统的产业，仔细调研国内外的产业需求。

2. 要重视语言数据行业发展问题。语言数据行业是对语言数据进行收集库存、管理经营、加工应用的行业，涉及许多业态，如：语言数据的收集、语言数据库的建设、语言数据的云存储、语言数据的计算机应用、语言数据产品的营销、语言数据及其各种规范标准、语言数据产业人才的培养等。这些业态代表着对这一新兴产业的当下认识，其中蕴含着也催生着诸多语言数据的职业，通过这些产业和职业，可以生产出各种形态的语言信息产品。

3. 要培养与增强"语言意识"，从"语言经济学""语言产业经济学"等角度看待语言数据和语言产业，看到语言数据、语言数据产业在数字经济发展中的重要作用。对语言数据产品进行分类与规范，通过市场满足供求关系，实现语言数据的作用最大化和语言数据行业的效益最大化。

(作者系北京语言大学教授、中国语言文字规范标准研究中心主任；
首都师范大学特聘教授、中国语言产业研究院名誉院长)

语言产业研究及产学研合作发展

卞成林

未来语言产业研究应重点关注三个方面。

一是进一步从产业经济学角度对语言产业产值规模、市场集中度、经济贡献度等内容开展量化研究。

二是注重语言产业数据库的建设和开发。数据库是研究人员重要的数据来源之一，不仅可以为研究者提供丰富的数据和文献检索服务，还能够拓展研究者的视野，避免研究走向碎片化。因此，应进一步加强对于语言产业增加值、就业人数、研究与试验发展投入、贸易额等经济指标的统计和调研，构建语言产业数据库，为国内外语言产业实证和量化研究提供数据服务和支撑。

三是在产学研合作发展方面，应基于语言生态的理论研究与调研成果，以及语言产业数据库的开发，建立语言智能实验室，设计与开发语言智能产品，实现政府、语言企业、高校之间的无缝对接，促进理论与实证研究成果的转化，提高高校服务企业和社会发展的能力。

（作者系广西民族大学党委书记、教授）

期待更多复合型人才培养的新模式新平台

傅建彤

声望听力是语言产业研究与产学研合作发展的见证者、参与者与受益者。在我国，听力语言康复行业虽然取得了长足发展，但仍属新兴行业，专业化是听力语言康复行业的生命线，专业人才匮乏仍是制约行业科学发展的重要因素。我国听力语言康复专业人才无论数量，还是专业程度，都远远无法满足需求。目前我国约有 2.26 亿名听力障碍人士，但仅有约 1.2 万名听力语言康复专家，相当于近 20 万人配有一名听力语言康复专家(美国该比例为 9 000∶1)。

近年来，在中国语言产业研究院的大力支持下，积极探索培养具有国际视野、符合中国国情、系统掌握听力语言康复理论、熟知最新听力技术与产品、具有丰富听力语言康复工作实践的复合型专业人才，打造听力与语言康复行业优质平台，促进专业人才培养，为提升中国听力领域的整体水平竭尽责任。

依托全国听力服务网络，2019 年“北京语言大学临床实习基地”正式启动，首家“中国语言产业研究院研究生实践教育基地”落户声望听力。目前，已联合培养听力语言康复人才近 100 人次。

国际视野、产学融合，助推听力语言康复教育国际化。2017 年以来，在中国语言产业研究院的指导下，声望听力联合北京语言大学发起并连续举办三届中国语言康复论坛，围绕"语言康复与人类健康""语言健康与社会共融""一带一路国家的语言康复教育之路"等主题进行深入交流，助力我国听力语言康复教育国际化，填补了我国语言康复教育类国际论坛的空白。目前，该论坛已成为国际语言康复领域的品牌盛会。

当前，互联网、大数据、人工智能等数字化浪潮奔涌向前，专业化和线上服务，日益成为听力语言康复行业公认的核心竞争力指标。人才培养，任重道远。期待研究院搭建更多推动语言产业各业态聚合发展、复合型人才培养的新模式、新平台。

十年来，见证了中国语言产业研究院诞生、发展、壮大，见证了"语言产业"学科从落地生根到硕果累累。中国语言产业研究院，生日快乐！

（作者系声望听力集团总裁）

着力建设语言产业交叉学科

贺宏志

近十年来，语言产业研究在基础研究、应用研究、社会服务三个方面从无到有，从小到大，从点到面，开辟了新的研究方向和学科建设、人才培养的新领域，为第二个十年的发展奠定了良好的基础。

目前，语言产业研究的发文作者遍布全国，语言产业意识在业界逐步树立，在全社会也有了一定程度的宣传推广。语言产业研究揭示了语言资源的产业意蕴，丰富了语言经济学的研究内容。

体现交叉学科和新文科建设的本质，语言产业研究横跨中国语言文学、外国语言文学、应用经济学、新闻传播学、公共管理、工商管理等学科，融会创新研究方法，开拓研究视野，依靠产学研合作，综合推进相关理论与实践问题的解决。当前要注重夯实学科建设基础工作，着力调研开发语言产业全行业数据库，推动语言产业进入国民经济统计体系。

（作者系中国语言产业研究院院长、研究员）

关于语言产业学科建设和人才培养的建议

黄少安

笔者认为语言产业学科建设和人才培养应该是双重"双轨"。

1."语言产业学科"建设应该经济学和语言学双轨交叉

首先，"语言产业学科"是"产业经济学"与"语言学"的交叉学科，需要两个学科的人才合作，充分利用两个学科的资源和优势。

其次，从人才培养的角度，也需要"双向"引导：一方面，有意识地引导和培养一部分学经济学的学生和年轻的经济学者，用经济学的思维，用产业经济学的工具和方法去关注、观察、研究语言和语言产业；另一方面，引导一部分语言学专业的学生和年轻学者，学会用经济学的思维和方法审视、研究语言和语言产业，修一些经济学课程，至于颁发什么学位并不重要，两种学位都可以。

2."语言产业"人才培养，应该是学校培养和市场锻炼"双轨"平行

语言产业能否在规模、质量两维度都充分发挥，从而成为国民经济支柱产业之一，相关的人才是关键。一方面，学校设置"语言经济学""语言产业"等交叉学科，培养复合型的人才，并且这些学科发展及人才培养，应该置于直接服务于语言产业和语言经济的高度；另一方面，"语言产业"是由众多语言及其相关领域的企业家、产业工人和技术人员组合而成的，是一个市场组织，需要创新创业型人才，更主要的是由市场机制来选择、锻炼、识别和定价的。从发展语言产业的维度，市场机制对人才的培养和锻炼，比学校培养更重要，更有效。

（作者系长江学者，山东大学经济研究院院长、教授）

重视发展语言产业

亢世勇

语言产业这一概念的提出和理论研究对于语言产业自身发展及语言学、语言学科乃至国家语言文字事业的发展无疑具有重要的推动作用。但时至今日，尽管我们成立了相关的研究机构、进行了大量的研究并发表了很多成果，但对于政府部门的影响好像并不明显。就当前情况来看，尽管已经有很多语言产业的业态存在，但并没有引起政府管理部门的足够重视，语言产业并没有在相应的政府管理部门的产业门类当中单独列出来，很多地方政府管理部门你跟他谈"语言产业"他竟然不知道语言产业是什么，一些必要的统计数据也拿不到，往往是和服务业、出版业等混在一起，整个语言产业淹没在相关产业之中，这对于语言产业、语言学科的发展都是极为不利的。

教育部办公厅、工业和信息化部办公厅印发的《现代产业学院建设指南（试行）》中指出："坚持创新发展，创新管理方式，充分发挥高校与地方政府、行业协会、企业机构等双方或多方办学主体作用，加强区域产业、教育、科技资源的统筹和部门之间的协调，推进共同建设、共同管理、共享资源，探索'校企联合''校园联合'等多种合作办学模式，实现现代产业学院可持续、内涵式创新发展。"而语言产业没有被当作产业，建设语言产业学院面临很大的困难。

要改变这种状况，首先要改变政府的观念。要改变政府的观念首先要拿出语言产业的实际发展状况以及对经济社会发展的贡献度来说服政府。为此，我们要沉下去，做具体的调查分析研究工作，用真实的数据说明问题。另一方面，要利用各种机会（比如人大会议、政协会议）和力量加大宣传力度，引起政府部门，特别是高层领导的重视。这方面也有成功的案例。

（作者系鲁东大学副校长、教授）

人工智能技术打造AI中文学习老师

汪张龙

语言文字是人类交流的工具，文化传承的载体。以深度学习算法为标志的新一代人工智能兴起后，语音成为最先突破的领域之一，比如语音合成、语音识别、语音评测等。目前，我国的语音合成技术达到普通人说话水平，可以实现标准音带读；语音识别准确率达到98%以上，已广泛应用于智能终端上，成为人机交互重要的方式之一；语音评测，可以实现口语精准评价和科学的反馈指导，目前已经达到国家级测试员水平，并在国家普通话水平测试、中国少数民族汉语水平等级考试中成功应用，累计测试人数超过5 000万。以上技术和语言学习相结合，可以有效地提升语言学习的效果和效率。

2019年10月25日，在教育部、国家语委的指导下，由科大讯飞建设和运营的全球中文学习平台在北京正式上线发布。全球中文学习平台上线以来，得到了社会各界的广泛关注和高度认可，充分体现出人工智能助力下"人人皆学、处处能学、时时可学"的优势，目前已覆盖165个国家，累计用户100余万。为了进一步完善全球中文学习平台建设，科大讯飞将继续加大投入，充分利用国际领先的人工智能技术，结合中文学习特点，打造AI中文教学老师；在全球中文学习联盟机制保障下，与业内知名高校、出版社和研究机构在中文学习资源合作、人才培养、课题研究、项目申报、行业研讨等方面开展合作，努力打造成具有全球影响力的教育品牌，在助力国家脱贫攻坚和全面建成小康社会的同时，加强中国同世界互联互通，弘扬传播中华优秀文化，提升中文国际影响力，为构建人类命运共同体、实现中华民族的伟大复兴贡献力量。

（作者系科大讯飞教育事业群副总裁）

关于语言技术行业发展的相关建议

徐大明

人工智能产业化方面出现的偏向之一：大企业和垄断企业为降低成本过早过多地应用人工智能于语言服务，从而降低了客户服务标准，以损失客户利益来营利，在应用"先进"技术的华丽表象下逃避责任，因社会监管缺位而出现的漏洞为该现象的滋生提供了条件。

人工智能产业化方面出现的偏向之二：小企业和竞争型企业，在追求质量和效益的前提下，忽视了语言技术的应用，因而失去了许多提升语言服务标准的机会。这种现象在一定程度上源于通用型语言技术产品种类稀少和缺乏面向生产过程的语言智能产品。

当前的人工智能发展仍然属于"弱人工智能"阶段，然而在应用方面却出现了"以弱代强"和"以强代弱"的两种偏向。"以弱代强"是指许多包含语言服务的工作过多地以弱智能的机器替代需要较强语言能力的人工，即上述第一种倾向。"以强代弱"是指本来可以用弱智能的机器替代的人工岗位或工作职能却未应用相应的语言技术，造成对人类语言能力的滥用和不必要的岗位劳动强度，即上述第二种倾向。无论"以弱代强"或"以强带弱"的应用偏向，都是对社会生产力的浪费，都是对人类语言的误用。

从社会治理的角度看，应该出台法律法规，明确应用人工智能的服务行业的诚信和质量标准。同时也应该鼓励、支持和推广成熟可靠的人工智能技术的应用，减轻一线工作人员的劳动强度，包括语言劳动强度，提升工作效率和服务产品的质量。

（作者系南京大学教授、中国语言战略研究中心荣誉主任）

新十年语言产业发展与研究重任在肩

李　艳

马克思在《〈政治经济学批判〉导言》中指出，新的生产力的获得，会促使人们改变生产方式，而生产方式的改变，会相应改变与原有生产方式相匹配的经济关系。在这个过程中，劳动者的语言知识、语言技能以人力资本的形式参与生产资本的运行；而语言资源在生产资料中，既可以作为生产工具，也可以作为生产对象（原料）。我国的语言产业研究学者正是敏感地把握了语言的生产力特性，经过十年的学术积累，构建了我国语言产业研究的理论体系，为语言产业经济学学科建设奠定了坚实的基础。

语言产业经济学是对语言产业这个新兴产业进行研究的新学科，是"语言产业"与"产业经济学"两个概念的融合体，但又不是这两个概念的简单相加，研究框架、学科特性与使命、学科建设的目标与任务等问题仍需要在后续研究中不断探索、逐步完善。

2020 年研究生教育工作会议提出要"瞄准科技前沿和关键领域，深入推进学科专业调整，加快培养国家急需的高层次人才"，语言产业经济学的构建，不仅是语言产业研究、语言经济学研究深化的需要，也是这一领域高层次人才培养的迫切需要。基于新文科建设的语言产业经济交叉学科的建设，有待多学科领域、产学研各界协同努力，根据国家发展需要不断探索、逐步完善，在新技术变革、经济与社会发展、国际交流进入新时期的大背景下，面向语言产业发展的新要求、国家战略发展的新布局以及人类命运共同体的构建，共同肩负起推动语言产业发展、服务国家语言战略的历史使命！

（作者系首都师范大学教授、中国语言产业研究院执行院长、国家语言文字推广基地—北京语言文字工作协会会长）

语言是生产力，也是战斗力*

——疫情防控中的语言产品与服务

李　艳

从最初的紧急动员、科学宣传，到对接需求、语言救援；从凝心聚力、统一行动，再到语言技术服务、开放语言学习平台和内容资源……在这场疫情防控的阻击战中，语言产品与服务的供需呈现出多样化特点，同时也有明显的自发性特点。

语言服务的三个阶段

第一阶段：紧急动员，迅速、广泛普及科学防疫措施。这一阶段的语言产品以标语、口号、顺口溜、打油诗为主，多为民众自发创作，言简意赅，朗朗上口。尽管客观来看，其中一些标语的确显得有些粗暴、不近人情，缺少语言的优美与文雅，但大疫当前，响鼓重槌，首先要考虑的是信息传播的有效性，这些语言产品使用目标受众易于接受的表述方式，能够在最短时间内引起人们的高度重视，从而最大限度地控制疫情蔓延。

第二阶段：语言救援，满足多语种、多样化信息需求。大致从2020年1月25日始，语言参与抗击疫情从村庄转向互联网，从民间创作转向专业创作，并开始根据不同受众需求提供对象化、多语言服务。比如，迅速出现了表情包、快板、朗诵、鼓书弹唱等多种语言艺术形式的防疫知识传播。同时，多语种疫情信息服务迅速启动，北京市民服务热线12345提供8种语言的疫情信息服务；“北京手语研究会”拍摄防疫手语视频；中国外文局中国翻译研究院翻译审定了180条疫情相关词汇英文表达；山东省翻译协会为多地海外对华医疗物资援助提供落地服务；等等。此外，智能机器人等语言技术产品也通过接入政府、医院的网站，以及微信公众号、App等线上平台，为公众提供信息查询服务。

第三阶段：使命担当，语言企业免费开放服务平台和内容资源。语言技术、培训、出版等企业纷纷开放平台，免费提供语言文化内容资源。如人民教育出版社、上海外语音像出版社、商务印书馆、外研社等企业免费开放部分语言出版物的电子版及语言教学资源，科大讯飞向全国提供智能语音外呼、智能输入终端等服务。

* 本文发表于《光明日报》2020年2月22日第12版。

语言的战斗力

语言是文化资源，也是经济资源。语言产品与服务具有经济、文化、社会价值，提供语言产品与服务的语言培训、翻译、技术、出版、康复、测试、艺术、创意、会展等语言行业构成语言产业。

语言的生产力通过语言产业得到集中体现。一方面，通过提升国民语言能力、优化城市语言环境，促进使用不同语言的群体之间的经贸活动、降低经济活动中的沟通成本，从而间接产生经济价值；另一方面，以知识经济、绿色经济为特征的语言产业在国民经济中的贡献率呈上升趋势。在此次疫情防控中，语言产品与服务的生产力迅速转换为特殊时期的战斗力。

语言的战斗力在抗击疫情中得到体现。在"跑赢"病毒、与疫情扩散抢速度上，语言产品以有些强硬但"接地气"的方式，建立了民众高度统一的防疫认知。此后，多语种、多形式的语言救援，满足了受众的不同语言需求，通过语言的力量，凝心聚力，共克时艰。在完成信息传递、沟通交流等任务的基础上，随着社会各界对于抗疫艰巨性逐渐有了充分认知，语言产品和服务的供给进入了由战斗力向生产力回归阶段。

建立语言应急机制

着眼长远，我们应思考如何在重大突发公共事件中建立有效的语言服务快速响应机制。

首先，建立语言服务迅速响应机制，提升快速反应能力。由相关部门牵头制定"重大突发公共事件中的应急语言服务预案"，根据重大突发公共事件中语言需求的种类、内容与特点，建立语言服务迅速响应机制，确保快速反应能力。语言产品与服务的有效供给，是以对语言消费需求的充分把握为基础的，要充分考虑重大突发公共事件中不同受众的需求，制定尽可能详尽的应急语言服务预案。

其次，建立应急语言服务保障机制，增强高效服务能力。具体包括：应急语言服务协同联动机制，统筹各方力量，有效配置语言服务资源；应急语言服务人才培养机制，培养多语种、跨学科应急语言服务人才，满足重大突发公共事件中的语言传播、语言翻译、语言智能、语言安全、语言抚慰等需求；应急语言服务产学合作机制，设计、研发应急语言产品；应急语言服务定期练兵机制，确保"战"时万无一失。

再次，充分发挥新媒体、新技术的作用，优化语言服务效果。在此次抗击疫情中，主流媒体的微信公众号等新媒体、语言智能机器人及语言智能翻译等新技术的参与，是实现语言战斗力的重要保障。值得关注的是，在乡村中、高速公路入口处，还出现了采用无人机进行语言服务。人工智能技术处在快速发展中，新的媒体形态不断出现，未来，需要充分利用一切有效的技术手段和传播渠道，为增强语言战斗力服务。

最后，提升国民语言能力，为应急语言服务提供深厚土壤。此次部分标语、口号引发的争议及围绕“山川异域，风月同天”等诗句进行的讨论，值得深思：无论是语言的生产力还是战斗力，都是以国家语言能力、国民语言素养为底色的。国民语言能力的提升、语言文化素养的培养非一时之功，因此，应从长计议，推广国家通用语言文字、提高国民语言能力，深化中华经典诵读工程、提升全民的语言文明意识与语言文化素养。

作者简介：李艳，首都师范大学文学院教授、博士生导师，中国语言产业研究院执行院长；北京语言文字工作协会会长。

语言产业助力粤港澳大湾区建设*

李　艳　贺宏志

2019 年 2 月 18 日，中共中央、国务院印发了《粤港澳大湾区发展规划纲要》(以下简称《纲要》)，提出到 2022 年，粤港澳大湾区国际一流湾区和世界级城市群框架基本形成；到 2035 年，国际竞争力、影响力进一步增强，高水平互联互通基本实现，对周边地区的引领带动能力进一步提升，中华文化影响更加广泛深入、多元文化进一步交流融合，宜居、宜业、宜游的国际一流湾区全面建成。

在以上目标的实现过程中，经贸往来、沟通交流都要以语言文字为基础。《纲要》发布一年来，笔者持续关注粤港澳大湾区的语言使用情况，发现其呈现出多语言、多文字特征。语言包含汉语的普通话和粤方言、客家方言、闽方言以及英语、葡语；文字包括规范汉字、繁体字、英文、葡文。这些特征使粤港澳大湾区在城市建设、经济活动中产生一些独特的语言需求，相应对语言产品和服务的供给提出了更多、更高的要求。

语言产业助力粤港澳大湾区建设的三大重要功能，可以归纳为：以满足语言需求、提升语言能力为内容的核心功能，以创造直接经济价值为内容的经济功能，以构建人文价值认同为内容的文化功能。

核心功能：满足与人口红利相伴生的庞大语言需求。语言产业通过提升个体及群体语言能力、优化城市群整体语言环境，满足粤港澳大湾区的经济、社会、文化发展提出的宏观语言需求。2020 年 1 月，广东省宣布放宽除广州、深圳之外的城市落户限制。以青壮年为主、规模庞大的跨省流动人口以及新兴产业的发展，给大湾区建设带来了巨大的人口和人才红利，也带来了包括语言消费在内的消费新趋向和新需求。为这部分消费者提供有针对性的语言培训、语言翻译、语言技术、语言艺术等语言产品与服务，不断推动企业、城市、社会语言能力的提升，才能更好地服务于粤港澳大湾区整体建设目标的实现。

经济功能：直接为粤港澳大湾区发展创造经济价值。在语言产业的九大业态中，语言会展、语言康复、语言技术、语言创意、语言测评等行业等都属于新业态、新经济，同时，其中以语言智能为代表的语言技术又属于高新技术。语言产业作为以绿色经济、知识经济为属性的新兴产业，为新动能的壮大贡献着力量，并直接为粤港澳大湾区的发展创造着经济价值。

文化功能：服务于粤港澳大湾区人文价值认同构建。粤港澳大湾区城市群的建设，既要突出、形成各城市的优势，实现错位、协同发展，还要重视三地的人文交流和价值认同。语言产业可以通过各种语言产品与服务，提升与科技创新要求相匹配的语言

---

* 本文发表于《光明日报》2020 年 4 月 11 日第 12 版。

能力、增强跨文化交际能力，推进城市语言环境建设、语言智慧城市建设，通过语言文化的传播，凝聚粤港澳三地的发展共识，增强人文价值认同。

通过对广州、深圳、珠海三地语言企业数量、注册资本量等的统计梳理，笔者发现珠三角地区的语言产业具有如下特征：

语言培训“一枝独秀”。这与多语言、多文字的语言特征及人口规模大、外来劳动力多、人口结构趋于年轻化等因素有关；也与广东重视外语教育的历史传统有关，为语言培训企业的枝繁叶茂提供了丰厚土壤。比如，广州的语言培训企业在该市语言企业中的占比达 90.4%。

语言翻译“后来居上”。这与珠三角作为改革开放前沿的角色高度吻合。在珠海，语言翻译企业的数量占该市语言企业的 42.9%，居于首位。

语言技术“势头强劲”。信息时代的大背景下，珠三角信息技术、人工智能的发展及语言智能、语言技术在包括语言产业在内的各个业态被广泛应用。比如，深圳语言技术企业的注册资本量是该市语言培训企业的近 5 倍。

港澳呈现出两个突出特点：一是与高端旅游、会展相配套的语言翻译服务比较成熟与发达；二是与智慧城市发展相配套的语言智能服务以及语言技术产品的研发日趋得到重视。

此外，粤港澳大湾区的语言产业发展也面临一些问题。

一方面，尚未形成专门、清晰的城市群语言产业发展规划，各城市语言业态基本是自发式发展，且存在同质化问题。另一方面，对城市经济、社会、文化发展所带来的庞大语言需求，仍缺乏充分认识。大湾区在开展与国内外、全方位的文化交流、经济合作过程中，语言服务可能涉及的语言（含方言）多达 200 种，需要具备强大的语言服务能力和语言服务的智能化技术方案。如，研发语言智能服务机器人，在机场、车站、景区、政务、医院等场所，为用户提供语言翻译、语音检索、语音向导等便捷服务。同时，大湾区政府部门、公共机构、企业管理人员、窗口行业人员的外语服务意识与能力达到较高水平。

如何让语言产业更好地助力粤港澳大湾区建设，笔者建议：

建立专门机构。建立粤港澳大湾区语言产业研究机构，支持开展专门、深入的语言产业研究，包括语言需求调查、语言消费状况调查等，推动建立有效的语言产业调查机制。

培养专业人才。从粤港澳大湾区的建设要求出发，结合国际、科技、创新这三个关键词，培养专业翻译人才、复合型外语人才、语言智能技术人才等语言产业专门人才。

实现错位发展。结合港、澳、珠三角九市的特色资源及其在协同发展中的不同定位，错位发展语言产业不同业态，如广州、深圳可重点发展语言技术、语言培训、语言出版等业态；珠海、澳门可重点发展语言会展、语言创意、语言康复等业态。语言技术行业为语言产业整体发展提供支撑，因此，应将语言技术行业作为重点发展的业态。一是对接粤港澳大湾区在经济建设、城市发展、人文交流等方面的需求，研发多语种语言智能产品、语言服务的智能化解决方案；二是在语言培训、语言出版、语言康复等语言产业业态中开发及升级相关语言技术。

促进语言传播。通过语言产业相关业态的发展，构建和谐语言生态，深化语言文化认同。开展普通话、葡语、英语培训及测试研究，在现有培训和测试基础上，开展面向海外特别是葡语系国家的普通话水平测试；围绕城市语言环境建设，开展面向窗口行业从业人员的语言服务意识、语言服务能力培训；开展面向公务人员的语言文化建设业务培训等，研编出版面向市民群体的粤港澳语言文化系列读本等。

作者简介：李艳，首都师范大学文学院教授、中国语言产业研究院执行院长。
贺宏志，中国语言产业研究院院长、研究员。

大力发展语言产业　服务国家语言战略*

李　艳　贺宏志

语言产业是生产语言产品以满足各种语言需求的业态集合，具体包括语言培训、语言出版、语言翻译、语言技术、语言艺术、语言创意、语言康复、语言会展、语言测评等行业。国家语委在“十二五”科研规划和国家语言文字事业“十三五”发展规划中提出要开展语言产业研究，促进我国语言产业发展。

今天，语言产业不断满足着语言产品与服务新的消费需求，为增强国民语言能力、推进语言文字工作治理体系和治理能力现代化、提高语言文字工作服务国家发展大局的能力和水平奠定了坚实基础。未来，贯彻全国语言文字会议精神，面对国家语言战略的新要求，需要从以下方面着眼。

一、连接传统与现代：中国语言产业的功能与使命

20 世纪 80 年代，随着对语言资源经济属性认识的不断深入，语言产业在语言资源保护、传承以及相关产品研发、传播中的重要功能日益显现。如现代的语言艺术可以将古老的甲骨文设计成网络流行的表情包；运用语言智能技术可以搭建便捷高效的在线语言培训平台，还可以使每位学习者拥有一位人工智能老师，实时帮助其纠正发音；通过融媒体语言出版保存珍贵的语言文字音像资料；包括语言博物馆、语言博览会在内的语言会展，更是对各类语言产品的综合展示，唤起社会各界对语言文字问题的再认识与再思考。2020 年，在抗击新冠肺炎疫情、“推普”脱贫攻坚战、推动中国语言文化国际传播中，语言企业屡建“战功”。

可以说，语言产业连接着传统与现代，在开发中保护、在传承中传播，使古老的语言文字焕发出新的生机与活力；在满足人们日益增强的语言需求、提高国民语言能力的同时，也不断提升自身在国民经济发展中的贡献率，据首都师范大学中国语言产业研究院初步研究，2019 年我国语言产业全行业产值达 1 万亿元。

二、创新引领未来：语言技术赋能新经济与新业态

语言产业以新经济为主要特征，在新一轮科技革命和产业变革中，直接为新动能的壮大贡献力量；同时，其中以语言智能为代表的语言技术行业为其他新技术、新经济、新业态发展提供着必不可少的技术支持，是新旧动能转换的“助推器”，并与其他

---

* 本文发表于《中国教育报》2020 年 10 月 10 日第 3 版。

新基建内容一起，为国家智能经济发展和产业数字化转型奠定坚实基础。

语言智能直接影响和推动着人工智能体系的进步，被认为是人工智能皇冠上的明珠。据统计，语音智能领域单位技术产出高于人工智能行业整体：目前我国人工智能创业项目中有252家处于语音识别和语义分析赛道，占比10.6%；截至2018年底，我国人工智能领域申请专利44.4万件，其中，语音识别与自然语言处理技术申请专利6.1万件，占比达13.6%。

在人类发展进程中，生产要素的形态经历了从农业经济、工业经济到数字经济时代的3次变迁，在数字经济这一新经济时代，以大数据为代表的新型生产要素具有无限增长和供给的特性，为经济、社会发展提供了无限可能性。随着语言智能的发展，语言数据的重要价值将日益凸显，在人工智能基础数据服务行业中，拥有更丰富的方言、非通用语数据采集能力以及更优秀的语音识别、语音合成、语义理解等数据处理能力的企业将更易于脱颖而出。

三、服务国家战略：协同共建语言产业交叉学科

2010年以来，国家经济与社会各方面的进步、语言产业各业态的蓬勃发展势头、相关研究机构的成立推动了语言产业研究的发展。随着语言学与经济学、管理学、计算机科学等学科的交叉融合，研究不断深化、细化，形成了语言产业经济、语言智能、语言管理、语言政策与规划等专门学科方向。2012年，《语言产业导论》一书中首次提出建立“语言产业经济学”；首都师范大学、山东大学、北京语言大学等高校启动了语言产业研究、语言经济学、语言智能与技术等方向的硕、博士生培养工作；“中国（北京）国际语言文化博览会”已成功举办三届，进一步激发、带动了学界对语言产业交叉学科相关问题的探讨。

语言产业交叉学科的建设，有待多学科领域、产学研各界的携手努力、协同共建，根据国家发展需要不断探索、逐步完善，以“语言产业学科创新”来推动中国特色语言产业发展范式的构建，为语言产业发展培养和输送高端专门人才，在新技术变革、经济与社会发展、国际交流进入新时期的大背景下，面向语言产业发展的新要求、国家战略发展的新布局以及人类命运共同体的构建，共同肩负起推动语言产业发展、服务国家语言战略的历史使命。

作者简介：李艳，首都师范大学文学院教授、中国语言产业研究院执行院长。
贺宏志，中国语言产业研究院院长、研究员。

认识语言的经济属性，支持区域经济和自贸区(港)发展*

李宇明

语言有许多方面的属性，对这些属性的认识不仅代表着语言研究水平，也影响着各领域的语言应用。语言的社会属性、文化属性、信息属性等，已经有较多研究，但是语言的经济属性没有得到较好认识，是语言学、语言规划学今后研究的一个重要领域。语言经济学的研究表明：

1. 语言能力是劳动力的重要构成要素，特别是在服务业成为重要产业、数字经济成为重要经济形态的时代，语言能力在劳动力构成中的地位就更为重要。

2. 语言碎片化会对信息传递、技术传播、同一市场形成等有所阻碍，语言碎片化地区基本上都是经济欠发达地区；语言统一可以有效整合语言碎片，促进一地经济发展。

3. 语言需求需用语言产品满足，语言产品需由语言产业生产。随着社会进步，人们语言需求的品位在不断提升，语言需求的范围在不断延展，语言消费水平在不断提高，语言产业在经济体系中的地位也更加重要，逐渐成为国家的支柱产业。

4. 数据是数字经济时代的重要生产资料。数据的80%是语言数据，语言数据亦具有生产资料性质。

在当今时代，认识语言的经济属性重要而急切。当前，区域经济协同发展、自贸区(自贸港)大规模建立，正成为我国一种新的经济发展态势，一种新的经济布局。区域经济协同发展是以往城市带动农村、城市群发展方略的继续；自贸区(自贸港)是经济开发区的新成果。中国经济的新发展新布局，需要形成强大的支撑经济发展的语言能力，需要制定语言与经济协调发展规划。

一、区域经济布局与自由贸易区(港)建设

2015年开始，国家正式启动京津冀首都经济圈、长江经济带、粤港澳大湾区、黄河流域经济带等区域经济布局。

2015年4月30日，《京津冀协同发展规划纲要》审议通过。京津冀首都经济圈，包括北京市、天津市和河北省的保定、唐山、廊坊、石家庄、邯郸、秦皇岛、张家口、承德、沧州、邢台、衡水等11个地级市及定州、辛集2个省直管市。

2016年3月25日，《长江经济带发展规划纲要》审议通过。长江经济带覆盖上海、江苏、安徽、江西、湖北、湖南、重庆、四川、云南、贵州等11个省市，面积约205

* 本文是在第六届中国语言产业论坛(2020年12月18日)上所做报告的整理稿。感谢李艳、高博提供的帮助。

万平方公里，人口和生产总值均超过全国的40%。其中包括长三角城市群、长江中游城市群和成渝城市群。此外，长江支流还展延至贵州、甘肃、陕西、河南、浙江、广西、广东、福建等8个省区。

2019年2月18日，《粤港澳大湾区发展规划纲要》发布。大湾区包括香港、澳门两个特别行政区和广东省的广州、深圳、珠海、佛山、中山、东莞、惠州、江门、肇庆9个市。这是继美国纽约湾区、旧金山湾区和日本东京湾区之后的世界第四大湾区。

2020年8月31日，《黄河流域生态保护和高质量发展规划纲要》审议通过。2020年9月18日，"黄河流域生态保护和高质量发展座谈会"在郑州召开。黄河流经青海、四川、甘肃、宁夏、内蒙古、陕西、山西、河南、山东9个省区，孕育了河湟文化、关中文化、河洛文化、齐鲁文化，形成黄河上游、黄河中游、关中、中原、黄河下游等五大城市群。

自由贸易区是一种世界现象。截至2013年6月19日，全球已有1 200多个自由贸易区，其中425个是由15个发达国家设立的。自贸区发展的速度很快，到2019年8月，全世界自贸区数量增加到5 400个，近5年新建的自贸区就超过1 000个。2013年，中国也开始了自贸区、自贸港建设。

2013年7月3日，《中国(上海)自由贸易试验区总体方案》原则通过。8月22日，正式设立中国(上海)自由贸易试验区。

2014年12月12日，设立中国(广东)自由贸易试验区、中国(天津)自由贸易试验区、中国(福建)自由贸易试验区等3个自贸区。12月28日，扩展中国(上海)自由贸易试验区区域范围。

2016年8月31日，设立中国(辽宁)自由贸易试验区、中国(浙江)自由贸易试验区、中国(河南)自由贸易试验区、中国(湖北)自由贸易试验区、中国(重庆)自由贸易试验区、中国(四川)自由贸易试验区、中国(陕西)自由贸易试验区等7个自贸区。

2018年10月16日，《国务院关于同意设立中国(海南)自由贸易试验区的批复》发布，实施范围为海南岛全岛。2020年6月1日，《海南自由贸易港建设总体方案》发布，海南开始了自由贸易港建设；到2050年，要建成特色鲜明、世界著名的现代化自由贸易港，形成高度自由化、法治化、国际化、现代化的制度体系，成为中国实现社会主义现代化的标杆和范例。

2019年8月2日，设立中国(山东)自由贸易试验区、中国(江苏)自由贸易试验区、中国(广西)自由贸易试验区、中国(河北)自由贸易试验区、中国(云南)自由贸易试验区、中国(黑龙江)自由贸易试验区等6个自贸区。

2020年9月21日，《关于北京、湖南、安徽自由贸易试验区总体方案及浙江自由贸易试验区扩展区域方案的通知》发布，我国自贸区又新增3个，自贸区港总数已增至21个。

商务部还于2019年11月，设立"自贸区港建设协调司"，主要承担协调推进自由贸易试验区和自由贸易港建设的有关工作，组织开展制度体系研究，提出相关政策建议，组织拟订并推动实施自由贸易试验区和自由贸易港总体建设方案，承担有关部际协调机制具体工作。

二、语言学助力中国经济新布局

中国经济的新发展新布局，需要形成语言对经济的强大支撑能力，需要制定语言与经济协调发展规划。各区域经济圈、各自贸区(港)都需要深入细致地了解本区域的语言生活状况，起码解决好五大问题：

1. 交际语言问题

为实现信息畅通和交际得体，必须考虑区域交际语言的问题，包括区域内部公共交际、区域对国内的交际、区域对国外的交际三个方面的语言问题。一般来说，区域内部交际使用"普通话＋本区方言"；区域对国内的交际使用普通话；区域对国外的交际使用"外语＋普通话"。外语一般是英语，有时也需要其他外语。区域的公共交际，一般需要"普通话＋本区方言＋外语"三语能力，特殊情况下可能需要更多的语种能力。

比如粤港澳大湾区，语言文字状况极为复杂。珠三角九市主要使用普通话、粤方言和客家方言；香港主要使用粤方言、英语和普通话；澳门除使用粤方言、普通话之外，葡语也是重要语言。在文字方面，珠三角使用简化汉字，港澳地区使用繁体汉字、英文和葡文。这种多语、多言、多文字的复杂状况，既与使用普通话、方言、简化字的京津冀、长三角、长江经济带、黄河经济带等有所不同，也与依托英语的纽约湾区、旧金山湾区不同，与以日语为基础的东京湾区不同。粤港澳大湾区如何在保持普通话、简化汉字的通用语言文字地位的基础上协调好语言关系，使它们各得其位、相得益彰？如何在湾区内部交际、湾区与国内其他区域交往、湾区与国际交流中构建起合理且和谐的语言生活？这是大湾区发展中非常重要的语言问题，也是非常重要的经济问题和政治问题。

2. 语言服务问题，包括应急语言服务问题

语言服务是指利用语言(包括文字)、语言知识、语言技术及语言的所有衍生品来满足语言生活的各种需要(语言需求)。语言服务是体系性的，由语言服务提供者、语言服务内容、语言服务方式和语言服务接受者构成，接受语言服务就是进行语言消费，接受无偿的语言服务者就是获取"语言福利"。为提供更好的语言服务，需对语言需求进行研究，包括已有需求和潜在需求、个人需求和社会需求、生存需求和发展休闲需求等。语言产品的提供者主要是语言产业，做好语言服务就是发展语言产业。

每个区域都有因自然灾害、突发事故、暴恐袭击、公共安全与卫生事件等形成的应急问题，应对这些应急事件都需要应急语言服务。要有应急语言服务意识，要了解国内和本区域应急语言服务的现状与需求，特别是需要哪些语言资源；要设立相应的应急语言服务的体制与机制，建立科学、合理、迅捷的应急语言服务操作流程及个性化应对方案；要建立由语言专家、多语多言多能的救援人员和志愿者构成的应急语言服务队伍，储备各类应急语言服务资源，开发应急语言服务产品。2020年湖北抗击新冠肺炎期间，"战役语言服务团"研发的《抗击疫情湖北方言通》《疫情防控外语通》《疫情防控"简明汉语"》等，是应急语言服务的成功案例，可资借鉴。应急语言服务重在平时

的准备，做到“平时备急，急时不急”。

3. 语言产业发展问题

经济活动与语言有着密不可分的关系，劳动管理者需要语言能力进行管理活动；产品生产的标准也需要用语言制定、传授；产品的命名也是语言活动；产品的广告宣传需要语言；产品销售中的合同签订、网络销售等也都需要语言；产品的售后服务需要语言沟通；经济活动的人才培养同样需要语言。2019 年 10 月，中国共产党十九届四中全会将数据与“劳动、资本、土地、知识、技术、管理”并列为第七大生产要素，作为“生产要素”的数据可以通过市场“按贡献取酬”。这是重大的理论创新，体现着对信息化社会的本质认识，也是社会进入“数据时代”的标志。多数数据都是“语言数据”，语言数据具有生产要素的性质。

语言在经济活动中作用，体现为各种语言产业。贺宏志、陈鹏《语言产业导论》(2012)中将语言产业分为语言培训业、语言出版业、语言翻译业、语言文字信息处理业、语言艺术业、语言康复业、语言会展业、语言创意业以及语言能力测评业九大业态。现在看起来还需要增加“语言数据产业”这一新业态。关键是要认识到，以数字技术为代表的新技术，正在使传统的语言产业转型升级，比如传统的语言教学、图书出版、新闻传媒等与人工智能、互联网、大数据等技术相融合，孵化出远程智能语言教学、数字出版、融媒体等升级产业形式。而且新技术也在催生新业态，比如智能语音识别、语言信息的大数据处理、机器翻译、智能机器人等产业。区域经济和自贸区(港)的建设，要充分认识在数字经济时代语言产业的重要性，在区域经济发展中做好新型语言产业的发展布局。

4. 通过语言来塑造区域文化形象问题

区域城市群和自贸区(港)是为发展经济而起，但也需要重视区域的文化风韵、文化底蕴、精神内涵和文化风貌。在文化风韵的塑造上，语言文字起着不可或缺的作用。首先，要看到，每个区域都有自己独特的语言文化资源，要利用这种资源来形成独特的文化风貌。其次，要认识到，语言景观不仅具有指示作用，也是文化风韵的直观体现。在公共道路标识、广告牌、街道名称、地名、商店标识、标语口号、公共指示语、建筑物上的公共标识以及游行标语、车身广告、街头涂鸦、街头艺术、行人的 T 恤衫、空间网络、入场券、票证、菜单、公务名片等语言景观上呈现什么样的语言文字，如何呈现语言文字，都关乎着塑造区域什么样的文化形象。此外，不同的文化生活，如艺术场所、戏剧艺术品种、特色的电视节目等，也是区域的文化品牌。

5. 区域语言保护问题

在区域城市群、自贸港和某些自贸区，还有语言保护的任务。语言是重要的文化资源和经济资源，区域语言资源的保护是区域发展必须妥善处理的重要问题。关于语言资源保护问题，学界已有较多论述，国家语言保护工程也树立了实践样板。特别是在 2020 年应急语言服务中，“战役语言服务团”研发的《抗击疫情湖北方言通》《疫情防控外语通》，都利用了我国的语言保护成果，显示了语言保护在一个领域的作用。

三、结语

语言的经济作用应引起足够重视。而现实情况是，在我国经济的新发展新布局中，语言意识薄弱，语言能力不足，没有合适的语言规划，没有制定适用的语言政策。经济工作者乃至社会工作者，应当提升“语言觉悟”，认识到语言在经济活动中的重要作用，经济规划中要包含语言内容，经济活动中要充分发挥语言能量，统计经济成果时要注意计算语言的 GDP 贡献。语言工作者也需要提升“语言觉悟”，研究语言的经济属性，研究语言产业问题，通过语言教育和语言规划大力提升个人和区域的语言能力(劳动力)，让语言在经济活动中发挥其应发挥的作用。

为支撑国家经济发展新的战略布局，也许需要建立“区域语言学”。研究各区域的语言状况，做出合适的语言规划。当然，区域语言学不仅适应国内的区域发展，包括县域、省域、跨省区域，也可以扩展到国际区域的语言问题研究。比如：“一带一路”语言问题研究、东北亚语言问题研究、东南亚语言问题研究、非洲语言问题研究等。过去的语言研究，多以语种为研究对象；而今将某区域的语言问题作为研究对象，是可以尝试且也应当尝试的。

作者简介：李宇明，首都师范大学特聘教授，中国语言产业研究院名誉院长；北京语言大学语言资源高精尖创新中心教授，中国语言文字规范标准研究中心主任。研究方向：现代汉语、儿童语言学、理论语言学、语言规划学。

学术刊物中的语言产业研究专栏建设

李宗刚

新时代需要新的理论创新。当前，国内许多学科研究往往偏离时代要求，执拗于学科自身的言说而不能真正关注实际社会问题。语言学研究也有这一倾向，因而作为一个老学科，语言学正在逐渐被边缘化。从学术期刊发文量来看，许多高校学报不再积极开设语言学栏目，即使开设该栏目的学报，也多将该方面稿件的发文量控制在较低的水平。这主要是因为语言学研究属于小众专业领域，缺乏较高的社会参与度，难以产生较高的学术转引率，提升期刊的学术影响力。但是，作为新学科的语言产业研究兴起，它正在突破语言学发展的瓶颈，为语言学研究打开一片广阔的天地。

《山东师范大学学报(人文社会科学版)》1956 年创刊，迄今已 60 多年。我们传承了学报原有的语言学栏目，在继承的基础上力求突破创新，使其成为目前期刊的一个特色栏目。随着语言经济、语言产业等新兴学科的崛起，我们敏锐意识到这一学术领域的发展潜力和广阔前景，及时跟进，在学报刊发了一系列语言产业研究方面的学术论文。如李艳《语言产业经济学：学科构建与发展趋向》、李宇明《数据时代与语言产业》、董希骁《我国非通用语产业发展现状及对策》等。为进一步推动语言产业相关研究，我们还在学报专设《语言产业研究》新栏目，并将该栏目作为理论创新和特色办刊的努力重点。具体来说，我们学报致力于语言产业研究专栏建设的设想如下：

首先，倾力打造新兴语言产业研究的特色栏目。我们准备将语言产业研究作为学报语言文学方面的重点关注学科，积极参与到中国的语言产业研究当中，为语言产业研究助力，也为学报发展提供新领域。语言产业研究的兴起，为传统的语言学研究打开了一个全新的广阔视野。2020 年疫情期间，李宇明、李艳等著名学者先后在《光明日报》等媒体发表了相关研究成果，使我们看到了语言产业、语言服务的参与所发挥的重要影响和作用。学报今后将重点从原来的语言学研究转向语言产业研究，更加聚焦于语言产业研究这样一个特色专栏。

其次，努力提升新兴语言产业研究成果的学术辐射和影响力。语言产业研究的兴起恰逢其时，这一研究有利于语言和产业合作在全新的维度获得全新的产出。该领域研究方面的学术论文，具有显著的跨学科特点，往往涉及经济学、文化学、传播学、管理学等多学科多专业内容，形成了一个新的综合性的语言学学科。学报应为这个新的语言学科提供成果发表和交流的平台，努力让中国的语言产业在世界经济一体化的背景下，不断地融入世界共同发展的进程，并进一步发挥它应有的作用。

再次，促进新兴语言产业研究的学术规范化发展。语言产业研究应当遵循现代学术研究的范式，打破传统学术研究的弊端，尤其是避免感悟式的研究、自说自话式的陈述、背离社会现实的无价值论证等，强化学术对话与学术争鸣，成为中国人文学科领域最具有现代社会科学品格的学科。语言产业研究应该有一个优秀的品格，就是把经济学的研究范式纳入到语言产业研究中，给该学报专栏带来全新的感觉。我们期待语言产业研究的论文能够真正突出“产业”这一中心思维，以现代科学品格和经济学范式来研究语言产业，能够对前人的研究提出疑问、进行扩展，从而使语言产业研究呈现百家争鸣、百花齐放的态势。

最后，融合权威研究机构及其学者团队协同发展。为了更好地打造语言产业研究的特色栏目，使之体现更高的学术水平和影响力，学报与该研究领域的国内权威研究机构建立了密切联系，依托中国语言产业研究院，真正地参与到有关学术活动中，切实助力中国新兴学科的发展，与此同时也将学报的发展不断推进，使学报发展与新兴学科崛起同频共振，真正实现互利共赢。

（本文根据作者在2020年12月18日第六届中国语言产业论坛上所做的报告整理）

作者简介：李宗刚，山东师范大学文学院教授、博士生导师，《山东师范大学学报（人文社会科学版）》主编，中国作家协会会员，山东省中国现代文学学会副会长兼秘书长。研究方向为中国现当代文学，尤其注重文学教育与中国现当代文学的研究。

语言服务产业的集约化发展之路

赵世举

当前随着信息化服务的快速发展，人们对语言服务的需求日益旺盛，与此同时，技术的发展也给语言服务产业带来了新的挑战和机遇。新推出的重大国家战略，也同样需要推进语言服务产业发展。与以上需求对应来看，我国语言产业的总体发展相对滞后，如何从产业实际方面让更多的人看到语言产业的重要性，从而促进语言产业的发展，值得我们深入探讨。

我国小规模、作坊式、粗放型的语言服务企业还是行业主力，且存在资源零散、服务手段落后、服务能力有限、效率不高、成本高等问题。2018 年底，我国以语言服务为主营业务的在营企业注册资本在 10 万元以下的占 34.93%，100 万元以下的达 82.06%。而全球 TOP100 翻译公司营业总额占市场份额的 15%左右。因此，我们要对现有的企业进行规范，更要从规模上解决问题。从规模上解决，并不是简单的小拼大，而是真正实现全方位的集成，走集约化发展的道路，扩大语言服务企业的发展规模、提高发展能力。

从语言服务的供给方来看，集约化发展可以优化资源配置、增强发展能力、优化发展环境以及提高效率和效益。从语言服务的需求方来看，集约化发展能够优化采购环节、提高工作效率、减少质量风险以及降低经济成本。

集约化发展的最大意义在于能够优化资源配置和产业结构，改善产业体系和产业生态，提高生产要素的质量和效益，更好地满足国家和社会的语言需求，实现供需双赢。实现集约化发展的关键在于统筹规划，整合资源，协调发展，提能增效，做大做强。

当前，我国语言服务的需求日益增多，我们要以需求为导向，了解需求，并根据需求来规划我们的产业发展，没有规划的产业发展就会带来无序化，由此也会引发很多问题。

对政府来说，应该做好语言产业的规划工作，通过规划来引导企业发展的方向，规范产业市场，更好地满足国家发展和人民生活的语言需求。

我们的语言服务业需要不同类型层面的人力资源，目前很多都是散兵单将，如何将这些分散的语言服务的资源整合起来，让更多稀缺的人力资源在更大平台上实现更广泛的共享、发挥更大的作用，形成一加一大于二的效果和效用，还需要我们的努力。同时，语言资源的汇聚，也是我们在进行语言资源整合的时候，需要深入思考的一个新的发展路径。

从企业层面来讲，我们需要在同业整合和跨业整合方面做出努力。从语言服务的类型上来看，目前有语言知识服务的企业、语言技术服务的企业、语言使用服务的企业等。这些企业实际上各有所长，各有所需，如果我们能够进行行业间的整合，可能会真正实现一加一大于二的效益和效果。

从技术层面来讲，现代的技术手段的应用，能够促进我们语言产业更好地发展。首先，通过技术手段，对语言资源进行整合和优化；其次，通过技术的创新，实现语言服务手段的创新，从而优化服务流程。其实，语言产业的很多方面都可以通过技术来实现语言服务的系统化、标准化、智能化，从而提升服务能力。

任何产业，如若产业生态有问题，则产业发展必定受限。从产业生态层面来看，我们目前能做的还很多。比如开展标准制定、推动信息共享、规范市场运行以及引导良性竞争。以上这些我们都可以通过行业协调的方式来实现产业整体化的集约发展。

（本文根据作者在 2020 年 12 月 18 日第六届中国语言产业论坛上所做的报告整理）

作者简介：赵世举，武汉大学文学院教授、博士生导师，国家语委研究机构中国语情与社会发展研究中心主任，国家汉办汉语国际推广教学资源研究与开发基地(武汉大学)执行副主任。研究方向为汉语语言学、语言应用、高等教育等。

语言生活和语言服务

屈哨兵

十九大报告给世人展示了一个非常鲜明的强国图谱。“强国”作为中心词在报告中出现 18 次。每一个具体的强国目标的实现，都离不开语言服务的支撑。语言服务在我们迈向新时代、建设社会主义现代化强国的伟大征程中不可或缺。

语言服务资源系统是基于语言本体要素角度做出的一种类型划分，可以分为文字、语音、词汇、语法等不同板块，每一个板块都可以独立地与语言服务发生关联，这种关联可以发生在语言服务从规划到实践的各种层面与环节。

语言服务业态系统可以分为语言服务产业、语言服务职业和语言服务行业。语言服务领域系统，由广告、商业、电信、交通、体育、医疗、法律、灾异等领域组成。

语言服务的层次系统中，国家语言服务，解决的主要是语言与国家统一、国家安全、国家发展的关系问题；族际语言服务，解决的主要是国家通用语言使用与各个少数民族语言的使用选择之间的关系问题；方言/社区语言服务，解决的是国家通用语言的推广使用与汉语方言的选择使用之间的关系问题；国际语言服务，包括基于本土的国际语言(外语)服务的规划及其具体的外语服务领域的设计与实践。语言服务系统的效能测评设计，需具有整体性、得体性、服务性。

对于语言生活和语言服务的关系有两个判断：一、凡有语言生活的地方都可以有语言服务，语言国情调查是语言服务的基础，推动语言服务以满足语言国情要求为目的；二、凡有语言服务的行为都源于语言生活的需求，聚焦语言服务研究逐渐成为大家的一种共识，证明现实语言生活中语言服务越来越成为一种时代需求。

我们对语言服务所涉及的范围和层次类型的探讨目前仍处在一个“活跃期”。从目前情况看，可能会在相当长时间内处于这种“活跃期”，这是当今世界发展尤其是语言生活发展所带来的一种必然。

“语言生活”从一个日常话语体系中的组合逐渐变成一个具有学术意味的概念，“语言服务”是伴随着“语言生活”而得以确认的一个概念。语言生活和语言生活服务都是国家语言文字事业中的组成部分。从近年来观察语言生活或者报告语言服务的相关著述来看，发现人们对于理解和应用这两个概念还存在着一些纠结。

国家语委在编制“十四五”科研规划的过程中，也是把这两个概念放在一起并列提出。这固然注意到两者在科学研究领域中相对关键核心的地位，也不能排除对这两个概念难以完全分开进行研究讨论的一种考虑。如果从与语言生活的关系来辨识语言服务，梳理彼此之间的关系，似乎还可以做进一步辨察思考。

语言生活和语言服务交替迭代、螺旋上升，在不同行业、不同领域、不同层次的语言服务中，这种迭代也会有不同的特征与表现。相对单一的语言生活建设和多样语言服务需求之间矛盾永在。

语言，使人类最终脱离类人状态，成为真正的人，是服务之因；文字，使得人类的语言生活从时间轴上的转瞬即逝延伸到恒久流传，是服务之果。当文字出现后，就此踏进人的语言生活，本身也成为语言生活的组成部分，针对这样的生活，又会产生新的语言服务。

进入新一代信息技术革命阶段，基于新一代信息技术的语言服务手段日新月异，领域范围日进日广，精度效度日进日高。国家文字管理部门与相关行业、企业之间正在形成一种良好的互动机制。

从语言服务的角度来说，当语言服务手段更大范围为大家所习用，它又会悄然化身为语言生活的组成部分，随着时代推移，这种新的语言生活又会产生出新的语言服务需求，因果相连，果因相继。

（本文根据作者在 2020 年 12 月 18 日第六届中国语言产业论坛上所做的报告整理）

作者简介：屈哨兵，广州大学党委书记，教授、博士生导师。主要研究方向为现代汉语语法及应用语言学、教育管理理论与政策、中国语言生活和语言服务。

"一带一路"建设背景下东盟国家居民的语言消费行为及政策启示*

——以泰国为例

卞成林　刘金林　阳柳艳　黄景懋

摘要：依据语言经济学、计量经济学等学科的方法与理论，基于泰国居民语言消费行为调研结果，构建 Likert scale、多元回归等实证模型，深入分析泰国人语言消费动因、产品类型与结构，发现其与职业、收入之间的对应关系，为企业语言产品战略的调整提供决策依据。

关键词：语言经济学；语言消费行为；语言消费规模；语言消费结构

Research on Language Consumption Behavior of ASEAN Residents and Its Policy Implications under the Background of "The Belt and Road Initiative"

——A Case Study of Thailand

Bian Chenglin, Liu Jinlin, Yang Liuyan, Huang Jingmao

Abstract: According to the linguistic economics, econometrics and other disciplinary methods and theories, and based on the survey results of Thai residents' language consumption behavior, this paper establishes empirical models such as Likert scale and multiple regression, and deeply analyzes the motivation of Thai people's language consumption, product types and structure, and their corresponding relationship with occupation and residents' income, which provides reference and basis for the formulation of Thailand's national language industry policy and the adjustment of enterprises' language product strategy.

Key words: linguistic economics; language consumption behavior; scale of language consumption; language consumption structure

按照马克思的再生产理论，生产决定消费，消费对生产有重要影响。生产决定消费的对象、方式和动力，生产结构决定消费结构的内容、质量，合理的生产结构不仅会满足居民的消费需求，还会促进消费结构升级。同时，消费结构发生变化时，将通

* 基金项目：教育部项目"基于语言经济学视角的少数民族地区推普的精准扶贫效应评估及完善路径研究"（项目批准号：19YJA790054）；国家语委"十三五"科研规划 2020 年度重点项目"语言经济学视域下东盟国家语言产业数据库建设及经济贡献度研究"（项目编号：ZDI135-121）。

过市场传递给生产者，生产者再根据消费结构的变化主动调整生产结构，从而引起产业结构的变化。另外，消费结构的升级还会催生新型产业，促进产业结构优化调整。因此，从需求侧来看，语言消费的内容、方式、规模等也会推动语言企业和产业的发展；从供给侧管理角度看，扩大语言消费需求，需要促进语言产业的发展。随着"一带一路"国家在政治、经济、外交、军事、教育、文化等领域的合作日益深化，东盟国家作为"一带一路"建设的重点区域，已成为中国最大的贸易伙伴。深入研究东盟国家居民的语言消费行为，分析东盟国家居民的语言消费需求，并制定有针对性的语言产业发展政策，丰富语言产品的供给，最大限度获得"语言红利"，是推动"一带一路"建设和中国—东盟人类命运共同体构建的必然要求和重要选择。

一、文献综述

李艳(2017)将"语言消费"定义为人们消费语言产品的行为，认为：那些以语言本体、语言运用和处理作为核心主导要素的产品可被认为是语言产品，包括语言出版、语言翻译、语言创意等语言内容产品的消费，使用字库、输入法、语音合成技术等语言科技产品的消费，接受语言培训、语言康复、语言能力测评服务以及参加语言会展、欣赏语言艺术等综合语言产品的消费。随着"语言服务"主体从语言行业拓展到非语言行业，"语言消费"的边界也进一步拓宽。除了以语言为核心要素或主导要素的语言产品(服务)之外，那些在其他消费活动中的伴随式语言消费行为，对于文化的传播、经济活动的有序进行、社会的有序发展等有着直接或间接的影响。因此，可以将"语言消费"划分为"典型性语言消费"和"伴随式语言消费"两个部分，这进一步拓展了"语言消费"的外延。①

Grin(1995)讨论了语言供给和需求的"量""价格""均衡"问题，并将语言政策视为影响语言供给方和需求方的政府设计，讨论了保护和促进少数民族语言、"濒危"语言的思路和措施。②

20世纪70年代至80年代初，大批学者围绕语言认同和语言能力共同决定劳动力收入这一核心主题开展了大量的实证研究，包括语言在加拿大法裔公民和英裔公民之间收入差距方面的解释作用(Carliner，1981；Shapiro and Stelcner，1981；Grenier，1987)③；语言能力与收入的关系(McManus，1985；Chiswick and Miller，1995，1999，2007；Levinsohn，2007)；语言总体能力水平、语言流利程度、听读写的各种

① 李艳：《语言消费：基本理论问题与亟待搭建的研究框架》，《语言文字应用》，2017年第11期。

② 据Grin的研究结论，充足的供给或许是语言生存的必要条件，却不是充分条件，确定少数民族语言生存的充要条件还需要考虑需求方，而这方面恰恰在语言规划中并不常见。忽视语言需求犹如忽略了市场需求，创造了语言供给未必能够保证所有人都使用它。因此，任何一方的疏忽都会导致语言政策低效。如果一个语言政策失效，原因可能在于政策完全偏向(或排除)了供给方或需求方。

③ 这部分研究又称为加拿大实证研究传统，引发和开启了众多学者对语言技能在个人劳动收入差距问题上解释作用的关注。

单项语言技能对收入的影响(Chiswick，1991；Carnevale et al.，2001)；语言歧视、语言政策等相关因素对人们收入的影响(Lang，1986；Shapiro and Stelcner，1987；Angrist and Lavy，1997；Pendakur，2002；Christofides and Swidinsky，2010)等。尽管研究样本、视角和方法[①]有所不同，但研究结论均认为，语言能力是影响个人收入的重要因素之一；语言歧视会导致少数民族语言群体在劳动力市场上被边缘化，进而无法获得高额的工资收入；语言政策会影响到人们对某种语言人力资本的投资以及语言歧视的程度，进而影响人们的劳动收入。基于国外学者研究思路，国内学者近年来围绕外语能力对劳动力市场工资收入的影响开展了大量的实证分析：Gao and Smyth(2011)估计了我国城镇劳动力市场上农民工普通话能力对收入的影响；Chen et al.(2014)则针对方言的回报率考察了上海方言对在沪农民工收入的影响；刘国辉、张卫国(2015)利用倾向得分匹配法估计了英语读、写、说能力在中国的经济回报，并重点考察了中国城市劳动力市场外语能力的工资效应。与国外研究成果类似，在中国，外语能力与工资收入之间呈正相关关系，但在不同阶层、收入群体间又存在一定的差别。

此外，自从 Tinbergen(1962)、Linnemann(1966)等学者将引力模型应用到国家间贸易流量的计量研究以来，作为对外贸易交易成本的一种重要表现形式，语言对国际贸易流量的影响也越来越受到学者们的关注，出现了一批关于语言与贸易流量关系的实证研究文献(Hutchinson，2002；Melitz，2007；Ku and Zussman，2010；卢现祥、马凌远，2009；彭卉、蒋涌，2012；李增刚、赵苗，2013；苏剑、葛加国，2013；张卫国、孙涛，2016)。

语言政策和语言规划的经济学分析也为语言政策和语言规划实证研究带来了新的思路。Grin and Vaillancourt(1998，1999)详细评价了新西兰、威尔士、爱尔兰等地语言政策的投入和效益；Vaillancourt(2009)着重对加拿大语言政策的成本和收益进行了测算。Grin(2000)基于经济学“供给”和“需求”的理念，分析了语言政策失效的原因。

语言技能与收入分配的内生性、语言与其他人力资本的互补性等问题也为学者们所关注。Borjas(1994)首次提出了语言与收入分配的内生性问题[②]；Chiswick and Miller(2001)深入分析了语言技能和收入分配之间的内生性，并构建了语言技能习得模型。Chiswick and Miller(2002)以此模型为基础对加拿大进行的实证研究证明了语言技能与其他人力资本有较强的互补性；张卫国、刘国辉(2017)基于语言经济学理论和视角，利用中国综合社会调查的微观数据库，实证分析了语言环境、经济激励对语言习得的影响。

---

① 研究样本由最初的加拿大单一国家拓展到美国、澳大利亚、以色列、英国、南非等；研究方法也从最初的 OLS 延伸到 VAR 模型和工具变量计量方法；研究视角也从语言技能与收入相关性双变量研究，深化为语言技能与收入的内生性、语言技能与其他人力资本互补性等方面。

② McManus et al.(1983)发现关于语言技能和收入分配之间关系的单方程计量模型估计可能存在偏误，主要原因在于语言技能与收入分配之间存在内生性，但当时没有引起广泛的关注。详见：Chiswick，B. R. &P. Miller，The endogeneity between language and earnings：International analyses，Journal of Labor Economics，1995，13(2).

二、调查组织与实施

(一)调研问卷的内容

根据调研内容及目标，课题组设计了《中国—东盟国家居民语言消费行为调查问卷》。问卷的内容主要包括受访对象信息、语言使用情况、语言产品及服务消费情况、汉语使用态度四个部分。第一部分的受访对象信息包括性别、年龄、出生地、婚姻状况、受教育程度、经济收入水平、所从事的职业与所处行业等，其中受访对象的经济收入水平根据开展调查时国民人均收入来划分层级。第二部分是语言使用情况调查，围绕受访对象自己及其家人所使用的语言展开，包括受访对象的本国标准语熟练度、外语学习情况、外语熟练程度、日常交际语言等内容，其中将语言的熟练度分为七个等级并采取自评的方式进行统计。第三部分是语言产品及服务消费情况调查，这一部分主要从市场情况与个人意愿两方面进行，前者包括当前各个国家语言产品及服务的生产类型和推广渠道，后者则主要是受访对象的消费认知、消费选择、消费缘由、消费水平、消费态度和消费需求。第四部分主要是围绕汉语及其语言产品和服务展开的调查，内容涉及受访对象关于汉语的使用情况、学习情况、学习目的和学习动机，以及当前汉语语言产品及服务在不同国家的消费前景。

(二)调研的组织与实施

此次面向东盟国家的调查主要通过与当地高校开展合作进行，这些高校包括马来西亚拉曼大学(Tunku Abdul Rahman University)、泰国国立政法大学东盟研究中心(Center for ASEAN Studies，Thammasat University)、越南外贸大学(Vietnam Business University)、老挝国立大学(National University of Laos)、缅甸曼德勒外国语大学(University of Foreign Language，Mandalay)、印尼泗水大学(Universitas Negeri Surabaya)、菲律宾红溪礼示大学(Angeles University Foundation)以及柬埔寨金边皇家大学(Royal University of Phnom Penh)。

课题组与相关高校和研究中心达成合作意愿，委托其派发并回收调查问卷、对数据进行统计录入。考虑到高校群体的单一性，为更全面地掌握语言使用和消费情况，各合作高校在选择调查样本时，首先确定参与调查的学生男女比例范围，再以其家庭为单位，将访问对象扩展至其家庭成员，从而保证调查样本能覆盖各年龄段和各行各业群体，尤其是所有收入群体，便于更好地考察语言消费行为。

(三)调研样本的构成

本次调查的对象主要涉及马来西亚、越南、泰国、老挝、缅甸、印尼、菲律宾、柬埔寨 8 个国家的居民[①]。此次调查共发放问卷 31 200 份，收回有效问卷 30 331 份，

① 考虑到英语、汉语为新加坡的官方语言(四种)中的两种，文莱国家人口较少(2019 年约为 46 万)，本研究没有对新加坡、文莱开展调研和分析。

总有效率97.21%。其中马来西亚发放问卷1 200份，收回有效问卷1 006份，有效率83.83%；越南发放4 000份，收回有效问卷4 000份，问卷有效率100%；泰国发放问卷6 000份，收回有效问卷5 563份，有效率92.72%；老挝发放问卷4 000份，收回有效问卷3 916份，有效率97.90%；缅甸发放问卷4 000份，收回有效问卷4 000份，有效率100%；印尼发放问卷4 000份，收回有效问卷4 000份，有效率100%；菲律宾发放问卷4 000份，收回有效问卷3 928份，有效率98.20%；柬埔寨发放问卷4 000份，收回有效问卷3 918份，有效率97.95%(详见表1)。

表1 调查问卷发放情况

国家	发放数量(份)	回收数量(份)	有效率(%)
马来西亚	1 200	1 006	83.83
泰国	6 000	5 563	92.72
越南	4 000	4 000	100
老挝	4 000	3 916	97.90
缅甸	4 000	4 000	100
印尼	4 000	4 000	100
菲律宾	4 000	3 928	98.20
柬埔寨	4 000	3 918	97.95
总计	31 200	30 331	97.21

三、“一带一路”建设背景下东盟国家居民的语言消费行为实证分析：以泰国为例

据统计，2020年，中国与东盟贸易额为6 846.0亿美元，其中中国对东盟出口3 837.2亿美元，自东盟进口3 008.8亿美元，越南、马来西亚、泰国为中国在东盟的前三大贸易伙伴；中国企业在东盟新签工程承包合同额340亿美元，其中，印尼、泰国、菲律宾为中国在东盟的前三大工程承包市场；东盟对华实际投资额为79.5亿美元，其中新加坡、泰国、马来西亚为前三大投资来源国①。无论是从贸易合作，还是从国际投资方面来看，泰国均为中国重要的合作伙伴。因此，本文重点以泰国为例，对泰国居民的语言消费行为进行深入剖析，分析研判泰国居民语言消费现状及趋势。

(一)调研样本构成

此次调查在泰国国内发放6 000份问卷，共收回有效调查问卷5 563份，调查有效

① 中国驻东盟使团经济商务处：《2020年中国—东盟经贸合作简况》，http://asean.mofcom.gov.cn/article/jmxw/202101/20210103033653.shtml。

率为 92.72%。被调查者的基本信息如表 2 所示，55.8%的调查对象教育程度为本科，代表了泰国新一代主导性力量；受访对象从事的行业较为分散，说明调查覆盖了广泛的群体，具有较好的社会代表性。

表 2　调研样本的构成

基本信息	分类	频数	百分比
性别	男	3 471	62.4%
	女	2 092	37.6%
受教育程度	没上过学	178	3.2%
	小学	100	1.8%
	初中	134	2.4%
	高中(中专、技校)	1 357	24.4%
	本科	3 104	55.8%
	硕士	623	11.2%
	博士	67	1.2%
从事行业	农、林、牧、渔业	161	2.9%
	采矿业	6	0.1%
	制造业	629	11.3%
	电力、热力、燃气、自来水供应业	28	0.5%
	建筑业	45	0.8%
	批发和零售业	334	6.0%
	交通运输、仓储和邮政业	189	3.4%
	住宿和餐饮业	106	1.9%
	信息传输、软件和信息技术服务业	150	2.7%
	金融业	100	1.8%
	房地产业	28	0.5%
	租赁和商务服务业	72	1.3%
	科学研究和技术服务业	61	1.1%
	水利、环境和公共设施管理行业	22	0.4%
	居民、修理和其他服务业	45	0.8%
	教育	2 025	36.4%
	卫生和社会工作	217	3.9%
	文化、娱乐和体育业	22	0.4%
	公共管理、社会保障和社会组织	156	2.8%
	国际组织	45	0.8%
	其他	1 122	20.2%

(二)语言消费动因与收入之间的关系

语言消费动因与人均月收入之间的关系如表3所示。可以发现，“提升自己”在各个收入阶层中均是最重要的语言消费动因，而“工作需要”因素的占比会随着收入水平的提升呈现出明显的增长趋势，与之形成鲜明对比的是语言最本质作用的“沟通交流”与纯粹体现个人选择的“个人喜好”都呈现了较低的比例和随收入增加而降低的态势。

表3 语言消费动因与月收入之间的关系 （单位：%）

语言消费动因	月收入				
	2 000元以下	2 001元—4 000元	4 001元—6 000元	6 001元—8 000元	8 001元以上
提升自己	73.3	62.3	68.0	63.3	62.1
工作需要	19.9	28.5	25.2	29.3	38.9
沟通交流	4.4	4.1	3.3	2.1	1.1
个人喜好	21.0	14.8	10.4	10.6	8.4

将消费语言动因与收入进行皮尔逊卡方检验分析（如表4所示），提升自己、工作需要和个人喜好等三个要素与人均月收入的卡方检验显著性 P 值均为0，小于0.05。充分表明，这三个要素在不同收入的受访者之间呈现显著性差异。

表4 语言消费动因与收入之间的关系皮尔逊卡方检验结果

要素		结果
提升自己	卡方	28.612
	自由度	4
	显著性	0
工作需要	卡方	30.043
	自由度	4
	显著性	0
沟通交流	卡方	5.013
	自由度	4
	显著性	0.286
个人喜好	卡方	41.315
	自由度	4
	显著性	0

(三)语言消费动因与职业之间的关系

不同职业的劳动者消费语言的动力可能存在差异，两者之间关系如表5所示。对所有职业类别的受访群体而言，"提升自己"仍然是最重要的消费动力；"工作需要"占相当比例，但在各职业之间差异较大，其中"信息传输、软件和信息技术服务业""科学研究和技术服务业""水利、环境和公共设施管理行业""文化、娱乐和体育业"等职业群体有超过40%的受访群体出于"工作需要"而选择语言消费，相比之下，"农、林、牧、渔业"和"住宿和餐饮业"等行业占比较低，为15%左右。

表5　语言消费动因与职业之间的关系　　(单位:%)

职业	提升自己	工作需要	沟通交流	个人喜好
农、林、牧、渔业	59.8	15.9	6.1	20.7
采矿业	25.0	25.0	0	25.0
制造业	63.9	27.8	5.1	10.8
电力、热力、燃气、自来水供应业	84.6	38.5	0	15.4
建筑业	54.5	31.8	9.1	9.1
批发和零售业	62.5	31.5	2.4	14.3
交通运输、仓储和邮政业	66.7	26.0	4.2	16.7
住宿和餐饮业	73.1	15.4	3.8	11.5
信息传输、软件和信息技术服务业	64.9	41.9	5.4	9.5
金融业	64.0	24.0	6.0	10.0
房地产业	53.8	30.8	7.7	7.7
租赁和商务服务业	74.3	20.0	2.9	5.7
科学研究和技术服务业	59.4	46.9	0	9.4
水利、环境和公共设施管理行业	30.0	40.0	0	30.0
居民、修理和其他服务业	56.5	30.4	0	13.0
教育	71.9	22.4	3.9	20.4
卫生和社会工作	64.5	31.8	2.7	14.5
文化、娱乐和体育业	70.0	40.0	0	20.0
公共管理、社会保障和社会组织	55.8	39.0	10.4	6.5
国际组织	69.6	34.8	0	4.3
其他	66.9	21.9	2.3	12.3

将消费语言动因与职业之间进行皮尔逊卡方检验分析表明，是否因提升自己、因工作需要和因个人喜好等三个原因选择消费与受访者的职业的卡方检验的显著性 P 值均为0，表示是否因提升自己而选择消费、是否因工作需要而选择消费、是否因个人喜好而选择消费在不同职业的受访者之间存在显著性差异(如表6所示)。

表 6 语言消费动因与职业之间的关系皮尔逊卡方检验表

要素		结果
提升自己	卡方	38.591
	自由度	20
	显著性	0
工作需要	卡方	54.047
	自由度	20
	显著性	0
沟通交流	卡方	24.485
	自由度	20
	显著性	0.222
个人喜好	卡方	48.677
	自由度	20
	显著性	0

(四)语言产品类型与收入之间的关系

语言产品类型与收入之间的关系统计如表 7 所示。贺宏志(2012)将语言产品分为"纯语言产品""语言科技产品""综合语言产品"三类①，调查发现：各收入阶层的主要消费的语言产品类型均为"纯语言产品"，超过了 50%；在"综合语言产品"方面，随着收入增高出现了总体需求提升的趋势；而在"语言科技产品"方面，受访群体则呈现出总体水平较低且随收入增加而下滑的态势。

表 7 语言产品类型与月收入之间的关系 (单位:%)

语言消费产品类型	月收入				
	2 000 元以下	2 001 元—4 000 元	4 001 元—6 000 元	6 001 元—8 000 元	8 001 元以上
综合语言产品	34.8	23.5	41.6	42.0	43.2
纯语言产品	55.7	57.8	50.0	53.2	56.8
语言科技产品	17.7	23.5	13.2	9.0	4.2

语言消费产品类型与收入之间的皮尔逊卡方检验分析表明，是否主要消费综合语

① 与语言产业的业态相对应，作者将语言产品划分为三类：纯语言产品、语言科技产品、综合语言产品。纯语言产品的最终形态为语言，如语言出版、语言翻译等；语言科技产品最终形态为应用、处理语言的软硬件设备和技术，如机器翻译、文字输入法、语言处理设备等；综合语言产品最终形态为综合语言服务，如语言培训、语言康复、语言能力测试等。详见贺宏志：《发展语言产业，创造语言红利——语言产业研究与实践综述》，《语言文字应用》，2012 年第 3 期。

言产品、是否主要消费纯语言产品、是否主要消费语言科技产品与受访者的收入的卡方检验的显著性 P 值均小于 0.05，表示这三方面的消费类型在不同收入的受访者之间存在显著性差异(如表 8 所示)。

表 8　语言产品类型与收入之间的关系皮尔逊卡方检验表

要素		结果
综合语言产品	卡方	73.453
	自由度	4
	显著性	0
纯语言产品	卡方	9.947
	自由度	4
	显著性	0.041
语言科技产品	卡方	52.564
	自由度	4
	显著性	0

(五)语言产品类型与职业之间的关系

语言产品类型与职业之间的关系统计如表 9 所示。在所有职业类型中，"纯语言产品"是被选择最多的语言产品类型，尤其在"建筑业""租赁和商务服务业""文化、娱乐和体育业"甚至超过了 70%，其他行业主要处于 50%—70%不等的水平，只有"国际组织"行业选择较低，为 30.4%。"综合语言产品"相对较低，但在"住宿和餐饮业""居民、修理和其他服务业""文化、娱乐和体育业""国际组织""其他"等五类职业中均超过了 40%，其中在"国际组织"这一职业中达到了 60.9%。而在"语言科技产品"方面，呈现出差异较大的状况，除了"水利、环境和公共设施管理行业"群体有一半的受访群体选择了语言处理类产品及服务外，其他行业的选择比例则均在 25%以下。

表 9　语言产品类型与职业之间的关系　　(单位:%)

职业	综合语言产品	纯语言产品	语言科技产品
农、林、牧、渔业	26.8	61.0	12.2
采矿业	25.0	50.0	25.0
制造业	31.0	56.3	18.7
电力、热力、燃气、自来水供应业	30.8	61.5	7.7
建筑业	22.7	72.7	9.1
批发和零售业	19.6	58.9	22.0
交通运输、仓储和邮政业	19.8	64.6	20.8

续表

职业	综合语言产品	纯语言产品	语言科技产品
住宿和餐饮业	40.4	57.7	7.7
信息传输、软件和信息技术服务业	36.5	51.4	23.0
金融业	32.0	58.0	16.0
房地产业	30.8	53.8	15.4
租赁和商务服务业	25.7	74.3	2.9
科学研究和技术服务业	37.5	50.0	18.8
水利、环境和公共设施管理行业	10.0	40.0	50.0
居民、修理和其他服务业	47.8	39.1	17.4
教育	30.6	56.8	21.1
卫生和社会工作	32.7	61.8	11.8
文化、娱乐和体育业	40.0	70.0	0
公共管理、社会保障和社会组织	36.4	51.9	14.3
国际组织	60.9	30.4	17.4
其他	44.0	46.3	13.0

语言产品类型与职业的皮尔逊卡方检验分析结果表明，是否主要消费综合语言产品、是否主要消费纯语言产品、是否主要消费语言科技产品与受访者职业的卡方检验的显著性 P 值均小于 0.05，充分说明语言产品类型在不同职业的受访者之间存在显著性差异（如表 10 所示）。

表 10　语言产品类型与职业之间的关系皮尔逊卡方检验表

要素		结果
纯语言产品	卡方	73.440
	自由度	20
	显著性	0
语言科技产品	卡方	46.254
	自由度	20
	显著性	0.001
综合语言产品	卡方	46.500
	自由度	20
	显著性	0.001

(六)语言种类与收入之间的关系

语言种类与收入之间的关系统计如表 11 所示。英语是各收入阶层共同消费的最主要语言。其次是汉语，随着中国综合国力的增强，学习汉语的居民数量也呈增长的趋势。

表 11　消费语言与月收入之间的关系　(单位:%)

消费语言	月收入				
	2 000 元以下	2 001 元—4 000 元	4 001 元—6 000 元	6 001 元—8 000 元	8 001 元以上
英语	90.7	91.2	92.4	93.6	92.6
法语	2.8	1.6	1.3	1.1	1.1
汉语	7.8	4.9	6.4	8.5	10.5
俄语	0.3	0.3	0.3	0.5	0
日语	5.0	3.4	2.7	4.8	0
阿拉伯语	0.4	0.7	0.6	0.5	1.1
韩语	5.2	2.8	2.9	1.6	1.1
西班牙语	0.3	0.2	0.3	1.1	0
其他语言	2.8	3.4	2.5	0.5	5.3

语言种类与收入之间的皮尔逊卡方检验分析如表 12 所示。汉语、日语、韩语三种语言与受访者的收入的卡方检验的显著性 P 值均小于 0.05，表示这三种语言的消费在受访者收入之间存在显著性差异。

表 12　消费语言与月收入之间的关系皮尔逊卡方检验表

要素		结果
英语	卡方	2.757
	自由度	4
	显著性	0.599
法语	卡方	6.567
	自由度	4
	显著性	0.161
汉语	卡方	10.045
	自由度	4
	显著性	0.040

续表

要素		结果
俄语	卡方	0.574
	自由度	4
	显著性	0.966
日语	卡方	10.465
	自由度	4
	显著性	0.033
阿拉伯语	卡方	0.925
	自由度	4
	显著性	0.921
韩语	卡方	14.099
	自由度	4
	显著性	0.007
西班牙语	卡方	3.940
	自由度	4
	显著性	0.414
其他语言	卡方	6.814
	自由度	4
	显著性	0.146

(七)语言种类与职业之间的关系

语言种类与职业之间的关系统计如表13所示。英语仍然是所有职业群体选择最多的消费语言，除了在“水利、环境和公共设施管理行业”中相对偏低，为60%以下，其他行业均在80%以上。其次为汉语，在“房地产业”“水利、环境和公共设施管理行业”两个行业中占比最高，约为30%。法语、日语等其他语言的占比均较低。这充分说明，英语、汉语为泰国群众较为喜欢的外语消费语言。

表13　消费语言与职业之间的关系　　(单位:%)

职业	英语	法语	汉语	俄语	日语	阿拉伯语	韩语	西班牙语	其他语言
农、林、牧、渔业	89.0	1.2	7.3	0	3.7	0	0	0	4.9
采矿业	100	0	0	0	0	0	0	0	0
制造业	93.7	1.3	3.2	0.6	3.5	0.3	0.6	0	2.5

续表

职业	英语	法语	汉语	俄语	日语	阿拉伯语	韩语	西班牙语	其他语言
电力、热力、燃气、自来水供应业	92.3	0	15.4	0	0	0	0	0	0
建筑业	81.8	4.5	13.6	0	0	0	0	0	0
批发和零售业	91.7	2.4	3.6	0	2.4	0.6	2.4	0	3.6
交通运输、仓储和邮政业	89.6	2.1	6.3	0	5.2	1.0	4.2	0	3.1
住宿和餐饮业	94.2	1.9	1.9	0	0	0	1.9	0	3.8
信息传输、软件和信息技术服务业	93.2	0	10.8	0	4.1	1.4	1.4	1.4	0
金融业	96.0	0	8.0	0	2.0	0	0	0	6.0
房地产业	84.6	0	30.8	7.7	0	0	0	7.7	0
租赁和商务服务业	91.4	2.9	2.9	0	0	0	2.9	0	0
科学研究和技术服务业	100	3.1	12.5	0	3.1	0	0	0	0
水利、环境和公共设施管理行业	60.0	0	30.0	0	0	0	10.0	0	0
居民、修理和其他服务业	95.7	0	13.0	4.3	0	0	0	0	0
教育	90.6	2.7	7.0	0.4	5.1	1.1	6.0	0.5	2.3
卫生和社会工作	90.9	3.6	8.2	0	6.4	0	0.9	0	5.5
文化、娱乐和体育业	100	0	20.0	0	0	0	0	0	0
公共管理、社会保障和社会组织	92.2	0	9.1	1.3	3.9	0	2.6	0	5.2
国际组织	91.3	0	17.4	0	8.7	0	8.7	0	0
其他	91.8	1.1	5.3	0	2.1	0.4	2.8	0.4	3.7

语言种类与职业之间的皮尔逊卡方检验分析结果如表 14 所示，汉语、俄语、韩语三种语言与受访者职业的卡方检验的显著性 P 值均小于 0.05，表示这三种语言在不同职业的受访者之间存在显著性差异。

表 14　消费语言与职业之间的关系皮尔逊卡方检验表

要素		结果
英语	卡方	27.231
	自由度	20
	显著性	0.129
法语	卡方	15.388
	自由度	20
	显著性	0.754
汉语	卡方	51.973
	自由度	20
	显著性	0
俄语	卡方	41.240
	自由度	20
	显著性	0.003
日语	卡方	22.181
	自由度	20
	显著性	0.331
阿拉伯语	卡方	9.184
	自由度	20
	显著性	0.981
韩语	卡方	44.667
	自由度	20
	显著性	0.001
西班牙语	卡方	28.930
	自由度	20
	显著性	0.089
其他语言	卡方	18.191
	自由度	20
	显著性	0.575

四、结论及启示

基于泰国居民语言消费行为调查，对泰国居民语言消费动因、产品类型、语言种类及其与居民收入、职业之间的相关性进行了量化分析，形成了三个方面的研究结论：

第一，就语言消费动因而言，“提升自己”“工作需要”为泰国居民消费语言的主要动力，且在受访者的收入之间呈现显著的差异性。同时，从职业分布来看，“提升自己”“工作需要”依然为不同职业劳动者消费语言的主要动力。这也是语言经济学理论中关于语言是一种人力资本的现实例证。由于学习语言可以提升自身人力资本水平，有利于提升个人劳动收入，获得收入更高且稳定的工作，因而成为社会群众语言消费的主要动力。语言消费必然会产生语言经济，当语言经济到达一定的规模，就会形成语言产业。因此，泰国政府应该进一步调整和完善现有的语言政策，制定语言产业规划，引进、培育语言产品生产企业，推动语言产业的发展，以满足社会群众日益增长的语言消费需求。

第二，从语言产品类型分布来看，以语言翻译为代表的纯语言产品和以语言培训为代表的综合语言产品是比较受群众欢迎的语言产品类型，而语言科技产品则未受消费者的青睐。这说明泰国民众的语言消费仍停留在语言使用的初始阶段，主要目的在于满足学习或工作之需要；而带有科技含量的语言产品软硬件开发产业则在泰国有待发展。这也为泰国政府关于语言产业规划的制定提供了有益的参考，应重点考虑在语言科技产业方面的布局和支持。

第三，从语言种类来看，英语为泰国群众最受欢迎的外语，这显然和泰国的语言政策有着密切的关系。首先，作为26个国际和地区组织总部所在地以及东盟的主要倡导与推动者，英语在泰国的盛行除了其本身是国际通用语言外，泰国作为国际旅游目的地的定位，促使很多年轻人毕业后主要从事旅游业或对外贸易业，因此学会英语在增加民众就业机会方面的积极意义也是泰国政府积极推行英语教育的原因。其次，汉语也是较为受泰国群众欢迎的外语语种。虽然汉语在泰国的发展经历了一段时间的萧条和打压，但随着当前中国经济的发展和两国往来的日益频繁，汉语教育在泰国逐渐复苏，泰国政府将其列为入学考试外语课程之一，很多服务业从业人员也开始学习使用。这也充分证明了，“提升自己”“工作需要”为泰国群众语言消费主要动力的原因。可以预判，随着“一带一路”建设与中国—东盟人类命运共同体构建的深入推进，中国与东盟国家之间政治互信的不断加深，经贸合作的日益拓展，人文交流的更加密切，东盟国家学习汉语的居民必然会随之增加，也会带动与汉语有关的语言培训、科技产业的快速发展。

参考文献

[1]格奥尔格·齐美尔．时尚的哲学[M]．费勇等，译，天津：文化艺术出版社，2001.

[2]马克思·韦伯．经济与社会[M]．第一卷．阎克文，译，上海：上海人民出版社，2010.

[3]皮埃尔·布迪厄．区分：判断力的社会批判[M]．刘晖，译，北京：商务印书馆，2015.

[4]让·鲍德里亚．消费社会[M]．刘成富，全志刚，译，南京：南京大学出版社，2000.

[5]凡伯伦．有闲阶级论[M]．蔡受百，译，北京：商务印书馆，2006.

[6]贺宏志．发展语言产业，创造语言红利——语言产业研究与实践综述[J]．语言文字应用，2012(3).

[7]李艳．语言消费：基本理论问题与亟待搭建的研究框架[J]．语言文字应用，2017(11).

[8]李宇明．语言服务与语言消费[J]．教育导刊，2014(7).

[9]李增刚，赵苗．英语语用水平与中国国际服务贸易：理论分析与实证研究[J]．制度经济学研究，2013(3).

[10]刘国辉，张卫国．中国城镇居民英语能力的经济回报率研究——基于中国综合社会调查的实证分析[J]．云南师范大学学报(哲学社会科学版)，2015(6).

[11]卢现祥，马凌远．中国服务贸易出口潜力研究[J]．中国软科学，2009(9).

[12]马凌远，李晓敏．引力模型在国际贸易研究中的应用[J]．商业时代，2009(5).

[13]彭卉，蒋涌．语言趋同与国际贸易——基于修正重力模型的实证[J]．广东外语外贸大学学报，2012(3).

[14]苏剑，葛加国．基于引力模型的语言距离对贸易流量影响的实证分析——来自中美两国的数据[J]．经济与管理评论，2012(4).

[15]徐大明．语言服务与消费可扩大内需[J]．中国社会科学报，2012(4).

[16]张卫国，刘国辉．语言环境、经济激励与外语能力的提高：基于语言经济学视角的外语习得影响因素研究[J]．外语教学理论与实践，2017(4).

[17]张卫国，孙涛．语言的经济力量：国民英语能力对中国对外服务贸易的影响[J]．国际贸易问题，2016(8).

[18]Angrist Joshua D.，Lavy Victor. The Effect of a Change in Language of Instructionon the Rarurns to Schooling in Morocco[J]. Journal of Labor Economics，1997(15).

[19]Anthony P. Carnevale，Richard A. Fry，B. Lindsay Lowell. Understanding，Speaking，Reading，Writing，and Earnings in the Immigrant Labor Market[J]. The American Economic Review，2001(91).

[20]Barry R. Chiswick，Paul W. Miller. The Endogeneity between Language and Earnings：International Analyses[J]. Journal of Labor Economics，1995(13).

[21]Breton. Economic approaches to language and bilingualism[M]. Ottawa：Canadian Heritage，1998.

[22]Carliner，Geoffrey. Wage differentials by language group and the market for language skills in Canada[J]. Journal of Human Resources，1981(16).

[23]Chiswick，Barry R. Speaking，Reading，and Earnings among Low-Skilled Immigrants[J]. Journal of Labor Economics，1991(9).

作者简介：卞成林，广西民族大学党委书记、教授，广西中华民族共同体意识研究院院长。研究方向：语言经济学、铸牢中华民族共同体意识。

刘金林，广西民族大学社科处处长、教授，广西中华民族共同体意识研究院常务副院长。研究方向：语言经济学、基层治理。

阳柳艳，广西财经学院副教授，广西中华民族共同体意识研究院研究人员。研究方向：少数民族语言文学、语言经济学。

黄景懋，广西民族大学党委组织部干部。研究方向：社会语言学、语言经济学。

海洋语言文化建设研究构想

——兼论胶东半岛海洋语言文化研究

杨　帆　戴宗杰

摘要：在山东发展海洋和蓝色经济的需求下，位于烟台的鲁东大学凝聚语言学、民俗学、文学、旅游管理等多学科资源，在学校胶东文化和海洋文化研究的基础上，建构海洋语言文化建设研究院。本文旨在呈现多方需求视角下的海洋语言文化建设研究构想，解析新形势下胶东半岛海洋语言文化研究的三个维度及其意义和方法，为胶东海洋语言文化研究提出新方向和新问题，助力山东半岛蓝色海洋建设，提升海洋文化软实力。

关键词：海洋语言文化；研究构想；胶东半岛

Research Conception of Marine Language and Culture Construction

—A Case Study of Jiaodong Peninsula

Yang Fan, Dai Zongjie

Abstract: The purpose of this paper is to present various requirements under the perspective of marine language and culture construction conception, and try to parse Jiaodong peninsula Marine language and culture under the new situation. Approaches to the study to Jiaodong Marine language and culture will put forward a new direction and new problems to promote Marine cultural soft power.

Key words: marine language and culture; research conception; JiaoDong Peninsula

海洋语言文化是在语言学、民俗学、文学等交叉学科理论背景下产生的新的研究方向。基于国家战略发展需要和地域特色发展需求，在中国语言产业研究院支持下，鲁东大学设立海洋语言文化建设研究院，以“立足半岛、依托海洋、服务全国”为目标，开展海洋语言文化建设方面的研究和实践活动。本文旨在进一步梳理海洋语言文化建设的研究构想，分析其定位与内涵、研究内容与方法、建设意义与未来发展趋向等，从胶东半岛海洋语言文化研究维度入手，从宏观、中观、微观三个层面将研究内容进行分类，从而形成了一个完整的体系，为搭建海洋语言文化研究框架和海洋语言文化建设发展探求新的方向。

一、海洋语言文化建设的研究定位与研究背景

(一)研究定位

海洋语言文化是重要的跨学科研究领域，在交叉学科背景下，运用语言学、人类学、民俗学、文学等多学科研究视角和方法，对涉海语言和文化事项进行调查、分类、整理和研究，构建海洋语言文化体系，为海洋语言文化建设提供理论支撑和实践经验。海洋语言文化作为海洋文化和语言文化研究的交叉部分，既具有海洋文化和语言文化各自的研究背景与特点，又具有海洋语言文化研究的独特视角和方法。在被称为“海洋世纪”的今天，对海洋语言文化的研究愈显重要而特殊。

在海洋语言文化建设层面，试图通过对海洋语言文化基础研究的累积，建立海洋语言文化研究体系，并在“建设”层面形成理论脉络。在学科定位上，构建独立的学科体系，在交叉学科的背景下，力图建设海洋语言文化领域的话语体系，指明其研究方向和理论依据，为新时代海洋语言文化产业的蓬勃发展贡献力量。

鲁东大学位于重要的沿海开放城市——烟台，语言学研究实力和文学、民俗学、人类学等学科基础深厚，建有胶东文化研究院等地方文化研究基地。立足半岛、面向海洋，加强海洋语言文化的建设研究，实现跨学科发展，是鲁东大学海洋语言文化建设研究的定位。

(二)研究背景

海洋语言文化研究是跨学科背景下新的研究方向，其研究领域涉及海洋文化、语言文化建设、语言产业、文化产业等相关研究领域。在以上几个研究领域中前人学者已经积累了丰硕的研究成果，作为跨学科的海洋语言文化研究将在对相关研究背景进行梳理的基础上，整合出新的研究视角和方向。

1. 海洋文化研究

中国自古就是海洋大国，对海洋的探索可以追溯至河姆渡文化时期，考古资料显示该遗址中曾出土用于划船的木桨，这是人类探索海洋的开端。作为东夷文化的山东胶东半岛，贝丘遗址也证明了早期人类与海洋之间的密切关联。四五千年来，从对海洋资源的获取、海洋知识的认知、海洋的探索和利用，到海上航线的开辟、海上贸易往来等，人类历史上的海洋文化不断走向繁荣。

20世纪90年代，国内学者们对海洋文化的研究开始逐渐活跃，至21世纪进入了研究的高潮期。中国海洋大学、浙江大学、厦门大学、上海海洋大学、浙江海洋大学、广东海洋大学、集美大学等沿海高校走在海洋文化研究的前列。中国海洋大学是较早

成立专门海洋文化研究机构的高校，在1997年成立了海洋文化研究所[①]，胶东半岛形成以中国海洋大学为中心的海洋历史文化研究圈，各高校也先后成立相关研究机构，凭借各自在文学、史学和民俗学领域的研究基础，整合学术力量投入到海洋文化研究建设中；涌现出一批涉猎海洋文化研究的学者，如曲金良、张开城[②]等，并积累了丰富的研究成果，《中国海洋文化研究的学术史回顾与思考》[③]《中国海洋文化研究历程回顾与展望》[④]这两篇文章对海洋文化发展历程及区域发展状况进行了综述。

近年来，随着海洋战略位置的凸显，沿海高校纷纷组织研究力量，借助地缘优势投入海洋文化研究力量，辽宁、山东、浙江、上海、福建、广东、广西、海南等地兴起海洋文化研究热潮[⑤]，由《中国海洋文化》编委会主编的《中国海洋文化》丛书，涉及沿海辽宁、山东、天津、河北、江苏、浙江、上海、福建、广东、广西、海南、香港、澳门等地的分卷，详细梳理了各地域海洋文化特色，讲述了各地域海洋文化发展的变迁过程。方兴未艾的海洋文化还将与地域文化融合，为地域文化发展、经济繁荣、产业更新带来新的发展动力。

2. 语言文化研究

语言文化研究是一个广阔的领域。语言学、人类学等学科都对语言与文化之间的密切关联进行了深入的调查和分析，语言背后有文化的影响，文化模式也影响了语言表达，语言与文化在某种程度上是有着因果联系的。20世纪初期，著名学者沃尔夫等人在继承了前人研究的基础上提出了著名的“沃尔夫—萨丕尔假说”[⑥]，这个假说至今仍然具有广泛的意义。在语言与文化关系的探索中，许多语言学、人类学家为语言文化研究投入了毕生精力。如语言学家罗常培在《语言与文化》一书中，从语词的语源和演变看过去文化的遗迹，从造词心理看民族的文化程度，从地名看民族迁徙的踪迹，从姓氏和别号看民族来源和宗教信仰，从亲属称谓看婚姻制度等[⑦]。这类语言文化学著作体现了语言文化研究的特色。

语言文化研究迅猛发展，除传统语言文化研究外，在语言传播、语言创意、语言艺术、语言景观等方向也积累了丰富的成果，代表了新时代背景下语言文化研究的新

---

① 海洋文化研究所主要成果有：《海洋文化概论》1999年由青岛海洋大学出版社，后多次再版，成为高校教材和研究参考；2008年出版的五卷本《中国海洋文化史长编》是一部海洋文化史巨著，以时间为线索梳理了中国历史发展进程中与海洋相关的事项，系统地为我们展示了中国海洋文化发展史及相关研究成果，可以作为海洋文化研究的参考工具书；《中国海洋文化研究》是以书代刊的论文辑刊，共出版五卷，其中收录了中、日、韩三国学者围绕东北亚地域内海洋文化和历史地理的研究成果，是专题性论文集刊，等等。

② 张开城，广东海洋大学海洋文化研究所教授，有论文《海洋强国战略背景下的海洋文化产业发展研究》(2016)、《比较视野中的中华海洋文化》(2016)、《海洋文化产业现状与展望》(2016)等海洋文化、文化产业发展相关的文章。

③ 曲金良：《中国海洋文化研究的学术史回顾与思考》，《中国海洋大学学报(社会科学版)》，2013年第4期。

④ 张纾舒：《中国海洋文化研究历程回顾与展望》，《中国海洋大学学报(社会科学版)》，2016年第4期。

⑤ 在地理位置上从北至南依次有辽东半岛、胶东半岛、舟山群岛、长三角、港澳、珠三角、海南岛这几个区域，学术界现有海洋文化研究主要围绕中国沿海形成几个地域性研究力量，形成了环渤海、黄海、舟山群岛、长三角、珠三角、环南海、北部湾等几个海洋文化研究兴盛地域，并积累了丰硕的海洋文化地域研究成果。

⑥ 张振江：《当代国外“沃尔夫—萨丕尔假说”研究评介》，《青海民族研究》，2007年第4期。

⑦ 罗常培：《语言与文化》，北京：语文出版社，1989年版。

方向。作为语言文化研究新方向的海洋语言文化研究，是一个交叉学科的概念，指在海洋文化背景下的语言文化研究，以语言为核心研究内容，包括各种涉海语言及由此形成的语言文化内容，运用语言学、文化学、民俗学、人类学等学科的调查方法，调查海洋文化背景下特有的海洋语言文化现状和历史发展过程，从而服务于当代海洋强国背景下，涉海语言文化发展和建设。

3. 海洋文化产业研究

21 世纪被誉为“海洋世纪”，海洋文化产业作为海洋经济的重要组成部分已经显现出巨大的发展潜力，并成为拉动沿海地区经济增长的重要绿色产业。当前学术界对于文化产业的研究方兴未艾，涌现出许多研究成果，涉及文化、旅游、设计、海洋学、经济学等多学科领域。

关于海洋文化产业的定义，曲金良等学者对其概念进行了界定，认为海洋文化产业是文化产业门类中的次级门类，将其定义为：“从事与海洋相关的文化产品的生产与服务的非经营性行业。”[①]当然不同的研究者基于不同的学科背景对海洋文化产业概念提出了不同的界定，比如有的学者侧重于海洋文化产业的文化层面研究，有的学者则侧重产业化和经济性研究。海洋文化是一切与海洋有关的文化，是人类与海洋互动中所创造的精神财富和物质财富的总和，因此海洋文化产业兼具物质性和精神性两个层面，同时海洋文化具有文化价值、艺术审美价值和商业价值。

在海洋文化产业布局构成上，不同的学者从不同的领域给出了不同的门类划分，涉及海洋文化产业方方面面。海洋文化产业就是以海洋文化资源为内容和载体，为了满足人们的海洋性文化消费需求而从事涉海文化产品生产和服务供给的经营性行业和非经营性行业(即公益性行业)。很多学者投身于海洋文化产业研究中，梳理了海洋文化产业的发展历程，为我们展现了海洋文化产业的发展及未来趋势。[②] 我们看到发展海洋文化产业要科学合理、行之有效地开发海洋文化产业资源，将海洋文化产业资源必须转化为可供消费的物质形式，在充分保护海洋文化产业资源的基础上，可持续地发展海洋文化产业是目前各方达成的共识。

二、海洋语言文化建设定位和研究框架

鲁东大学于 2020 年 12 月成立海洋语言文化建设研究院，旨在结合海洋文化、语言文化、语言产业等多方研究背景，在此基础上发展具有地域特色的海洋语言文化建设研究，拓展传统研究领域，开拓跨学科、综合性、多维度的研究体系。

(一)海洋语言文化建设定位

海洋语言文化建设是个崭新的研究方向，这一领域鲜少有前人学者涉及，多为零星的分散性研究，我们对海洋语言文化建设的研究定位是运用语言学、文化学等多学

① 曲金良：《中国海洋文化基础理论研究》，北京：海洋出版社，2014 年版。

② 徐文玉：《中国海洋文化产业研究历程回顾与思考》，《浙江海洋大学学报(人文科学版)》，2020 年第 1 期。

科交叉研究方法，对涉海语言文化事项进行研究，并试图将分散的材料整合为一个统一体系，从而为涉海语言文化发展和国家海洋政策实施提供方法和材料依据。

(二)海洋语言文化建设研究框架与研究设想

研究院基于前人学者在海洋文化、语言文化、语言产业等方面的研究成果，将其融会为海洋语言文化建设研究方向，并结合胶东地域文化特色提出切合地域文化发展的研究框架及研究设想。在鲁东大学海洋语言文化建设研究院成立会议上，首都师范大学中国语言产业研究院院长贺宏志研究员对海洋语言文化建设研究院的发展提出了中肯的建议，他指出："海洋语言文化建设研究"属于问题导向的跨学科研究，在走向深蓝、建设海洋强国之路上具有现实意义，有宏观、中观、微观的各种问题值得探究。既然是"建设研究"，当树立"产品"意识。如咨政报告、辞典、名录、研究书系、科普丛书、文创设计、文献资料室、展览室等。"海洋语言文化建设"命题乃首创之举，对"海洋语言文化"的内涵外延，也就是边界，须做一个学理性或描述性的界定，回答是什么、为什么要建设、建设什么、如何建设几个根基问题。为扩大海洋语言文化宣传，需要开辟宣传阵地，如创办期刊专栏、公众号等。①

1. 研究框架

结合贺宏志研究员的建议，鲁东大学海洋语言文化建设研究院整理主要研究框架如图 1 所示。

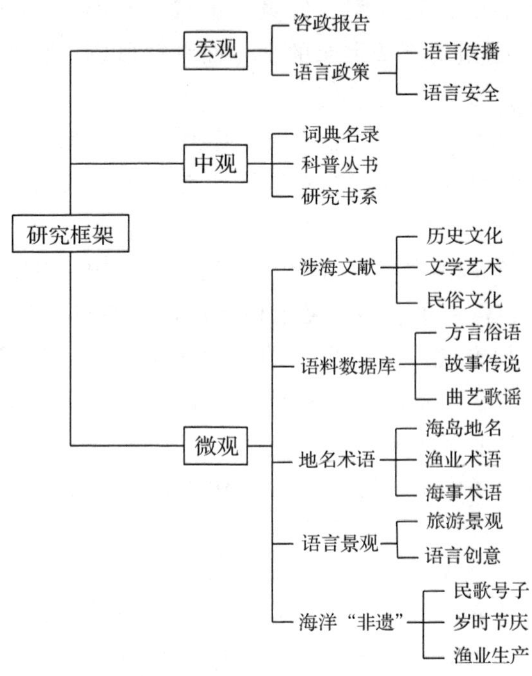

图 1　海洋语言文化建设研究框架图

① 2020 年 12 月 25 日，在鲁东大学"海洋语言文化建设研究院"揭牌仪式暨语言应用系列学术讲座活动上，中国语言产业研究院院长贺宏志研究员对海洋语言文化建设研究院的发展所提建议。

2. 研究设想

在此研究框架下，将海洋语言文化建设分为宏观、中观、微观三个维度展开。

首先，从微观研究入手充分挖掘资源。

1. 对海岛和沿海村镇方言俗语进行语言学调查，收集方言俗语并对其进行归类整理、录音录像、记音转写等工作，对涉海曲艺歌谣等进行录音录像保存，从而形成海洋语料数据库，进而研发建设与语言相关的特色资源数据库。

2. 对海洋地名和术语进行微观研究，如海岛地名研究，对海岛地名源流、类型进行研究，对无名岛屿的命名建议等；对海洋术语进行研究，如对渔业术语、海事术语的研究工作等。

3. 语言景观的研究，如海洋旅游语言景观、语言标识、语言创意研究等，结合旅游资源开发进行微观个案研究。

4. 海洋“非遗”研究，调查整理与海洋相关的语言类非物质文化遗产，充分挖掘海洋语言文化非物质文化遗产资源。国内现有海洋“非遗”研究，主要内容涉及海洋“非遗”的特征、价值、保护与利用等方面，研究领域多为民俗学、社会学、旅游学、创意学等，“我国海洋‘非遗’项目基本形成了以民俗类、传统技艺类为主，民间文学、传统音乐、传统舞蹈和传统美术为次，传统体育、曲艺、传统戏剧以及传统医药类项目稀缺的相似结构特征。”①海洋语言类相关“非遗”则多集中在民俗类、传统技艺、民间文学这三大类别中，在微观层面将对国家、省级、市级三级名录所涉及的海洋语言类“非遗”进行全面调查整理，通过对三级名录的全方面考察形成丰富的一手调查资料。

其次，开展中观维度的研究。

1. 词典名录编纂。如海洋语言类非物质文化遗产的调查收集并整合资料汇编出版；同时对海岛地名的研究和渔业、海事等术语的研究，出版相关术语词典、海洋语言文化辞典、海事语言服务词典等。

2. 科普书籍编写。在海洋文献调查中，涉及海洋历史文化、海岛风俗、方言俗语等方方面面，可以从多学科背景、多角度策划题目，汇集成科普读物出版。

3. 研究专著出版。研究院人员有良好的学术背景，在方言俗语、海洋渔业、海洋文学、海事文化等方面都有一定的研究基础，进行深入研究并出版相关学术专著，将进一步深入研究的领域及丰富研究成果。

在微观和中观的研究基础上，海洋语言文化建设研究院希望结合鲁东大学地域优势，整合鲁东大学多个学科，建立交叉学科研究新平台，为学校发展和各院系合作共赢创造有利的发展条件，在宏观层面上，为国家语言文化、语言政策研究贡献力量，在建设海洋强国所涉及的语言传播、语言安全问题或者海洋外交、国防所涉及的语言问题研究上开拓新的研究领域，为海洋语言文化建设贡献力量。

---

① 郝志刚：《中国海洋非物质文化遗产空间分布特征及其影响因素》，《中国海洋大学学报(社会科学版)》，2020年第2期。

三、胶东半岛海洋语言文化研究的历时性与区域性维度

海洋语言文化研究具有纵横两个维度的属性，首先，海洋语言文化具有历时性发展脉络；其次，具有区域性特质，我国沿海面积广阔，不同沿海区域具有不同的地理位置、生态环境、人群分布等。我们以鲁东大学所在的胶东半岛为例，分别从以上两个维度来对海洋语言文化研究进行分析。

(一)历时性研究梳理胶东海洋语言文化脉络

山东是全国重要的沿海省，近海面积 17 万平方米，海岸线 3 343 千米，散布着大小 589 个海岛，拥有中国最大的半岛，胶东半岛是山东半岛延伸入海的区域，在行政区划上是烟台、威海、青岛三市所辖及山东半岛胶莱河以东区域。经过长期交流碰撞融合，胶东半岛地区形成了独特的胶东文化，东夷文化即在此处发源。胶东好比东方的地中海，小而言之，它是海岱、中原、燕山南北和辽东几个文化区的交汇地带；大而言之，它是中国通向朝鲜半岛和日本的门户[①]。三面环渤海、黄海的胶东半岛地区，在历史发展进程中具有独特的地位和作用，在东北亚文化交流中具有独特的位置。基于胶东半岛地理位置和胶东文化的独特地位，胶东地区海洋语言文化研究需注重其历时性特点。

(二)区域性研究彰显胶东海洋语言文化特性

区域性研究是海洋文化研究中的一个重要特色，其重点在于揭示不同区域的海洋语言文化的独特性。正如《中国海洋文化·山东卷》编者所言：“任何一个文化区域的形成，都离不开两个基本要素，一是区域内的文化内聚中心的确立，二是外廓边缘相对封闭的壁垒结构。”[②]胶东地区的海洋语言文化具有其自身独特的特性，与一海之隔的辽东半岛、朝鲜半岛、日本群岛有相似性，也有着明显的区域性，海洋语言文化的区域性研究，正是要揭示区域文化的独特性，“要揭示各区域内文化中心的存在形式、存在条件与存在依据，又要廓清本区域与其他区域的差异与联系，从而形成对本区域海洋文化核心特质的认识”[③]。

胶东半岛语言文化具有典型的区域性特征，在民众方言、日常民俗、节日习俗等方面体现得尤为明显，在胶东半岛区域内研究海洋语言文化事项需要划分更加细致的次区域。以方言为例，山东半岛的方言为胶辽官话，又称“胶东方言”或“胶东话”，胶东在地理上分为烟、威、青三地，同属胶东官话体系却有地区的具体差异。在方言研究中首先需要将三地分为次区域，然后再将行政区划内的市、县、区进行细致的方言

---

① 严文明：《胶东考古》，北京：文物出版社，2000 年版。

② 《中国海洋文化》编委会：《中国海洋文化·山东卷》，北京：海洋出版社，2016 年版。

③ 同上。

调查，绘制方言地图，标注方言核心区域和周边互相影响区域，充分运用区域研究法特点对其进行研究。

四、海洋语言文化建设研究的意义与趋向探讨

海洋不是语言文化的边界，与城市、乡村一样，海洋同样具有丰富的语言文化。海洋语言文化作为语言文化的重要组成部分之一，在被称为“海洋世纪”、海洋经济影响全球的今天，对海洋语言文化进行科学规划建设，符合国家需求、地域发展需求、民生需求，具有重要而特殊的研究意义。

中国语言产业研究院李艳教授在海洋语言文化建设研究院成立仪式上建议：“从不同主体需求角度来看，对接国家需求，可包括海洋自贸区语言服务、海洋行业术语词典、海洋语言文化资源保护、海洋语言景观建设、海洋旅游语言服务、海洋经贸语言服务等专题研究；对接国家需求与社会需求，可包括沿海城市语言环境、海洋城市语言能力、沿海居民语言文化素养等方面的研究；对接个体需求，可包括海洋旅游语言服务、海洋语言创意、海洋语言艺术服务等研究以及海洋语言文化读物研发等。”

(一)国家需求层面

在国家需求层面，党的十八大做出了建设海洋强国的重大部署。当前，以海洋为载体和纽带的市场、技术、信息文化等合作日益紧密，中国提出共建21世纪“海上丝绸之路”的倡议，就是希望促进海上互联互通和各领域务实合作，推动蓝色经济发展，推动海洋文化交融，共同增进海洋文化福祉。[①] 建设海洋强国是中国特色社会主义事业的重要组成部分，对推动经济持续健康发展，对维护国家主权、安全、发展利益，对实现全面建成小康社会目标，进而实现中华民族伟大复兴都具有重大而深远的意义。从国家需求层面来看，海洋语言文化建设是个新兴的结合体，从宏观层面对海洋语言文化展开研究，发挥战略研究、政策建言、人才培养、舆论引导、公共外交等重要功能，积极助力国家经略海洋计划。

(二)地域需求层面

在地域发展需求层面，胶东临渤海与黄海，有绵长的海岸线，自古拥有海上交通、贸易、渔业等丰富资源。这些资源中许多涉及语言文化层面，对地域而言，结合海洋资源，建设海洋语言文化，服务于区域社会语言文化繁荣和海洋语言产业发展，有利于地域特色文化发展和繁荣。位于胶东半岛的高校中，中国海洋大学、鲁东大学等具有海洋科学、语言学、历史学、民俗文化学研究的传统优势，整合这些优势资源，发展地域海洋语言文化，积极对接国家及山东海洋经济、海洋文化发展需求，是促进地域社会发展的要求。海洋语言文化建设研究院将逐步开展胶东半岛沿海地区方言民俗

---

① 《中国海洋文化》编委会：《中国海洋文化·山东卷》，北京：海洋出版社，2016年版。

研究、面向滨海旅游业的语言景观研究、航运贸易行业语言研究等研究工作，为繁荣海洋文化、服务海洋经济做出积极贡献。

(三)民众需求层面

在民众需求层面，随着数字化时代的到来，传统靠海而生的沿海民众在生活方式上发生了很多变迁，民众如何面对生活方式的改变，在经济、文化、心理等层面究竟发生了哪些改变，民众又如何在传统与现代中转换，适应新的渔业生产方式，针对这些，海洋语言文化建设研究院将开展深入的个案研究，运用田野调查的方法深入渔民、岛民的日常生活中，了解民众在海洋语言文化层面的变化与需求，探索传统文化的现代化转化之路。民众是语言文化永不枯竭的源头，在民众需求层面，海洋语言文化建设研究院力图整合研究力量，构建海洋语言文化建设的专项研究，一方面将民众的语言文化作为研究对象，另一方面也试图通过专项研究为在传统与现代转化中的民众提供精神的慰藉。

围绕研发海洋语言文化产品，满足民众需求，李艳教授认为："可以研究、推出社会普及性的成果，如包括'海洋语言文化建设阅读书系''海洋语言文化建设大讲堂''海洋语言文化博物馆'等，以多样化的表现与传播手段，实现对'蓝色家园'海洋语言类非物质文化遗产的传承、传播。"

五、结语

600年前的中国，是海洋文化的繁盛时期，港口林立，船只往来频繁，这条"海上丝绸之路"也成为后来东西方文明交流的纽带。21世纪，世界各国的目光再次聚焦海洋，海洋资源、生态环境、经济利益、海事安全等国际海洋事务更多地成为一个国际共同讨论的议题。虽同处一片海，沿海各国却因不同的历史文化和语言风俗习惯形成了对问题不同的理解方式。面对复杂的国际环境，了解海洋、认识海洋、经略海洋，找到一条通往海洋强国、实现民族复兴、成就中国梦的道路，海洋语言文化建设研究尤为必要。海洋语言文化建设研究致力于服务国家发展战略，在海洋强国的中国梦中发挥咨政作用；服务地方经济社会发展，在东北亚环中国海文化圈内充分发挥海洋语言和文化研究的作用，将中、日、韩三国东北亚环中国海文化圈作为一个整体，从而为和谐、和平的"海洋命运共同体"而努力。

参考文献

[1]贺宏志．语言文化建设的内涵、现状与对策[J]．语言文字应用，2014(3).

[2]曲金良．海洋文化与社会[M]．青岛：中国海洋大学出版社，2003.

[3]曲金良，柳和勇，张开城等．中国海洋文化基础理论研究[M]．北京：海洋出版社，2014.

[4]曲金良．中国海洋文化史长编・典藏版[M]．青岛：中国海洋大学出版社，2017.

[5]杨翠兰．山东半岛海洋文化面面观[M]．北京：现代出版社，2020.

[6]倪浓水．中国海洋非物质文化遗产十六讲[M]．北京：海洋出版社，2019.
[7]王颖．山东海洋文化近代化转型的历史考察[M]．北京：人民日报出版社，2018.
[8]《中国海洋文化》编委会．中国海洋文化·山东卷[M]．北京：海洋出版社，2016.
[9]李允先．岛屿·海洋民俗和文化产品[M]．郑慧，译．上海：上海译文出版社，2018.
[10]沈燕红．浙东渔歌与海洋文化研究——以舟山为案例[M]．杭州：浙江大学出版社，2017.
[11]陈默．舟山群岛的海洋民俗文化[M]．北京：中国环境出版社，2017.
[12]钟珂．中国京族海洋渔捞习俗变迁及其文化蕴涵[M]．长春：东北师范大学出版社，2017.
[13]朱雄．东亚海洋文化的生成演变与未来走向——基于历史的考察[J]．海交史研究，2020(4).

作者简介：杨帆，鲁东大学文学院讲师、国家语委汉语辞书研究中心专职研究人员，主要研究方向为民俗学。

戴宗杰，鲁东大学文学院副教授、国家语委汉语辞书研究中心副主任，主要研究方向为语言学。

澳门大学生语言产业认知度调查

王宇婴　刘文英　胡　波　徐　威

摘要：澳门特别行政区是一个典型的多语社会，语言资源十分丰富，与语言相关的经济活动由明朝已经开始，具备发展语言产业的先天条件。在新冠肺炎疫情中，澳门单一的经济结构所带来的弊端显露无遗，亟待实现经济多元化。如何利用澳门语言产业的先天优势为澳门经济多元化做出更大的贡献，是当下值得探讨的极具现实意义的问题。本文以澳门 3 所大学在校大学生为调查对象，通过网络问卷调查了 218 名学生对语言产业概况、澳门语言状况和澳门本地语言培训行业的了解程度，分析了影响其认知的因素，同时，研究也表明提高语言产业认知度对产业发展有着积极作用。

关键词：语言产业；认知度；语言培训行业

Macao University Students' Perceptions about Language Industry

Wang Yuying, Liu Wenying, Hu Bo, Xu Wei

Abstract: Macao Special Administrative Regions, a typical multilingual society, possesses rich language resources. The earliest language-related economic activities here can be traced back to the Ming Dynasty. Therefore, it has the advantage of developing language industry. During the COVID-19 pandemic, the weakness of homogeneity of its economic structure has been evident. Language industry must be further developed into a necessary complement to Macao's economy. An online survey was conducted among 218 university students of three higher education institutions in Macao concerning their perception about the language industry in general, the language situation and language training sector in Macao.

Keywords: language industry; perception; language training sector

澳门位于我国东南沿海珠江三角洲，自古以来就是对外交流的重镇。澳门语言产业的发端可追溯到 400 多年前，从葡萄牙人在此定居开始，与语言相关的行业便在澳门产生、发展(王宇婴，2020)。自 1999 年澳门特别行政区成立以来，其独特的“三文”

（中文、葡文、英文）和“四语”（普通话、广州话[①]、英语和葡萄牙语）社会语言环境，以及“一中心、一平台、一基地”[②]的定位为澳门语言产业的发展带来了新的机遇。

放眼全球，随着国家地区间交往的日益频繁，语言产业在过去十年中获得了长足发展。据Statista的统计，全球语言服务市场规模在2019年达到496亿美元[③]。澳门可以借鉴其他国家和地区的成功经验，将语言产业作为经济适度多元化的元素之一。

为此，本研究在澳门大学生中展开语言产业认知度调查，希望初步掌握特定人群对语言产业整体状况的了解程度、对具体语言行业的认知情况以及对相关政策的熟悉程度；在对结果数据分析的基础上，了解语言产业的推广程度、市场需求及相关政策的宣传力度，为产业未来发展提供相关的依据。

一、语言产业认知度调查的必要性

与语言产业相关的调查，有的侧重一国或地区整体语言产业状况和发展趋势，如中国翻译协会发布的《中国语言服务行业发展报告》、欧洲翻译公司协会（EUATC）发布的《欧洲语言产业调查报告》等；由商业机构负责调查撰写的报告则侧重市场需求和语言相关企业的经营状况，如专门服务于语言行业的商业媒体公司Slator发布的《Slator语言产业市场报告》、全球知名语言咨询公司Nimdzi与英国翻译公司协会（ATC）联合推出的《ATC英国语言产业调查及报告》等。

在学术文献方面，出现了关于语言产业中语言行业的调查研究，有：《北京语言培训业状况》（李艳等，2012）；《基于语言服务视角的语言康复行业状况及对策研究》（李艳，2017）；《汉语能力测评业现状及发展建议》（朱海平，2019）；《北京语言出版业中图书出版状况调查》（帅柳娟，2019）；《广西翻译公司状况调查》（卢微等，2013）等，但有关语言产业认知的调查还是空白。

此次认知调查的对象是澳门在校大学生，现阶段他们的主要角色是语言产业的消费者。了解他们对语言产业的认知有着重要意义，具体体现在以下三个方面。

首先，认知调查有助于提高语言产业意识。在“语言产业”这个概念被提出之前，语言相关行业其实早已存在，“但处于自发的、分散的状态，尚未形成独立的、具有完整体系的产业”（贺宏志，2012），比如语言翻译、语言培训、语言康复等。“语言产业”的提出，就是要把相关产业链上分散的渠道、企业、服务和资源等整合在一起，政府可以从宏观的角度为其制定相关政策，提供政策支持、必要指引和适当监控，从而改

---

① 此处采用“广州话”的提法，借鉴于澳门统计暨普查局“人口普查”中“按性别、岁组及可使用语言统计的人口”的统计项目。

② 2019年2月18日，中共中央、国务院印发《粤港澳大湾区发展规划纲要》，提出澳门的定位是：建设世界旅游休闲中心、中国与葡语国家商贸合作服务平台，促进经济适度多元发展，打造以中华文化为主流、多元文化共存的交流合作基地，即澳门在原来“一中心、一平台”的基础上，又增加了“一基地”的角色。

③ 在线数据统计库Statista提供的2009—2021全球语言产业市场规模统计：https://www.statista.com/statistics/257656/size-of-the-global-language-services-market。

善产业发展的整体环境。产业的发展既可以为国民经济做贡献，也可以提升人们的生活质量。一个新产业的诞生只有得到社会的认可，才能吸引投资、招揽人才、扩大市场需求。

其次，语言产业的迅速发展意味着语言的经济和商品属性越来越突出，其产品和服务进入市场、换取利润。市场需求是产业发展的驱动力，而消费者的认识和需求是语言相关行业必定要考虑的因素。需求创造供给，了解需求有助于优化产业结构，实现产业良性发展。

最后，结合澳门的实际情况，开展认知调查更有其紧迫性。澳门的经济结构过度单一，过度依赖于博彩业。从1999年回归至今，澳门的经济呈现跳跃式发展。2018年GDP达到4 403亿澳门元，其中博彩业GDP为2 385.61亿澳门元，占总量超过一半，博彩税占澳门政府总收入超过八成。然而，2020年新冠肺炎疫情在全世界各地暴发，为了防止疫情蔓延，各地都采取了严格的防疫措施，使得人员流动往来几乎停滞。以旅游业，特别是以博彩业为支柱产业的澳门由于游客来源被切断，经济严重衰退，出现较大财政赤字。截至2020年9月底的公共财政经常性收入，按年骤跌65%，至335.1亿澳门元①。这次疫情深刻揭示了经济结构单一带来的突出矛盾。在2021年施政报告中，政府特别强调了“充分利用特殊的地位和独特的优势，积极培育新兴产业，推动产业升级转型，致力构建符合澳门实际、适度多元、具竞争力的产业结构，增强澳门经济的发展动能和抗逆能力，实现经济适度多元可持续”。语言产业可以借助澳门特有的多语和谐并存的优势，立足于澳门实际，面向大湾区和国际市场，逐渐发展出自己的产业特色，成为澳门多元经济的贡献者。

二、调查对象及方法

本次调查以澳门高等院校在校生为调查对象，学生分布在本科一年级到四年级。调查共收到答卷218份，调查对象所涉及的高校为澳门理工学院、澳门科技大学以及澳门城市大学。其中，澳门理工学院以招收澳门本地生为主，另外两校则以招收内地学生为主。在调查对象中，内地生占82%，本地生占18%。

以高校学生为代表的年轻人与产业发展关系密切。他们有较为敏锐的观察力和较强的接受力，对于新兴产业更多是抱着开放的态度。更重要的是，他们是产业的消费者，其消费需求会影响产业未来的发展方向。他们也即将成为创业者、从业者，是语言产业未来的主力军。

问卷通过腾讯问卷发放。在线问卷具有低人力成本和高统计效率的明显优势，但是由于没有一对一的压力，回收率相对于传统纸质问卷要低。为了弥补这一缺陷，我们在设计问卷的时候提高了客观题的比例，在10道题中，仅有1道主观题，其余9道均为客观题。

① 数据来源：澳门经济局政府中央账目。

从问题分布情况来看，有 3 题关于调查对象对语言产业概况的了解，有 4 题关于澳门语言使用情况和相关政策，有 2 题关于澳门语言培训行业，有 1 题关于对澳门语言产业协会的认知。这些题目不仅涉及了产业概况，更着重澳门本地语言产业的信息，兼顾了与学生密切相关的语言培训行业。

三、统计与分析

我们从三个方面来具体呈现和分析相关的问卷结果，分别是对语言产业概况的总体认知、对澳门语言状况的基本认知、对语言培训市场供需现状的认知。

(一)对语言产业概况的总体认知

对受访者关于语言产业概况认知的调查，包括产业知晓度、所涉及的行业、对经济的贡献三个方面。

1. 在被问到是否听说过“语言产业”时，有 73.4%的受访者(如图 1 所示)表示过去从未听说过。

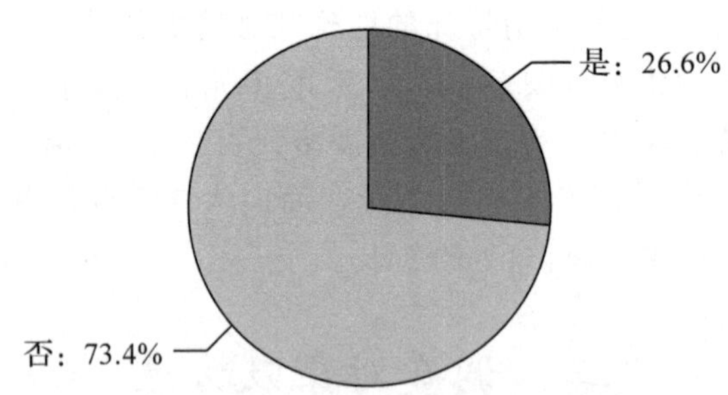

图 1　受访者是否听说过“语言产业”的统计结果

2. 对于语言产业所包括的具体行业，最为受访者熟悉的是语言培训、出版和翻译行业(如图 2 所示)。

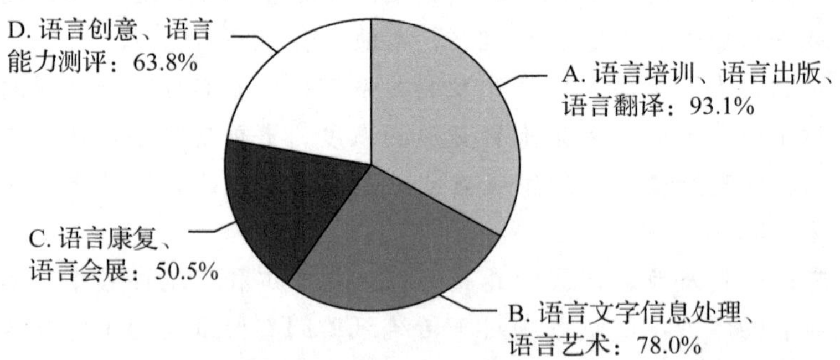

图 2　受访者对语言产业相关行业了解程度的统计结果(本题为多选)

调查结果显示，大学生群体对语言产业整体状况的认知度呈现以下特点：

第一，受访者中，只有 26.6%的人听说过语言产业，而其对经济的贡献也少为人注意。有多重因素导致语言产业认知度不足，首先是传统认知上把语言作为单纯的交际工具，忽略了语言作为经济资源的属性，这是内在原因；其次，虽然很多学生都消费过语言产品和服务，如下载使用属于语言技术的翻译应用程序等，但是市场上语言产品和服务与其他产品融合存在，或者尚未形成有影响力的品牌，是产业认知度低的外在因素。

第二，在所列举的语言行业中，识别度最高的是语言培训、语言出版以及语言翻译，其次是语言文字信息处理和语言艺术，这些均是生活中最常使用的语言服务和产品，体现在问卷上也是最多被选择的行业。最少被选择的语言康复和语言会展，由于语言康复的对象通常是学龄前儿童和年长者，而问卷对象的年龄为20岁左右的青年学生，因此对语言康复行业关注较少；语言会展则在中国刚刚起步，目前境内只有中国北京国际语言文化博览会一枝独秀，也是导致澳门大学生对语言会展不甚了解的因素。

（二）对澳门语言状况的基本认知

相关问题包括：

1. 受访者是否了解澳门的官方语言。如图3所示，能正确答出是中文和葡文的仅占受访总人数42.2％，不足一半。由于英文在本地生活工作中使用广泛，有半数受访者将其列为官方语言之一；但所有受访者都知道英语并非唯一官方语言，因此显示在图中为C英语选项缺失。

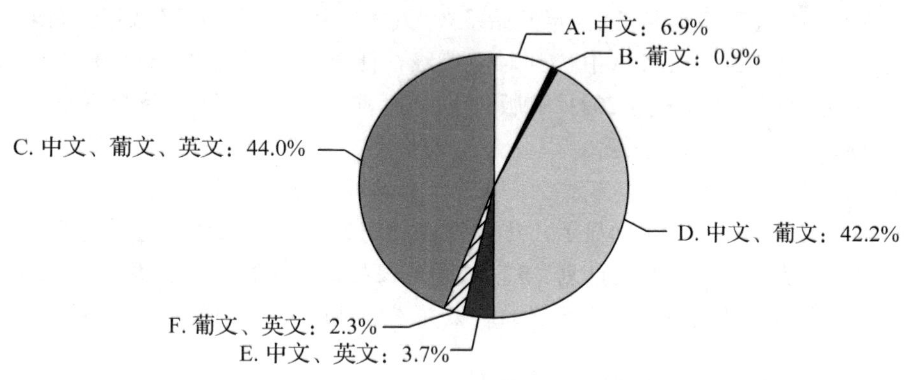

图3　受访者对于澳门官方语言了解程度的统计结果

2. 受访者是否了解澳门政府鼓励市民学习语言学习的相关政策。仅有41.7％的受访者能正确回答出考证后能获得的奖励计划名称（如图4所示）。

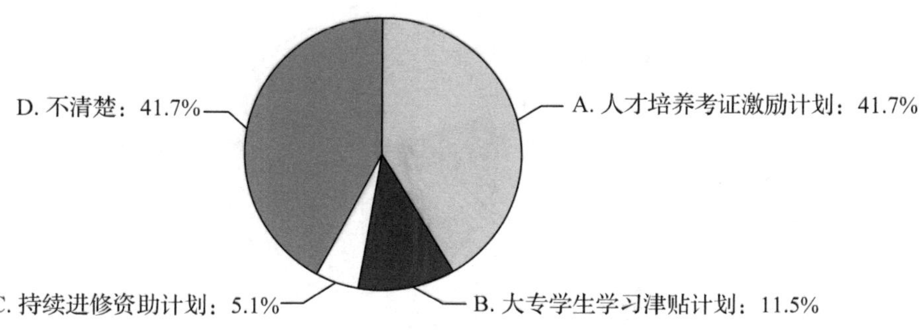

图4　受访者对于政府鼓励措施了解程度的统计结果

了解澳门的语言资源，要从了解其语言的使用情况开始。《澳门基本法》第 9 条对于正式语文做出了明确规定：“澳门特别行政区的行政机关、立法机关和司法机关，除使用中文外，还可以使用葡文，葡文也是正式语文。”而调查结果显示，高达 44.0％的受访者认为中文、葡文、英文是官方语言，甚至超过了选择正确答案的人数（42.2％）。澳门长久以来都是中、葡两种语言并用。这种情况下为了交流的需要，一般的情况是，或者两种语言的使用者互相学习对方的语言，或者所有人学习一种通用语（Zhang and Grenier，2012）。由于澳门还有不少来自东南亚和世界其他地区的少数族裔，作为世界通用语的英语也已成为澳门通用语之一，其普及程度仅次于中文，导致许多人对澳门官方语言的误解。

在对未来澳门繁简字使用状况的预测中，有 80.7％的受访者认为将是繁简字并用的局面。目前澳门官方文件、新闻媒体和学校教育体系仍然沿用繁体字。但是诸多因素的存在，使得简体字在澳门的使用频率不断提高。比如，从内地来澳门工作、学习的人带来自己的书写习惯；旅游业为了接待人数众多的内地游客，将标识语用简体字书写；越来越多的澳门人关注内地网络媒体，因此对简体字的接受度也越来越高。由此可见，繁简字并用是新的常态，并将在未来很长一段时间存在。

在语言政策方面，我们选择了与受访者关联度较高的“人才培养考证激励计划”。根据统计，知道这一计划的受访者占比不到 50％，而在 39 名受调查的澳门学生中，只有 16 人了解该项计划。特区政府从 2017 年开始推行“人才培养，考证激励计划”。如果 15 岁以上的澳门居民在规定的语言考试中达到对应等级，便可以申请获得 1 000 澳门元（折合人民币约 810 元）的奖励。根据 2021 年版计划，所涉及的考试包括葡萄牙语等级考试（PETS）、西班牙语作为外语文凭（　　）、法语鉴定文凭考试（DELF & DALF）、韩国语能力考试（TOPIK）和日本语能力试验（JLPT）。这些措施有助于鼓励居民学习语言，而对澳门语言政策的认知度调查则显示，尽管特区政府颁布了一系列措施，包括“持续进修发展计划”和“人才培养考证激励计划”等，鼓励居民提高语言能力在内的多种技能，但是由于宣传力度不足或其他原因，这些好的政策并未能被广大市民所熟知。

（三）对语言培训市场供需现状的认知

1. 受访者是否注意到以及在何处注意到有语言培训的广告。结果显示（见图 5），有 50.9％的受访者并未看到过广告，而网络是学生最多接触到此类广告的媒介。

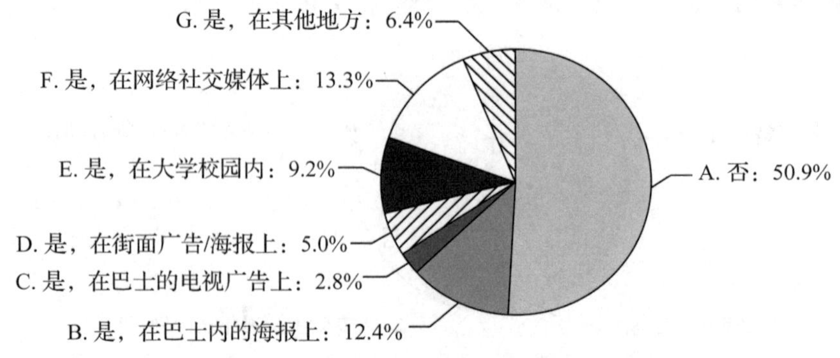

图 5　受访者接触语言培训广告途径的统计结果

2. 对于最想参加的语言培训种类，总体来看广州话和英语超过其他语种，稳占头两位(见图 6)。

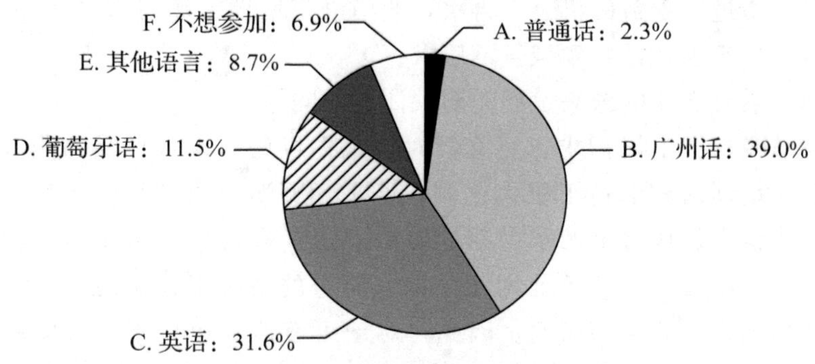

图 6　受访者语言培训需求的统计结果

调查显示，超过一半的受访者从未在任何媒体上看到过任何形式的语言培训广告，这突出反映了宣传营销力度不足的问题。澳门土地总面积为 32.9 平方公里，人口为 63.81 万①，有限的市场很难催生本地独立品牌，以往与内地或海外其他国家地区在语言培训上也少有合作。总体上来看，澳门目前的语言培训机构多数都是采取小作坊式的运作模式，培训机构的数目虽然不少，但是分布零散，还没有形成规模。经营者往往不愿意投入大量的成本在宣传上，这造成了认知度相对较低的情况。有需求的学习者无法找到合适的课程，而质优的课程也无法为人所熟知。这种双向沟通不畅阻碍了行业进一步的发展。

在语言培训需求方面，有近 39%的受访者选择了广州话。由于调查对象中 82%为内地生，因此，进一步考察 18%的本地同学的需求，39 位本地生中有 18 位选择英语；其次是其他语言，有 8 位学生选择；第三是葡萄牙语，有 5 位学生选择。语言培训的需求反映了社会生活对语言的需求。广州话是澳门最广泛使用的语言，在澳门就读的内地生要融入本地生活就需要掌握这门语言。而英语的需求则体现在日常生活、工作或者学习深造当中。

大学生对语言培训有着明确的需求，但是宣传力度的不足，影响了学生对相关信息的获取。澳门高质量、具规模的语言培训机构数量不多，对象多为儿童，语言培训通常是和绘画、音乐以及其他技能培训结合在一个培训机构里，削弱了其专业性。总体来看，本地语言培训需求并未得到充分满足，许多学生需要的广州话培训仍有很大缺口，出现了供需错位的状况。

四、对澳门语言产业发展的相关思考

首先，本次调查揭示了大部分受访者对语言产业整体情况缺乏认知，不了解其经

① 数据来源：澳门特别行政区政府统计暨普查局 2020 年第四季度统计数据。

济贡献，也不清楚其所包括的行业；其次，尽管特区政府颁布了一系列措施鼓励居民参加语言培训课程及考证，但由于宣传力度等问题，仍有相当一部分的受访者对相关政策并不知情，错过了受益的机会；再次，澳门语言培训市场与需求间存在着不平衡，导致某些领域供过于求，某些领域供不应求。

因此，澳门语言产业的未来发展需要关注以下问题：

首先，应敏锐把握市场需求，更有针对性地提供语言培训产品与服务。本次调查中显示对广州话培训的需求占了很大比例，但是环顾澳门语言培训市场，开设广州话培训班的数量非常少。从这个例子中我们可以看出，在澳门，由于语言行业规模、人力物力、经营理念所限，在缺乏前期充分深入调查的情况下，出现了英语培训竞争激烈，但广州话培训少人涉足的局面。因此，对于语言培训机构来说，应敏锐把握市场需求，更有针对性地提供语言培训产品与服务。

其次，语言企业应强化品牌意识，提高语言产品与服务的品牌形象。塑造品牌需要投入，而澳门大多数的语言产品和服务的供应者仍然处在小作坊式运作阶段，只是维持基本运营，没有精力与意识进行品牌开发。实际上，品牌能为产品带来更高的附加值，同时正面的品牌形象也能吸引到更多的消费者。

再次，要注重培养澳门人，特别是年轻人的语言消费意识。澳门独特的语言格局使得这里双语乃至多语使用者十分普遍。澳门多语能力在学龄儿童身上体现得尤为突出。根据澳门教育暨青年局2019年统计，特区共有以中文为授课媒介的中小学67所，英文15所，葡文4所。每所学校还开设除授课语言以外的至少一门语言课。加上家庭成员的不同语言背景，并且有数量众多的家庭雇佣来自菲律宾、越南、缅甸、印尼等国家的家佣，使相当数量的澳门年轻人生活在多语环境中。他们是澳门语言产业未来发展的中坚力量。既要充分挖掘他们的语言能力，也要让他们了解本地丰富的语言资源，重视语言资源的宝贵价值。

最后，还要让澳门居民看到语言产品和服务是当今工作生活中不可或缺的一部分：语言培训能拓展就业机会、语言翻译能扫除沟通障碍、语言艺术活动可以陶冶情操、语言治疗可以帮助有需要的人融入正常社会生活。相信随着人们消费习惯的慢慢改变，消费结构从生存型向文化休闲型转变，也会带动语言消费的提升。

本次调查存在一些不足：1. 内地学生与本地学生的人数比例不均衡，由于部分内地同学就读大一，刚来澳门不久，对澳门的语言使用情况及相关行业缺乏了解，因此对结果的客观性有一定影响；2. 问卷所涉及的语言产业面较窄，只覆盖了语言培训一个行业，对其他语言并没有涉及，在今后的研究中，需要进一步补充完善。

参考文献

[1]贺宏志．语言产业导论[M]. 北京：首都师范大学出版社，2012.

[2]李艳．基于语言服务视角的语言康复行业状况及对策研究[J]. 语言政策与规划研究，2017(1).

[3]李艳，郭双双．北京语言培训业状况[M]//教育部语言文字信息管理司组．中国语言生活状况报

告(2012). 北京：商务印书馆，2012.

[4]卢微，等．广西翻译公司状况调查[J]. 商情，2013(39).

[5]帅柳娟．北京语言出版业中图书出版状况调查[M]//语言产业研究．北京：首都师范大学出版社，2019.

[6]王宇婴．澳门语言产业的概况与发展设想[C]//黄翊．澳门特区 20 年社会语言状况回顾与展望学术研讨会论文集．香港：三联书店(香港)有限公司，2002.

[7]朱海平．汉语能力评测业现状及发展建议[M]. 语言产业研究．北京：首都师范大学出版社，2019.

[8]Kotler P.，Keller. K. Marketing Management[M]. 13th edition. Upper Saddle River：Pearson Prentice Hall，2008.

[9]Zhang Weiguo，Grenier G. How can language be linked to economics? A survey of two strands of research[J]. Language Problems & Language Planning，2012，37(3).

作者简介：王宇婴，澳门理工学院语言及翻译高等学校副教授。研究方向：语用学、语言产业、口译研究。

刘文英，澳门科技大学助理教授。研究方向：理论语言学。

胡波，澳门城市大学外语教育与研究中心主任兼任外语课程主任，助理教授。研究方向：理论语言学、英语教育、语言产业。

徐威，澳门城市大学人文社会科学学院助理教授。研究方向：澳门高等教育、英语教育、理论语言学。

澳门语言培训业调查

黄卓玮

摘要：新时代背景下，澳门致力于经济适度多元化发展。其中促进教育发展、建设文化交流合作基地，作为特区政府2016—2020五年发展规划中的重点工作①。推动中华优秀传统文化传承、加强人才培养合作、发挥中葡文化的桥梁作用等工作，都给澳门社会的语言需求带来了新的要求和挑战，澳门本地的语言培训产业因此得到发展。研究澳门语言培训产业的现况、政府的推广与扶持、机构的设置、社会的需求、未来的机遇和挑战，以推动本地语言培训产业健康发展。

关键词：新时代；粤港澳大湾区；澳门；语言培训产业

A Survey of Language Training Industry in Macao

Wong Cheokwai

Abstract: In the new era, Macao is committed to moderately diversified economic development. Among them, promoting the development of education and building cultural exchange and cooperation bases, as the key work of the development plan of the SAR government from 2016 to 2020, have achieved good results. Promoting the inheritance of the fine traditional Chinese culture, strengthening cooperation in personnel training, and playing the role of a bridge between Chinese and Portuguese cultures have all brought new demands and challenges to the language needs of Macao society, and thus the local Language Training Industry in Macao has been developed. This paper studies the current situation of the Language Training Industry in Macao, the promotion and support of the government, the establishment of institutions, the demand of the society, the opportunities, and challenges in the future.

Key words: New era; Guangdong-Hong Kong-Macao Greater Bay Area; Macao; language training industry.

根据澳门统计局2020年第三季统计，澳门地区总人口为68.28万人。人口组成中中国人占总人口的97%，其余3%为葡萄牙、印度尼西亚、菲律宾和越南等外国居民。② 根据2019年《统计年鉴》，澳门经济以第三产业为主，占比为95.8%。教育行业占澳门产业结构的1.8%，整体增加总值为80.19亿元，按年上升9.5%，仅次于保险

---

① 澳门特别行政区政府：《澳门特别行政区五年发展规划(2016—2020年)》附件：《澳门特别行政区参与粤港澳大湾区建设》。

② 澳门特别行政区政府统计暨普查局官网：https：//www.dsec.gov.mo/zh－MO.

及退休基金、酒店业和博彩业，位列第四。[①]

澳门特区政府鼓励本地语言培训机构组织不同形式的语言学习活动，提升本地居民的语言素养、技能等。澳门语言培训业以本地政策红利和粤港澳大湾区发展、“一带一路”建设等国家战略为发展契机，在发展中呈现出一些新的特点。

在知网中搜索“澳门语言产业”“澳门语言培训业”，未搜索到相关的论文，关于粤港澳大湾区语言产业的研究，在知网上共计 4 篇，集中于语言政策与规划、语言产业与服务、语言消费问题等方面。关于澳门语言文化、语言政策、语言态度等与语言产业相关的论文，在知网上共计 32 篇。在谷歌学术中搜索相关关键字，获得一篇关于澳门语言产业现状和发展策略的论文，该文章认为澳门语言产业发展存在较多的挑战，部分行业规模小，不能很好助力支柱产业的发展；行业发展不平衡，语言资源利用不足，以政府为主导，商业化程度低；多数语言行业科技含量低，未能在澳门产业经济中发挥其应有的作用。[②]

有关澳门语言产业的研究尚处于起步阶段，但关于澳门的语言研究在 1987 年之前就已经开始了，包括对澳门社会的语言状况、语言规划等方面的研究。进入 21 世纪以来，关于澳门语言相关问题的研究数量增多。有研究者认为政府在普通话课程改革上应尽快修改现行的澳门普通话教学大纲；引导学校采用合适的教材；加大对教师的培训力度及对普通话课程的经费投入。[③] 自 2016 年起，《澳门教育暨青年局年刊》中就把提升学生语言能力作为单独总结的内容，并逐年增加篇幅。

本文希望通过搜集相关语料，浅析澳门语言培训业现况，结合相关数据、问卷调查和深入访谈，对澳门语言培训业发展进行对策思考。

一、澳门官方语言培训项目现状

1990 年，澳门大学开始组织葡萄牙语课程及文化暑期课程。2002 年，澳门特区政府开始对本地语言教师进行教学培训，资助优秀教师赴外进行交流学习。2003 年，中葡经贸合作论坛在澳门创立，推动了澳门语言培训业的发展。2004 年起，澳门特区政府每年为前往葡萄牙就读葡萄牙语及法律的学生开设葡萄牙语暑期课程；同年，开办赴葡萄牙学习葡萄牙语的“暑期语言文化之旅”。2007 年开始，每年举办赴北京学习普通话、到澳大利亚学习英语的语言培训项目。2008 年，澳门教育暨青年发展局[④]发布《非高等教育发展十年规划》，将澳门学生的语文能力培养作为重点，要求学生中学毕业时必须具备熟练运用一门外语的能力。2015—2016 年，澳门语言培训中心开始筹备，该中心主要提供语言生活营和语言培训课程两项服务。2019 年，澳门获得国家教育部

① 澳门统计暨普查局：《统计年鉴》(2019)。

② 胡波、陈红：《澳门语言产业的现状及发展策略》，《现代语言学》，2020 年第 8 卷第 5 期。

③ 何筠：《澳门小学普通话教学的调查与研究》，暨南大学硕士学位论文，2010 年。

④ 2020 年 10 月 29 日澳门教育暨青年局与澳门高等教育局合并为澳门教育暨青年发展局，负责跟进澳门高等教育、非高等教育和青年事务。

语言文字应用研究所批准，在澳门语言推广中心(2003年前后成立的澳门教育暨青年发展局辖下机构之一，具有推动、协调及执行语言教学活动的职能[①])设置普通话测试培训中心。[②]

澳门特区政府2011年正式推进"持续进修发展计划"项目，在此背景下，民间语言培训机构开展了各项语言培训项目，在2014—2016年的第二阶段持续进修计划中，语言翻译项目被囊括进"教育学术类"进行划分，共计11 155人次参与。[③] 2019年12月，第三阶段"持续进修发展计划"资助市民参与语言培训相关课程和认证考试的人数，合计达到约35 000人次，其中以职业技能为主的课程参与量，平均占第三阶段持续进修发展计划总参与量的61%，其中，以语言翻译、商业和管理最受欢迎。报考的语言类认证考试主要有IELTS、TOEIC、CAPLE、普通话水平测试、日本语能力试验、韩国语能力考试、德语等级考试等。[④]

"语言培训"是指通过一段时间的学习和训练，使受训人获得某种语言能力的过程。[⑤] 为落实澳门在粤港澳大湾区中作为中国与葡语国家商贸合作服务平台和"以中华文化为主流，多元文化共存"合作基地[⑥]的定位，澳门特区政府积极开展各项语言推广和语言培训项目。

人类最伟大的文化成果是语言文字，改变一个国家和民族的最彻底的手段是改变其语言，保持一个国家和民族文化的最持久的手段就是保持其语言。[⑦] 2013年以来，澳门继续稳步推进各类官方语言培训项目进程，以满足本地行业的未来需求。积极推动和资助在相关学校开办葡语课程，中小学生也能通过网络的方式在线学习免费的葡语课程，提高相关的语言素养。

表1　2017—2019年澳门官方语言培训项目和人次统计[⑧]

2017年		2018年		2019年	
项目	人次/班次	项目	人次/班次	项目	人次/班次
澳门优秀中学生培养计划	25人	澳门优秀中学生培养计划	25人	澳门优秀中学生培养计划	25人
暑期语言修读计划(四项)	120人	暑期语言修读计划(三项)	115人	暑期语言修读计划(三项)	112人
暑期语言学习活动	400人	暑期语言学习活动	400人	暑期语言学习活动	150人

① 澳门语言推广中心官网：https://www.dsedj.gov.mo/cdl/cdlIndex.php?c=centerPresentation.html.

② 澳门教育及青年发展局：《教育暨青年局年刊》(2019)。

③ 澳门教育及青年发展局：《教育暨青年局年刊》(2016)。

④ 澳门教育及青年发展局：《教育暨青年局年刊》(2019)。

⑤ 李艳：《基于大语言产业观的语言培训业供给侧治理思考》，《语言战略研究》，2017年第2卷第5期。

⑥ 澳门特别行政区政府：《澳门特别行政区五年发展规划(2016—2020年)》附件：《澳门特别行政区参与粤港澳大湾区建设》。

⑦ 贺宏志：《发展语言产业，创造语言红利——语言产业研究与实践综述》，《语言文字应用》，2012年第3期。

⑧ 澳门教育及青年发展局：《教育暨青年局年刊》(2017—2019)。

续表

2017年		2018年		2019年	
项目	人次/班次	项目	人次/班次	项目	人次/班次
培养葡语教师及语言人才资助计划	17人	培养葡语教师及语言人才资助计划	7人	培养多领域中葡双语人才计划	20人
澳门青年访葡交流团	22人	法学士一年制入门预备课程	17人	公立"中葡双语班"	9班次
法学士一年制入门预备课程	(2009—2017年)175人			公立/私立葡文课程	8 000人

表2　第三阶段"持续进修发展计划"资助市民参与语言教育相关的进修课程和证照考试人次(2017—2018年)①

资助类型	语种				
	普通话	葡萄牙语	英语	其他	总人次
语言课程参与人次(本地和外地)	829	2 776	9 719	9 064	22 388
语言证照考试参与人次(本地和外地)	9	27	1 013	234	1 283

表3　第三阶段"持续进修发展计划"资助市民参与语言教育相关的进修课程和证照考试人次(2017—2019年)②

资助类型	语种				
	普通话	葡萄牙语	英语	其他	总人次
语言课程参与人次(本地和外地)	1 255	4 598	14 066	13 587	33 506
语言证照考试参与人次(本地和外地)	20	32	1 243	443	1 738

可以看得出来，中小学语言培训项目，从只有在暑假举办的短期项目逐渐发展为学校中的长期语言教学课程；从只面对中学教育，逐渐辐射到初等教育阶段。

在调查过程中，笔者对澳门教青部门进行了文字采访，该局在回复中表示，已经因应本地学生及市场需求，与教育部语言文字应用管理司合作，开发适合澳门本地普

① 澳门教育及青年发展局：《教育暨青年局年刊》(2017—2018)。

② 澳门教育及青年发展局：《教育暨青年局年刊》(2017—2019)。

通话学习的教材。同时为适应近年来线上学习方式的转变，除了之前提到的线上阅读平台外，澳门教青部门还推出了普通话和葡萄牙语的手机应用程序“花拉村”，方便学习者在移动客户端进行线上学习。每周还会制作三集的《趣谈普通话》和《葡文齐齐讲》电台节目，培养市民的语言学习习惯。未来，会以多种方式方法扩大本地语言培训的影响，提升语言教师的专业能力及其教学技巧，在优化、丰富本地语言学习资源的同时，进一步营造更好的语言教学和学习环境。

二、澳门语言培训业调查分析

调查分线上问卷调查、线上语音或文字访谈两种方式，旨在了解澳门民众对本地语言培训业的认识、评价、建议。首先，对调查对象的基本情况、语言培训经历、对语言培训机构的看法等问题进行了初步了解。在此基础上，对本地语言培训机构的收费、师资、学生构成及本地语言学习人数增长情况、本地语言培训业发展等问题进行访谈。同时，对一些语言培训机构进行了实地走访。

线上调查问卷共发放 264 份，回收有效调查问卷 103 份。年龄方面，20—30 岁占比最高，达 61.4%。职业方面，92%为在校学生，2.9%为专业人员，1.9%为企业管理者等。收入方面，月收入在 1 501—2 000 澳门元之间的占比最高，达到 22.3%。因为参与问卷调查的多为大学生，尚没有固定收入。第一语言方面，粤语占比最高，为 44.7%；其次为普通话，占比为 43.7%；葡萄牙语占比最低，仅有 1%；其余 10.6%包含英语等其他语言。

线上访谈人数共计 11 名，平均年龄为 26 岁；3 名为澳门在北京高校就读的学生，4 名为澳门本地高校学生，2 名为澳门在台湾高校就读的学生，2 名为澳门本地企业在职员工。性别为 5 名女性和 6 名男性。

2021—2023 年度第四阶“段持续进修发展计划”在 2021 年 1—6 月共开设 495 门语言类课程，对这些课程进行分析，发现有 43 个语言培训机构的语言课程能够使用 6 000 澳门元的学习津贴；语言课程的课时从 9 到 75 小时不等；费用最低为 610 澳门元，最高为 4 500 澳门元；课程每班人数最少为 7 人，最多 30 人，其中，8 人班课程最多，共 106 个，占比 21.46%，超过 30 人的课程只有 2 门，为同一机构开设的葡萄牙语班。在各个语言班中，人数越少，相应的培训费用越高，不过一般存在于同一机构中。开课时间方面，周一到周日早上 8 点到晚上 10 点半之间都有开设课程，每周课程 1—2 次，每周课程时间最少 90 分钟，最多 360 分钟。课程开设最多的为英语，共 189 次；其次是日语，为 146 次；第三是葡语，为 58 次。语言课程中，汉语普通话、英语、日语、韩语、葡萄牙语都分为入门、中级和提高班等不同类别，其中英语课程还按学习目的的不同，分为职业培训、雅思、音标、生活等课程；韩语除了有初级和中级的划分，还有关于会展用语培训课程；法语和西班牙语只有入门课程。

对问卷和访谈数据资料进行分析后发现：

1. 相关职业的语言能力考核标准有待提高

有86.4%的受访者表示自己学习过其他语言，在访谈对象学习第二语言的主要目的方面，工作和学习的需要占首位，语种的选择上，以英语为主。大部分受访者认为，澳门对于很多职业并没有很高的语言能力要求，大多只需要掌握流利的粤语和基础水平的英语即可。近年来随着两岸金融业、旅游业等行业进一步合作发展，开始需要员工掌握汉语普通话、英语及其他一些小语种。不过，公司对这些语言能力也没有统一的衡量标准或严格的要求，甚至不同中学对中文教师需要掌握的汉语普通话能力要求也有所不同。

2. 语言培训产品质量良莠不齐

针对"愿意在语言学习中花费的金额"这一问题，2 001—5 000澳门元的人数占比最高，达到30%。访谈中，受访者表示，希望通过在语言培训机构的学习，提升语言沟通和文字运用能力。选择到语言培训机构学习的受访者，希望语言培训机构可以提供专业性强的课程。但大多数受访者表示，在参加了语言培训机构的学习后，语言能力提升不明显，和自己的预期有很大差距。

在教材方面，受访者反应语言培训机构使用的大都是自己装订的教材，只有一位受访者使用的是正式出版的语言教材。在学习效果方面，一些受访者表示参与课程学习后，并未达到培训机构事先宣传的效果。

效果不理想的原因与教学间隔时间长、教学方法单一、课程系统性弱、课堂参与感较低、学生跟不上学习进度等因素有关。在关于影响学习效果的因素的调查中，未能参与整个课程学习是受访者首要的因素。

3. 缺乏明确的行业规范

在访谈中，有受访者表示并不清楚培训机构课程定价的标准，培训机构事先也不提供相关的师资资料。在"持续进修发展计划"的网页中进行查询，发现虽然网页中有提供相关语言培训机构的链接，但一些登记为不同机构的课程链接跳转的居然是同一机构的网站，还有不少机构的链接无法访问。在能够访问的网页中查询相关的语言课程，仅有课程的教学内容和教学目标等基本信息，关于授课教师的资料大都没有介绍。一些高校和政府部门开展的课程也有类似情况，只写有"由专业导师授课"，并没有详细的信息介绍。有的培训机构除了语言培训，还有美容美发、理财投资、会计商业、甜点烘焙等项目同时进行。通过对一些语言培训机构的实地考察发现，有的语言培训机构存在教学空间狭窄(居民楼改建)、兼顾其他教学内容(课后补习、技能培训)等情况。

由于相关的行业规范缺失，语言培训项目存在多种混乱的现象，也使得澳门人对本地语言培训产品印象不佳，认为语言培训机构亟须进行规范管理。

在问卷调查中，认为当前澳门语言培训机构需要改进的受访者占比超过90%，其中，机构的规模、师资和教学模式是受访者认为迫切需要改进的；其次是项目收费和宣传推广问题。在访谈中表示，受访者认为澳门语言培训班课堂人数过多，应该对教学对象进行基本划分后，再进行真正意义上的小班教学，相关部门也要对"小班"等宣传进行规范。有受访者提出，绝大部分人都是使用持续进修计划的补助进行语言学习，“免费”让语言培训乃至所有素养培训的参与度大大提升，但也让一些培训机构收费出现巨大差别。在对2021—2023年度第四阶段“持续进修发展计划”在2021年1月至6月开展的495门语言课程分析中得知，共有43个民间语言培训机构的语言课程能够使用6 000澳门元的学习津贴。其中40人的初级葡萄牙语班和14人的初级普通话课程分别为810和990澳门元，仅相差180澳门元。而在各个语言班中，人数越少则相应的培训费用越高，不过这种情况一般存在于同一机构中。而在不同的机构所开展的语言课程中，8人的初级普通话班和10人的初级普通话班，在不同的两间机构收费分别为990和1 600澳门元，有着明显的收费差距。

对此，受访者认为需要对行业收费进行规范，制定相关的收费标准，让政府的“持续进修发展计划”真正达到提升居民能力素养的目的，而不是成为相关机构维持运转和赚钱的工具。对行业资质、项目收费、班别划分、人数规定等问题进行规范，有利于消费者更有针对性地选择适合的语言培训项目，也能督促这一行业实现良性发展。

4. 民众参与培训项目的意愿有待提升

在访谈中，大部分受访者认为基于澳门的发展定位，未来对于语言人才的需求肯定会持上升趋势，澳门本地居民想要提高自身竞争力，必须要提升能力素养，才能不被社会淘汰。但是，在采访中，将近一半的受访者都表示没有参与语言培训的意愿，持此观点的受访者表示，未来的翻译技术和人工智能发展，会很好地解决语言沟通的问题，没有必要再下功夫学习语言，此外，没时间、不想参与行业竞争等，也是受访者不愿参与语言培训项目的原因。而第三阶段“持续进修发展计划”中，2019年参与语言培训项目的人数除了葡语有所增长，参与普通话、英语和其他外语课程学习人数尚不足对应课程前两年的年均人数；2019年因补助参与葡语水平认证考试的人数也只有5人，低于前两年13.5的平均人数。[①] 问卷中对语言学习花费的调查显示，澳门居民在政府补助的情况下，3年期间为个人语言学习的投入占比最高的就是500—1 000澳门元，占总数的19.4%。

语言是能够帮助人们掌握其他人力资本的一种人力资本，对语言的投入是一种经济投入，将给个体和社会带来经济效应。[②] 澳门特区政府需要通过更好的宣传让澳门居民意识到提升语言能力素养的重要价值与意义。

5. 官方和民间语言培训项目差距大

在访谈中发现，大部分受访者对于自己所参与的官方语言培训活动给予了较多的认可，认为官方开办的语言培训课程中有一对一辅导的时间，还有语言实践、文化交流学习等活动，还会组织语言等级认证考试，课程时间短、学习压力较大、课程设置密集，但学习效果好。另一方面，也有未能参与项目的受访者表示，虽然官方开办的语言培训课程效果较好，但是项目时间选择范围小、报名资格受到一定限制等，让很

① 澳门教育及青年发展局：《教育暨青年局年刊》(2017—2019)。

② 贺宏志：《发展语言产业，创造语言红利——语言产业研究与实践综述》，《语言文字应用》，2012年第3期。

多有兴趣的学习者无法参加。

政府投入毕竟是有限的，除了尽可能多提供一些覆盖范围较大的语言培训项目外，还需要对市场化的语言培训机构加强管理，推动澳门语言培训业的健康发展。

三、澳门语言培训业发展对策思考

虽然受到了新冠疫情的影响，但还是有61.2%的受访者认为澳门未来的语言培训业会呈现需求急剧上升的趋势，澳门参与语言培训的人数依旧会保持增长。同时，有受访者在访谈时提出，第四阶段“持续进修发展计划”、文化产业扶持等相关政策，都是语言培训行业在澳门会保持发展且长期繁荣的重要原因。而且，现在越来越多的人都开始意识到语言素养的提升对个人竞争力和未来生活工作的影响。

1. 弥补语言人才缺口以提升竞争力

虽然澳门很多项目早在十几年前就已经开始推动，但是在全球化进程加快等因素的影响下，语言人才缺口匮乏的问题依旧严重。澳门的语言培训项目，可开展应对各个职业或岗位的专业语言能力培训课程，促进专门语言人才的培养。

根据语言的习得、传播、交流、欣赏、信息等功能特性维度以及现代信息技术的渗透，语言产业形态分别有语言培训业、语言康复业、语文能力测评业、语言出版业、语言会展业、语言翻译业、语言艺术和语言创意业、语言文字信息处理业。语言产业涉及语言资源、语言价值、语言技术、语言产品、语言市场、语言消费、语言职业、语言人才、语言经济等范畴。① 弥补本地语言人才的缺口，才能推动本地语言培训业的发展，提升本地语言培训业的竞争力，在粤港澳大湾区的合作中与周边城市形成互补。在推动本地语言人才培养的同时，也会大大促进本地语言产业的发展。并以此为契机，满足澳门本地和粤港澳大湾区对外的语言服务需求，促进澳门产业多元发展。

2. 明确自身优势并与周边城市形成互补

澳门特区政府以“中葡双语人才培训基地”为重点发展方向，鼓励居民积极参与语言能力培训，还重点进行了葡语和相关交叉学科的人才培养。澳门以此来落实大湾区发展战略规划中提出的地区错位发展的目标，充分利用了本地文化、地理和政策优势。

澳门除了有着背靠泛珠三角地区的优势以外，还有着中葡文化历史的沉淀，这为澳门在相关国家战略中提供语言服务提供了极大的便利。除了葡萄牙语外，由于澳门商贸发展和作为世界旅游休闲中心的定位，对其他小语种的语言服务需求也会逐渐上升，社会对于相关人才的语言素养要求也会不断提高。本地语言培训业在服务旅游、博彩等传统行业的同时，还会进一步扩大服务范围，涵盖本地社会乃至大湾区的金融、会展、教育、科技、文创等各个新兴产业。

从世界各国近年来推出的与语言培训相关的规划、政策、项目来看，出发点涉及维

---

① 贺宏志：《发展语言产业，创造语言红利——语言产业研究与实践综述》，《语言文字应用》，2012年第3期。

护国家安全、促进经济发展、维持社会稳定、增强国际影响等方面。① 对于澳门来说，要建设好“中国与葡语国家商贸合作服务平台”，葡萄牙语和普通话人才的培养就显得尤为重要。澳门要在现有的模式下积极寻求更多的创新和变革，也可以参考临近地区语言培训产业的模式，制定澳门本土化的语言培训规范和相关政策、目标，以此推动本地语言培训产业的发展，与周边城市形成互补，提供范围更广、更专业的语言服务产品。

3. 进一步规范语言培训业发展

现如今，澳门本地的语言培训产业发展还面临着人才缺口大、专业能力不足、民间项目混乱等诸多问题。在未来，澳门本地政府首先需要推动制定本地职业的语言能力考核标准和相关的从业要求，达到提升本地职员语言能力的作用。利用地区优势和国家政策扶持，通过明确本地语言培训行业的各方面标准和加强对语言项目的监督，提升澳门语言培训产品的整体质量。最后，通过官方项目引领民间项目、民间项目补充官方项目的方式，才能落实专业人才培养、改变民众思想等行业发展目标，推动澳门语言培训产业正循环发展。

通过推动语言培训产业，乃至本地语言产业的发展，能进一步实现澳门本地产业多元化的愿景。这样一来，对于澳门进一步靠近“一个中心、一个平台”的目标，以及提升澳门的国际竞争力，乃至带动整个粤港澳大湾区的合作和共同发展，推动新时代背景下中国国家战略的实现，都有着重要的帮助和意义。

参考文献

[1]澳门特别行政区参与奥港澳大湾区建设[G]//澳门特别行政区政府.《澳门特别行政区五年发展规划(2016—2020年)》，2019.

[2]澳门统计暨普查局.《统计年鉴》(2019)，2019.

[3]李艳．基于大语言产业观的语言培训业供给侧治理思考[J]. 语言战略研究，2017(5).

[4]贺宏志．发展语言产业，创造语言红利——语言产业研究与实践综述[J]. 语言文字应用，2012(3).

[5]澳门高等教育中长期发展纲要(2021—2030)[G].

[6]胡波，陈红．澳门语言产业的现状及发展策略[J]. 现代语言学，2020，8(5).

[7]何筠．澳门小学普通话教学的调查与研究[D]. 暨南大学，2010.

[8]澳门教育及青年发展局．教育暨青年局年刊，2016.

[9]澳门教育及青年发展局．教育暨青年局年刊，2017.

[10]澳门教育及青年发展局．教育暨青年局年刊，2018.

[11]澳门教育及青年发展局．教育暨青年局年刊，2019.

作者简介：黄卓玮，首都师范大学文学院2017级汉语国际教育本科生。

① 李艳：《基于大语言产业观的语言培训业供给侧治理思考》，《语言战略研究》，2017年第5期。

河南省语言产业发展与新型语言服务人才培养：动力机制与路径优化*

毛现桩　陈嘉恒

摘要：基于对河南省当前经济社会发展的特征分析以及河南省语言产业发展现状的考察，本文提出河南省在深度融入“一带一路”背景下语言产业发展的动力机制与理论逻辑：有效提升郑州国家中心城市的国际形象；优化省域产业结构促进经济高质量发展，及时巩固扩大脱贫成果。新型语言人才培养可以成为河南省语言产业健康发展的路径选择。新型语言人才培养要在培养战略、培养目标、培养内容和培养模式上进行路径优化，为拓宽并优化语言产业各业态提供人才支撑。

关键词：语言产业；新型语言服务人才；动力机制；路径优化

The Development of Language Industry and the Cultivation of the New-type Language Service Talents in Henan Province: Driving Mechanism and Path Optimization

Mao Xianzhuang, Chen Jiaheng

Abstract: Based on the analysis of the current economic and social development features and the investigations into the status of the language industry development in Henan province, this paper puts forward the inner driving mechanism and the theoretical logic of the language industry development in Henan province from the perspective of active integration into “the Belt and Road Initiative”, to effectively enhance the international image of Zhengzhou, the national central city, to greatly optimize the regional industrial structure to improve the high-quality social and economic development and to strongly consolidate and expand the achievements of the poverty alleviation. In view of this, the cultivation of the new-type language service talents could promote the healthy development of the language industry in Henan province. To support the development of the new types and the expansion of the trditional types of the language industry in Henan province, the cultivation of new-type language service talents could be improved in cultivation strategy, objective, content and mode.

Key words: language industry; new-type language service talent; driving mechanism; route optimization

* 本文系毛现桩主持的2019年度河南省本科高等教育教学改革研究与实践项目“‘一带一路’背景下河南省新型语言服务人才培训模式的研究与实践”(2019SJGLX309)、2019年度河南省高等学校青年骨干教师培训计划“双一流”建设背景下省属普通本科高校科研育人机制研究(2019GGJS125)项目的阶段性成果。

当代经济社会生活中，语言产业因其产业业态的多样性与产品服务的复杂性，几乎涉及了国民经济和社会发展的方方面面，成为繁荣市场经济，促进经济增长的重要推手。尤其当前，我国经济已进入主要由创新驱动的阶段，在主要由新技术、新产业、新业态、新模式等构成的新动能中，以新经济为特征的语言产业在新一轮科技革命和产业变革中，直接为新动能的壮大贡献力量①。语言产业的发展离不开语言人才的培养，在新经济时代，新型语言服务人才培养与语言产业的健康发展相辅相成，互为依存。河南省是我国中部地区较大的内陆开放省份，在积极融入"一带一路"倡议和高质量建设郑州国家中心城市的背景下，大力发展语言产业，形成语言产业链，培养新型语言服务人才，增加就业岗位，释放语言红利，促进绿色 GDP 增长②，对河南经济社会可持续健康发展有着举足轻重的作用。

河南省发展语言产业有其必要性与紧迫性，其发展动力机制与理论逻辑是什么？目前河南省语言产业发展与新型语言服务人才的培养现状如何？路径如何优化？针对这些问题，本文拟从数字经济、人力资本、语言经济学、产业经济学视角，结合河南省经济社会发展现状与需求，深入探讨河南省语言产业发展的动力机制与理论逻辑，分析其发展现状与成因，探讨优化新型语言服务人才的培养路径，为河南省语言产业的发展与新型语言服务人才的培养提供对策建议。

一、河南省语言产业发展的动力机制与理论逻辑

2017 年，河南省第十次党代会明确提出，今后五年，河南省要深度融入国家"一带一路"建设。2019 年 6 月省委、省政府下发《关于以"一带一路"建设为统领加快构建内陆开放高地的意见》，强调要以新发展理念为引领，深度融入"一带一路"建设，建设成为内陆开放高地。目前，河南省已从陆、海、空、网四个角度深度对接"一带一路"，与 200 多个国家和地区建立经贸联系。全省经济社会进入了高速发展的新时代。经贸往来，语言先行。语言服务不仅包括传统的语言翻译服务，还包含了文化外译语言服务、涉外法律语言服务、国际商务语言服务等新领域，这为河南省语言翻译业、"一带一路"沿线国家通用语的语言培训业、河南传统文化的语言出版业、各种语言文字信息处理业的语言产业各业态及各类语言服务人才的培养带来了新的发展机遇和强大的发展动力，同时也提出了更高的要求和挑战。

(一)建设国家中心城市，提升城市国际形象

作为河南省的省会城市，郑州于 2017 年被国务院确定为国家中心城市，成为全国继北京、天津、上海、广州、重庆、成都、武汉之后的第八个国家中心城市，跻身于城市规划与建设的国家队。国家中心城市，对内扮演着引领区域发展的排头兵的角色，

① 李艳：《语言产业经济学：学科构建与发展趋向》，《山东师范大学学报(社会科学版)》，2020 年第 5 期。

② 苏剑：《语言扶贫的理论逻辑、经验支持与实现路径》，《学术月刊》，2020 年第 9 期。

起到示范辐射作用；对外则代表着国家形象，成为国家对外开放的门户，参与国际竞争。

城市形象是城市竞争力的重要内涵。城市形象的提升不仅在于城市经济的发展与积累，还在于城市环境的改善和城市服务的提升。在城市环境建设中，语言景观建设是其重要的一部分，公示语的表达是否规范，设计是否采用了双语或多语模式；商场、临街店铺的命名与设计是否彰显文化特色、突出历史底蕴，这些都在无形中影响着城市的国际品质与形象，这也正是语言产业中的语言创意业、语言会展业、语言艺术业等业态的用武之地。在城市服务中，小到车站、机场等办事大厅的窗口式服务，大到海外跨国公司总部或地区总部选址所考虑的“流”通服务(人流、物流、信息流等)，都体现着语言服务的重要性。国际城市的车站、机场等公共场所需要具备应急语言服务能力，要有能够让国际游客感觉舒适且印象深刻的城市语言景观，要有能为跨国公司(地区)总部提供周全语言服务的企业。因此，发展河南省语言产业是郑州城市国际形象提升的重要一环。

(二)优化省域产业结构，实现经济高质量发展

我国经济已由高速增长阶段转向高质量发展阶段。在经济发展新常态下，推动高质量发展需要进一步改善产业布局，优化产业结构，促进转型升级，提升产业发展效益。[①]

2017年河南省三次产业结构为9.6∶47.7∶42.7，虽然仍属于“二三一”型，但从2010—2017年的变化趋势来看，第一产业占比继续呈下降趋势，第二产业占比先由上升转而下降，而第三产业占比加速上升，有超过第二产业之势，朝着“三二一”型不断优化。[②] 进一步优化产业结构，深化产业间融合，要充分发挥语言产业的重要作用。语言产业是典型的知识经济、数字经济、绿色低碳经济，尤其是随着科技创新与人工智能的进一步发展，越来越多的语言产品应运而生。

2020年12月《中共河南省委关于制定河南省国民经济和社会发展第十四个五年规划和二〇三五年远景目标的建议》中强调，“十四五”期间，河南省要建设现代服务业强省，推动生产性服务业向专业化和价值链高端延伸，推动生活性服务业向高品质和多样化升级，加快现代服务业同先进制造业融合发展，积极培育新业态新模式新载体。这为河南省语言产业的发展提供了难得的机遇。

(三)发挥语言人力资本属性，助力脱贫，阻断返贫

2020年底，河南省在现行标准下实现了农村贫困人口的完全脱贫，新时代脱贫攻坚目标任务如期完成。与此同时，河南省巩固脱贫成果、防止返贫的压力越来越大。发挥语言的人力资本属性，发展语言产业，是有效防止人口返贫、实现真正脱贫的重

① 史丹、赵剑波、邓洲：《从三个层面理解高质量发展的内涵》，《经济日报》，2019年9月9日。

② 张雪莲：《河南省产业结构现状分析及对策探究》，《现代商贸工业》，2021年第3期。

要举措。

语言扶贫有其强大的理论逻辑和丰富的实证经验。[①] 按照内生经济增长理论，人力资本是经济增长的源泉。语言能力是一种特殊的人力资本，这是语言最重要的属性。个体通过提升自身语言能力，获取就业机会，而且还可以通过“干中学”，获取更多其他人力资本，不断提高个体的经济收入。另一方面，个体通过网络外部性效应、自我强化效应、互补效应以及代际正外部性等效应不断习得和提升通用语、二语、多语的熟练度，增加个体收入，实现扶智脱贫。直观数据证实了语言能力与收入的相关性。《经济学人》数据显示，懂超过一门语言的工人一生可以多赚 67 000 美元，按照较高水平估计，拥有双语能力的人可以因为他们的语言能力多获得 128 000 美元。

二、河南省语言产业发展现状分析

虽然河南省语言产业的发展拥有来自多方面的强大动力和理论支撑，然而目前的发展状况并不乐观，具体情况如下。

(一)语言产业发展相对落后

近年来，随着河南省深入融合“一带一路”的建设、郑州新郑综合保税区的设立、郑州国家中心城市的确立、内陆开放高地的建设，河南省对外开放迎来了前所未有的发展机遇，经济总量已经排名全国第五，经济的腾飞为省内语言产业的发展提供了巨大潜力。但目前，河南省语言产业的发展尚未与经济发展形成呼应，市场占有率偏低。有统计表明，北京、上海、江苏、浙江四地的语言服务类企业数量占全国的 76%，其中北京就有 9 000 多家各类语言服务企业，河南省与此相比，差距较大。截至 2021 年 4 月 27 日，笔者统计了在企业登记电子系统内登记注册的河南省各类翻译服务公司数量，共计 390 家，大多是规模较小的翻译公司，注册资本均不超过 100 万元，提供的服务类型大都是笔译和口译，能够提供同传服务的只有不到十家企业。

(二)各业态发展不均衡

河南省的语言培训业一度出现了火爆形势，一条街上语言培训学校(机构)店铺林立。据不完全统计，截至 2021 年 4 月 27 日，在企业登记电子系统内登记注册的河南省各类语言学校或语言培训公司共计 458 家。翻译业的发展也是如此，大小翻译公司不断涌现，有的公司的兼职译员达上千人，翻译服务业的门槛较低，几乎任何一个外语专业的毕业生都可以从事翻译业务。语言产业的其他业态，如语言创意业、语言出版业、语言会展业、语言康复业等在河南相对发展缓慢，有的甚至尚未起步。即便是发展相对较好的语言培训与语言翻译业，也由于服务语种有限、缺乏高质量的语言人才，所提供的语言服务水平相对较低，尚未进入高质量发展阶段。可喜的是，河南省在

① 苏剑：《语言扶贫的理论逻辑、经验支持与实现路径》，《学术月刊》，2020 年第 9 期。

2017 年建立了高级翻译人才库，并完成了首批 18 位专家入库；此外，河南省外办依托郑州大学建立了“河南省高级翻译人才培养基地”，依托洛阳师范学院建立“‘一带一路’语言服务研究中心”，迄今累计举办了 13 期全省涉外英语高级口译培训班、语言服务能力培训班等，培训全省各行各业涉外语言服务骨干人员 350 多名。

(三)产业规模小，抗风险能力差

河南语言产业中的企业规模差距较大。以翻译产业为例，河南省翻译服务公司中注册资本超过 500 万元的企业只有 4 家(濮阳联合乐文翻译有限公司、郑州翰涛翻译服务有限公司、郑州译线通翻译有限公司和河南新东方翻译有限公司)，注册资本在 100 万元以下的中小型企业占 80%以上。中小型的语言企业没有足够的资金和人才来扩大业务范围，因此，我们在统计时发现也只有几家大型企业的业务范围涵盖了多语种翻译，并涉及语言技术开发服务、配音服务、会议会展服务等其他业态服务。另一方面，除省翻译协会外，省内缺乏相应的语言产业行业协会或组织机构，语言产业行业组织松散，整体规模不强，难以形成规模效应，在经济形势有较大波动时，抗风险能力差。这次在新冠疫情的影响下，众多规模较小的语言企业难以持久应对，纷纷倒闭，也说明了这一问题。

(四)新型语言服务人才储备与培育不足

新型语言服务人才，是与传统语言服务人才相对立而言的，既包括复合型语言服务人才，也涵盖语言产业新业态的语言服务人才。随着河南省外向型经济的发展，翻译公司的口笔译人员除了自身语言素质过硬外，还需要掌握经贸、法律、商务谈判等相关专业领域的基本知识，甚至还需了解机械、化工、工程等专业知识。语言产业的发展壮大需要积极培育新业态，培养新型语言服务人才。语言数据、语言会展、语言康复、应急语言服务等都是河南省未来经济社会发展的着力点，而相应的语言人才储备与培育严重不足。比如，有调查统计显示，河南省内的翻译人才存在大约 76%的缺口，职业翻译从业人员的缺口达 11 000 人以上。由于翻译人才存在巨大的缺口，因而兼职翻译的需求几乎达到两倍于职业翻译人员的数量。①

三、河南省新型语言服务人才培养路径优化

只有优化现行人才培养路径，才能不断培育壮大新型语言人才队伍，为河南省语言产业的健康发展提供人才引领与支撑。

(一)培养战略上应加强顶层设计，注重规划引导与政策鼓励

当前，对于语言产业的业态和语言人才的分类认识度普遍不高。政府主管部门应

① 闫亚丽：《河南翻译人才需求调研及其对省内高校 MTI 教育的启示》，《湖北函授大学学报》，2015 年第 15 期。

组织有关职能部门和相关领域的专家对河南省语言产业各业态发展现状及各类语言人才存量开展调研。在此基础上，发布河南省语言产业中长期发展规划纲要，并制定河南省新型语言人才培养政策，鼓励、扶持、引导、带动一批高校与企业开展新型语言人才培养。[①] 此外，应设立省域语言产业发展研究机构和管理机构，为语言产业的发展与新型语言服务人才的培养搭建平台。自2018年开始，由河南省委外事委员会办公室牵头，会同河南省教育厅、文化与旅游厅、财政厅以及省委宣传部等职能部门开始实施“翻译河南”工程，汇聚了河南省10个地市、18所高校的300余位中外文专家，持续进行“中华源·河南故事”中外文系列丛书的编译工作，向世界呈现真实、立体、全面的河南，进一步提升河南的对外形象和开放软实力，首批10个分卷已完成出版，于2020年6月对外发布。此外，该工程还于2019年在洛阳举行了全省公共服务领域外语标识规范建设启动仪式，以河南省委外事委名义印发了《关于规范全省公共服务领域外语标识的实施方案》，牵头成立了“1＋9”省级工作协调机制小组，依托郑州大学成立“河南省公共政策翻译研究院”，建立统一、权威的国际语言服务省级研究和审核机构，推进河南省国际化语言环境建设，服务社会发展。河南省外办每年举办一次“翻译河南”优秀成果评选活动，该活动已列入全省专业技术职称评聘申报考核指标体系，对全省语言产业的发展与相关研究具有政策引领作用。

（二）培养目标应定位于服务省域及国家经济社会的可持续发展

新型语言服务人才培养的直接目的是促进省域语言产业的全面、健康、协调发展，最终目的是优化产业结构，服务经济社会的可持续发展。当前，河南省在“一带一路”融入与郑州国家中心城市建设的过程中，经济的外向联系逐步加大、拓宽，中西部创新高地的建设、大数据的广泛应用、省会郑州承办接待的国际会议和商务会谈也越来越多，这些新变化催生了河南省经济走向的新特点：总部经济、现代金融服务、大数据产业、会展经济、高级译员服务、商务咨询、创意设计等。这些新特点孕育着对新型语言人才的巨大需求，语言人才培养要主动对接服务河南省的经济社会新发展，为其提供专业高端价值链的生产性服务和多样高品质的生活性服务。目前，河南省已有包括河南大学、郑州大学在内的11所本科院校具有翻译硕士专业学位（MTI）授予权，培养方向涵盖了经济、管理、法律、水利、中医、武术、农业等河南经济社会发展的多个领域，但仍难以满足新兴产业对于语言人才的需求。

（三）培养内容应体现“＋语言＋”，扩宽语言服务人才的适用性

新型语言服务人才培养应以“语言”技能提升为中心点，兼以辐射专业、职业、行业新内容以及人文素养。这里的“语言”可以是汉语通用语，也可以是外语。前面的“＋”是指“法律实务”“国际贸易”“国际新闻传播”“医药治疗”“语言康复”等行业领域、学科专业知识；后面的“＋”是指语言人才还应具有文化素养，具备理解不同地区人们

---

① 党兰玲：《河南省语言产业发展现状与对策研究》，《华北水利水电大学学报（社会科学版）》，2016年第1期。

的生活方式、思维方式和文化习俗的能力。作为主要培养单位的高校，应在语言产业、语言经济等学科建设上加强资源合作，在人才培养上鼓励跨学科选修、辅修，积极开展社会实践，切实提升新型语言人才的跨学科素养与国际视野，培养高水平复合型的语言产业研究和经营管理人才。以笔者所在的河南财经政法大学外语学院为例，学院自2012年开始在本科专业中设立应用翻译方向(BTI)和商务英语专业(BBE)，结合中原城市群建设、河南省积极融入“一带一路”建设和郑州国家中心城市建设等背景，积极调研行业、产业对语言人才的需求，不断修改完善人才培养方案，除了夯实专业基本功的语言类课程外，还开设国际贸易、商务沟通、英美法律制度、国际商法、法律文书翻译等专业选修课以提升学生的综合能力，此外还开设了包含中国文化导论、中原文化概况、西方文化导论、跨文化沟通等跨文化类课程的模块以提升学生的跨文化沟通能力。并且，与河南省贸促会、郑州航空港投资集团、省内大型翻译公司等联合建立实习基地，切实提升后备语言产业人才的实践能力。

(四)应建立政、产、学、研、用相结合的培养模式，并引入评估机制

语言服务的提供主体包括政府、产业、高校，在新型语言服务人才的培养过程中，各提供主体都应成为培养主体，政府战略引导、产业加强指导、高校全程主导，各主体从自身视角为传统语言服务人才培养模式把脉问诊，开出良方，共同促进新型语言服务人才致用目的的实现。政、产、学、研、用“五位一体”的新型语言服务人才培养方式是一个开放、互动、共享的人才培养模式，高校应以政府的战略规划为引导，以产业发展对人才的需求为导向，不断优化人才培养方案，培育新型语言服务人才，支撑产业发展。同时，对新型语言服务人才培养质量的评估应以过程性评估代替终结性评估，由政府、产业、企业等用人单位和培养单位组成评估组对人才培养开展多阶段、多维度评估，及时发现培养过程中的问题，保证新型语言服务人才致用目标的最终实现。

四、结语

语言产业的发展与新型语言人才的培养是相辅相成、互为促进的。新型语言人才的培养可以支撑壮大语言产业新业态的发展，拓宽优化语言产业传统业态；语言产业的发展可以为新型语言人才培养提供更好的物质基础，可以使语言人才的培养更具针对性。

河南省大力发展语言产业有助于进一步深度融入“一带一路”建设，继续扩大对外开放水平；有助于改善增质城市环境，提升郑州国家中心城市的国际形象；有助于优化省域产业结构，促进经济高质量发展；有助于巩固脱贫成果，阻断返贫之路。本文在深入剖析河南省语言产业发展现状及存在问题的基础上，指出新型语言服务人才培养是促进河南省语言产业健康发展的有效途径。在战略上，语言产业发展与新型语言服务人才培养应注重顶层设计，政府及有关职能部门应充分调研，制定规划纲要与发

展政策；培养目标应对焦河南省经济社会的发展之需；培养内容应以“语言”提升为中心点，向外辐射专业、职业、行业新内容，体现“＋语言＋”；培养模式采用“政、产、学、研、用”相结合的“五位一体”模式，积极引入人才培养评估机制，保证新型语言人才致用目标的实现。

参考文献

[1]党兰玲．河南省语言产业发展现状与对策研究[J]．华北水利水电大学学报(社会科学版)，2016(1)．

[2]贺宏志．发展语言产业，创造语言红利——语言产业研究与实践综述[J]．语言文字应用，2012(3)．

[3]李艳．语言产业经济学：学科构建与发展趋向[J]．山东师范大学学报(社会科学版)，2020(5)．

[4]史丹，赵剑波，邓洲．从三个层面理解高质量发展的内涵[N]．经济日报，2019-9-9．

[5]苏剑．语言扶贫的理论逻辑、经验支持与实现路径[J]．学术月刊，2020(9)．

[6]闫亚丽．河南翻译人才需求调研及其对省内高校 MTI 教育的启示[J]．湖北函授大学学报，2015(15)．

[7]张雪莲．河南省产业结构现状分析及对策探究[J]．现代商贸工业，2021(3)．

作者简介：毛现桩，河南财经政法大学副教授，首都经济贸易大学博士研究生，主要研究方向为语言产业、城市经济、高等教育；陈嘉恒，河南财经政法大学金融学院学生。

延边地区语言产业发展状况*

安丰存

摘要：延边地区是典型的汉朝双语社区，汉语和朝鲜语均为本地区的生活和工作语言。受独特地域环境及国际交流合作的影响，延边地区语言需求及语言生活较为丰富。语言需求推动了延边地区语言产业的发展，充分体现出语言的基础性和经济性等特征。延边地区语言的经济性，不但反映在不同语言行业所带来的经济效益和社会效益，同时也体现在对于人才竞争力和就业机会的提升方面。

关键词：延边；语言产业；经济性

A Study on the Development of Language Industry in Yanbian Area

An Fengcun

Abstract: Yanbian is a typical bilingual community, where both Mandarin Chinese and Korean are the languages for working and living. For the special geographical environment and the international communication, Yanbian is rich in language needs and language life. The requirement of languages pushes the development of language industry in Yanbian, which reflects the fundamentality and economical efficiency of languages. The economy of languages is not only shown on the economic and social benefits which the language industry brings, but on the promotion of talent competitiveness and employment opportunity from the inscape of languages in human capital.

Key words: Yanbian; language industry; economy

一、引言

延边位于吉林省东部，地处中国、俄罗斯、朝鲜三国交界的东北亚腹地，东邻日本海，与韩国、日本隔海相望。延边地区是满族及其祖先肃慎族的发祥地，更是清王朝的“龙兴之地”。自清入关以来，延边地区长期封禁，任何人不可踏足。直至清朝后期，由于国力衰弱，治理松散，封禁政策逐步放宽。同时，由于朝鲜半岛受到日本的入侵和统治，从19世纪60年代开始，大批朝鲜移民越过鸭绿江和图们江，来到我国境内，形成了大大小小的聚居区。其中迁移至图们江北岸的朝鲜人在清朝“移民实边”

* 本文为国家社科基金一般项目(项目编号：20BYY067)的阶段性成果。

的政策下，大多数人聚居在延边地区(衣保中、房国凤，2005)。延边地区的朝鲜族移民所处的社会文化环境相对稳定、单纯，为朝鲜族保留和继承本民族语言提供了良好的客观条件(朴美玉、苏金智，2014)。

延边地区是中国朝鲜族聚居地，根据国家民族区域自治制度，于1952年9月3日，成立了延边朝鲜族自治区，并于1955年改区建州，成立了延边朝鲜族自治州。建州以来，延边地区逐渐形成了独特的汉语朝鲜语双语、双文化的人文社会环境。截至2018年末，延边朝鲜族自治州户籍总人口为208.66万人，汉族人口125.22万人，占总人口的60.01%；朝鲜族人口74.92万人，占比为35.91%。① 朝鲜族群众基本掌握朝鲜语和汉语两种语言，部分汉族群众可以使用朝鲜语进行日常交流。延边地区双语教育为民族团结、社会和谐及经济发展奠定了良好的基础，为丰富延边地域语言文化创造了条件。

延边由于地理位置独特，成为我国沿边开发开放的重要区域，是面向东北亚开放的重要门户。1992年，在联合国开发计划署的倡导下，中、俄、朝、韩、蒙五国共同启动了图们江区域合作开发项目。延边地区是图们江区域合作开发项目的桥头堡及核心地带，也是长吉图开发开放先导区前沿，辐射中国东北三省以及俄、朝、韩、蒙、日等五个国家。延边地区独特的地域位置以及国际交往环境吸引了很多韩国人、日本人、俄罗斯人来延边经商投资，并长期在中国定居。这使得延边地区的语言需求和语言生活不断丰富起来。特别是中韩建交以及中韩贸易的扩大，朝鲜语语言活力得到了加强，凸显了跨境语言在经贸合作以及文化交流中的基础性作用。

由于具备较为坚实的汉朝双语、双文化的人文社会环境以及独特的三国交界、辐射多国的地域风情，同时得到国际合作开发项目的助力，延边地区语言产业得到了相应的发展，充分发挥了语言的基础性作用和经济性价值。

二、延边地区语言资源、语言政策及语言教育概况

语言产业的发展离不开语言资源的开发利用，语言资源转化为教育资源是语言文化事业发展的前提基础，也是语言资源成为人力资源主要构成要素的保证。

(一)语言资源

延边地区中汉族和朝鲜族占主体分布地位，人口数量较多的民族还有满族、回族和蒙古族，以汉语和朝鲜语为本地区生活、工作语言，因此，延边地区是典型的汉语和朝鲜语双语平行的语言社区，共同构建了双语、双文化的人文社会环境。

朝鲜语是我国的民族语言之一，同时也是跨境语言。朝鲜语与朝鲜和韩国使用的语言属于同一种语言下的不同方言，能够开展基本交流，为与朝鲜和韩国开展交流提供了便利条件。由于朝鲜语在朝鲜和韩国是国家通用语言，这一地位加上韩国经济的

① 本文数据除特殊说明外，均来自《延边统计年鉴2019》。

发展，也间接提高了延边地区朝鲜语的语言活力。

延边地区地处东北亚中、朝、俄三国交界地带，毗邻日本海，国际地缘关系使得俄语和日语在本地区使用较广。图们江区域合作开发一定程度也带动了蒙古语及英语在本地区的需求。

总体来看，延边地区语言资源比较丰富，语言生活比较活跃。普通话是我国国家通用语言，朝鲜语是我国朝鲜族的母语，与普通话共同在本地区发挥官方语言的职能。除此之外，本地区地缘外语包括俄语和日语，日语是基础教育阶段学校开设的主要外语语种之一，俄语虽没有列入本地区学校外语语种，却是社会培训机构的重要外语语种之一。英语由于其国际性语言的地位，是本地区的第一大外语语种。

（二）语言政策

延边地区在国家民族区域自治制度的指引下，根据《中华人民共和国宪法》《中华人民共和国国家通用语言文字法》《延边朝鲜族自治州朝鲜语言文字工作条例》等法律法规制定了适合本地区的语言政策，确保了本地学校语言教育以及语言文字具体使用的合法性。

延边朝鲜族自治州为推动朝鲜语言文字的规范化、标准化及其健康发展，根据《中华人民共和国民族区域自治法》和《延边朝鲜族自治州自治条例》的有关规定，结合实际，制定《延边朝鲜族自治州朝鲜语言文字工作条例》（以下简称《条例》）。该《条例》经1988年1月11日延边朝鲜族自治州九届人大第1次会议通过，1988年7月21日吉林省七届人大常委会第4次会议批准；根据2004年5月28日吉林省十届人大常委会第10次会议批准的《延边朝鲜族自治州人民代表大会关于修改〈延边朝鲜族自治州朝鲜语文工作条例〉的决定》修正。该《条例》共25条，自2004年6月26日颁布施行。

《中华人民共和国国家通用语言文字法》（2000）和《延边朝鲜族自治州朝鲜语言文字工作条例》（2004）为在延边地区推广普通话和推行规范汉字提供了法律依据，在社会生活中更好地发挥了国家通用语的基础性作用，也促进了各民族、各地区经济文化交流；同时也保证了本地区汉语和朝鲜语双语教育的顺利开展实施，为建构本地双语、双文化的社会环境提供了语言教育保障，也为传承和发展朝鲜族语言文化提供了保障。

（三）语言教育概况

长期以来，延边地区根据相关法律开办朝鲜族学校，并规定了朝鲜族适龄儿童的择校就学等问题，同时鼓励汉族等非朝鲜族学生选择朝鲜族学校就读。朝鲜族学校通过开设朝鲜语语文科目、积极鼓励使用朝鲜语开展其他科目授课的方式提升朝鲜语语言能力，以此坚持民族教育和民族语文的发展。2018年末，延边地区朝鲜族学校和汉族幼儿园、中小学的基本情况如表1所示。

从表1的学校数量分布来看，汉族初中和高中之间比为4.4∶1；朝鲜族初中和高中之间比为3.3∶1。汉族在校初中生和高中生人数之比为1.7∶1，朝鲜族在校初中生和高中生人数之比为1.4∶1。延边地区朝鲜族学校全部为汉朝双语学校。朝鲜族儿童

表 1　2018 年末延边地区幼儿园、中小学的基本情况

民族	学校及学生数据	学校层次				
		幼儿园	小学	初中	高中	总计
汉族	学校数(所)	198	77	83	19	377
	在校生数(名)	26 105	66 187	35 620	20 658	14 8570
朝鲜族	学校数(所)	98	32	30	9	169
	在校生数(名)	14 628	16 381	6 884	5 047	42 940

数据来源：《延边统计年鉴 2019》。

从幼儿园开始便开展朝鲜语和汉语双语教育，朝鲜族学生既可以学习普通话，也可以学习朝鲜语。这种双语教育的模式一方面提高了朝鲜族的汉语能力，也确保了朝鲜语语言的发展及朝鲜族民族语言的继承。对朝鲜族学生来讲，小学阶段基本可以自如使用朝汉两种语言开展日常交流，中学阶段基本可以使用两种语言开展学校课程学习。整体来看，延边地区的普通话推广率较高，朝鲜族群众基本都是朝汉双语人。

与此同时，在国家教育政策的引领下，朝鲜族学校与汉族学校完全相同，同步开展外语教育，外语语种主要是英语和日语。因此，对于朝鲜族学生来讲，学校语言教育基本是三语教育，即“普通话＋朝鲜语＋外语”三语模式的语言教育。这种语言教育模式，提高了朝鲜族学生的语言能力，充分体现了语言作为人力资本的特性，提升了人才的核心竞争力。

延边地区的双语教育，不但为朝鲜族传承发展本民族语言文化奠定了基础，也为朝鲜族融入中国大环境寻求发展创造了条件。延边朝鲜族双语教育的目标是培养“民汉兼通”的人才，这就要求朝鲜族在学好朝鲜语的同时还要学好汉语。改革开放以来，朝鲜族语言教育呈现出新的发展趋势，在朝汉双语的基础上逐渐开展三语教育，促成了朝鲜族高端人才的多语能力(张贞爱，2007)。延边双语教育，不仅提升了语言教育的内涵，还逐渐开展了多语教育。朝鲜族人才的多语特点，不仅为他们自身拓宽了发展空间和机遇，也为许多中国企业的国际化发展做出了贡献(安丰存、赵磊，2017)。

三、延边地区语言教育培训所产生的经济效益

语言作为一种资源，其经济属性及经济价值越来越引起人们的关注。以语言为生产资料的产业随之出现，特别是全球化的发展推动了国际交往与合作，语言的基础作用所带来的经济价值，不仅体现在劳动力要素构成方面，也体现在语言自身。延边地区由于丰富的语言资源及语言需求，语言产业得到了长足的发展。语言产业的不同业态形式在延边地区均有体现，如语言培训、语言翻译、语言艺术等。延边地区目前语言产业的主要业态形式之一是语言培训，延边地区能够提供语言培训的教育部门备案的社会办学机构有 562 家，均可以为中小学提供英语、语文科目语言教育及培训。另

外，针对成人开展的英语、俄语、日语、韩国语等正规外语培训机构有10多家，这些外语培训机构与出国留学、劳务中介机构联系紧密，有的是一体化经营，如延边大信外语培训学校同时经营外语培训、出国中介服务以及语言翻译服务等业务。目前，延边地区的语言翻译服务，特别是出国申请等相关材料的翻译，基本由出国中介公司和旅行社代理完成，未见有挂牌专门开展语言翻译服务的机构。

民族地区语言产业是民族经济社会发展的重要力量，是民族地区人力资本积累的一个重要构成内容。民族地区语言教育在提升人力资本综合素养、文化修养的同时，也在不断提升区域语言能力的发展和提高，进一步为国家经济社会文化服务。延边地区的双语教育，不但帮助朝鲜族群众掌握普通话，融入国家改革开放的经济建设中；同时也为朝鲜族开拓更为广阔的就业市场。这主要在于劳动者所具有的语言能力。李宇明(2012)指出，语言能力是劳动力的重要构成要素，语言是人的本质属性之一，是人类最为重要的交际工具和思维工具，语言能力与劳动能力总体上呈正相关。语言能力，特别是外语能力成为劳动者人力资本构成的重要因素，同时还关系到劳动效能的体现。语言能力在生产劳动中已经成为劳动者工作能力的评价指标之一(贺宏志，2013)。延边地区地处边疆，与国内大部分少数民族地区相似，地理位置偏僻、交通不便、自然环境受限较多、经济环境较为落后。然而，由于延边地区朝鲜族群众从小培养了双语能力，掌握了普通话和朝鲜语；同时，又在一定程度上发展了外语能力，使得朝鲜族群众可以利用自己的语言优势获取更多的信息、学习机会以及工作机会。可以说，延边的双语教育成为语言扶贫的典型案例。

中韩建交以来，我国朝鲜族双语人才在中韩经济贸易合作与交流中发挥了重要作用，这均受益于朝汉双语教育。韩资企业能够在中国内地迅猛发展就是因为大量的朝鲜族人才以及朝鲜语人才的推动。朝汉双语教育的结果为朝鲜族学生的发展提供了更为宽广的空间和机会，这些双语人才要么在内地韩资企业或中韩贸易中发挥着重要的作用，要么赴韩国学习、工作。同时，朝汉双语教育也为朝鲜族务工人员提供了国内外更加宽广的劳务就业机会，为我国朝鲜族民族经济的发展提供了条件和基础。国际劳务输出从20世纪80年代末开始，延边地区每年向韩国、日本、美国等国家派出劳务人员10万左右，主要输出国为韩国，这得益于该地人员朝鲜语的优势。通过劳务输出，增加了就业的机会，增加了收入，城镇待业人员失业人员与农村劳动力基本到韩国从事劳动生产。

四、延边地区的语言翻译服务及其影响

朝鲜语、汉语双语语言服务融入社会活动的各个领域。政府机关、公检法系统、学校、银行、商业网点、酒店饭店等企事业部门的工作人员基本具有朝鲜语和汉语双语的互通互译能力以及提供双语服务的能力。

在法院民事案件的审理中，可以根据当事人的民族情况以及语言需求情况，提供朝鲜语和汉语两种语言的案件审理服务，以避免当事人由于语言理解因素而损害自身

的正当利益。

同时，还有在旅游产业发展中所形成的语言翻译需求。延边地区依托长白山以及中、俄、朝边境，旅游资源丰富，旅游产业蓬勃发展。由于地缘关系，主要国际游客客源地为韩国、日本。朝汉双语导游服务以及酒店饭店双语服务为本地区朝鲜族提供了就业机会，成为经济的主要增长点之一。

表 2　延边朝鲜族自治州历年旅游业发展情况统计(2011—2018 年)

类别	年份							
	2011	2012	2013	2014	2015	2016	2017	2018
接待旅游者合计/万人次	858.1	1 015.4	1 167.7	1 361.2	1 595.7	1 860.5	2 143.9	2 432.6
接待海外旅游者/万人次	45.0	54.2	58.2	62.8	65.4	71.5	59.3	55.2
接待国内旅游者/万人次	813.1	961.3	1 109.5	1 298.4	1 530.3	1 789.0	2 084.6	2 377.4
旅游收入合计/亿元	109.1	138.2	172.8	216.2	268.4	335.0	405.0	473.0

资料来源：《延边统计年鉴 2019》。

汉朝双语语言服务，消除了语言障碍，有利于各行业更好地开展服务，提高了服务效率，增进了各族群众之间的感情和彼此之间的信任。

五、对延边地区语言产业发展的相关思考

延边地区语言经济的发展主要通过语言事业建设带动语言产业的发展，并通过语言能力建设提升了人力资本的竞争力，通过语言能力建设推动了社会文化建设。

1. 以语言文化事业发展带动语言产业建设。中国境内的语言是在中国社会文化环境下发展演变的，是中国的国家资源，少数民族语言标准化、规范化是中国国家语言资源保护的重要措施。延边地区按照国家法律法规以及国家民族自治政策，制定了《延边朝鲜族自治州朝鲜语言文字工作条例》，用法律法规的形式明确了少数民族语言的社会地位及使用方法，为规范朝鲜语的使用提供了法律依据。通过充分挖掘本地语言资源，将语言资源转化为教育资源，推进语言事业建设，并以此推动语言产业的发展。

2. 重视跨境语言的价值，发挥其经济、文化、社会效益。中国朝鲜语是朝鲜语三大方言之一，与朝鲜和韩国的国家通用语言具有互通性，因此，朝鲜语具有跨境性互通使用特征。延边地区汉语和朝鲜语双语教育模式可以有效帮助少数民族融入祖国大家庭，构建了独特的双语、双文化的社会结构，增进了民族交往和理解，构建了和谐稳定的社会环境；同时，在国家对外发展中具有重要的现实意义。

3. 以语言信息化建设提升本地区语言服务能力。延边地区独特的地域人文环境吸引了大量的境外游客来此地观光旅游；同时，也有俄罗斯、日本、韩国、美国等国家的许多跨境居民在此长期居住，本地语言生活较为丰富。因此，无论本地居民出国服务，还是境外游客的语言服务需求，均需提升本地的语言服务能力。而以提升语言服

务能力为目标的语言信息化建设则是本地语言产业发展的一个新的增长点。

4. 重视少数民族语言产业的发展。目前民族语言资源和产业发展遇到了瓶颈制约问题(方宝，2015)，“少数民族的语言资源除了语言本体资源外，还应该包括语言的人力资源和技术资源”(史维国、刘昕怡，2019)，少数民族语言产业的发展应从学术研究、产业意识、技术研发、人才培养等几个方面发挥语言资源的产业化基础和优势。

参考文献

[1]安丰存，赵磊．跨境语言双语教育对国家对外发展战略的基础作用——以延边地区的朝汉双语教育为例[J]. 东疆学刊，2017(3).

[2]方宝．少数民族语言资源开发及其产业化发展研究[J]. 鸡西大学学报，2015(4).

[3]贺宏志．语言产业引论[M]. 北京：语文出版社，2013.

[4]李宇明．认识语言的经济属性[J]. 语言文字应用，2012(3).

[5]朴美玉，苏金智．跨境语言背景下的延边朝鲜语教学问题调查研究[J]. 语言文字应用，2014(2).

[6]史维国，刘昕怡．少数民族地区语言扶贫效应研究[J]. 哈尔滨师范大学(社会科学学报)，2019(2).

[7]衣保中，房国凤．论清政府对延边朝鲜族移民政策的演变[J]. 东北亚论坛，2005(6).

[8]张贞爱．少数民族多语人才资源开发与三种语言教育体系构建[J]. 延边大学学报，2007(6).

作者简介：安丰存，延边大学外国语学院教授、博士。研究方向：语言学理论、语言政策及语言教育。

湖州市语言产业调查与发展策略研究*

郎　青　张若愚　顾明明　施晓红　钱　芳

摘要： 长三角区域是我国经济发展最具活力、开放程度最高、创新能力最强的区域之一，湖州地处长三角中心地带，人口频繁流动使得湖州话与其他地区的语言（方言为主）一直在不断地相互融合。近年来，休闲旅游等第三产业的蓬勃发展，带动了流动人口的增长，而人口老龄化程度的加深等新出现的因素也都对湖州语言消费需求与语言产业发展产生了影响。通过网络调查和电话访问等方法，对湖州市语言翻译、培训、艺术、康复和技术等五个语言行业进行了调查，旨在摸清湖州市语言文字资源及语言产业实体的数量与规模，为湖州语言产业发展提出对策建议。

关键词： 语言产业；发展对策；湖州市；长三角

Investigation and Development Strategy of Language Industry in Huzhou City

Lang Qing, Zhang Ruoyu, Gu Mingming, Shi Xiaohong, Qian Fang

Abstract: The Yangtze River Delta region is one of the regions with the most dynamic economic development, the highest level of openning up and the strongest innovation ability in China. Huzhou is located in the heart of the Yangtze River Delta. The frequent flow of population Promotes integration of Huzhou dialects and other regional dialects. In recent years, the vigorous development of the tertiary industry, such as leisure tourism, has led to the growth of the floating population. In addition, the deepening of the aging of the population and other emerging factors have also had an impact on the language consumption demand and language industry development in Huzhou. Through network investigation and telephone interviews, this paper investigated the branchs of language industries, including language translation, training, art, rehabilitation and technology, aiming to figuring out the quantity and scale of language resources and language industry entities in Huzhou city, and putting forward measures and suggestions for the development of Huzhou language industry.

Keywords: language industry, development strategies, Huzhou City, Yangtze River Delta

长三角区域是我国经济发展最具活力、开放程度最高、创新能力最强的区域之一，经济的活跃也带来了频繁的人口流动。湖州处于人口流动比较快的长江三角洲，人口

* 本文为湖州市科技计划项目（项目编号：2020YSR07），浙江省教育厅科研项目（项目编号：Y201941740）阶段性研究成果。

频繁流动使得湖州话与其他地区的语言(方言为主)一直在不断地相互融合。近年来，湖州市第三产业的蓬勃发展、人口老龄化程度的加深、湖州科技城的建立、流动人口增长等新出现的因素都对湖州语言消费需求与语言产业发展产生了影响。在湖州发展研究院和中国语言产业研究院的支持下，笔者开展了本项目的调查研究工作。

一、湖州市特色语言文化资源概述

湖州市是浙江省下辖地级市，是一座拥有 2300 多年建城史的历史文化名城，也是长江三角洲中心区 27 城之一。湖州的语言以普通话和湖州话为主。湖州话是一种吴语方言，属吴语太湖片-苕溪小片。湖州西部边境有少量地区有官话客籍方言。

“湖笔”已经成为湖州的城市名片，围绕湖笔形成了制笔、书画艺术、湖笔文化节、湖笔旅游等一个完整的“湖笔”产业，也可以说，以“湖笔”为支撑，在湖州形成了较为成熟的书法艺术行业。书法艺术业属于语言产业中的语言艺术业态，从这个角度来说，湖州以书法艺术为代表的语言艺术行业也成为当地语言产业中的特色行业。

湖笔历史久远，据记载，秦代大将在湖州善琏镇进行了毛笔的改良与制作，他采兔羊之毫“纳颖于管”，制成后人所称的“湖笔”，善琏镇成了湖笔的发源地。魏晋时期，湖笔已崭露头角，唐宋以后大批北方文人南下，“文人画”“工笔画”的繁荣推动了湖笔制作的不断改良。元代，湖笔制作达到鼎盛时期，取代宣笔成为天下第一笔。

湖笔制作选料考究、工艺精细，巧匠辈出。笔毛以羊毫、狼毫、紫毫和兼毫为主，羊毫均采用当地的山羊毛。笔管主要采用我国中部和南部所产的湘妃竹。一支湖笔从原料进厂到产品出厂需要经过笔料、蒲墩、水盆、结头、装套、牛角镶嵌、择笔、刻字等 12 道大工序，每道大工序又有若干道小工序，故湖笔的大小制作工序达 120 余道之多。对湖笔精良制作的不懈追求，造就了代代湖笔巧匠，如宋代的仲璋，元代的冯应科、陆文宝、沈日新，明代的陆继翁、施文用、张文宝，清代的王兴源，近现代的戴斌等。他们与书画家一起推动了湖笔文化的繁荣和兴盛。

湖笔也为湖州带来了丰富的特色文化资源，有“一部书画史，半部在湖州”的雅称，不仅成为书画巨匠的摇篮，还吸引了很多文人墨客前来久居，从三国至今可以说湖州书画，代不乏人。如三国的曹不兴，南朝的陈霸先、张僧繇、贝义渊，唐代的朱审、释高闲、徐表仁，宋代的燕文贵、江参、周密，元朝的赵孟頫、钱选、王蒙，明代的赵廉、吴筠、王继贤、张渊，清朝的费丹旭、郎葆辰、凌以封、温一贞、沈宗骞，近代的吴昌硕、王一亭、周庆云，现代的沈尹默、费新我、谭建丞、沈迈士等都是湖州籍的书画家。除湖州籍的书画家外，王羲之、王献之、谢安、沈嘉、颜真卿、杜牧、苏轼、吴承恩、朱德润等均先后任职湖州，戴逵、戴颙、张志和、智永等大家均曾寓居湖州。书画家的书画活动为湖州书画乃至中国书画文明建立了功勋，对湖笔文化的积淀和传播做出了巨大的贡献。

湖州的湖笔文化胜迹众多。湖州有与智永有关的永欣寺、铁门槛、退笔冢等古迹，有与王羲之、董其昌有关的升山，有与颜真卿有关的洼樽亭，有与苏轼有关的墨妙亭，还有与赵孟頫有关的赵孟頫故居、莲花庄公园、中国湖笔博物馆暨赵孟頫艺术馆等众多湖笔文化胜迹，形成了丰富多彩的湖笔文化资源。

2001 年 9 月，湖州市人民政府举办了首届“中国湖州国际湖笔文化节”，吸引了来自美国、英国、法国、日本、加拿大、俄罗斯、澳大利亚等众多国家的文化名人、学者及商人参加，并举办了“中国湖州国际湖笔文化论坛”。湖笔文化节规模大、规格高、效果佳，充分展示了湖笔文化美好的前景。2001 年之后，湖笔文化节每两年举办一次。2006 年，湖笔进入首批国家级“非遗”名录；湖州善琏镇凭借湖笔入选“中国民间文化艺术之乡”。在浓厚的历史文化氛围中，湖州的书法培训、书法艺术业得到蓬勃发展，作为湖州形象代表的湖笔文化旅游开发也如火如荼。

二、湖州语言产业现状调查

课题组通过电话查询法与网络调查法对语言企业进行了调查。主要通过企业查询工具来进行数据的统计，在多项筛选中，选择了营业状态为营业、续存的公司。搜索翻译、语言培训、外语培训、英语培训、主持、演讲、篆刻、书法培训、朗诵、语言康复、助听器、语言技术、字库、自然语言等关键词来查找相应的语言企业。

根据调查，湖州市语言产业主要由语言培训、语言艺术、语言翻译、语言康复、语言技术 5 种业态组成。

(一)语言培训业态

湖州语言培训行业规模最大，企业数目占比最大。经统计，开展语言培训业务的企业共有 499 家，但有 88 家企业虽然在经营范围内提到了语言培训，但语言培训在其营业范围中非常靠后，故未列入统计范围。筛选后的语言培训企业共有 411 家，注册资本共计 78 248.6 万元，有 77 家企业未获得注册资本信息，因此，实际注册资本总量更大。主营业务为语言培训或者表述为外语培训、英语培训的企业有 52 家；其他 359 家在提供语言培训业务的同时，也开展其他业务。

(二)语言艺术业态

规模排名第二的是语言艺术业态。经统计，开展主持、演讲、朗诵、篆刻、书法培训类业务的企业共有 790 家，经营范围内语言艺术类业务非常靠后的企业有 630 家，去除这部分企业后，计入统计的语言艺术企业共有 160 家，注册资本共计 5 641.8 万元，由于有 39 家公司未提供资本注册信息，所以实际资本注册量也应该大于此数目。其中以语言艺术培训作为主营业务的企业有 52 家，在提供其他业务的同时提供语言艺术培训的企业有 108 家。语言艺术培训内容主要为面向青少年开设篆刻、书法、演讲、播音主持、朗诵等培训课程，还有面向成年人的播音主持培训。

(三)语言翻译业态

规模排名第三的是语言翻译业态。经统计，经营范围中包含翻译服务的企业共1 777家，经人工筛选后的语言翻译企业共有142家，注册资本共计112 092.98万元，由于有67家公司未提供资本注册信息，所以实际注册资本总量应该大于此数目。其中，浙江美凯龙爱家互联网公司注册资本特别大，为10亿元。在这142家语言翻译企业中，只有21家公司以翻译服务为其主营业务，这21家翻译公司的注册资本为1 101万元。

在提供翻译服务的同时，还兼有其他经营内容的公司注册资本达到11亿元，其中，主业为咨询服务的公司有35家；主业为文化交流、创作的公司有33家；主业为市场策划、礼仪服务、出国中介与旅游等的公司有53家。语言翻译企业的业务范围包括承接商务谈判、展会、讲座的口译及国际会议的交、同传业务；提供多语种的口译、笔译服务，各种商务文件资料、出版物的翻译与整理，为网站汉化、软件系统本地化提供翻译服务；为有需求的个人和团体提供翻译培训课程；为一些影视作品提供配音、字幕翻译服务等。

(四)语言康复业态

规模排名第四的是语言康复业态，从事语言康复的公司和团体组织有19个，注册资本共计3 070万元，由于有4家未提供注册资本，所以实际资本注册量应该大于此数目。大部分公司的经营内容为研发、制造、销售语言康复产品以及向语言障碍患者提供语言康复服务。其中的一些公益性康复机构主要以儿童的康复训练为主，比如政府指定的一些言语障碍儿童康复机构、听力障碍儿童救助康复定点机构等。

(五)语言技术业态

注册实体数量最小的是语言技术业态，湖州市内仅有2家，注册资本共计1.2亿元。主要拥有的专利为自然语言处理，用于视觉训练的三维中文字库处理技术等。两家企业是以云计算技术、大数据处理技术为核心的企业，语言技术研发仅属于其经营内容的一部分。语言技术业态规模虽然最小，但注册资本总数位居第三。

以上5种业态的企业中，共有企业734家，其中195家未提供注册信息，注册资本总数为211 053.38万元。根据中国语言产业研究院关于语言产业在国民经济中的贡献度的研究，语言产业对经济的贡献度平均约为1%。但从统计可以看出，湖州专门从事语言产业的企业数量并不多，并且规模比较小，尚未形成清晰的语言产业发展规划，也缺少与语言产业相匹配的产业政策。

三、湖州市语言产业发展对策思考

（一）充分认识语言产业的重要作用

语言产业不仅可以服务于其他行业，促进其他产业的经济发展，而且语言行业本身就可以产生一定的经济价值。例如湖州市的书法促进了旅游业和会展业的发展，2019年湖州全年接待国内外旅游者人数13 223.5万人次，旅游业与会展业的发展会促进语言技术、语言翻译、语言艺术的发展。湖州市由语言艺术行业带动的湖笔制造业正在蓬勃发展，目前湖笔小镇湖笔产品占全国毛笔销售市场的30%，占中高档毛笔市场达60%。语言技术正在蓬勃发展，在大数据提升社会治理的背景下，湖州的语言产业也大有可为。

（二）科学制定语言产业发展中长期规划

需要基于长三角一体化总体战略的语言产业战略规划，制定一套完整的语言产业战略规划，以利于湖州市语言产业发展规划整体的实施。

1. 重视语言技术研究

在湖州市“万物智联强市”建设中，利用湖州市城乡统筹度高、城市数字大脑基本建成等基础优势，围绕城市信息的识别收集、集成共享的智能化运行，研发如何发挥语言智能的作用；在会展、旅游、交通等行业，研发如何利用语言技术提高语言服务业的便利度。在语言翻译、语言培训、语言康复、语言艺术、语言创意、语言信息化处理等行业中，研发适合各行业的语言技术。语言产业的发展离不开语言技术的支持。目前来看，湖州市语言技术业态规模很小，科技力量很薄弱。政府可以集中语言技术方向的人才，对于语言产业的各种重大问题做出集中研究，促进语言技术的开发，从而为湖州市创造更多的经济文化价值。

2. 发挥优势语言产业的带动作用

湖州市本地的服务业并不算特别发达，语言服务业的行业化标准还是有待发展。可以借鉴一些语言服务业评判体系比较完善的地区，如粤港澳大湾区等，根据自身优势，取长补短。利用语言艺术、语言培训等当地优势语言行业带动整体语言产业的发展。语言艺术、语言培训业，尤其是“湖笔”相关的语言艺术产业，目前来看是湖州较有活力的语言行业，要在继续发展其规模的同时，发挥其辐射带动作用，带动其他语言行业发展，形成完整的语言产业链。中国文联原副主席仲呈祥先生有一段非常精辟的话：“湖州有条件成为中国书法美术的一个人才培训基地，成为一个造就优秀书画家的摇篮。因为湖笔在这里，涉及中国书画，事关中国文字。”①

① 徐勇：《没有尾声的湖笔文化节》，《长三角》，2005年第10期。

（三）培养语言产业的优秀人才

根据湖州市建设的需要，要充分发挥高校综合学科和人才优势，支持湖州师范学院、湖州学院、湖州职业技术学院等高等院校，发展壮大中国语言文学、外国语言文学、教育学、历史学、新闻传播学、计算机科学与技术等现代语言文字相关学科专业的发展，培养专业的语言研究人才、高级翻译人才、语言技术人才，不仅为语言产业的持续发展提供坚实的人才资源保障，更要发挥人才的语言产业创新引领作用。

参考文献

[1]杨群欢．湖笔文化的弘扬与发展策略[J]．湖州职业技术学院学报，2003(2)．
[2]徐勇．没有尾声的湖笔文化节[J]．长三角，2005(10)．
[3]何小勤．湖笔文化及其旅游开发[J]．湖州师范学院学报，2008(1)．
[4]沈培，邱志文．“湖笔文化”校本课程的开发与研究[J]．湖州职业技术学院学报，2014(1)．

作者简介：郎青，湖州师范学院图书馆馆员，主要研究方向为汉字文化与汉字教学、语言文字数字化；张若愚，湖州师范学院电子信息专业硕士研究生；顾明明，湖州市语委办助理研究员、特殊教育指导中心副主任；施晓红，浙江省语协理事、湖州市语委办副主任、普通话测试中心主任；钱芳，湖州市教育考试中心普通话测试科副科长。

中国辞书产业“十三五”现状调查的迫切性及具体思路*

李连伟　武文方　戴宗杰

摘要：“十三五”期间，中国辞书领域获得长足发展，但长期存在的某些问题、难题还需攻克。辞书调查有助于发现辞书发展中的问题，是推进辞书强国建设的重要基础性工作。已有的辞书调查皆非从辞书产业角度开展，调研数据也已较为滞后，在作为“辞书强国梦”关键建设期的“十三五”，辞书调查近乎缺位。因此，当前急需开展中国辞书产业“十三五”发展状况的调查、分析与研究，了解辞书产业发展现状，找出问题，提出相应策略，服务于中国辞书事业、文化教育事业的高质量发展。

关键词：辞书产业；“十三五”时期；发展状况

A Survey on the Development of Chinese Dictionary Industry during the 13th Five-Year Plan Period

Li Lianwei, Wu Wenfang, Dai Zongjie

Abstract: During the 13th Five-Year Plan period, great progress has been made in the field of Chinese dictionaries, but some long-standing problems still need to be solved. Dictionary survey helps to find out the problems in the development of dictionaries, and is fundamental to promote the construction of a powerful dictionary and cultural country. The existing dictionary surveys are not carried out from the perspective of the dictionary industry, and the survey datas have lagged behind. In the 13th Five-Year Plan, which is the key construction period of “Powerful Dictionary Country Dream”, dictionary survey is almost absent. Therefore, it is urgent to investigate, analyze and research on the development of Chinese Dictionary industry in the 13th Five-Year Plan period, so as to master the development status of dictionary industry, find out the problems, put forward corresponding strategies and serve the high-quality development of Chinese Dictionary industry and cultural education.

Key words: dictionary industry; the 13th Five-Year Plan period; development status

21世纪以来，就辞书类型和发行数量而言，我国已成为辞书大国，但还不是辞书

* 本文为2021年度山东省社会科学规划研究项目“中国汉语辞书产业‘十三五’发展状况调查、分析与研究”（项目编号：21CYYJ05）的阶段性成果；本文撰写得到鲁东大学亢世勇教授、胡晓清教授悉心指导，谨致谢忱！

强国(李宇明，2006；王铁琨，2007；张志毅，2012)。近些年，辞书产业稳步发展，诸多学者所关注的"辞书强国梦"正在进入关键建设时期，中国辞书市场表现出明显的类型多样化、品种系列化、功能多元化、出版数字化、模态融媒化等发展趋势，编纂出版的理念和手段不断更新，辞书编纂与出版的精品意识持续加强。但就整个辞书产业来看，队伍薄弱问题、辞书质量问题、出版不均衡问题等一些痼疾尚未得到较好解决，严重制约了辞书产业的整体发展。作为辞书产业发展方略的重要支撑，辞书出版调查及相关研究是实现辞书强国梦、推进文化强国建设极为重要的基础性工作，在学界受到较多关注。

一、有关中国辞书出版的相关调查及研究

(一)中国辞书编纂出版调查

1. 辞书出版调查的成果主要表现为辞书编目和书目的搜集与整理

这方面的调查既有汉语辞书，也有外语类辞书、少数民族语言辞书。方厚枢从20世纪60年代开始从事中国出版史研究，开展了一系列多类型辞书出版调查，发表《建国三十年来出版辞书编目》(1980—1981)。专门性的汉语辞书出版目录调查有李鉴的《1984年我国出版辞书编目》(1985)、《1986年我国出版辞书编目》(1987)、《1987年我国出版辞书编目》(1988)，甘于恩《海外及台港澳出版的汉语语文词典书目选》(1996)，双人《美国出版汉语词典目录著作》(1997)，以及屈文生《清末民初(1905—1936)法律辞书的编纂与出版》(2012)；专门性的外语辞书目录调查，如施迅《苏联编纂出版的几部语言学术语词典》(1979)、杨业治《西德辞书的编纂和出版》(1981)等；专门性的少数民族语言辞书目录调查，如秦至《建国以来出版的少数民族语文辞书一览》(1983)、巴特尔《50年来我国蒙古语辞书的编纂与出版》(1999)等。

2. 辞书使用状况调查的成果表现出浓厚的用户视角

该领域的调查，在20世纪还比较少见，主要集中在英语学习词典，如伦道夫·夸克《词典的使用和设想的调查》(1985)、方丽《大学生词典需求调查与词典编纂》(1998)、寮菲《大学生英语词典需求调查与分析》(1998)、向朝红《英汉词典语用信息处理现状的调查及分析》(1998)等；汉语辞书方面，李志江等在1997年8月到1998年6月以问卷方式开展了全国性的语文辞书使用情况调查。

新世纪以来，该领域调查渐多，仍以学习词典为主。不同的是，除了英语学习词典，还出现了一些对外汉语学习词典的用户调查，如夏立新《对外汉语学习词典的出版和使用者调查研究》(2009)、岑玉珍《韩国留学生对外汉语学习词典的调查》(2011)等。但"十三五"期间的相关调查，在数量上远逊于"十二五"期间，主要有范柯《对时下英语词典的选择和使用情况调查——以英语专业学生为例》(2018)、邵继荣《国内词典使用研究的调查》(2018)等。

(二)中国辞书编纂出版相关研究

关于辞书出版研究，近十年来发展较快，关注领域比较广泛。出版规划方面，如魏向清《国家辞书编纂出版规划的战略定位》(2015)、王东海《从辞书大国迈向辞书强国的关键举措——基于与语言规划互动的辞书编纂出版规划研究》(2018)等；出版方式方面，如乐嘉民《辞书的数字出版》(2012)、包诗林《多媒体融合与辞书出版创新》(2015)、尹洁《从〈辞源〉编修看大型汉语辞书数字化出版》(2018)等；出版队伍方面，如李志江《培养辞书编辑出版专业队伍的有效途径》(2012)、王翠叶《试谈辞书编纂出版人才队伍建设》(2019)等；辞书出版综论方面，时间跨度大，涉及种类多，其中汉语辞书出版研究比例较高，如徐祖友《辞书出版概观》(1984)、巢峰《辞书出版琐谈》(1985)、詹德优《辞书出版十年回顾》(1990)、蔡夏初《我看辞书出版》(1999)、韩敬体《20世纪的中国辞书编纂出版事业》(1999)、杨文全《近百年的中国汉语语文辞书》(2000)、巢峰《中国辞书出版现状及精品运作》(2002)、杨正业《语文词典编纂史》(2006)、李仕春《语料库时代的汉语中型语文词典出版状况研究》(2017)、杜冰心《民国时期辞书出版发展概况及特点研究》(2019)等；外语辞书，如范洁清《八十年代苏联辞书出版概况》(1988)、林申清《当代日本国语辞书的编辑策划与出版现状》(1998)、魏向清《我国外语辞书出版30年回顾与思考》(2010)等；双语辞书，如魏向清《对我国双语词典编纂与出版策略的反思》(2008)、夏立新《对我国近三十年来汉英语文词典编纂和出版的一些思考》(2010)等；少数民族语言辞书方面，如包和平《我国少数民族辞书编纂出版概况及其未来展望》(2009)等。

(三)对辞书编纂出版的认知定位

改革开放以来，中国辞书编纂出版进入快速发展时期，由“辞书小国”迈向“辞书大国”，“辞书业”范畴内的辞书编纂、出版、推广及相关研究等，越来越多地被称为“辞书事业”，如巢峰《积极开创辞书事业的新局面》(1983)、王耀楠《从〈汉语大词典〉的编纂看我国辞书事业的发展》(1984)、韩敬体《我国辞书事业在新时期的发展》(1994)、曹先擢《开展学术交流　促进辞书事业的发展》(1999)、王铁琨《规范化、现代化与辞书强国——中国辞书事业发展的思考》(2007)、李宇明《努力发展我国的辞书事业——在汉语辞书研究中心揭牌仪式上的讲话》(2008)、江蓝生《与时俱进，努力促进我国辞书事业的健康发展》(2009)、韩敬体《为我国辞书事业的健康发展而开拓前进——中国辞书学会20周年历史回顾》(2012)、张清俐《开拓数字时代辞书事业发展新局面》(2020)等，这说明无论是学界、官方还是社会媒体都充分认识到辞书对社会发展的重要作用，对辞书编纂出版的认知定位进一步提升。

随着经济、社会、文化的不断发展，学界对辞书编纂出版的认识日渐多元化，除了“辞书强国”“文化强国”中对辞书的诸多论述，也开始认识到辞书和“文化产业”的关系(杜翔，2013)。尤其随着“语言产业”的提出及其概念、要素、业态的相关研究持续深入(贺宏志，2012；陈鹏，2012；李艳，2018；李宇明，2019)，辞书作为和语言出版相关的"语言产品"，作为"语言技术产品"和"语言知识产品"的业态融合，"辞书产业"的说法已呼之欲出。在2020年《中国社会科学报》的采访中，亢世勇建议未来应从产业发展的角度来看待汉语辞书编纂出版，推动辞书事业发展(张清俐，2020)。在此背景下，本文首次提出"辞书产业"这个概念，反映了我们辞书同人对辞书定位更为具象化的思考。

二、中国辞书出版调查及研究的问题所在

现有的辞书出版调查中，辞书编目、书目的搜集整理涵盖领域比较全面，辞书使用状况调查中用户视角渐趋明显；辞书出版的相关研究中，针对出版规划、出版方式、出版队伍等方面的专门研究成果较多，发展较快。另外，从"辞书业"到"辞书事业"，再到"辞书产业"，反映了辞书在学界、社会、官方等不同群体中认知地位的不断提升和被认可、被聚焦，令人振奋。当然，就整个辞书产业的发展现状来看，存在的问题也很突出。

(一)辞书出版调查的范畴类型严重失衡

以学习词典为主，其中英语学习词典又占了很大比重。学习词典以外的其他类型辞书的调查不多，汉语辞书更少。汉语辞书出版中的辞书人才匮乏、辞书质量堪忧、辞书出版不均衡等诸多问题，和我们缺乏对辞书产业尤其是汉语辞书产业的全面了解有关。

(二)辞书出版调查的时间维度略显滞后

相对当前辞书事业发展的迫切需求，相应的辞书调查跟进不足。据统计，"十三五"期间的辞书调查，在数量上远逊于"十二五"。调研的滞后，将无法为辞书出版规划等提供数据支撑和有效支持。

(三)辞书出版调查的涵盖内容不够全面

目前的辞书调查，无论是针对汉语辞书、外语辞书还是少数民族语言辞书，大多是集中在编目搜集、辞书队伍、编纂方式、用户视角等方面的单项调查。但辞书出版是一个产业，涉及辞书人才培养、辞书队伍建设、辞书出版规划、辞书市场规范、辞书研究成果转化、辞书成果认定等，涵盖以上内容的综合性辞书调查尚未出现。

(四)辞书出版调查的不足已严重制约了辞书出版的相关研究

辞书出版调查主要是辞书编目和书目的搜集与整理，缺乏深入调研，这直接影响到了同时期的辞书出版研究成果的产出，目前的辞书出版综论虽然成果不少，但针对整个辞书产业的论述还极度缺乏。

三、中国辞书产业"十三五"发展状况调查的价值分析

鉴于以上问题，辞书领域急需凝聚相关力量，围绕"十三五"期间的辞书产业，开展全方位、多领域的全国性调查。

辞书产业调查，既有助于阐明辞书产业中国家定位、辞书人才、辞书出版、辞书市场、辞书用户间的多项互联关系，还可以通过把握辞书产业发展现状，总结出辞书产业的业态特点和发展规律。

另外，开展中国辞书产业的全方位、多领域调查，可根据调查数据和结果分析对中国辞书的编纂出版前景进行预测，为今后中国辞书的编纂出版、市场导向、产业发展提供数据支撑和相关参考。

"十三五"已经收官，辞书产业发展正处于"辞书强国"新征程的起点，但辞书产业调查在"十三五"时期的缺位，导致我们无法掌握中国辞书发展的最新态势，这对辞书产业未来如何发展的影响是直接的。只有摸清家底，才能总结优势和成绩，找出短板和不足，为辞书出版规划、辞书人才培养、辞书队伍建设、辞书编纂出版、辞书服务社会等提供数据支持与依据，为辞书产业更好地担负起编纂出版的文化责任、社会责任、历史责任和提升国家文化软实力服务。因此，开展中国辞书产业"十三五"发展状况调查，不光是必要的，也是迫切的。

四、中国辞书产业"十三五"调查的相关工作

此项调查，需提前制订好调研计划并做好相关部署。

首先，要确定好调研目标。主要目标是通过辞书产业调查，了解"十三五"时期辞书产业发展现状，为辞书编纂出版、辞书出版规划、辞书市场导向等提供数据支持，服务于辞书事业发展。其中，调研重点是对"十三五"期间中国辞书发展状况做一个全方位多领域的调查，发现辞书产业发展的优势、不足及辞书产业的业态特点、发展规律。调研过程中，可能遇到的困难是辞书产业调查面广，尤其是辞书效益调查涉及部门或个人隐私，增加了调研难度。调查报告中可通过合理方式做到既维护对方权益又呈现产业真实现状。

其次，以目标为导向确定调研对象和调研范围。我们认为需针对和辞书相关的、代表性的辞书编纂机构、出版机构、教育机构、科研机构等，开展人才培养、队伍建设、辞书效益、成果认定等多方面的调查和研究。

再次，需构建好合理的调研思路和框架。基本思路是：立足于辞书产业发展，对标中国辞书出版在整个出版领域的国家定位和发展方向，以"十三五"时期为时间坐标，对中国辞书产业开展全面调查。在全面调查的基础上，对获取的信息和数据进行分类统计，分别掌握"十三五"时期多类型辞书在编纂、出版、应用及队伍建设、辞书效益等多方面的真实业态，进而整合得出整个辞书产业的发展状况，分析研究辞书产业各

要素间的互联关系，总结中国辞书产业的发展规律和特点。

调研内容的确定原则是现实性、多样性、可操作性，调研对象的确定原则是全面性、代表性、可追踪性。根据研究对象，通过前期调查和专家访谈，结合辞书编纂、出版、应用、反馈等产业要素，将辞书编纂出版的效益状况、人才队伍状况、成果认定情况等纳入调研内容，将辞书编纂机构、辞书出版机构、教育机构、科研机构等作为调研对象。

调研宜采用多元实证法，深入到辞书编纂机构、辞书出版机构、代表性教育机构和科研机构进行实地调研。问卷调查和实地调研分别针对中国汉语辞书、外语辞书、双语辞书、少数民族语言辞书等分类型推进，获取中国辞书产业发展的分类信息，这也是掌握中国辞书产业发展状况的基础。具体来说，可采用数据挖掘法，通过图书馆、网络文献、网站资源、网络咨询等各种渠道，搜集挖掘我国“十三五”期间的辞书目录、辞书文献及相关数据，为后续调研做好资料准备；采用多元实证法，联系辞书编纂结构、出版机构、研究机构、教育领域以及辞书市场等，对辞书编纂、出版、市场、使用和社会评价进行问卷调查和实地调研，实地调研包括访谈法和观察法，实现从辞书专项调查如辞书出版、辞书队伍、辞书用户等转变为辞书产业的全面调查；采用统计法，对调查数据进行科学计算和分析，直观呈现辞书产业在辞书人才、辞书编纂出版、市场推广等方面的发展状况。

对获取的调研信息进行统计、分析，研究不同类型辞书各自的发展状况，分类型撰写调研报告《中国汉语辞书“十三五”发展报告》《中国外语辞书“十三五”发展报告》《中国双语辞书“十三五”发展报告》《中国少数民族语言辞书“十三五”发展报告》等。基于各类型辞书发展情况，全面梳理、总结整个辞书产业现状，分析其发展路径、规律、特点和影响因素等，撰写《中国辞书产业“十三五”发展报告》，并产出咨政成果《中国辞书产业发展的问题与建议》。

五、结语

近些年来，辞书队伍薄弱、辞书整体质量不高、原创辞书偏少、辞书出版不均衡等长期以来存在的突出问题，在辞书学人的共同努力下，正在逐步得到解决，但在一定程度上依然制约着中国辞书产业持续、健康发展。基于辞书产业的高度开展辞书调查，已经是一项非常紧要和迫切的工作。全面掌握中国辞书产业“十三五”发展状况，对“十四五”乃至更长时期的辞书规划、辞书出版、辞书产业发展将大有裨益。

中国辞书产业“十三五”现状调查应具备创新意识：一是务必要从产业角度看待辞书的编纂出版，辞书产业已然形成，具体包括辞书策划者、辞书编者、辞书出版者、辞书市场、辞书用户等诸多彼此联系的产业要素，研究清楚产业要素间的互联关系和内在规律是该调研的应有之义并有成果体现；二是要将辞书产业分为宏观、中观和微观三个层次来看待，宏观研究关注国家政策中的辞书定位和出版规划等，中观研究关注面向辞书市场的辞书策划、出版和推广等，微观研究关注辞书的具体编纂和修订等，相应要求所开展的产业调查涵盖多领域、多层次；三是要认识到辞书精品意识有待形成，如何实现从数量增长到质量提升的转变是实现“辞书强国梦”的关键，辞书调查要坚持规模调查和质量调查并重，质量调查涉及辞书人才培养、辞书队伍建设及辞书成果认定等。

参考文献

[1]包诗林．多媒体融合与辞书出版创新[J]．传播与版权，2015(11)．

[2]蔡夏初．我看辞书出版[J]．出版科学，1999(5)．

[3]曹先擢．开展学术交流　促进辞书事业的发展[C]//亚洲辞书学会第一届年会论文集，上海：上海辞书出版社，1999(1)．

[4]巢峰．积极开创辞书事业的新局面[J]．辞书研究，1993(3)．

[5]巢峰．辞书出版琐谈[J]．瞭望周刊，1985(4)．

[6]巢峰，周明鉴，刘伯根．中国辞书出版现状及精品运作[J]．中国图书评论，2002(9)．

[7]陈鹏．语言产业的基本概念及要素分析[J]．语言文字应用，2012(3)．

[8]杜冰心．民国时期辞书出版发展概况及特点研究[J]．编辑之友，2019(11)．

[9]杜翔．辞书发展与文化产业[J]．辞书研究，2013(1)．

[10]方厚枢．建国三十年来出版辞书编目[J]．辞书研究，1980—1981．

[11]甘于恩．海外及台港澳出版的汉语语文词典书目选[J]．辞书研究，1996(5)．

[12]高兴．从社会需求看辞书编纂出版[J]．辞书研究，1993(5)．

[13]韩敬体．我国辞书事业在新时期的发展[J]．辞书研究，1994(9)．

[14]韩敬体．20 世纪的中国辞书编纂出版事业[M]//中国辞书论集，上海：上海辞书出版社，1999．

[15]贺宏志．语言产业导论[M]．北京：首都师范大学出版社，2012．

[16]江蓝生．与时俱进，努力促进我国辞书事业的健康发展[J]．辞书研究，2009(1)．

[17]乐嘉民．辞书的数字出版[M]//辞书论集(二)，上海：上海辞书出版社，2012．

[18]李鉴．我国出版辞书编目(1981—1987)[J]．辞书研究，1982—1989．

[19]李仕春．语料库时代的汉语中型语文词典出版状况研究[J]．中国出版，2017(2)．

[20]李艳．从“产业观”到“大产业观”：对语言产业研究演进的梳理与理论思考[M]//语言产业研究(2018 年卷)，北京：首都师范大学出版社，2018．

[21]李宇明．关于辞书现代化的思考[C]//中文信息处理前沿进展——中国中文信息学会二十五周年学术会议论文集，北京：清华大学出版社，2006．

[22]李宇明．努力发展我国的辞书事业——在汉语辞书研究中心揭牌仪式上的讲话[J]．鲁东大学学报，2008(3)．

[23]李宇明．语言产业研究的若干问题[J]．江苏师范大学学报(哲学社会科学版)，2019(2)．

[24]李志江．培养辞书编辑出版专业队伍的有效途径[J]．辞书研究，2012(9)．

[25]刘海润，亢世勇．我国辞书现代化理论研究调查分析[J]．长江学术，2013(2)．

[26]屈文生．清末民初(1905—1936)法律辞书的编纂与出版[J]．辞书研究，2012(7)．

[27]王翠叶．试谈辞书编纂出版人才队伍建设[J]．中国编辑，2019(2)．

[28]王东海，张晖，张志毅．辞书强国梦正圆——谈新辞书规划的推进措[J]．中国编辑，2014(5)．

[29]韩敬体．为我国辞书事业的健康发展而开拓前进——中国辞书学会 20 周年历史回顾[J]．辞书研究，2012(5)．

[30]王东海．从辞书大国迈向辞书强国的关键举措——基于与语言规划互动的辞书编纂出版规划研究[J]．科技与出版，2018(3)．
[31]王铁琨．规范化、现代化与辞书强国——中国辞书事业发展的思考[J]．辞书研究，2007(1)．
[32]汪耀楠．从《汉语大词典》的编纂看我国辞书事业的发展[J]．武汉师范学院学报，1984(12)．
[33]汪耀楠．我国辞书学队伍的现状与建设[J]．辞书研究，1996(11)．
[34]魏向清．国家辞书编纂出版规划的战略定位[J]．辞书研究，2015(1)．
[35]夏立新．对外汉语学习词典的出版和使用者调查研究[J]．出版科学，2009(1)．
[36]夏立新．对我国近三十年来汉英语文词典编纂和出版的一些思考[J]．编辑之友，2010(9)．
[37]徐祖友．辞书出版概观[J]．出版工作，1984(7)．
[38]杨文全．近百年的中国汉语语文辞书[M]．成都：巴蜀书社，2000．
[39]杨业治．西德辞书的编纂和出版[J]．辞书研究，1981(6)．
[40]杨正业．语文词典编纂史[M]．北京：中国文联出版社，2006．
[41]詹德优．辞书出版十年回顾[J]．武汉大学学报(社会科学版)，1990(2)．
[42]张清俐．开拓数字时代辞书事业发展新局面[J]．中国社会科学报，2020(3)．
[43]张志毅．辞书强国——辞书人任重道远的追求[J]．辞书研究，2012(1)．
[44]伦道夫·夸克．词典的使用和设想的调查[J]．辞书研究，1985(1)．

作者简介：李连伟，博士，鲁东大学文学院副教授、国家语委汉语辞书研究中心研究人员，研究方向为辞书研究、汉语国际教育、语用学；武文方，北京语言大学2018级法语语言文学专业，硕士研究生；戴宗杰，博士，鲁东大学文学院副教授、国家语委汉语辞书研究中心副主任，研究方向为辞书研究、少数民族语言研究。

词典信息覆盖问题的计算机辅助发现*

达胡白乙拉　都　岚　晓　娟　乌雅很　包松波

摘要：词典信息的覆盖问题关系到词典的应用价值。词典所含信息越丰富，其实用价值越高。因此，词典信息覆盖问题是词典研制中需要考虑的很重要的一个实际问题，值得关注和系统研究。一般来说，词典应包含词条、读音、词类、释义、举例等信息。本文选择词条和释义两项常用信息，基于真实文本语料考察了词条和释义的覆盖问题，归纳了计算机辅助发现的一种流程，并以蒙古语词典为例，介绍了词典信息覆盖问题的计算机辅助发现实践。

关键词：词典；词条；释义；覆盖问题；计算机辅助发现

Computer-aided Discovery of Dictionary Information Coverage

Dabhvrbayar, Du Lan, Xiao Juan, Wu Yahen, Bao Songbo

Abstract: The coverage of dictionary information is related to the applied value of dictionaries. The richer the information dictionary contains, the higher its practical value is. Therefore, dictionary information coverage is an important issue to be considered in the development of dictionaries, which deserves attention and systematic research. Generally speaking, dictionaries contain entries, pronunciation, parts of speech, paraphrases, examples and other information. Based on text corpus, this paper investigates the coverage of entries and paraphrases. And a process of computer-aided discovery is summed up. Then, this paper takes *Mongolian dictionary* as an example to introduce the practice of computer-aided discovery of dictionary information coverage.

Keywords: dictionaries; entries; paraphrases; coverage; computer-aided discovery

一、引言

词典(dictionary)又作“辞典”，以词语为收录单位，按一定顺序排列，逐一加以说明、解释，以供查检参考的工具书①。有语文词典、专科词典和综合性词典之分。世界上现存最古老的词典是公元前 7 世纪亚述帝国时编的苏美尔-阿卡德语双语难词表；中国最早的词典是中国西汉初编纂的《尔雅》。语言文字生活中人们往往碰到新词术语，

* 本项研究得到国家社科基金重点项目(批准号：19AYY018)、内蒙古自治区民委重点科研项目(批准号：NW-ZD-2020003)支持。

① 蔡富有、郭龙生：《语言文字学常用辞典》，北京：北京教育出版社，2001 年，第 33 页。

不理解其义，不能准确把握其应用。在这样的情况下，人们往往互相讨论或借助词典工具书来解决问题。针对这样的现象，口头讨论可提供大致信息，而词典工具书可提供相对精准的信息。因此，从科学角度讲，词典对此类问题的解决具有更加实用的价值，人们更加信赖词典，更加倾向于借助词典来理性解决此类问题。

借助词典解决此类问题隐含着另一个问题，那就是对于具体的查询利用来说，词典的选择显得很重要。因为人们也常常遇到有词典却发现查不到自己想知道的词或相应的释义。对一部词典来说，词条信息和释义信息很重要，所收录的词条和释义信息越多越好用，能够更好地满足用户查询利用的需求。因此，词条和释义信息的不断增加是词典编纂或扩容更新的重要任务，例如中国社会科学院语言研究所词典编辑室编的《现代汉语词典(第 7 版)》[①]在第 6 版的基础上进行修订时，全面落实 2013 年 6 月由国务院公布的《通用规范汉字表》，增收近几年涌现的新词语 400 多条、增补新义近 100 项，删除少量陈旧和见词明义的词语；根据读者和专家意见对 700 多条词语的释义、举例等做了修订。词典收录信息不断增加是词典发展的大方向。纵观历史上使用过的汉语字书词典情况，会发现字书词典的收录信息呈现逐渐增加的趋势[②]。

词典扩容更新时首先要发现当前词典未收录的信息，例如未收录的词条、未收录的释义等。词典未收录信息的发现本质上是词典信息覆盖问题的发现，即发现词典信息在哪些方面不够充分。对于具体的词典来说，发现其信息覆盖问题，才有可能确定补充哪些信息。那么，人们怎样发现一部词典所收录的信息是否充分呢？一般来说，人们在遇到新词术语或生字生词时，往往通过查询特定词典来发现其是否被收录、信息是否充分。然而，这样的零散发现，多会被人们遗忘。不会被反馈到词典扩容更新过程中来，对于词典扩容更新意义不大。从科学的角度，专门着眼于词典扩容更新，采取系统方法去发现词典信息的覆盖问题，才能持久并且效果更好。探讨词典信息覆盖问题的发现过程并归纳一种发现流程和有效方法对于词典研究与应用的意义也正在于此。

二、词典信息

本文所研究的词典信息是指词典所含的信息，一般来说，词典包含词条、读音、词类、释义、举例等信息。词典所收录的信息一般与其用途相关，不同的词典有不同的用途，所包含的信息类型与取值范围和形式也有所不同。相比较而言，纸质词典的所含信息相对少、可扩展性有限，而电子词典所含信息相对多、可扩展性较强。对纸质词典来说，词典信息类型与取值一般是文字和数字形式，而对电子词典而言，词典

① 中国社会科学院语言研究所词典编辑室：《现代汉语词典(第 7 版)》，北京：商务印书馆，2016 年版。

② 冯志伟：《计算语言学基础》，北京：商务印书馆，2001 年，第 96 页。

信息一般存储在词典底层支撑数据库中，数据类型可以是文本、数字、逻辑、字节等类型，相应的取值范围也会有所不同。

词典信息中词条和释义信息是最主要的两种信息，一般来说，词条和释义信息也是各类词典几乎通用的信息。词条(lexical entry，lexical item)，又被称为词头、词目，指词典中所汇集的每一个被注释的对象，如成语词典以成语为词目，引语词典以诗文名句、格言等为词目。一般说，未经社会约定俗成的词语，不宜列为词典的词目，但少数如作家语言词典之类的词典，却允许收列个人自创的、未在社会通用的词语。作为词典学术语的释义(paraphrase)是指对词条的含义进行解释或说明。释义的方式、方法等要依据词典编纂的宗旨和类型而定，如《现代汉语词典(第7版)》词典释义以现代汉语为标准，释义时就不详细列出古义。词典释义是语言的释义和逻辑上的定义相联系的解释活动。词典释义不能含糊不清，造成误解。词典释义比其他释义更要周密，要建立在严格的语义分析的基础上。

本项研究从词典信息中选择词条和释义信息作为实例探讨词典信息覆盖问题的发现流程与实践。

三、词典信息覆盖问题的计算机辅助发现方式与过程

词典信息覆盖问题的本质是词典所含信息是否充分的问题。理论上，对一部词典来说，词典所含信息的量可以是无限的，可以满足各种查询利用需求，但实际上，几乎所有词典所含信息往往不尽人意，总有扩容更新的空间，不能满足更多查询利用的需求。这是因为词典的内容由不断发展变化的语言文字生活来决定的，而且词典编纂过程往往受到所收信息的选择性和所用基础语料的有限性以及整个编纂工程的时限性的制约。

词典信息覆盖问题往往集中体现在词典所收信息的不充分上。词典所收信息的不充分问题对于用户来说，不同信息有不同的表现。例如词典所收词条信息的不充分问题表现为用户查不到该词条；词典所收释义信息不充分问题表现为用户查不到词条，自然查不到释义或查不到合适的义项。总的来说，词典所收信息的不充分问题集中体现在信息不存在或缺乏上。那么怎么发现一部词典所收的信息不充分呢？一般来说有三种情况：(1)偶然性发现，用户遇到零散的生词的时候通过查询词典时发现该词典所收信息的不充分问题；(2)比较性发现，用户通过对两部或两部以上词典之间做比较来发现其中某一部词典所收信息的不充分问题；(3)检验性发现，用户通过利用真实语料来检验某一部词典时可发现该词典所收信息的不充分问题。

不同的发现方式具有不同的流程，下面对上述三种发现过程做探讨。

偶然性发现的过程如下：(1)用户在语言文字生活中遇到零散的生词；(2)选择一部词典查询所遇生词；(3)在查询结果中归纳该词典所收信息的不充分问题，即该词本

身或用户所需该词的合适信息，例如读音、词类、义项等信息，未被收录在当前词典中。偶然性发现具有其偶然性，而且往往在查询离散的个别词的过程中发现问题，因此用户也往往不会有耐心记录下来，无法形成规模或系统，不能为词典扩容更新提供支持。

比较性发现的过程如下：(1)用户选择一部词典作为当前词典；(2)用户再选择一部或多部词典与当前词典做比较；(3)从比较结果中归纳当前词典所含信息的不充分问题。比较性发现中用的多部词典之间应有结构类似的特点，否则比较就没有合理性，达不到通过比较发现不充分问题的目标。

检验性发现的过程如下：(1)用户选择一部词典作为当前词典；(2)用户还选择一份真实语料作为检验词典的资源；(3)用户通过加工该真实语料，提取词语，确立词条及其相关信息；(4)利用这些词条及其相关信息检验当前词典所含信息是否充分。检验性发现中语料的加工很重要，它是与当前词典所含信息形成对照检验资源的大前提。语料加工的质量往往与检验效果有直接关系。

综上所述，词典信息覆盖问题的发现是词典有效扩容更新的大前提。词典信息覆盖问题的发现方式中，偶然性发现具有很强的偶然性和离散性，比较性发现和检验性发现之间有很多内在联系，都需要有比较分析的过程才能发现词典信息覆盖问题，不同的是，比较性发现有现成的两部词典就可以实现，而检验性发现需要先从真实语料中提取信息作为参照资源——电子词典或数据库的数据源。另外，比较性发现和检验性发现可操作性强，对词典扩容更新具有重要意义。

四、词典信息覆盖问题的计算机辅助发现实践

词典信息覆盖问题的发现可以人工实现，也可以借助计算机实现。显然，人工实现会速度慢，难以保证前后一致，耗费很大的人力和精力，而借助计算机实现可节省时间和人力，信息比较和处理上的一致性会更好一些。随着信息时代的发展，使用计算机来处理和研究语言问题已成为时代发展的新趋势。根据词典信息覆盖问题发现的特点及流程，以蒙古语词典和语料库为例，我们开展了词典中词条和释义信息覆盖问题的计算机辅助发现实践。

(一)当前词典

当前词典是被检验的对象。本研究选择《蒙古语辞典》[①]作为当前词典，讨论该词典所含的词条和释义信息是否充分问题。《蒙古语辞典》是由《蒙古语辞典》编纂组编写的现代蒙古语词典，1997 年 11 月由内蒙古人民出版社出版发行。该辞典的编纂工作历经

① 《蒙古语辞典》编纂组：《蒙古语辞典》，呼和浩特：内蒙古人民出版社，1997 年版。

40 多年，收录词条 7 万多，涵盖词条的书面读音、西里尔文转写的口语发音、词类、语法变化形式类别、释义、举例等信息，凝聚了蒙古语学界很多资深专家学者们的心血，是目前国内蒙古语言文字生活中常用且受欢迎的权威性辞典之一。

从计算机辅助发现的角度，我们把《蒙古语辞典》电子化，做成数据库，为计算机的比较和统计等后续处理提供数据支持。《蒙古语辞典》数据库采用了 Microsoft Office Access 2007，存储了词条、书面读音、释义等相关信息，请见图 1。

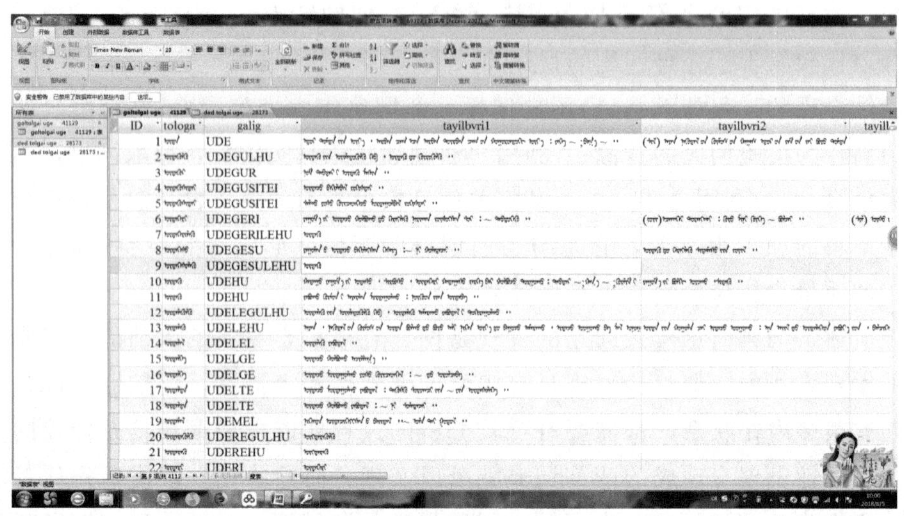

图 1 《蒙古语辞典》数据库样例

(二)语料加工

在词典信息覆盖问题的计算机辅助发现中，真实语料会成为提炼数据或电子词典信息的基础资源。根据计算机辅助发现的任务，这样的资源需要进一步分析和加工。语料加工的深度和内容等问题取决于被检验的对象及其相关信息。本项研究选择《蒙古语辞典》词条和释义两项信息的覆盖问题作为计算机辅助发现的对象，因此，语料加工时重点做好词条和释义两个问题相关的分析。

作为计算机辅助发现的基础资源，我们选择真实文本语料《一层楼》①做了词法层面的系统分析，标注了相关信息，形成了作为参照资源的电子词典要提炼的数据基础。《一层楼》是蒙古族著名作家、诗人尹湛纳希写的长篇小说，1978 年由内蒙古人民出版社出版发行。该小说词数为约十万，是深受广大蒙古语读者青睐的畅销书，蒙古民众家喻户晓，对现代蒙古书面语的成熟发展产生了重要影响。根据计算机辅助发现任务，我们对长篇小说《一层楼》做了以下加工分析：

1. 根据 1978 年公开出版发行的《一层楼》纸质版图书，完成了录入、转写、校对工

① 尹湛纳希：《一层楼》，呼和浩特：内蒙古人民出版社，1978 年版。

作。录入时采用了蒙古语读音输入法，转写时采用内蒙古大学蒙古语语料库所用的蒙古文拉丁字母转写规则[①]，重点表示蒙古语书面读音信息。

录入举例： ᠬᠣᠶᠠᠳᠤᠭᠠᠷ ᠲᠤᠷ ᠡᠬᠡᠨᠡᠷ ᠦᠨ ᠦᠭᠡ（第二 妻子的用语）

转写举例： H0YADVGAR-TVR EHENER-UN UGE（第二 妻子的用语）

2. 对《一层楼》电子语料做了固定短语标注、词形变化形式的切分标注、词类标注等工作。固定短语的标注利用了《现代蒙古语固定短语语法信息词典详解》[②]和内蒙古大学开发的固定短语标注软件，词形变化形式和词类标注等词法分析利用了《信息技术信息处理用蒙古文词语标记》[③]和内蒙古大学、中国科学院计算技术研究所合作开发的词法分析软件 MgLex 系统，并加以人工校对，形成了词法标注语料库。

固定短语标注举例： HOBI=BVYAN/Yn（福分/复合名词）

词形变化和词类标注举例： H0YADVGAR/M-TVR/Fc22 EHENER/Ne1-UN/Fc11 UGE/Ne2（第二/数词-格形式/格标记 妻子/可数普通名词-格形式/格标记）

（三）数据导入

根据词法标注语料库中的标注格式，首先编写了将词语及相关信息导入数据库的软件，完成了语料库到数据库的转换导入任务；然后，数据库中通过合并同一个词的不同语法形式确立了词条，分离了词形变化形式，把词条和词形变化形式分别在不同的数据字段中进行存储；最后从语料库中提取词条相应的实例存储在词条相应的后续字段中，以备释义比较中应用。据统计，这个数据库收录的总词条有 4 320 条，从词类角度看，这些词条的分布及出现频率情况如表 1 所示。

表 1 《一层楼》数据库词条的分布及出现频率情况

词类	词条数/条	总词条中占比/%	出现次数/次	总词数中占比/%
名词	2 073	47.99	26 589	28.44
形容词	597	13.82	7 872	8.42
数词	31	0.72	3 309	3.54
代词	68	1.57	8 928	9.55
动词	1 262	29.21	27 277	29.18
摹拟词	21	0.49	50	0.05

① 达胡白乙拉：《面向信息处理的蒙古语动词短语结构规则研究》，呼和浩特：内蒙古人民出版社，2008 年版，第 274—277 页。

② 德·青格乐图：《现代蒙古语固定短语语法信息词典详解》，呼和浩特：内蒙古教育出版社，2005 年版。

③ 中国电子技术标准化研究所、内蒙古大学等起草，中华人民共和国质量监督检验检疫总局、中国国家标准化管理委员会发布：《信息技术信息处理用蒙古文词语标记》(GB/T26235-2010)，2011 年版。

续表

词类	词条数/条	总词条中占比/%	出现次数/次	总词数中占比/%
量词	20	0.46	321	0.34
副词	83	1.92	3 289	3.52
后置词	17	0.39	1 891	2.02
时位词	72	1.67	3 425	3.66
语气词	37	0.86	8 184	8.76
连接词	14	0.32	1 495	1.60
情态词	15	0.35	704	0.75
感情词	10	0.23	144	0.15
总计	4 320		93 478	

从上述数据统计中，不难发现《一层楼》语料中名词、动词、形容词这三类的词条有 3 932 条，占总词条数的 91.02%，而这三种词类的词语一共出现 61 738 次，占总词数的 66.05%。可见名词、动词、形容词三种词类的词语是《一层楼》语料词汇的最主要的组成部分，这三种词类的词条也是《一层楼》数据库中占绝对多数的词条类别。根据《一层楼》数据库，我们也对此三类词条的分布情况做了分类统计，结果如表 2 所示。

表 2　名词、形容词、动词等三类词条的分类统计　　（单位：条）

总分类	名词								形容词			动词				
再分类	普通名词		专有名词				名词借词		性质形容词	关系形容词	区别形容词	普通动词		代动词	联系动词	助动词
	可数名词	不可数名词	人名	地名	机构名	其他专名	可数名词	不可数名词				及物动词	不及物动词			
词条数	899	546	452	29	1	38	77	31	426	95	76	628	625	4	3	2
总计	2 073								597			1 262				

显然，名词中的普通名词、形容词中的性质形容词、动词中的普通动词等再分类中的词条数占多数，是名词、形容词、动词三大种类中的最主要的组成部分。这也是《一层楼》的语料词语分布的一个特点。这样的再分类统计，显然对我们的检验提供了更加清晰的认识和可挖掘的方向。

(四)检验分析

通过上述分析与研究，我们已对作为《蒙古语辞典》词条和释义信息覆盖问题的检验语料——长篇小说《一层楼》的词汇情况有了较清晰的认识。那么，在此基础上，我们现在可以开展对《蒙古语辞典》词条和释义信息覆盖问题的计算机辅助发现研究。

1. 词条信息覆盖问题的计算机辅助发现

通过上述研究，我们已经建立《蒙古语辞典》数据库和《一层楼》数据库。那么怎么发现《蒙古语辞典》词条信息的覆盖问题？覆盖问题的本质是相对检验数据库来说是否充分的问题。因此，我们设计计算机软件在《蒙古语辞典》数据库和《一层楼》数据库中的词条之间做匹配查询和统计研究。结果表明，相对于作为检验语料资源的《一层楼》数据库来说，当前词典《蒙古语辞典》数据库中的词条信息是不充分的，也就是说，《一层楼》语料中出现的有些词语没有被《蒙古语辞典》收录。根据计算机自动分析结果，我们发现《蒙古语辞典》中无法查询到《一层楼》中出现的 85 条词条。这些词条的词类分布如表 3 所示。

表 3 《蒙古语辞典》未收录词条的词类分布情况　　(单位：条)

分类	名词	形容词	动词	总计
《蒙古语辞典》中查询不到的《一层楼》词条数	30	48	7	85

2. 释义信息覆盖问题的计算机辅助发现

词条信息覆盖问题的发现可以用简单的匹配算法实现，那么释义信息覆盖问题怎么发现呢？显然，对一部词典而言，释义信息不是孤立出现的，而是以词条的存在为前提出现的。因此，释义信息覆盖问题可以分解为如下两步：第一步要看在当前词典中能不能查询到与当前检验语料语境释义所对应的词条；第二步要看当前词典相应的词条释义排列中能否找到与当前检验语料语境释义相一致的义项。这样，释义信息覆盖问题实际上也是可以通过比较分析方法得到解决。

根据上述分析，我们借助计算机软件完成了《蒙古语辞典》释义信息覆盖问题的发现任务。具体过程如下：

(1)从《一层楼》数据库中逐一选择词条及其相应的实例；

(2)根据实例对该词条做出释义(简称语境释义)；

(3)在《蒙古语辞典》中查询该词条；

(4)如果查询不到该词条，作为词条信息覆盖问题记录下来；

(5)如果能查询到该词条，列出该词条对应的释义信息(简称词典释义)；

(6)将语境释义与词典释义一一匹配，检验是否匹配成功；

(7)如果匹配成功，记录为释义信息覆盖成功；

(8)如果匹配不成功，记录为释义信息覆盖失败。

具体流程示图如下：

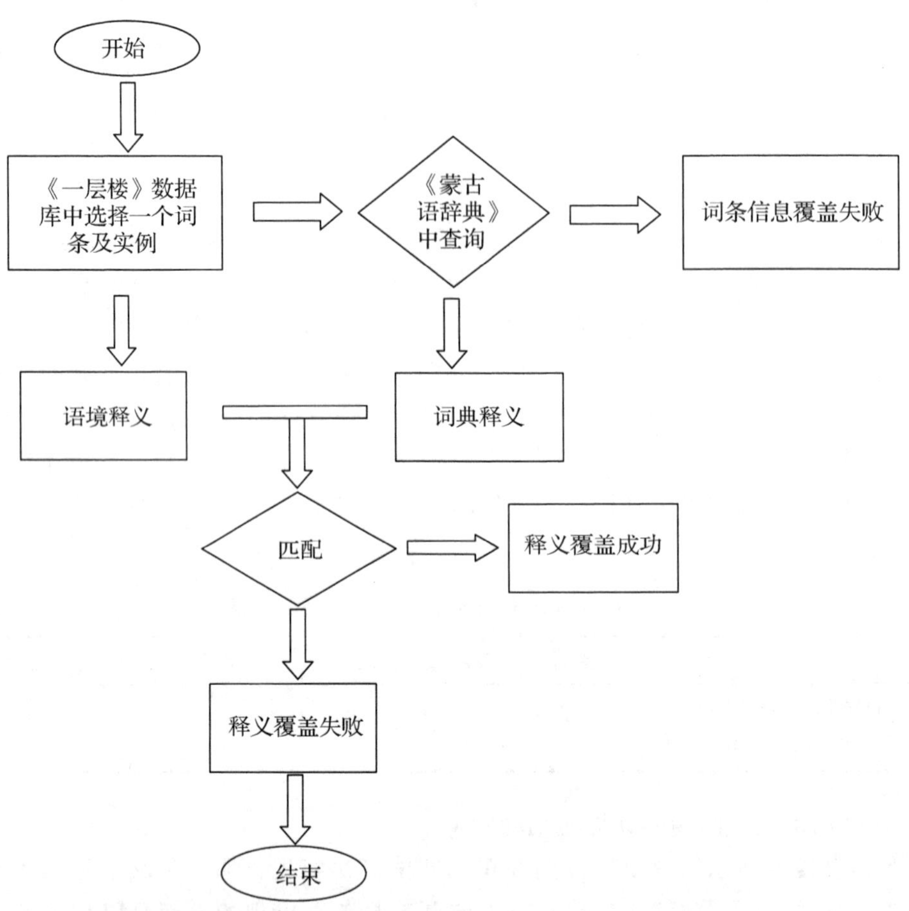

根据上述流程，我们对用《一层楼》数据库词条及释义对《蒙古语辞典》释义信息覆盖问题做了检验性分析考察，结果发现相对于《一层楼》数据库词条语境释义，《蒙古语辞典》中未查询到的释义义项共有353项，在相关词类上的分布情况如表4所示。

表4 《蒙古语辞典》中未查询到的释义义项在相关词类上的分布情况 （单位：项）

分类	名词	形容词	动词	总计
《蒙古语辞典》中查询不到的《一层楼》词条释义义项	86	72	195	353

五、结论

词典信息覆盖问题是词典评价研究的重要课题，与词典的应用价值息息相关，对词典编纂理论和应用具有重要的意义。一般来说，词典应存储词条、读音、词类、释义、举例等信息。本研究以词条和释义信息为例，探索了词典信息覆盖问题的计算机辅助发现相关课题。在界定词典信息及其范围的基础上分析了词典信息覆盖问题的本质，将词典信息覆盖问题的发现方式分为偶然性发现、比较性发现、检验性发现三种方式，对每一种发现方式的流程进行了讨论和归纳，并利用蒙古族著名作家、诗人尹湛纳希的长篇小说《一层楼》语料，对《蒙古语辞典》词条和释义信息覆盖问题展开了专门研究，介绍了计算机辅助发现的流程、实践和结果。本项研究的主要结论有如下几点：

首先，词典信息覆盖问题的本质是相对于某种查询而言，词典所含信息是否充分的问题，词典信息覆盖问题往往集中体现在词典所收信息的不充分上。

其次，词典信息覆盖问题的发现方式可分为偶然性发现、比较性发现、检验性发现，文中逐一探讨了这些发现过程。偶然性发现具有很强的偶然性和离散性，比较性发现和检验性发现之间有很多内在联系，都需要有比较分析的过程才能发现词典信息覆盖问题。不同的是，比较性发现有现成的两部词典就可以实现，而检验性发现需要先从真实语料中提取信息作为参照资源——电子词典或数据库的数据源。另外，比较性发现和检验性发现可操作性强，对词典扩容更新具有重要意义。

并且，利用蒙古语著名长篇小说《一层楼》的真实语料，对《蒙古语辞典》信息覆盖问题的计算机辅助发现方面展开了专门研究。在此过程中，构建了《蒙古语辞典》数据库和《一层楼》数据库，实现了《蒙古语辞典》词条信息覆盖问题的自动发现和释义信息覆盖问题的计算机辅助发现。研究结果表明，相对于《一层楼》而言，《蒙古语辞典》词条和释义信息是不充分的，《一层楼》中有 85 个词条未被《蒙古语辞典》收录，《一层楼》词条释义中有 353 条义项未被《蒙古语辞典》收录。

词典信息覆盖问题在辞书研究领域值得关注和深入研究。在后续研究中，我们将把词典信息覆盖问题作为词典评价问题的一个子问题，开展一系列基础资源建设和系统研究。从资源开发角度讲，建立更多纸质辞书数据库和真实文本语料库，可以为词典评价研究提供数据支撑；从软件开发角度，搭建统一的计算机自动分析或人际互助分析平台，使词典评价实现得更加客观，可以为完善词典本身和深化研究提供功能强大的计算机软件协助支撑。

参考文献

[1]蔡富有，郭龙生．语言文字学常用辞典[M]．北京：北京教育出版社，2001.

[2]中国社科院语言研究所词典编辑室．现代汉语词典(第 7 版)[M]．北京：商务印书馆，2016.

[3]冯志伟．计算语言学基础[M]．北京：商务印书馆，2001.

[4]《蒙古语辞典》编纂组．蒙古语辞典[M]．呼和浩特：内蒙古人民出版社，1997.

[5]尹湛纳希．一层楼[M]．呼和浩特：内蒙古人民出版社，1978.

[6]达胡白乙拉．面向信息处理的蒙古语动词短语结构规则研究[M]．呼和浩特：内蒙古人民出版社，2008.

[7]德・青格乐图．现代蒙古语固定短语语法信息词典详解[M]．呼和浩特：内蒙古教育出版社，2005.

[8]中信息技术、信息处理用蒙古文词语标记[R]．(GB/T26235-2010)，2011.

[9] Hadumod Bussmann. Routledge Dictionary of Language and Linguistics[M]. Foreign Language Teaching and Research Press，2000.
[10]王馥芳．当代语言学与词典创新[M]. 上海：上海辞书出版社，2004.
[11]雍和明．英语词典史[M]. 北京：商务印书馆，2015.
[12]Sidney I. Landau. 词典编纂的艺术与技术[M]. 章宜华，夏立新，译．北京：商务印书馆，2005.
[13]晓娟．《一层楼》语料的加工与应用[D]. 呼和浩特：内蒙古大学，2016.
[14]乌雅很．《泣红亭》语料的加工与应用[D]. 呼和浩特：内蒙古大学，2017.
[15]都岚．《红云泪》语料的加工与应用[D]. 呼和浩特：内蒙古大学，2018.
[16]包松波．新型蒙古语电子词典自动编纂相关研究[D]. 呼和浩特：内蒙古大学，2018.

作者简介：达胡白乙拉，内蒙古大学教授、博士生导师，社会科学处处长；都岚，内蒙古大学蒙古学学院中国语言文学博士研究生；晓娟，硕士，二连浩特市蒙古族小学教师；乌雅很，硕士，呼和浩特市蒙古语言文字应用服务中心职员；包松波，硕士，内蒙古财经大学图书馆助理馆员。

中国手语服务行业现状与发展趋势*

倪 兰 唐文妍 和子晴 孙 玲

摘要："手语服务"是指政府、社会、企业为消除听障人群的交际障碍、促进听障人群更好地融入社会而提供的一系列语言服务措施。手语翻译是听障人群与健听人群沟通的重要渠道，是手语服务的核心内容。国内手语服务行业目前处于发展的起步阶段，还无法完全满足听障人群日益增长的语言服务需求。在构建国家治理体系和治理能力现代化过程中，面向听障人群的手语服务行业发展，需要相关政策的引导、培育健全的市场机制和建立法律保障体系。

关键词：手语服务；手语翻译；听障人群

Current Situation and Development Trend of Chinese Sign Language Service Industry

Ni Lan, Tang Wenyan, He Ziqing, Sun Ling

Abstract: Sign language service refers to a series of language service measures provided by the government, social service agencies and enterprises to eliminate communication barriers of the hearing-impaired and promote their better integration into the society. As the core content of sign language service, sign language interpretation is an important channel for communication between hearing-impaired people and normal hearing people. At present, the domestic sign language service industry which is in the initial stage cannot meet the increasing demand of the hearing-impaired people. As a part of modernization of the national governance system and governance capability, the development of sign language needs policy aupport, a sound marbet mechanism and the establishment of juristic guarantee system.

Key word: sign language service; sign language interpretation; the hearing-impaired

一、引言

手语是听障人群使用的特殊语言和主要交际工具，是语言文字的重要组成部分。"手语服务"是指政府、社会、企业为消除听障人群的交际障碍、促进他们更好融入社会而提供的一系列语言服务措施。近年来，国内手语服务行业的起步发展，逐渐引起社会的关注。听障人群生活在听人社会中，手语翻译成为听障人群与听人沟通的重要

* 本文为国家语言文字推广基地建设重点项目(项目编号：20JDZDI08)"新时代语言文字工作治理体系下特殊人群语言文字规划与语言服务研究"的阶段性研究成果。

渠道之一，通过提供手语翻译消除听障人群在社会生活各领域中的交际障碍，是手语服务的核心内容。2016年《国家语言文字事业“十三五”发展规划》提出“服务特殊人群语言文字需求”，各级语委和残联组织将手语服务纳入工作范围，手语服务工作格局初步形成，力度不断加大。与此同时，社会力量也积极参与手语服务，出现了提供手语翻译的社会服务机构和企业。手语服务是推动残疾人无障碍生活的重要方式之一，在构建国家治理体系和治理能力现代化的过程中，面向听障人群的手语服务行业发展，需要相关政策的引导、培育健全的市场机制和建立法律保障体系。对手语服务行业目前存在的问题和瓶颈，未来还需要进行整体规划和资源整合。

二、国内手语服务行业基本状况

手语服务作为信息无障碍建设的重要组成部分，在国家和各地相关政策法规中都有明确的规定，然而其作为语言服务行业在我国起步较晚，呈现出初级阶段发展特征，相关研究也较少。我们通过对手语服务企业和机构的问卷调查和访谈，对手语服务企业和机构的数量规模、特征、市场状况、人力资源状况以及发展前景等方面进行了相关数据分析。

(一)相关企业和机构的数量规模、资质及分布情况

国内从事手语服务的企业和机构，大都成立于2017—2018年期间，此外，澳门地区于1994年设立手语翻译服务中心，绍兴市手语翻译服务中心成立于1998年，手之声信息服务有限公司成立于2014年，上海市政府“12345热线”是中国大陆地区首个提供手语视频服务的政府服务热线，该服务于2017年9月24日上线试运行，2019年5月13日正式投入运行。在企业发展目标调查中，被调查企业和机构都选择了“解决聋人沟通障碍”，有66.67%选择了“促进手语翻译职业化”和“提升社会无障碍水平”，有50%选择了“提升聋人的社会地位”，33.33%选择了“为手语翻译创造更多工作岗位”，仅有一家企业选择了“看中市场前景利润”。从总体趋势来看，尽管数量有限，该行业从最初的公益性志愿服务组织逐步发展为满足市场需求的企业和机构，但行业整体处于初期阶段，还未形成成熟的市场机制。

参与调研的6家企业和机构呈现多元化，其中事业单位下属服务中心1家，占16.7%；民非组织1家，占16.7%；中资企业3家，占50%；合资企业1家，占16.7%，调研数据显示目前提供手语翻译服务的机构以中资企业为主。其中注册资金小于等于10万元的2家，10万—50万元的1家；50万—100万元的1家，100万—500万元的2家，整体行业规模较小。

与提供其他语种翻译服务企业和机构的行业认证，如ISO9001质量体系认证、“翻译服务：服务规范”(EN 15038)认证和软件企业成熟度(CMM)认证等相比较，参与调研的6家企业和机构中，4家企业和机构选择了未经过任何认证，2家企业和机构选择了其他认证。究其原因是目前我国尚缺乏针对手语翻译服务企业的认证体系以及相关

监管机构。

从手语服务企业和机构的地域分布情况来看，有7家位于东部地区，1家位于中部地区，1家位于西部地区，77.7%的企业和机构集中在东部地区，地域分布不均衡，所有企业和机构均无分支机构，具体情况见表1。

表1　手语服务企业/机构地区分布情况

地区	企业/机构数量(个)	比例(%)
北京	1	11.1
上海	3	33.3
沈阳	1	11.1
重庆	1	11.1
澳门	1	11.1
绍兴	1	11.1
株洲	1	11.1

(二)中国手语服务行业市场分析

数据显示，被调查企业中2020年有两家的营业额为10万—50万元，另外两家为50万—100万元；机构中一家获得的资助小于5万元，另一家获得100万—500万元的资助。东部地区的企业和机构营业额都在10万元以上，有一家机构得到的资助达到100万—500万元。西部的唯一一家机构获得的资助在5万元以下。根据企业和机构的地域分布，2020年营业额情况见图1。

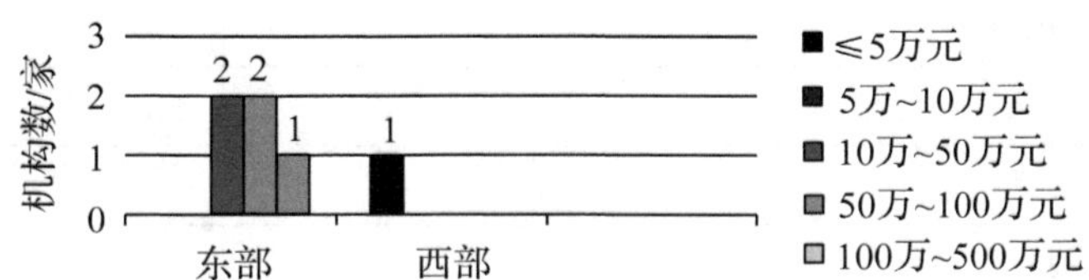

图1　2020年不同地区手语服务业务营业额情况

目前东部地区的手语翻译市场相对需求较多，市场份额较大，这与地区的经济文化发展有一定相关性。

在对主营业务调查中，选择在线视频手语翻译服务、线下手语翻译服务和手语相关服务咨询的企业和机构占83.33%，选择手语翻译服务人才培养的占33.33%，选择其他的占50%，包括通用手语推广、手语相关自媒体、聋人就业支持、家庭生活教育、手语推广、手语教育等服务。由此可见，手语服务企业和机构不仅从事手语翻译服务，同时也承担着一部分聋文化和手语文化的宣传及为手语翻译员群体及聋人群体赋能的工作。

在调查问卷中列出的18种工作场景中，100%的企业和单位都服务过的有三项：

教育培训、讲座/工作坊和公益活动；应用最少的是葬礼，仅有 33.33%的企业和机构参与过相关服务；选择了其他的 50%的企业还提到了电子商务和各类活动；也有一家机构提及由于没有相关资质，会尽可能避开公检法及医疗方面的服务。具体情况见表 2。

表 2　手语翻译服务的主要场合

场合	小计/家	比例/%
帮打电话	5	83.33
医疗卫生	5	83.33
公安审案	5	83.33
法务纠纷	5	83.33
财产公证	5	83.33
教育培训	6	100
电视新闻	5	83.33
婚礼	5	83.33
葬礼	2	33.33
商务谈判	5	83.33
讲座/工作坊	6	100
学术会议	5	83.33
视频材料	5	83.33
娱乐演出	4	66.67
企业内部会议及培训	5	83.33
发布会	4	66.67
公益活动	6	100
其他	3	50.00

调查数据显示，手语翻译服务在教育培训、讲座/工作坊及公益活动中应用较多，此外，由于公检法和医疗领域的特殊性，对翻译员的资质有更严格的要求，也为服务准入设置了门槛，但也存在翻译员资质与翻译能力不匹配的情况。

对手语服务的类型分布状况进行的调查表明：在笔译业务中，有 83.33%的单位选择了≤10%，16.67%的单位选择了 10%—30%；在口译业务中，即手语译入汉语，66.66%的单位选择了 30%—50%，16.67%选择了 10%—30%，16.67%选择了 50%—80%；在手译业务中，即汉语译入手语，有 50%的单位选择了 80%—100%，16.66%选择了 50%—80%，16.67%选择了 30%—50%，最后的 16.67%选择 10%—30%。目前手语服务市场的笔译需求有限，手语视频加字幕和配音的需求也不多，而汉语译入手语的需求比手语译入汉语的需求更多。

此外，手语翻译服务的场合也会涉及部分外语，如英语、美国手语和国际手语等。随着聋人群体国际交往增加，中国手语与外语的互译也逐渐增多，目前大多由聋人翻译员承担中国手语和美国/国际手语互译任务，未来对多语种复合型手语翻译人才的需求也会增多。

三、手语服务行业的市场需求状况

《中华人民共和国残疾人保障法》第四十一条规定："国家保障残疾人享有平等参与文化生活的权利。各级人民政府和有关部门鼓励、帮助残疾人参加各种文化、体育、娱乐活动，积极创造条件，丰富残疾人精神文化生活。"

在对 630 名聋人进行的手语翻译服务调查问卷中我们发现，尽管聋人群体在社会交往中也会使用口语、书面语与听人交流沟通，但口语和书面语的语言能力常常不足以应对复杂的社会活动。67.67%的受访者不佩戴任何助听设备，有 31.22%的受访者明确表示不能用口语进行交流，还有 47.23%的受访者表示可以用口语交流一部分。此外聋人群体的总体受教育水平较低，受访者中初中及以下学历者占 38.99%。尽管在遇到问题时，他们会优先选择通过纸笔进行交流，但是往往效率低下，效果不尽如人意，无法真正解决其沟通困境。手语翻译服务在者群体的社会化活动中具有更大的便利性，专业的手语翻译员是聋人、听人沟通的桥梁，对于聋人、听人之间的无障碍交流不可或缺，然而在对聋人群体的手语翻译服务的调查中，作为手语翻译服务的使用群体，聋人对目前的手语翻译服务满意度相对较低，服务场合、质量和价格是他们关注的三大需求。

随着聋人群体教育程度和生活水平的提高，需要手语翻译的场合愈加广泛，形式也愈加多元。不同教育程度的聋人对手语翻译服务场合的需求存在一定差异。教育程度越高，参与社会活动的种类越丰富，渴望参与度也越高，接受教育程度高的聋人期望在更多场合享受更加多元的手语翻译服务，而教育程度与是否选择"医院"及"银行"之间并无较大差异，不同教育程度的聋人选择比例最高的场合均为"医院"。由此可见，在医院、银行等关乎安全和财产的机构得以无障碍沟通是聋人的基本需求。

表 3　聋人受教育程度对手语翻译服务需求的影响($N=630$)

手语翻译服务场合	教育程度	
	相关系数 v	显著度 P
教育培训	0.327	0.000
舞台戏剧	0.281	0.000
人才市场	0.271	0.000
博物馆讲解	0.262	0.000

续表

手语翻译服务场合	教育程度	
	相关系数 v	显著度 P
会议讲座	0.232	0.000
法律咨询	0.204	0.000
婚姻民事	0.200	0.000
法院或派出所	0.168	0.000
政府部门	0.168	0.000
社区	0.132	0.012
旅游	0.127	0.017
银行	0.112	0.048
医院	0.112	0.048

与聋人群体对手语翻译服务的强烈需求相比，有74.64%的受访者并没有使用手语翻译服务的经历。而在使用过手语翻译服务的受访者中，也仅有36.88%的受访者对翻译服务表示很满意，导致对手语翻译服务不满意的原因主要是："手语翻译人员无法准确翻译"(60%)，"看不懂手语翻译"(70%)，"没有使用地方手语"(40%)，"翻译价格比较贵"(30%)，"服务态度不好"(10%)，等等。不同年龄、教育程度的聋人，对于手语服务的语言选择具有一定差异。年轻聋人社会交际更广泛，有更多机会接触到不同地区和国家的聋人，且对于不同手语有更高接受度，也更易使用多元化的手语。老年聋人由于受到日常交际、语言态度的影响，在语言使用上更为保守，更倾向于使用地方手语。能够熟练使用聋人熟悉的、便于理解和沟通的自然手语进行服务，是聋人对手语翻译服务的主要期望之一。

由于聋人群体对手语翻译作为一种职业缺乏认知，对其费用整体接受度较低，少数聋人可以接受支付全部和部分费用，但大多数的聋人期望的翻译费用集中在10—50元/小时，与受访手语翻译员的心理期待价格200—300元/小时有巨大差距。

四、手语服务行业人力资源状况

手语服务行业作为第三产业，从业者的数量、资质、受教育程度等是手语服务行业发展的关键因素。加强高素质、专业化手语翻译人才培养，建立手语翻译的职业化机制保障，关乎听力残疾人了解社会、融入社会的需求。2006年9月上海市50名手语翻译员通过专业培训和认证，成为全国首批持证手语翻译员；2007年1月，劳动和社会保障部将"手语翻译员"列为新职业；2008年，中国劳动技能鉴定中心颁布"手语翻译员"职业资格等级。2005年手语翻译员资格认证考试开考，2017年人力资源社会保障部公布《国家职业资格目录》，未将"手语翻译员"职业资格列入其中，因而大部分地区暂停了手语翻译员的培训和认证考试。

(一)中国手语翻译员的培养方式

自20世纪90年代开始，中国残疾人联合会和中国聋人协会举办了多期国家级手语培训班。各级残疾人联合会也举办了不同层次的中国手语培训班，培养了相当数量的手语翻译人员。国家通用手语推广普及工作开展以来，对手语翻译员和手语主持也进行了相关培训。各地社会机构也不定期举办各类手语翻译培训。但总体而言，此类培训活动，时长较短，专业性不强。

中国高校的手语翻译人才培养从21世纪初才开始，截至2019年，全国设置手语翻译专业的高校共5所，具体见表4。

表4　国内手语翻译培养高校

高校	专业	招生时间	学历层次
郑州工程技术学院 （原中州大学）	特殊教育专业 手语翻译方向	2004年	本科
南京特殊教育师范学院 （原南京特殊教育职业技术学院）	特殊教育专业 手语翻译方向	2005年	本科
营口职业技术学院	特殊教育专业 手语翻译方向	2009年	专科
郑州师范学院	特殊教育专业 手语翻译方向	2010年	本科
浙江特殊教育职业学院	手语翻译专业	2015年	专科

数据来源：《中国语言文字事业发展报告2018》。

尽管有残联系统、社会机构各类培训以及高校的手语翻译专业，手语翻译员的数量也远远无法满足我国听障群体的需求①，从事手语翻译培养的师资力量严重不足，课程设置较为单一，实践难度大，毕业生的实习就业困难。

(二)中国手语服务行业从业人员基本情况

尚处在发展初级阶段的手语服务行业，企业和机构规模都较小，从业人员的数量也相对有限。调查显示，66.66%的单位全职员工人数在5人以下，16.67%有11—20位全职员工，16.67%有21—50位全职员工。手语服务行业全职员工主要分为两类，一类为手语翻译员，一类为除翻译员以外其他岗位的员工。从统计结果看，从业人员的年龄较低，全职手语翻译员普遍较为年轻，其他岗位全职工作人员虽平均年龄超过翻译员，也未达到40岁以上。50%的全职手语翻译员处于30岁以下，33.33%处于30—40岁，还有一家单位无全职手语翻译员。66.67%的其他岗位员工处于30—40岁，

① 根据2006年第二次全国残疾人抽样调查数据，全国听力残疾人口为2004万，其中约有20%—30%的听障人群使用手语作为主要沟通工具。

剩余的33.33%处于30岁以下。此外，数据显示，绝大多数的全职从业人员都具有较高的学历，其中59%具有本科学历，12%具有硕士学历，拥有大专及以下学历的占25%，另外还有4%具有博士学历。一部分全职从业者并非手语翻译专业或特殊教育专业毕业，他们有的来自聋人家庭，有的没有经过系统培训，经过自学手语进入该行业。

手语服务行业中，全职员工身兼数职的比例最高，占比达到了46%；其次是职能及支持服务团队，占全职员工人数的24%；再次是手语翻译员，占总人数的19%；最后是管理人员，占11%；一些提供视频翻译服务的企业除手语翻译员之外，还有相当多的后台维护技术人员。

手语服务行业由于市场机制尚未成熟，为降低用人成本，企业会采取全职翻译加兼职翻译的工作模式。但现阶段由于整个行业规模较小，在调查的6家企业和机构中，50%的单位仅需要少于5名的兼职翻译，33.33%的单位需要5—10名兼职翻译，仅16.67%的单位需要10—30名兼职翻译，如图2所示。

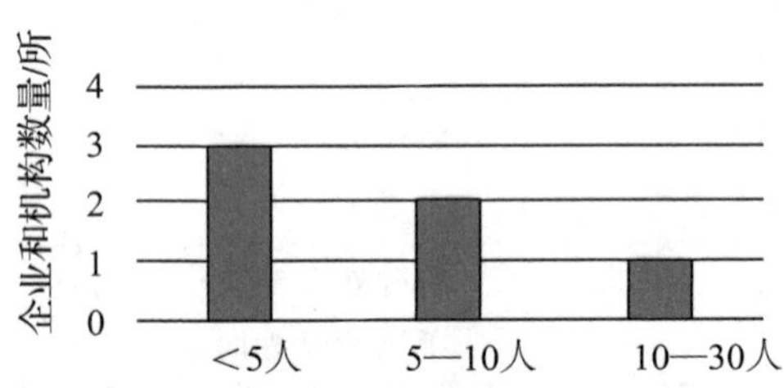

图2　兼职手语翻译员数量

从兼职翻译的业务量所占比重来看，目前这些企业和机构进行服务的主要为全职手语翻译员。33.33%的企业和机构完全由全职翻译员完成，并未使用兼职翻译；另外33.33%的企业和机构表示，10%—30%的业务量由兼职翻译员完成，还有16.67%的企业和机构表示，兼职翻译员的业务量占到30%—50%，最后16.67%的企业和机构选择80%—100%的业务量由兼职翻译完成。

手语服务行业发展起步时间较短，从业者的工作年限普遍较低，职能及支持服务部门人员的服务年限大部分只有1—5年；管理人员由于岗位要求有一定的工作经验，半数服务年限超过5年；而83.33%的全职手语翻译员服务年限都在5年以上，具体数据见表5。

表5　手语服务行业从业人员工作年限状况

工作年限	全职手语翻译员		职能及支持服务部门人员		管理人员	
	人数/人	比例/%	人数/人	比例/%	人数/人	比例/%
1年以下	0	0	0	0	0	0
1—3年	1	16.67	3	50.00	2	33.33
3—5年	0	0	3	50.00	1	16.67
5年以上	5	83.33	0	0	3	50.00

手语服务行业从业人员岗位类别不同，薪酬状况也不同。职能及支持服务团队的员工平均薪酬主要集中在 3 000—20 000 元的区间；管理人员薪酬相对较高，主要集中在 6 000—20 000 元及以上的区间；手语翻译员的收入目前主要集中在 6 000—15 000 元的区间，超过国内 2019 年城镇私营单位就业人员年平均工资(53 604 元)，10 年间该行业的薪酬状况已经发生较大改变。

五、国内手语服务行业发展趋势

为信息弱势群体的听障者提供语言服务是国际通行做法，也是保障其语言文字权益，促进其融入社会的重要举措。随着聋人受教育水平的提升，他们的语言意识将不断提高，手语服务需求也将迅速增加。未来，社会力量会更多参与到手语服务中，提供手语翻译等相关服务的社会机构和企业会不断增加，提供线下手语服务，为政府部门、法院、医院、学校、企业等公共场所提供现场手语翻译，或提供线上手语服务，通过相关手机应用(App)，在手语翻译服务的供给方和需求方之间建立信息沟通平台，提供远程视频手语翻译服务，扫除聋人在各类生活场景中与听人的沟通障碍(如日常出行、各类窗口事务办理、就医等)，通过在线实时服务实现聋人与听人之间的无障碍沟通。手语服务行业的市场化将为听障群体的社会生活提供更多便利，未来也将成为手语服务的主要发展方向。

(一)手语服务行业发展因素分析

在调查中，相关企业和机构对可能影响行业发展因素的重要性进行了评价，并对在相关因素上的满意度进行评价，具体数据见图 3。

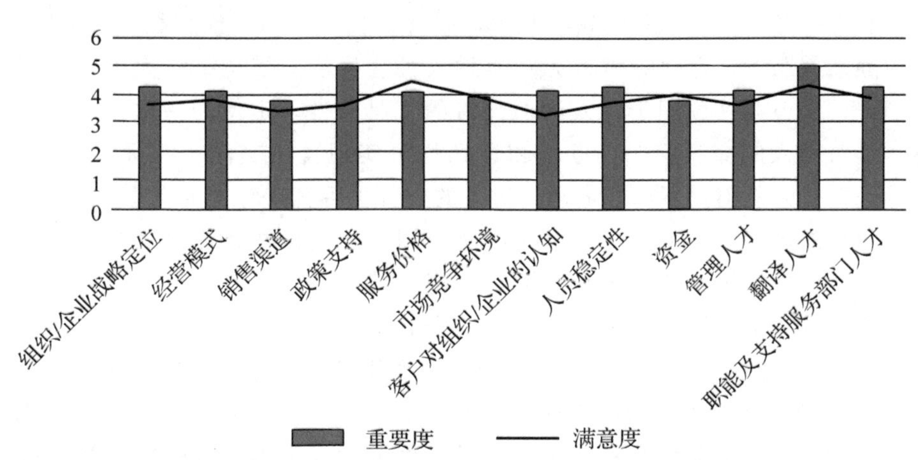

图 3 影响手语服务行业发展因素的重要性和满意度评价

数据表明，行业内部对于“政策支持”和“翻译人才”这两个因素的重要性达成较高的一致性。手语服务行业的发展离不开政府的政策支持，而语言服务的核心就是翻译人才的储备。重要性得分最低的两项分别是“销售渠道”和“资金”，这表明目前手语服务行业呈现出供不应求的市场样态，能够提供专业手语服务的企业和机构数量还远远低于需求量。

在满意度方面，得分最高的两项分别为“服务价格”和“翻译人才”，随着人们对手语认知程度的提高和相关高校培养手语翻译人才的社会效益开始显现，大部分企业对“翻译人才”满意度相对较高，对企业自身的服务水平和质量较为自信；国内手语服务行业的价格，除部分政府部门、事业单位有各自的标准外，并没有形成市场规范，还处在定价相对自由的阶段。“政策支持”因素的满意度评价相对较低，表明手语服务行业亟须政府出台更多有利行业发展的政策。满意度得分最低的两项分别为“客户对组织/企业的认知”和“销售渠道”，这表明企业和机构在行业发展的初级阶段还普遍缺乏市场拓展机制及营销策略。

(二)手语服务行业的技术更新

手语服务行业目前还没有广泛应用可以进行手语翻译辅助的软件，但已有相关企业进行相关研发，尝试将一些新技术应用到手语服务过程。参与此次调查的相关企业和机构中，有 3 家开发了自己的视频系统，方便客户下载后使用视频翻译服务功能。

一些面向听障人群提供语言服务的应用软件在聋人及手语翻译群体中得到了广泛运用。如“手之声”App 具有在线翻译、电话代拨、语音文字互换三大功能，该系统通过互联网与手语翻译服务中心建立视频通话链接，在“手之声”手语翻译员的帮助下，可以让聋人交流更畅通。“伴你无碍”是上海首个视频手语翻译 App，当聋人需要与听人沟通时，可以在“伴你无碍”呼叫在线的手语翻译员，手语翻译员接起呼叫后可即时通过视频提供实时手语翻译服务，解决沟通障碍。聋人可以通过事先预约和实时求助两种方式获得服务，通过远程视频实时手语翻译、代拨电话、预约翻译、无障碍地图、全新三方通话等服务，帮助听障者无障碍融入社会生活。搭载了科大讯飞的语音识别技术的“音书”App 是一款用于聋人沟通交流的工具软件，定位为一款语音、文字互转的工具，针对聋人的交流问题，近场和远场均可实现自由交流。在远场交流场景下，用户在“音书”打开的前提下拨打电话，对方的声音也可直接转换为文字。

随着科技的进步，人工智能技术的广泛应用，一些科技企业也联合相关科研单位开展了关于手语翻译机器的尝试和实践，希望科技可以在一定程度上代替人工，解决手语翻译服务供需不匹配的问题。如 2019 年腾讯优图发布“AI 手语翻译机”，聋人面对摄像头做手语，经过后台计算机高速运算，翻译机屏幕就能快速把手语转换成文字。2020 年世界计算机大会上，长沙千博手语发布了一款“手语翻译机器人”，该机器人可将语音实时转换为文字并在屏幕上通过虚拟人物翻译成手语。合肥中科类脑智能技术有限公司依托类脑智能技术及应用国家工程实验室的手语识别技术，自主研发了一套手语翻译器，通过一个普通摄像头和一台高性能电脑，能够识别部分日常手语并把手语翻译成为文字。2020 年，上海众智青年企业服务中心助听服务队表示，中心已与上海交通大学人工智能学院博士团队联合成立课题组，共同研发能识别中国通用手语的

AI手语识别翻译机器人。目前的计算机识别技术只能实现部分孤立词和有限句子的识别，还不能完全解决图像识别手语以及手语语法与汉语语法之间的相互转换问题，对手语翻译员的工作无法起到真正的辅助作用。相信随着网络技术的发展，国家大力发展语言与信息技术的高度融合产业，未来手语服务可能会更多地借助电子媒介、网络技术得以实现。线上翻译、手语识别软件等技术的更新换代可以在一定程度上辅助手语翻译服务。

手语服务行业未来发展需要多元化的参与主体，推动手语翻译的职业化发展，并结合新技术的应用。社会组织、企业、教育机构通过开展合作、持续互动等各种方式将不断参与到这一行业的发展中。手语服务行业的发展，不仅要依靠政府、专业机构、企业和语言专业人士，还要充分调动社会的语言人才资源。社会组织和企业中蕴含着巨大的语言资源和服务潜力，公益性与商业化结合的手语服务运作模式将会激发这一行业的活力。

六、结语

语言服务在现代社会治理体系下，既包括政府作为供给主体的“公共语言服务”，也包括企业作为供给主体的“市场语言服务”。随着学术界对手语语言地位的认可，社会对手语的接受度的提高，聋人语言意识的增强，手语服务的重要性将越发凸显，政府、社会、市场都要积极应对这一特殊语言服务需求。目前国内手语服务行业还处于起步发展的初级阶段，仍以小微企业为主，没有较大规模的企业或机构参与；行业内普遍缺乏高端手语翻译人才；还没有建立起完整的手语翻译教育、培训、认证体系，缺少有效的行业监管以及法律保障机制。

我们就手语服务行业的发展提出以下建议。

(一)在国家语言规划框架之下进行充分的政策引导

手语作为官方语言获得认可是手语服务行业发展的前提条件，市场认可、行业规范、法律保障是手语服务行业持续健康发展的保障措施。中国手语服务行业的发展方向很大程度上取决于相关政策导向。2018年修订的《中华人民共和国残疾人保障法》第五十二条规定：“国家和社会应当采取措施，逐步完善无障碍设施，推进信息交流无障碍，为残疾人平等参与社会生活创造无障碍环境。”第二十八条规定“特殊教育教师和手语翻译，享受特殊教育津贴”。第二十九条规定“政府有关部门应当组织和扶持盲文、手语的研究和应用”。2012年颁布的《无障碍环境建设条例》就“无障碍信息交流”专列一章，对如何为听力、视力残疾人提供信息交流无障碍环境做出具体规定。2017年修订《残疾人教育条例》第四十一条规定“从事听力残疾人教育的特殊教育教师应当达到国家规定的手语等级标准”，第五十三条规定“国家鼓励开展残疾人教育的科学研究，组织和扶持盲文、手语的研究和应用，支持特殊教育教材的编写和出版”。未来各级政府将在已有相关政策法规基础上不断完善推动手语服务行业发展的机制体制，拓展手语服务的领域，制定具体的实施措施和方案。政府要持续关注手语服务行业的管理问题，逐步规范、监督手语服务行业的发展，保障手语服务的质量。在确认手语翻译的职业地位基础上，逐渐建立专业的手语翻译认证机构，制定相关翻译准则，建立培训体系，保护手语翻译员的权利，推动手语翻译的职业化发展。

(二)加强手语翻译人才的培养，完善手语应用人才的教育模式

加强高素质、专业化手语翻译人才培养，建立手语翻译的职业化保障机制，是推动手语服务行业发展的关键因素。目前从事手语翻译的人员大多数为特殊教育学校教师、听力残疾程度较低的聋人及其家属、志愿者等，他们大多数未接受过系统、专业的手语翻译训练，手语翻译人员的数量也远远无法满足社会需求。主要原因有以下几点：1. 国内较缺乏培养手语翻译人才的专业设置和理论研究；2. 缺乏手语翻译的培训和认证机构；3. 需要手语翻译的岗位大多为兼职岗位，工作缺乏稳定性，待遇没有保障。未来需要政府和教育机构共同推动设立经认证机构认可的手语翻译教育培训项目，在培养方案、课程设置、师资力量等方面不断提升学科的专业性和应用性，鼓励高校设立手语翻译相关专业，从青少年开始培养相关人才，储备从事手语翻译的后备力量，为手语服务行业的发展提供生力军。

(三)探索建立手语翻译资格认证制度和手语翻译行业协会

手语服务的规范化和标准化问题是制约行业发展的瓶颈。手语翻译认证的机构、认证标准、注册登记等一系列机制体制的完善问题已引起学界、社会组织、相关政府部门的关注，手语翻译资格认证的再次启动将会极大激发行业的内在动力。

手语翻译的认证标准将随着手语相关标准的发布而逐步推动，2018 年 3 月 9 日，中国教育部、国家语委、中国残联联合发布语言文字规范(GF)《国家通用手语常用词表》，对于手语测试、手语翻译认证都提供了标准化的参考依据。通用手语水平测试标准、手语翻译资格认证标准的出台将是手语服务行业发展的催化剂。我们建议未来在政府倡导下建立非营利性专业认证机构，研发手语翻译测试评估系统，建立登记注册制度，推动手语翻译纳入翻译行业协会的管理范围，建立相关的培训、认证、派遣机制，逐步改善手语翻译的社会地位和工作待遇。

(四)大力培育和扶持手语服务企业和机构

目前可以提供手语服务的社会机构和企业还很少，并且缺乏专业指导和有效监管，难以满足听障人群日益增长的手语服务需求。此外，手语翻译服务对象通常为较低收入的听障人群，手语社会服务企业和机构较难获得市场发展空间。因此，手语服务机构在目前阶段需要得到政府的大力倡导和扶持，尤其是政策和资金上的倾斜，为听障人群提供较为紧迫的医疗、法律、教育等领域的专业手语服务。

听障人群通过专业而及时的手语服务，才能更好地获得平等参与社会生活的机会。未来政府、社会、企业应形成合力，共同推动建立手语服务的市场体系和保障体系来

应对特殊人群的语言服务需求。

参考文献

[1]张日培．语言规划视角下的语言产业发展方略[J]．河南师范大学学报(哲学社会科学版)，2019(3).
[2]王继红．国内外手语翻译研究：历史与现状[J]．上海翻译，2009(2).
[3]肖晓燕，王继红．手语翻译研究——模式、内容及问题[J]．中国特殊教育，2009(2).
[4]张宇，彭援援，彭飞扬．成年聋人群体对手语翻译员的需求与态度研究[J]．现代特殊教育，2019(4).
[5]倪兰，张日培．上海市手语服务的理论与实践[J]．语言政策与规划研究，2020(11).
[6]倪兰，孙玲．手语翻译认证国际比较[J]．残疾人研究，2020(3).

作者简介：倪兰，博士，上海大学文学院副教授，中国手语及聋人研究中心主任，上海大学国家语言文字推广基地负责人，研究方向为手语语言学、语言类型学、语言政策等；唐文妍，硕士，手语翻译员；和子晴、孙玲，上海大学文学院语言学及应用语言学硕士研究生。

中国语言会展经济发展初探

刘福恒

摘要：语言会展是语言产业的重要组成部分，本文介绍中外语言会展经济发展现状并探讨“一带一路”建设给我国会展经济发展带来的新机遇，进一步提出合理的发展建议。包括在加快语言会展经济政策的完善、带动对外交流与合作、促进会展经济平衡发展等方面的推动作用，进而对我国语言会展经济的发展进行了初步探究。

关键词：语言产业；语言会展；会展经济

Preliminary Research on Development of Language Exhibition Economy in China

Liu Fuheng

Abstract: Language exhibition is an imprtant part of language industry. This paper aims to discuss the new opportunities for the development of the language exhibition economy in China under the background of “the Belt and Road Initiatives”, and to put forward feasible proposals for further development. Focusing on the the auelerating improvement of language exhibition economic policies, coupled with both the promotion of foreign exchange and cooperation as well as the balanced development of exhibition economy, this paper mahes a preliminary study on the development of China's language exhibition economy.

Key words: language industry; language exhibition; conference and exhibition economy.

随着经济全球化进程的加快和国际交往的日益频繁，语言会展活动作为促进经济交流和贸易往来的重要沟通基础，在世界范围内得到了广泛的关注与认可。改革开放以来，中国会展经济实现了快速发展，已成为语言产业发展建设的重要平台，在中国经济社会发展中的作用日益突显。

对于语言会展的研究，Christman(1991)研究了会展项目的筹备和运营过程，认为会展项目的运营管理应该以目标为导向，要针对运营时期的长短、地域差别和市场的差异，确立不同层次的目标。李艳(2018)认为，语言会展经济是实现语言产品、语言服务领域的物质交换、精神交流、信息传递等目的，将语言产业所涵盖的相关业态的人与物聚集在一起进行展示与交流的一种社会经济活动。巴黎、柏林、伦敦等国际性大都市都会举办一年一度的国际语言文化展会(博览会)，语言文化、语言产业的发达已成为世界城市的标志之一。我国于 2017 年 9 月 11 日在北京举办了首届“中国北京国际语言文化博览会”，改写了世界华语区无语言主题博览会的历史。王巍、戈兆一

(2016)认为语言会展是展示语言文化、语言科技和语言产业成果的专业会展活动。其本身可产生直接的经济效益，对相关行业的辐射、提升作用明显，是全球化、信息化背景下培育本国语言产业、延展文化影响、拉动地域经济、提升城市品位的一个重要手段。

因此，语言会展经济是为以语言产品或语言服务为媒介的流通商洽、促销展示、贸易交流、企业沟通、国际往来而举办的主题性展览和会议等经济活动，是推动语言产业聚合、交融、倍增发展的有效平台，可形成信息流、人流、资金流、物流的汇集，从而创造商机并促进产业发展的一种经济形态。

一、中外语言会展经济发展状况

欧洲的会展经济实力最强，当前国际上普遍认可的专业贸易展览会有300多个，有70%左右是在欧洲国家举办的，其中德国是世界头号会展强国。北美的会展经济排在欧洲之后，美国、加拿大每年举办万余个会展和论坛活动，形成了北美地区独特的办展风格。亚太地区属于新兴的会展市场，是世界会展经济中最具发展潜力的地区之一，其中，新加坡的会展经济最为发达。

英国、美国、德国、法国、西班牙等国均视语言为重要出口产品，利用举办语言文化类博览会促进语言产业发展。截至2019年，作为法语中心区，巴黎国际语言博览会举办了37届；作为德语中心区，柏林国际语言文化展举办了32届；作为英语中心区，伦敦国际语言展举办了31届。加拿大、美国、西班牙等国也有历史悠久的语言展会。这些国家围绕语言文化博览会延展母语产业链、构建母语经济圈，通过吸引世界各地的展商及观众到会，在短时间内促成现场交易、信息交流与人才聚集，以语言的向心力、传播力增强文化的影响力、凝聚力。

在中国，会展经济也已经渗透至各个经济领域。就语言会展来看，“中国北京国际语言文化博览会”的影响令人瞩目，并于2017年、2018年、2019年连续举办了三届。展会设于北京中国国际展览中心，分为国家成就展示区、企业展示区和展演互动区等，重点展示了中国语言文化建设成就、语言类非物质文化遗产、语言文化科技产品，呈现世界语言文化的交流互鉴。

二、中国语言会展经济的机遇与问题

共建“一带一路”，要积极发挥现有多边合作机制作用，如上海合作组织、亚太经合组织等，还要利用好博鳌亚洲论坛、中国-亚欧博览会等相关国际论坛、展会平台，吸引沿线国家和地区参与“一带一路”建设。2017年5月发布的《共建“一带一路”：理念、实践与中国的贡献》强调要重视多边机制作用，通过各种对话会、峰会开展合作对话，通过举办大型展会，发挥经贸合作的纽带和桥梁作用。可见，“一带一路”倡议的落地，需要以多种多样的会展活动作为强劲推手，这也为中国语言会展经济带来了新的发展机遇。

(一)"一带一路"合作机制与中国语言会展经济发展新机遇

语言会展作为"一带一路"合作机制的重要载体，在推动"一带一路"的实施方面发挥重要的沟通平台作用。

1."一带一路"能够加快语言产业与语言会展经济政策的完善

自"一带一路"提出后，中国政府高度重视会展经济的发展，相继出台了多项会展政策，以优化会展经济发展环境。在国家层面，《关于加快发展服务贸易的若干意见》《关于进一步促进展览业改革发展的若干意见》《服务贸易发展"十三五"规划》的先后出台，体现出国家支持服务贸易发展的政策力度，展现出国家拟通过管理体制改革、强化政策引导、优化市场环境，推动中国由会展大国向会展强国迈进的决心。各级地方政府也相继出台了会展业鼓励、扶持及规范的相关意见，制定全面发展语言产业的政策与规划，提倡社会的语言消费意识，促进国家语言事业发展，最大限度获取"语言红利"，为中国语言会展经济向外发展创造了良好的环境。

2."一带一路"能够带动语言产业与语言会展经济对外的交流与合作

"一带一路"通过经贸合作，将沿线的国家和地区连接在一起。作为经贸合作的载体，中国语言会展经济势必要借助"一带一路"成为先行者，分析研究沿线各个国家和地区的国情和语言文化，举办特色鲜明的博览会、论坛、研讨会或是峰会，动员沿线各国或是区域的专家、官员以及商人等广泛参与，拉近与沿线国家和地区之间的距离，促进经贸合作，增进人文交流，提升会展经济效益。另外，"一带一路"倡议创造了互利互惠、合作共赢的环境，开辟了新的绿色通道，对语言会展经济提出了国际化的要求，未来将会有更多的中国语言产业、会展企业"走出去"发展。在"走出去"与各国会展业同行合作过程中，语言产业、会展企业能够更准确地发现自身参与国际竞争的优势和不足，制定更科学合理的企业发展战略，推动资源的合理流动，从而促进语言会展经济转型升级，向着更高水平、更高层次的方向发展，最终走上国际化、特色化、品牌化的发展道路。

3."一带一路"能够促进语言产业与语言会展经济平衡发展

中国语言会展经济的发展布局呈现出以各大经济发达的省市为中心的区域性，分别为：以北京为中心的环渤海经济圈；以上海为中心的长三角会展经济圈；以广州为中心的珠三角会展经济圈；以沈阳、哈尔滨为中心的东北会展经济带；以西安、郑州、武汉为中心的西部会展经济带；以重庆、成都、昆明为中心的西南会展经济带。总体来看，中东部地区会展经济发展态势平稳，而西部地区会展经济欠发展。在"一带一路"政策下，中国有十八个省市将作为重点发展地区，其中，西北六省包括内蒙古、陕、甘、宁、青、新；东北三省包括黑、吉、辽；西南三省包括藏、滇、桂；东南四省包括浙、闽、粤、琼；另外包含两个直辖市，分别为沪、渝。以上十八个省市并非都属于传统的会展经济发达地区，但"一带一路"为其中的不发达地区提供了良好的发展机遇，各地可以按照语言服务特色和方言文化特色形成独特的语言会展风格，通过各种语言会展经济活动将自身打造成为重要的交流平台，不仅能促进当地语言产业的发展，还能推动全国语言会展经济平衡发展。

(二)中国语言会展经济发展中存在的问题分析

中国语言会展经济要想借助“一带一路”的建设机遇，实现对外发展，仍面临诸多问题。

1. 市场化程度不高，区域协同组织参与力度不够

在政府职能方面，德国、美国及新加坡政府对语言会展经济的介入，主要体现在会展场馆的投资和会展政策的制定、会展项目的资助及相关服务上，与此同时，减少行政干预和多头干预。而中国会展业实行的是市场准入和项目审批制度，政府既是会展市场的组织者，又是会展项目的审批者，不利于整个行业的市场化进程。会展公司在与政府竞争中，资源和号召力均处于不利地位，公开、公正、优胜劣汰的市场竞争原则难以体现。

相比较而言，我国的语言会展业区域协同组织参与力度还不够，以第三届语博会为例，2019 年只在粤港澳大湾区展区设立了语博会事务办公室，其他地区并没有明确的专门协同组织，对于一个全国性语言会展而言，区域协同组织在前期筹备与中期协同中是十分必要的。

2. 会展行业管理体系建设滞后，行业纽带缺失

行业组织或是协会均是经济发展的直接产物，它顺应了生产力的发展需求，同时也是市场经济体系中的关键部分。在市场经济下，全国性的行业协会组织发挥着重要的作用：作为政府与企业之间的纽带，在贯彻政府政策的同时，向政府寻求政策支持行业发展；充当行业发展有效的总标尺，推动行业之间的交流，处理行业问题，对行业自律进行监管，以行业的名义发声，动员行业产生合力，共同促进行业的均衡发展。

目前，中国展览馆协会是国内唯一的也是影响较大的全国性展览行业组织，但其服务对象主要针对展览业，还不能称为中国的会议与展览业协会。而语言产业的全国性行业组织或会展协会组织至今还未形成。由于缺失全国性的行业组织，行业内的管理与协调等大部分职责是由政府部门代理，而政府工作人员并非都是会展专业人员，难以高效解决行业内的实际问题、调控市场和提供行业内信息与相关服务。另外，中国会展经济发展总体上仍处于粗放增长状态，行业标准化建设和规范化建设远远落后于当前的发展规模，导致行业中没有确立相同的服务标准，未建立良好的诚信体系，会展行业问题频发，影响会展品牌的培育。

3. 传统语言会展经济局限大，创新发展不够

我国会展市场，正在以年均 10％的比例在增长。然而互联网产业年增长率高达100％，目前互联网会议大概占整个产业的 5％—6％。综观整个语言会展行业，互联网技术在会展行业的应用比例较低，会展行业的创新发展动力还不足。但在全球范围内，新技术和新发明以及“互联网＋”会展的应用已经推动了整个世界的会展创新，线上会展与线下会展同步发展。

表 1 线下会展与线上会展的比较

项目	线下会展	线上会展
举办时间、地点	规定时间、规定地点举办	网络举办，不受时空限制
举办成本	相对较高	相对较低
会展规模	有限制	无限制
会展资源利用	数据收集有限，资源利用率低	大数据可开发利用会展资源
绿色环保	搭建展台会产生会展垃圾	无须搭建展台

可以看出，传统语言类会展是在特定时间、特定地点举办的活动，因而受时间、空间影响较大。同时，由于场地空间的限制，会展规模、参展商的数量都会受到制约。

一场语言类会展活动短则一两天，长则五六天，主办方要付出营销成本，很多参展商要支付运输展品、场馆租金、展览施工费用等，成本较高。活动结束之后不仅会产生会展垃圾，各参与主体也各奔东西，再想查看参展商、观众等各方参与者的信息，寻求合作机会很难实现，对会展资源整体的开发和利用都不够，而线上会展则可以规避这些问题。

互联网对传统语言会展经济的发展意义不止于举办线上会展，随着移动互联网在中国的进一步普及和深化，近场通讯(NFC)、手机应用程序(App)、客户关系管理系统(CRM)、AR/VR 技术、云计算技术、AI 人工智能技术等互联网新技术都将得到充分利用。“互联网+”作为推动语言会展经济转型的外在动力，将刺激会展商业模式调整，对传统会展业具有变革意义。目前，互联网还没有完全融入会展产业链中，会展业的创新不足，将限制其对外影响力的发挥，不利于“走出去”参与国际竞争。

4. 境外参展商参与度低，国际竞争力不强

中国语言会展相比于发达国家，在举办历史、办展数量、境内外参展商及观众数量方面都相差明显。近些年，我国也创办了不少新的语言类高峰论坛或是语言会展活动，语言会展项目的数量和专业性也在明显增加，但是需要看到我国语言会展经济活动处于初步发展阶段，当前中国语言会展办展国际竞争力还比较有限，对境外参展商或者观众的吸引力还需要继续加强。

三、对中国语言会展经济发展的建议

(一)明确政府职能，推进会展业市场化

政府可以参照国际会展业市场化管理体制设置的惯例，确定一个专门的政府指导部门，按市场化体制运作，统一规划和管理会展业的发展。此外，还要明确政府职能，做好政府定位。就中国语言会展经济而言，需致力于提供专业的服务和资源配置，促进语言企业与语言会展经济有机协调发展。指导部门的基本职能和目标是掌握和规划

会展经济的宏观发展方向，把握会展市场整体的发展情况，制定语言产业发展政策，创造和谐的产业环境，培育良好的市场主体，让专业语言产业会展团队解决会展经济背后的操作问题。

宏观上，政府还是要为语言产业与语言会展经济创设和谐的环境支持。由于语言类会展产品表现出来的公共特性，再结合语言会展经济现行的发展情况，在未来一个较长时期内，政府支持仍将成为语言会展经济非常关键的因素。此外，在使用财政补贴方面，也应考量符合市场化运作的原则，对具有发展潜力的语言产业企业进行参展补贴和产品推广支持，对于缺乏发展动力的企业，采取谨慎态度，以确保资源可以被高效地利用。

(二)建立权威行业组织或基金会，统筹协调语言产业资源

语言会展经济的进一步持续健康的发展，需要政府在语言产业与会展管理中合理定位，更有赖于全国性语言产业组织与会展行业协会彰显自身的职能和作用。该类组织与协会的基本职能在于贯彻执行政府的方针政策，维护语言服务行业、会展行业的公平竞争环境，保护企业的合法权益。设立全国性语言产业组织与会展行业协会是市场经济发达国家产业发展的重要经验和成功管理模式，也是中国产业发展与国际惯例接轨的必然要求，所以语言会展在一定条件下，应该在"一带一路"沿线和各协同发展区域联合协同办展。

为此，作为市场经济管理体制中一个不可缺少的中间层，中国应尽快建立起适应中国语言产业与语言会展经济发展特点的全国性和区域性的行业组织，明确职能，以推动中国语言产业与语言会展经济向更高层次、更高水平、更高质量的方向发展。

(三)借助"一带一路"，推进中国语言会展经济品牌化发展

中国语言会展经济的品牌化发展可以参照英国、美国、德国、法国、西班牙等国，这些国家均视语言为重要出口产品，我国可以利用举办语言文化类博览会，促进语言产业发展，增强汉语在世界范围内的影响力。此外，这些国家围绕语言文化博览会延展汉语产业链、构建汉语经济圈，通过吸引世界各地的展商及观众到会，在短时间内促成现场交易、信息交流与人才聚集，以语言的向心力、传播力增强文化的影响力、凝聚力。我国语言会展经济可以借助将"一带一路"作为主题，不断创办各种语言主题博览会以及论坛，为"一带一路"沿线国家创造良好的语言环境和沟通基础。

此外，应结合沿线区域市场的实际需求以及资源优势力量持续开发会展项目，就语言产业会展企业而言，可以根据沿线的经济特色和语言文化特点，培育既满足当地市场需求，又具有当地特色的新的会展品牌，促进与沿线国家会展业的融合，提升企业与会展经济的国际品牌竞争力。

(四)利用互联网，创新发展我国语言会展数字化经济

相比较 2020 年服贸会文化服务专题展现场，上千家文化机构和企业主体带来的数

字技术与文化产业深度交融的案例，透视出文化产业、语言产业近年来的新趋势。2020年的疫情改变了人们的文化消费习惯，改变了文化产业供给的形式、质量、规模。以社交媒体、社交平台、数字阅读、数字音频、数字游戏、在线教育等为代表的面向客户端的数字文化产品的用户规模明显提升。“互联网＋”“线上数字化会展”可以为传统语言会展经济突破发展瓶颈提供思路和方案，语言会展经济应该及时利用“互联网＋”，积极开拓“互联网＋语言会展”新模式。语言会展经济可以利用互联网的优势，突破会展时间和空间限制，将传统会展业务向线上延伸，通过线上线下的动态互动，供应方和需求方能够更快速地相互了解，使得贸易效率得以提高、贸易机会相应增多。

“互联网＋语言会展”模式在线上要注重资金信息流，在线下注重商物流，将线上与线下的优势充分集成，在控制搜寻成本以及交易费用的前提下，提升主办方、参展商和观众的体验。会展产品供给方可以依托互联网技术对目标受众的深度分析，了解活动需求方对产品和服务的需求，对会展的效果进行预测，进而对活动的策划不断健全和完善。就参展商而言，可以基于线上成交记录的查询，进一步了解参展效果，对组展方进行相应的筛查，将具有较强实力的展览挑选出来。此外，“互联网＋语言会展”还能够利用网络系统，对会展活动进行展前、展中、展后的全过程管理，优化会展服务链条，推进会展活动流程的规范化和自动化管理。

参考文献

[1]Braun，B. M. The economic contribution of conventions：the case of Orlando，Florida[J]. Journal of Travel Research，1992(30)：32-37.

[2]Nadkami，S. & Leong，A.. Macao’s MICE dreams：opportunities and challenges[J]. International Journal of Event Management Research，2007(3)：47-57.

[3]Kim，S. S.，Chon K.，Chung，K. Y.. Convention industry in South Korean：an economic impact analysis[J]. Trouism Management，2003(24)：533-541.

[4]Christman，C.. The complete handbook of profitable trade show exhibiting[J]. Prentice Hall Direct，1991：168-189.

[5]马勇，肖轶楠．中国会展概论[M]. 北京：中国商务出版社，2010.

[6]寿怡君．“一带一路”背景下应对会展业“新常态”的转变路径[J]. 企业技术开发，2015，34(14).

[7]李艳．从“产业观”到“大产业观”：对语言产业研究演进的梳理与理论思考[J]. 语言产业研究(2018年卷)，2018.

[8]王巍，戈兆一．语言会展业及其发展策略初探[J]. 语言文字应用，2016(3).

[9]贺宏志．语言产业引论[M]. 北京：语文出版社，2013.

[10]推进“一带一路”建设工作领导小组办公室．共建“一带一路”：理念、实践与中国的贡献，2017.

作者简介：刘福恒，澳门大学硕士，珠海市菁创教育科技有限公司执行董事。

语言距离对中国入境旅游的影响研究

徐庆树　宋　建

摘要：语言距离是对语言间差异程度的量化描述，通常被纳入引力模型以用于分析国际贸易情况，但是很少有研究把语言距离用到跨境旅游的研究中，而旅游业产值在我国服务贸易进出口逆差中占据了较大份额。本文结合中国入境旅游的 17 个主要客源国 17 年(2001—2017 年)的面板数据，采用引力模型和随机效应模型分析了语言距离对我国入境旅游人数的影响。实证结果发现，客源国与中国语言距离越大，入境旅游人数越少，语言距离对各主要客源国入境旅游人数影响大于文化距离、地理距离对客源国入境旅游人数的影响。最后从三个角度提出了相关政策建议：提升旅游从业人员语言能力，提升语言景观方面尤其是语言标识的正外部性，提升汉语的国际化传播水平，不断拓展汉语作为通用语言的使用范围。

关键词：入境旅游；引力模型；语言距离；随机效应

An Analysis of the Influence of Linguistic Distance on Inbound Tourism Flows in China

Xu Qingshu, Song Jian

Abstract: Linguistic distance, the quantitative description of the difference among languages, is frequently used in gravity models to describe international trade flows, while quite few researchers have adopted this variable in the analysis of international tourist studies. Tourism contributes a great portion of trade deficit in respect of the international trade in China. This paper has analyzed the influence of language on China inbound tourism by processing the panel data of 17 major tourist generating countries for China during 2001 and 2017 through gravity model and random effects models. The results show that linguistic distance is negatively correlated with the amount of China inbound tourists and the influence of linguistic distance surpasses that of cultural distance and geographical distance. This paper also elaborates on three possible points to shorten the linguistic distance and boost inbound tourism, including improving the linguistic competence of tourism industry employees, enhancing the positive externality of linguistic views, and expanding the use of Chinese language in the world.

Key words: inbound tourism; gravity model; linguistic distance; random effects models

一、引言

一直以来，语言距离都被用作解释变量分析国与国之间的货物贸易规模，大量研究证明，两国间的语言距离与货物贸易规模成反比。但是，少有学者关注语言距离与国与国之间人口流量的相关性。

随着我国国力提升，来华旅游人数不断增加。尤其是自 2001 年中国加入世界贸易组织以来，我国入境旅游人数稳步增长，2001 年中国主要客源国入境旅游人数约为 1 122.63 万人次，2017 年增长到了 4 294.30 万人次(含边民来华旅游数)[①]。2018 年中国入境旅游收入达到 1 271 亿美元[②]。但是，2000 年以来，中国服务贸易进出口一直存在逆差，逆差差额从 51 亿美元扩展到了 2019 年的 2 594 亿美元，其中旅游业占比最高，2019 年 1 月份达到了 92%[③]。也就是说我国入境旅游人口数量远远小于出境人口数量，我国拥有丰富的旅游资源，为什么不能持续吸引大量外国游客前来？在各种因素中，语言因素产生了什么样的影响？

2019 年 8 月，国务院出台了《关于进一步激发文化和旅游消费潜力的意见》(国办发〔2019〕41 号)，对入境旅游发展路径做出了规划，明确要求提升语言服务水平，提高入境游客的消费便利性和舒适度。语言障碍是旅行中不可忽视的影响因素，有学者估算语言障碍带来的跨境交易成本约为 7% (Anderson and Wincoop，2004)。因此，研究语言距离与跨境旅游人口流量的关系，探寻降低跨境旅游行业语言交易成本的对策，有助于提高语言服务行业对跨境旅游等服务贸易的贡献度，也有助于国内语言服务行业的发展和升级，从而最终助力于内外循环相互促进的新发展格局形成。

二、文献综述

经济学家和语言学家都从语言距离的角度对语言障碍进行了量化分析，并试图通过引力模型分析语言距离对经济行为和经济数据的影响。学者们也都在旅游客源分析中引入了引力模型，但是并未把语言距离作为核心解释变量来描述语言距离与客源分布之间的关系。

(一)语言距离测度及应用

语言距离测度一般从语言学和经济学两个层面展开[④]。语言学层面的语言距离测度主要由对比语言学家实施，目前主要有三种尝试：第一种是从“系统发生树”或者“演化树”的角度描述语言谱系，获取共同节点，进而量化语言距离[⑤]，这种测度方法虽然能够准确描述多层面的语言聚合现象，但是对语系间的语言距离测度效果较差[⑥]；第二种测度方法则对任意语言对间的同根词、同源词数量进行统计，同根词、同源词范围由

---

① 数据来源：《中国旅游统计年鉴》(2018)。

② 数据来源：《2019 中国入境旅游发展报告》。

③ 数据来源：国家外汇管理局，http：//www.safe.gov.cn/safe/2018/0427/8886.html。

④ 崔萌、张卫国、孙涛：《语言距离、母语差异与汉语习得：基于语言经济学的实证研究》，《世界汉语教学》，2018 年第 2 期。

⑤ Fearon，J. D.，Ethnic and cultural diversity by country，Journal of economic growth，2003，8(2)，195-222.

⑥ Gören，E.，Consequences of Linguistic Distance for Economic Growth. Oxford Bulletin of Economics and Statistics，2018，80(3)：625-658.

对比语言学家设定[①]，受限于同源词词库规模，这种测度方法的应用范围较小；第三种测度方法主要采用语料库或自然语言处理程序展开，Pichel、Gamallo 和 Alegria[②] 借助语料库测量了非印欧语系的欧洲孤立语言的语言距离。

国内对语言距离的研究主要关注语言距离对语言学习的影响[③]。语言学角度的语言距离测度方法主要关注了语系内的语言距离或若干语言对间的语言距离，目前尚未有系统方法测量世界主要官方语言的语言距离，也没有形成较为权威或系统的语言距离数据。

经济学层面的距离测度主要采用了四种方法：虚拟变量法、语言测评法、编辑距离法、语言障碍指数法[④]。一、虚拟变量法将语言障碍以虚拟变量的形式引入引力模型开展分析国际贸易，两国语言相同计 1，语言不同计 0 的分析方法。二、语言测评法主要采用考试的方法测评语言距离，目前在经济学界较为流行。Hart-Gonzalez 和 Lindemann[⑤] 选取了 43 位不同母语背景的英语学习者，对其开展了 16 周或 24 周的语言培训，然后采用统一考试测量其英语学习成果，以此成果计量英语与其他 43 种语言间的距离，学习成果好的代表其母语与英语距离近，学习成果差的代表其母语与英语距离远。Chiswick 和 Miller[⑥] 对这种语言测评法进行了加工，并基于美国、加拿大两地成人移民的考试成绩编制了 30 余种语言与英语的语言距离表格。三、编辑距离法是指 ASJP[⑦] 项目采用 Levenshtein 算法(两个字符串之间，由一个转换成另一个所需的最少编辑操作次数)计算不同语言对同义核心词汇的语音相似度，并通过量化 40 个核心词汇的语音相似度来计算语言距离。四、语言障碍指数法是指据世界语言地图(World Atlas of Language Structures，以下简称 WALS)基于 2 650 种语言确定的 10 组、139 个语言特点，进行语言比对，具体方法为：WALS 对每个语言特点赋予 2—28 个不同描述，进行语言对比对时，如两个语言某一项描述相同计 0，如果描述不同计 1，加总获得语言距离值；国内学者徐珺、自正权[⑧]也通过 WALS 指数法分析了语言距离对中国对外贸易和对外服务贸易的影响。

以上四种语言距离测评方法具有不同特点：虚拟变量法对语言距离的描述度较低；

---

① Dyen, I., Kruskal, J. B., Black, P., An Indoeuropean classification: A lexicostatistical experiment. Transactions of the American Philosophical society, 1992, 82(5): iii-132.

② Pichel, J. R., Gamallo, P., Alegria, I., Neves, M.. A Methodology to Measure the Diachronic Language Distance between Three Languages Based on Perplexity. Journal of Quantitative Linguistics, 2020: 1-31.

③ 杨雪姣:《国内外语言距离研究及其对民族地区高校三语教学的启示》,《课程教育研究》,2020 年第 25 期。

④ 苏剑、黄少安:《语言距离的测度及其在经济学中的应用》,《江汉论坛》,2015 年第 3 期。

⑤ Hart-Gonzalez, L., Lindemann, S., Expected achievement in speaking proficiency. School of Language Studies, Foreign Service Institute, Department of State, 1993.

⑥ Chiswick, B. R., Miller, P. W., Linguistic distance: A quantitative measure of the distance between English and other languages. Journal of Multilingual and Multicultural Development, 2005, 26(1): 1-11.

⑦ Bakker, D., Miller, et al., Adding typology to lexicostatistics: A combined approach to language classification. Linguistic Typology, 2009, 13(1): 169-181.

⑧ 徐珺、自正权:《语言对中国对外贸易影响之实证研究：基于 17 国数据的考察》,《外语电化教学》,2016 年第 4 期。

语言测评法虽然能够一定程度地量化语言距离，但是囿于语言学习者的语言禀赋、学习动机等其他因素影响，结果有失客观。目前来看，语言障碍指数法和编辑距离法更为客观，计算得到的语言距离更为精确，也更有说服力。但是ASJP的编辑距离法主要描述的是语音距离，对句法、语义等维度的语言特点关注较少，而WALS数据库经过发展目前已能从语音、词汇、格、语法等11组192个语言特点对2662种语言进行描述。甚至ASJP项目的主要作者Bakker[①]也指出基于WALS数据库测算的语言距离比“基于词汇的方法带来了更好的结果”。因此，本文采用WALS指数计算汉语与其他语言间距离。

有关语言距离在跨境贸易的研究大分析中的应用大致分为两类，第一类虚拟变量法，第二类采用多种方法评价测量语言距离，将语言距离数值引入引力模型，细化分析语言障碍在跨境贸易中的影响，Hutchinson[②]研究发现，语言距离在美国与其他国家双边贸易中产生了较大的负面影响；Lohmann[③]也指出，语言障碍指数每增加10%，双边贸易量减少7%—10%；Isphording和Otten[④]基于ASJP编辑距离法开展了相关研究，强调说“语言对于贸易的影响绝非仅仅在于共同语言一个维度，语言距离扩大(如英语—俄语变为英语—日语)则贸易量减少4.1%”；有关汉语语言距离的研究也表明，“他国学习汉语的难易程度降低1%，贸易流量可以递增0.45个百分点”[⑤]；服务贸易方面，“在其他条件不变的情况下，语言距离每降低1%，中国双边服务贸易总流量可能增加0.945%”[⑥]。

(二)引力模型与入境旅游

牛顿万有引力定律指出，两个物体之间的引力大小与他们的质量乘积成正比，与他们距离的平方成反比。一直以来，引力模型被广泛地用于区域间贸易分析中，主要观点为两个经济体之间的贸易流量与他们的经济规模成正比，与他们之间的距离成反比。

旅游本质上也是一种国际贸易，Crampon[⑦]首次将引力模型引入旅游人数的分析中，他认为到达某地的客源区人口数受到客源区域人口数和客源区与目的区域间物理距离的影响。之后，有学者基于引力模型增加了交通基础设施建设、领事馆和大使馆数量、大型体育赛事等变量对旅游的影响。

① Bakker, D., et al., Adding typology to lexicostatistics: A combined approach to language classification. Linguistic Typology, 2009, 13(1): 169-181.

② Hutchinson, W. K., “Linguistic distance” as a determinant of bilateral trade. Southern Economic Journal, 2005: 1-15.

③ Lohmann, J., Do language barriers affect trade? . Economics Letters, 2011, 110(2): 159-162.

④ Isphording, I. E., Otten, S., The costs of b abylon—linguistic distance in applied economics. Review of International Economics, 2013, 21(2): 354-369.

⑤ 苏剑、葛加国：《基于引力模型的语言距离对贸易流量影响的实证分析——来自中美两国的数据》，《经济与管理评论》，2013年第4期。

⑥ 徐珺、自正权：《语言的经济价值分析：基于语言与中国对外服务贸易的实证研究》，《解放军外国语学院学报》，2020年第3期。

⑦ Crampon, L. J., A new technique to analyze tourist markets. Journal of Marketing, 1966, 30(2): 27-31.

具体到语言因素对中国入境旅游影响，研究者对语言距离关注较少，个别研究者只是把共同的语言作为虚拟变量，赋值 0 或 1。王公为[①]分析了多元距离对中国入境旅游的影响，引入了共同语言虚拟变量，指出语言距离增加 1%，中国入境旅游人数减少 1.72%。陈晟等人[②]分析了多维距离对中国入境旅游的影响，同样引入了语言距离虚拟变量(赋值 0 或 1)，但是语言距离只是作为控制变量使用，文章未对语言距离的影响做出分析。

目前尚未有研究者把语言距离作为核心解释变量分析语言障碍在中国入境旅游中的影响。本文将通过引入 WALS 指数语言距离变量，结合引力模型，详细描述语言因素对入境旅游的影响。

三、研究设计：研究模型与研究数据

(一)样本选择

本文选择的 17 个样本国家分别是澳大利亚、新西兰、加拿大、美国、芬兰、法国、德国、瑞士、奥地利、俄罗斯、英国、西班牙、印度尼西亚、日本、韩国、泰国、越南。其中大洋洲国家 2 个、美洲国家 2 个、欧洲国家 8 个、亚洲国家 5 个。样本选择的主要依据有三个：一是语言样本的代表性，每种主要语言选择一个经济体(英语除外)；二是样本数据的完整性，由于样本周期长达 17 年，因此剔除了年度数据少于 17 的国家；三是语言距离测度的需要，WALS 数据库共计有 11 组 192 个维度，但是个别语言的维度数据不完整，本文选取的 17 个国家的语言在各组维度上均有赋值，适合于开展语言距离统计。

(二)引力模型

本文采用引力模型分析 17 个中国入境游客的主要客源国在 2001—2017 年的入境人口情况，在借鉴贸易引力模型的基础上，结合本研究相关变量，形成引力模型的计量模型。Bacchetta(2012)设计了如下公式，代表了引力模型的一般形式：

$$X_{ij} = GS_j M_j \varphi_{ij} \tag{1}$$

其中 X_{ij} 代表了 i 国和 j 国之间贸易量的货币价值；G 代表了无关 i 国和 j 国的常量；S_j 代表了所有出口国相关的信息，如 GDP、人口等；M_j 代表了所有进口国相关的信息，如 GDP、人口等；φ_{ij} 代表了 i 国和 j 国之间交易成本的倒数。对两边取对数得到了如下公式：

$$\ln X_{ij} = \ln G + \ln S_j + \ln M_j + \ln \varphi_{ij} \tag{2}$$

Anderson 和 Wincoop(2004)也指出引力模型的一般形式为：

$$x_{ij} = \alpha_1 y_i + \alpha_2 y_j + \sum_{m=1}^{M} \beta_m \ln(z_{ij}^m) + \varepsilon_{ij} \tag{3}$$

---

① 王公为：《多元距离对中国入境旅游的影响——基于扩展的引力模型》，《西部经济管理论坛》，2019 年第 1 期。

② 陈晟、江艳婷、谢睿：《多维距离对我国入境旅游的影响研究》，《价值工程》，2019 年第 30 期。

其中，x_{ij} 代表了 i 国和 j 国间贸易量的对数值，y_i 和 y_j 分别代表了出口国和进口国 GDP 的对数值，z_{ij}^m 代表了一系列双边贸易壁垒的可观察项目，ε_{ij} 是随机误差项。

本文在借鉴以上两个公式的基础上设计了如下公式：

$$F_{ic}=\alpha_0 Y_i^{\alpha_1} P_i^{\alpha_2} L_{ic}^{\alpha_3} G_{ic}^{\alpha_4} C_{ic}^{\alpha_5} A_{ic}^{\alpha_6} V_{ic}^{\alpha_7} \tag{4}$$

其中，i 代表客源国，c 代表中国，α_0 为常数项。公式共设置了两类解释变量：一类是客源国相关变量，主要为客源国的年度人均 GDP(Y_i)和客源国年度人口数(P_i)，预期这两个变量有正向影响；另一类是客源国与中国之间关系的变量，主要有语言距离(L_{ic})、地理距离(G_{ic})、文化距离(C_{ic})、签证政策(V_{ic})，预期这四个变量对旅游人数有负向影响；最后虚拟变量是否有共同边界(A_{ic})，因有共同边界取值为 1，预期对入境旅游人数有正向影响。$\alpha_0 \sim \alpha_7$ 为经验参数。

将公式左右两边同取对数进行线性化，并加入随机误差项 ε_{ic}，得到线性计量模型：

$$\begin{aligned}\ln flowi_{ic} = {} & \alpha_0+\alpha_1 \ln gdpp_i+\alpha_2 \ln pop_i+\alpha_3 \ln dlan_{ic}+\alpha_4 \ln dcap_{ic}+\alpha_5 \ln dcul_{ic}+ \\ & \alpha_6 \ln dadj_{ic}+\alpha_7 \ln dvis_{ic}+\varepsilon_{ic}\end{aligned} \tag{5}$$

(三)数据来源

被解释变量 *flowi* 为主要客源国入境人口数，单位为万人次，数据采编自《中国旅游统计年报》。解释变量有 7 个，包括一个核心解释变量语言距离，其余为控制变量。其中，*gdpp* 表示客源国人均 GDP 采编自世界银行网站，以 2010 年为基期的美元计价；*pop* 为客源国年度人口数，也采编自世界银行网站，单位为万人。

有 3 个表示距离的变量，其中包括核心解释变量 *dlan*，即客源国与中国的语言距离，数据采用了 WALS 语言指数统计法，对主要客源国语言与汉语之间从 199 个维度进行语对分析，如果双方在某个维度的 WALS 描述值相同则计 0，不同则计 1，加总得出语言对距离。统计结果见表 1。

表 1　各主要客源国语言与中国普通话的语言距离表

语言	与汉语的距离	语言	与汉语的距离
英语	79	法语	101
德语	106	印度尼西亚语	72
瑞典语	89	日本语	82
韩语	74	俄罗斯语	85
西班牙语	90	泰语	71
越南语	64	芬兰语	86

dcap 表示地理距离，测量了客源国与中国首都的距离，数据采编自 CEPⅡ数据库，单位为千米；*dcul* 表示文化距离，数据采编自 Hofstede 网站，Hofstede 网站提供了每个国家在 6 个文化维度上的得分，即权力距离、个人主义与集体主义、男性度与女性度、不确定性规避、长期导向与短期导向、自身放纵与约束。本文计算文化距离

的具体计算方法引用了王公为(2019)的计算公式，其中 C 代表客源国与中国之间的文化距离，i 代表了文化距离六个维度的取值，V 代表了客源国文化距离各维度的方差。

$$C=\sqrt{\sum_{i=1}^{6}\frac{(i_{\text{source}}-i_{\text{china}})^2}{V_i}} \tag{6}$$

还有两个虚拟变量表示的旅游人口入境的便利程度。其中，*dadj* 表示是否陆地接壤，接壤赋值为 1，否则为 0；*dvis* 表示签证政策，是一个虚拟变量，主要根据国家移民管理局的过境免签政策设定，目前我国对 53 个国家公民实施 72/144 小时过境免签，如果该客源国属于过境免签国则赋值 0，如果不是过境免签国赋值 1。

以上各变量的描述性统计如表 2 所示：

表 2　变量的统计描述

变量名	均值	标准差	最小值	最大值	变量个数
flowi	93.00	117.10	2.37	654.42	289
gdpp	34 504.88	19 561.92	804.20	77 684	289
pop	7 968.83	8 174.43	388.05	32 498.6	289
dlan	85.10	12.62	64	106	289
dcap	6 737.81	3 052.91	955.65	11 159.3	289
dcul	4.51	1.63	2.01	7.03	289
dadj	0.23	0.42	0	1	289
dvis	0.18	0.38	0	1	289

各变量描述情况如表 2 所示，在 2001—2017 年间，被解释变量 17 个主要客源国入境旅游人数均值为 93.00 万人次，核心解释变量 17 个主要客源国与中国的语言距离均值为 85.09，最大值为 106，最小值为 64。其他解释变量的均值分别为：主要客源国人均 GDP 34 504.88 美元，年度人口均值 7 968.82 万人，首都距离均值为 6 737.81 千米。非时间序列变量文化距离均值为 4.51，最大值为 7.03，最小为 2.01，标准差为 1.63；二值虚拟变量共同边界的平均值分别为 0.24，代表了 17 个主要客源国与中国有共同陆地边界的国家相对较少；二值虚拟变量签证政策平均值为 0.18，代表了 17 个主要客源国未满足中国过境 72/144 免签政策的国家相对较少。

表 3　回归模型中变量的相关系数矩阵

	gdpp	*pop*	*dlan*	*dcap*	*dcul*	*dadj*	*dvis*
gdpp	1.000 0						
pop	−0.305 4	1.000 0					
dlan	0.657 1	−0.341 3	1.000 0				
dcap	0.500 3	−0.314 9	0.402 8	1.000 0			

续表

	gdpp	*pop*	*dlan*	*dcap*	*dcul*	*dadj*	*dvis*
dcul	0.593 9	−0.729 7	0.515 0	0.660 9	1.000 0		
dadj	−0.545 5	0.181 3	−0.422 0	−0.610 8	−0.403 8	1.000 0	
dvis	−0.745 1	0.291 3	−0.590 9	−0.473 8	−0.407 0	0.470 8	1.000 0

如表 3 所示，从各解释变量之间的相关系数来看，语言距离与首都距离的相关系数为 0.402 8>0，说明语言距离与首都距离正相关，也就是说地理距离增大，语言距离也有增大的趋势。语言距离与文化距离的相关系数为 0.515 0>0，说明语言距离与文化距离也是正相关。语言距离与是否陆地接壤的相关系数为−0.422<0，说明与中国有陆地接壤的国家与中国的语言距离相对较小。

四、计量检验与结果分析

本文数据有 17 个国家和 17 个年份，属于短面板，没有必要进行自相关检验。回归将取 ln(虚拟变量加 1 后取 ln)且采用稳健标准差，故也不需要进行异方差检验。同时，由于存在不随时间改变的变量，也不能选择固定效应模型，因此本文只在混合回归和随机效应之间进行检验。

作为一个参照系，首先进行混合回归，得到的结果如表 4 所示。

表 4　混合回归结果

Linear regression

Number of obs = 289

$F(7, 16)$ = 47.01

Prob > F = 0

R−squared = 0.8295

RootMSE = 0.58617

(Std. Err. adjusted for 17 clusters in count)

lfowi	Coef.	Robust Std. Err.	*t*	P>|*t*|	[95% Conf. Interval]	
Lgdpp	0.407 002	0.342 041 4	1.19	0.251	−0.318 093 4	1.132 097
Lpop	0.693 897 7	0.118 137 2	5.87	0.000	0.443 458	0.944 337 3
Ldlan	−3.614 149	0.870 221 8	−4.15	0.001	−5.458 937	−1.769 361
Ldcap	−0.613 049 3	0.212 732	−2.88	0.011	−1.064 021	−0.162 077 6
Ldcul	−0.232 424 7	0.595 310 3	−0.39	0.701	−1.494 426	1.029 577
Ldadj	0.911 131 7	0.497 318 1	1.83	0.086	−0.143 135 6	1.965 399
Ldvis	−1.503 43	0.988 302	−1.52	0.148	−3.598 537	0.591 676 6
_cons	15.489 42	4.127 858	3.75	0.002	6.738 748	24.240 08

从表 4 可以看出，各变量的系数符号基本符合预期，但是要在混合回归与随机效应之间进行取舍，对数据进行 LM 检验，得到 chibar2(01)=493.39，Prob > chibar2 = 0，强烈拒绝“不存在个体随机效应”的原假设，则在“随机效应”和“混合回归”二者之间应该选择“随机效应”。对随机效应模型进行 FGLS 估计，结果如表 5 第二列[FGLS 估计(1)]所示；尽管现有研究很少加入时间趋势项，考虑到我国入境旅游总人数有逐年增加的趋势，表 5 第三列[FGLS 估计(2)]汇报了加入时间趋势项后的回归结果：

表 5　随机效应模型回归结果

	FGLS 估计(1)	FGLS 估计(2)
Lgdpp	2.349 6*** (0.605 1)	1.499 6* (0.798 9)
Lpop	0.555 2** (0.194 9)	0.474 0*** (0.156 0)
Ldlan	−4.698 4** (1.644 3)	−4.162 6*** (1.515 2)
Ldcap	−0.302 13 (0.575 5)	−0.365 1 (0.397 2)
Ldcul	−1.809 4* (1.06 11)	−1.459 1* (0.889 9)
Ldadj	2.377 6* (1.339 2)	1.884 9* (0.985 3)
Ldvis	4.326 5* (2.490 2)	1.800 5 (2.664 0)
lyear	—	66.081 2*** (17.577 6)
_cons	0.500 79 (8.523 8)	−494.773 (130.585 1)
R^2	0.659 5	0.767 9
统计检验	Wald chi2(7) = 40.17 Prob > chi2 = 0	Wald chi2(7) = 120.67 Prob > chi2 = 0

注：各变量系数右上方的“***”表示显著水平为 0.01，“**”表示显著水平为 0.05，“*”表示显著水平为 0.1，没有星号则不显著；括号内为标准差。

经过回归模型分析发现，在未加入时间趋势项时 R^2 为 0.66，拟合效果较好，但是两种方法都通过了统计检验。7 个解释变量中除首都距离(*dcap*)外均显著，其中客源国人均 GDP 显著性最高。核心解释变量语言距离系数绝对值较大，语言距离每增加 1%，被解释变量入境旅游人数减少 4.70%。控制变量中客源国人均 GDP(*gdpp*)显著性最高，客源国人均 GDP 每增加 1%，入境旅游人数增加 2.3%。

在加入时间趋势项的回归分析中，R^2 为 0.77 拟合效果更好。7 个解释变量中除首都距离（*dcap*）外均显著，其中客源国人口数和语言距离显著性最高。核心解释变量语言距离显著性突出，*p* 值小于 1%。系数方面看，语言距离每增加 1%，入境旅游人数减少 4.16%。控制变量中客源国人口数（*pop*）显著性最高，客源国人口数每增加 1%，入境旅游人口增加 0.47%。

以上两种回归检验中，核心解释变量语言距离（*dlan*）的系数绝对值大于文化距离（*dcul*）、客源国人均 GDP（*gdpp*）、首都距离（*dcap*）和客源国人口（*pop*）解释变量系数的绝对值。证明语言距离在入境旅游人口中的影响较大，语言距离的影响超过了文化距离、地理距离对客源国入境旅游人数的影响，应该从入境旅游的各个旅客接触点如签证、交通、入关、酒店、景区、购物、出关、退税等多个环节缩短语言距离的影响，正如《关于进一步激发文化和旅游消费潜力的意见》（国办发〔2019〕41 号）一文中提到的“提升景区景点、餐饮住宿、购物娱乐、机场车站等场所多语种服务水平”。

在以上两种回归检验中，控制变量是否陆地接壤（*dadj*）影响显著，未加入时间趋势项时影响系数为 2.38，也就是说共同边界因素每增加 1%，入境旅游人数将增加 2.38%；在加入时间趋势项后，影响系数为 1.88，也就是说共同边界因素每增加 1%，入境旅游人数将增加 1.88%。由此可以看出与我国有共同边界的国家通过我国各陆地口岸进入我国境内旅游，我们可以适当提升陆地口岸出入关同行效率，提升共同边界的影响因素。

控制变量文化距离（*dcul*）影响显著，影响系数分别为－1.81 和－1.46，即文化距离增加 1%会带来入境旅游人数减少 1.81%或 1.46%，对此我们要进一步加强文化传播，既要在学术层面通过中华文化外译项目等把中华文化的经典译介到海外，也要在流行文化层面通过如“李子柒”等有影响力的文化传播符号、品牌和内容推动中华文化形象在海外流行文化中的影响力，更要通过政府层面推进互办文化年、旅游年项目的落实、落地工作。

控制变量首都距离（*dcap*）均不显著，主要原因可能在于东南亚地区客源国入境旅游人数较大，但是距离我国首都北京距离较远。控制变量签证政策（*dvis*）与预期不一致，未列入 72/144 小时过境免签反而对入境旅游人数带来了正向影响，可能是因为我国 72/144 小时过境免签政策所列国家主要为西方国家，东南亚地区国家如越南、泰国、印度尼西亚等国家虽然对我国入境旅游贡献人数较大，但是未被列入过境免签国家，可以预见的是如果我国对共同边界国家开放 72/144 小时过境免签政策将极大地促进相关国家入境旅游人数增长。

五、结论和政策建议

(一)结论及展望

本文结合中国入境旅游17个主要客源国17年(2001—2017年)的面板数据，采用引力模型和随机效应模型分析了语言距离对我国入境旅游人数的影响。结果发现，客源国与中国语言距离越大，入境旅游人数越少，语言距离对各主要客源国入境旅游人数影响大于文化距离、地理距离对客源国入境旅游人数的影响。

对于后续研究，本文认为语言距离指数不仅可以用于入境旅游的研究，而且可用于出境旅游、国际航班旅客构成、旅游行业外资吸引水平等方面的研究。同时，语言距离研究也可以与国内通用语言水平、汉语国际化水平等指数结合起来分析出入境旅游、国际客运等多个方面的经济运行指标。

(二)政策建议

从前述分析可知，语言距离较大程度地影响了我国入境旅游业的繁荣程度。语言距离是客观存在的，短时间内无法缩减，如汉语与英语、汉语与法语的距离在相当长的历史时期内会保持现状。但是，我们可以主动采取相关措施，以减少客观存在的语言距离所带来的不利影响。从旅游行业来讲，需要提升从业人员的外语能力，同时提升旅游景区语言景观设计，尤其是双语标识设计的水平，最后还需要提高汉语的国际化传播水平。

具体而言，我们提出以下建议：

1. 进一步提升旅游从业人员的外语能力，既要提升总体水平，又要做到区域均衡。鉴于目前我国外语能力较高的旅游从业人员，尤其是外语导游数量仍然相对较少，且多集中在北、上、广、深等一线城市，旅游资源丰富的西部地区语言服务正外部性仍然较弱。建议进一步激励旅游从业人员提升外语能力，出台适当的刺激政策，推动外语能力较高的旅游从业人员向中西部流动。

2. 进一步提升语言景观方面，尤其是语言标识的正外部性。针对我国入境旅游接待区域在主要旅客接触点如入境交通、入境通关、入境接待等接触点上提供的汉英双语的语言景观，尤其是语言标识问题较多的现象，建议入境旅游管理部门从政策层面明确旅游行业语言景观的设置规范，公示牌语言选取既要突出本国特点又要服务旅客需要；建议中国翻译协会等部门要定期出台旅游景区导游词、景区通用标识牌的规范译法，要明确相关内容的翻译策略，避免字面翻译，突出语言景观的指示性目的、交际性目的。

3. 提升汉语的国际化传播水平，不断拓展汉语作为通用语言的使用范围。降低汉语的语言学习难度，进一步加强HSK即汉语水平考试的建设工作，可针对HSK考试取得五级及以上人员适度提供入境旅游优惠政策；进一步做好语言距离手册编制工作，既要根据语言距离远近确定汉语教育资源投向，也要从汉语教育的角度测度各语言与汉语在听、说、读、写等方面的语言距离，有的放矢地开展语言教育工作。

参考文献

[1]杨雪姣．国内外语言距离研究及其对民族地区高校三语教学的启示[J]．课程教育研究，2020(25).

[2]徐珺，自正权．语言的经济价值分析：基于语言与中国对外服务贸易的实证研究[J]．解放军外国语学院学报，2020，43(3).

[3]陈晟，江艳婷，谢睿．多维距离对我国入境旅游的影响研究[J]．价值工程，2019，38(30).

[4]王公为．多元距离对中国入境旅游的影响——基于扩展的引力模型[J]．西部经济管理论坛，2019，30(1).

[5]徐珺，自正权．语言对中国对外贸易影响之实证研究：基于17国数据的考察[J]．外语电化教学，2016(4).

[6]崔萌，张卫国，孙涛．语言距离、母语差异与汉语习得：基于语言经济学的实证研究[J]．世界汉语教学，2018，32(2).

[7]苏剑，黄少安．语言距离的测度及其在经济学中的应用[J]．江汉论坛，2015(3).

[8]苏剑，葛加国．基于引力模型的语言距离对贸易流量影响的实证分析——来自中美两国的数据[J]．经济与管理评论，2013，29(4).

作者简介：徐庆树，山东交通学院讲师，主要研究方向为语言测试、语言经济学；宋建，山东社会科学院助理研究员，主要研究方向为消费经济学。

语言产业视角下食品行业中的日语语言景观*

——以中国本土食品包装上的日语语言景观为例

黄小丽　潘晓琦　葛铭禹

摘要： 文章从食品类型、产地、语言构成、优势语言、日语使用的正误情况等方面，对7个抽样类别下45个样本区域的中国本土食品的包装进行了调查，获得572个有效样本。调查显示，食品包装中使用日语比例最高的为休闲食品，占总样本数量的67.3%；产地的前三位分别位于广东省、福建省和山东省；日语的错误率为64.7%。基于调查数据、消费者调查及企业电话采访，文章概述了中国本土食品包装的日语使用状况，探讨了食品行业中伴随式语言消费的功能，分析了中国本土食品包装上的日文使用对消费者产生的影响。此外，文章针对包装中出现的日语翻译问题提出了相关对策和建议，探讨了食品行业对日语语言产品的需求，指出了语言产业研究的新任务。

关键词： 食品包装；语言产业；语言消费；语言景观；日语

Research on Japanese Language Landscape on Chinese-made Food Packaging from the Perspective of Language Industry

Huang Xiaoli　Pan Xiaoqi　Ge Mingyu

Abstract: From the aspects of food type, place of origin, language composition, dominant language, the accuracy of Japanese, this paper investigated the packaging of Chinese-made food under 7 sampling categories across 45 sample areas, and obtained 572 valid samples. According to the data, the food type with the highest rate of using Japanese on packaging is leisure food, which makes up 67.3% of the sample size. The top three producers using Japanese on food packaging are located in Guangdong, Fujian and Shandong province. The error rate of Japanese is 64.7%. Based on these data, as well as the consumer survey and the telephone interview with manufacturers, this paper summarized the general situation of the use of Japanese on Chinese-made food packaging, discussed the function of accompanying language consumption in the food industry, and analyzed the impact of the use of Japanese on Chinese-made food packaging on consumers. In addition, the paper put forward relevant strategies and suggestions for the problems of Japanese translation on food packaging, discussed the demand for Japanese language service in the food industry, and pointed out new task for the language industry research.

---

* 本文系复旦大学外文学院学生学术科技创新项目“中国本土食品包装上的日语使用状况调查”(项目编号：20200201)研究成果。

Key words: food packaging; language industry; language consumption; language landscape; Japanese

一、引言

语言产业是以语言为内容、材料，或是以语言为加工处理对象，生产出各种语言产品以满足各种语言需求的产业形态。目前，较为典型的语言产业业态包括语言培训、语言出版、语言翻译、语言文字信息处理、语言艺术、语言创意、语言康复、语言会展、语言能力测评等(李艳，2020)。我国语言产业研究在2010—2018年经历了从萌芽到快速发展的过程，语言产业研究的任务可分为宏观、中观、微观三个层面。宏观研究主要是对语言产业与社会、文化、经济、国家安全、国际关系等相互间的关联度、作用方式以及宏观发展策略的研究；中观研究通过对各语言产业现状的深入调查，探讨语言行业与其他相关行业之间的互动关系与协调发展策略等问题；微观研究主要探讨语言产品需求与供给、研发和生产等方面问题(李艳，2018)。语言产业研究的基本框架已经确立，聚焦具体业态将为语言产业研究提供更为细致和深入的角度，实现语言产业研究的具象化、充实化。

食品包装上的外语使用涉及语言翻译、语言创意等语言产业业态。食品企业因销售商品，制造了中国本土食品包装上的日语语言景观。食品企业内部的语言服务部门或负责人，或是外部语言服务提供商生产了包装上的日语内容，该过程涉及语言产品的供需和生产问题。另一方面，消费者购买商品时，虽然其主要消费内容为食品本身，但消费活动离不开对语言文字的使用，消费者同时也进行着一种伴随于食品本身的语言消费，详见图1。通过研究中国本土食品包装上的日语语言景观，可以考察语言产品的供需和生产、语言消费等方面的问题，可为语言产业研究提供新的视角。

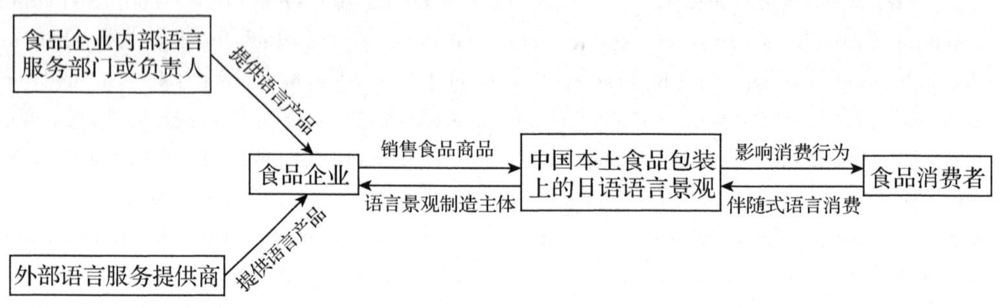

图1　语言产业视角下中国本土食品包装上的日语语言景观

不同于语言培训等典型语言产业业态，食品行业中的日语语言产品以食品包装为介质出现于大众视野中，在含有语言产品这一属性的同时也构成了一种“语言景观”。Landry和Bourhis(1997)最先提出并使用“语言景观”的概念，并将其界定为：“出现在公共路牌、广告牌、街名、地名、商铺招牌以及政府楼宇的公共标牌之上的语言共同构成某个属地、地区或城市群的语言景观”。这是语言景观研究中最经典、引用最为广泛的定义。此后，语言景观的定义不断扩大，不再限于传统意义上的标牌，可移动的标志也逐渐进入研究者的视野，如标签、传单、明信片等。在商品经济高度发达的当代社会，产品包装上的文字已然成为公共空间中重要的语言信息组成部分，是人们日常生活中频繁接触的语言标志，也是语言景观研究中的重要研究对象。目前，我国的语言景观实证研究初具规模，以日语为考察对象的语言景观研究仍处于起步阶段，相关研究较少，且多聚焦于日本人聚居区和公共标牌的日语语言景观。本文从食品行业中的日语语言景观入手，考察非标牌式的、自下而上的语言景观，可为语言景观研究提供新的考察范围和研究视角。

当今中国本土食品企业对产品的包装设计日趋重视，以期打造良好的产品形象，提高经济效益。外语的使用是包装设计中的重要环节，然而其在实践中难免存在问题。国内关于包装翻译的研究主要是针对食品类包装的翻译研究，但总体而言先行研究的数量较少，且重复现象较明显。研究主要聚焦于英语翻译问题，属于语言本体层面的研究(党莉莉，2019)。本文基于中国本土食品包装的日语使用现状，对包装上日语翻译中存在的问题进行初步的考察，为改进食品行业中日语语言翻译产品的质量提出对策与建议。

二、研究概要

本研究采用抽样调查法，自2020年1月至2020年8月，研究者对上海市大型连锁超市(12家)、新零售(3家)、食品零售连锁(4家)、杂货店(2家)、便利店和烟杂店(8家)、天猫店铺(8家)和淘宝店铺(8家)等7个抽样类别下45个样本区域进行了取样。在每处样本区域内，研究者浏览食品的陈列货架(网店区域则浏览商品详情网页)，对满足样本采集标准的产品进行拍摄(网店商品则记录商品的网页链接)，随后对样本进行编码，并考察每个样本的食品类型、产地、包装的语言构成、优势语言、日语信息是否正确、日语内容与产品的联系等方面，建立样本数据库并进行分析。

研究者采集样本时遵循以下原则。第一，样本须为包装上印刷有日语内容的预包装食品①，或为带非定量包装且包装上印刷有日语内容的散装食品②。现制现售的面包、糕点、奶茶等产品不在本研究的取样范围之内。第二，产地须为中国大陆地区。第三，食品制造公司须为中国大陆本土企业，外国法人独资、中外合资、中外合作、台港澳法人独资、台港澳与大陆合资等性质的公司的产品不在本研究的取样范围之内。

此外，为探究消费者对食品行业中的日语使用的态度，本研究还采取了问卷法和访谈法。2021年1月至2021年2月，研究者对中国消费者发放了网络问卷，共计收到559份有效问卷。同时，研究者对中国消费者(8人，包括日语学习者4人和非日语学

① 预包装食品指预先定量包装或者制作在包装材料和容器中的食品。

② 散装食品指无预先定量包装，需称重销售的食品。

习者 4 人)及在沪日本人(4 人)进行了一对一的半开放式访谈。

为了解食品企业使用日语的动机等，研究者选取 15 件典型样本，对其生产者进行了电话采访。为了得到直接、真实的回复，同时避免突兀的提问招致反感，形式上选用了隐藏研究者身份的隐性访谈法，内容上采取半开放式，根据访谈对象身份和信息掌握程度调整访谈问题。

三、中国本土食品包装上的日语使用现状

本研究共采集获得 572 个食品包装样本，在分层抽样的 7 大抽样类别中均有分布，其中大型连锁超市的样本最多，达 278 个，网络店铺居第二位，达 180 个。需要指出的是，研究所选样本区域均为该类别中具有代表性的典型商家，如大型连锁超市中选取家乐福、沃尔玛等，食品零售连锁中选取来伊份、良品铺子等，此类商家高度本土化，并不具有强烈的日本色彩或日资背景，所在地区也并非日本人聚居区，因此丰富的样本数量可以证明，在本土食品包装上使用日语并非个别现象，而是已具有一定规模。

(一)样本的食品类型和产地分布

本文根据国家市场监督管理总局制定的食品生产许可分类目录(2019 年版)对样本所属的食品类型进行了分类。如表 1 所示，样本共涵盖 41 种食品类型。

表 1　样本的产品类型分布

产品大类	产品类型	数量/个	小计/个	占比/%	产品大类	产品类型	数量/个	小计/个	占比/%
淀粉及淀粉制品	淀粉及淀粉制品	3	155	27.1	水产制品	即食水产品	19	22	3.9
						非即食水产品	3		
	热加工糕点	111			粮食加工品	小麦粉	1	16	2.8
	冷加工糕点	41				大米	5		
饼干	饼干	83	83	14.5		挂面	8		
糖果制品	糖果	52	76	13.3		其他粮食加工品	2		
	巧克力及巧克力制品	1			方便食品	方便面	6	15	2.6
	代可可脂巧克力及代可可脂巧克力制品	2				其他方便食品	9		
	果冻	21			豆制品	豆制品	1	1	0.2

续表

产品大类	产品类型	数量/个	小计/个	占比/%	产品大类	产品类型	数量/个	小计/个	占比/%
调味品	酱油	9	36	6.3	肉制品	热加工熟肉制品	9	14	2.4
	食醋	3				预制调理肉制品	5		
	调味料	24			速冻食品	速冻面米食品	3	11	1.9
薯类和膨化食品	膨化食品	32	32	5.6		速冻调制食品	8		
饮料	碳酸饮料(汽水)	6	26	4.5	茶叶及相关制品	茶制品	1	7	1.2
	茶(类)饮料	7				调味茶	6		
	蛋白饮料	9			蛋制品	蛋制品	6	6	1.1
	固体饮料	1			蔬菜制品	酱腌菜	2	6	1.1
	其他饮料	3				食用菌制品	4		
水果制品	蜜饯	22	24	4.2	酒类	其他酒	4	4	0.7
	水果制品	2			罐头	畜禽水产罐头	1	1	0.2
炒货食品及坚果制品	炒货食品及坚果制品	23	23	4.0	其他食品	其他食品	14	14	2.4
总计			572	100					

说明：由于对每一数据采用了四舍五入，导致最终加总出现误差，为99.7%而非100%，因此选取四舍五入时舍去数值最大的三项数据+0.1，在最小限度影响个别数据的前提下，保证了总和仍为100%。

数据显示，样本的主要来源是休闲食品(包括糕点、膨化食品、饼干、糖果、果冻、蜜饯、炒货及坚果制品)，共计385个，占总样本数量的67.3%，其中以热加工糕点和饼干的样本数量占比最高，分别占比19.4%和14.5%。而粮食制品、豆制品、罐头等食品的样本数量较少。这说明，休闲食品面临更大的竞争，包装的设计是休闲食品营销的重要方式，在包装上使用日语是提高自身产品竞争力的一种尝试。

从产地上看，样本来自17个省级行政区的86个市(区)级行政区。表2显示了各省级行政区的样本数量和占比，广东省、福建省和山东省位列前三，样本数量由沿海地区向内陆递减。

表2　样本的产地分布

产地	数量/个	占比/%	产地	数量/个	占比/%	产地	数量/个	占比/%
广东	157	27.4	安徽	19	3.3	四川	6	1.1
福建	93	16.3	河南	18	3.1	重庆	4	0.7
山东	79	13.8	湖北	16	2.8	云南	2	0.3
江苏	61	10.7	江西	13	2.3	天津	1	0.2
浙江	52	9.1	辽宁	12	2.1	湖南	1	0.2
上海	31	5.4	河北	7	1.2	总计	572	100

(二)样本包装的语言构成

经统计，所有样本中都至少包含汉日双语，使用汉日英三语的样本最多，占62.2%；汉日双语的样本次之，占37.1%；极少数的样本(0.7%)使用了汉日英韩四语。具体如表3所示。这说明，当食品包装上需要使用外语进行营销时，英语依然是最主要的外语。

表3　样本语言组合分布

样本的语言组合	数量/个	占比/%
所有样本	572	100
日语+汉语	212	37.1
日语+汉语+英语	356	62.2
日语+汉语+英语+韩语	4	0.7

(三)样本包装上日语内容的功能

表4显示，572个样本中，印有产品名称的日语翻译的样本数量为410个，占比71.2%；印有产品特征的日语描述的样本数量为273个，占比47.7%；有64个样本的商标中含有日语，占比11.2%。可见，食品包装上的日语主要以产品名称的方式出现，其次以描述产品特征的方式出现。

表4　食品包装上日语内容的功能

样本上日语内容的功能	数量/个	占比/%
所有样本	572	100
包含产品名称的翻译	410	71.7
包含产品特征的描述	273	47.7
商标中包含日语	64	11.2

(四)样本包装的优势语言

为探究样本上的日语信息在包装整体中所处地位，本研究使用了场所符号学的方法，即以语种布局、凸显关系、字体大小等符号特征来判断多种语言在食品包装上的主次关系。判断时首先选取包装上每一语种中字体最大、凸显程度最高的信息作为比较对象，再以比较对象之间的相对字体大小、书写顺序和凸显程度决定该语种处于优势或劣势。

样本优势语言的分布情况如表5所示。由于研究对象为中国本土食品，且受到《食品标识管理规定》(以下简称《规定》)第三章第二十四条[①]的影响，单独中文主导的样本数量具有显著优势。

表 5　样本优势语言分布

样本的优势语言	数量/个	占比/%
所有样本	572	100
汉语主导	472	82.5
日语主导	62	10.8
英语主导	20	3.5
汉日语共同主导	16	2.8
汉英语共同主导	2	0.4

值得注意的是，有 10.8%的样本由日语主导，3.5%的样本由英语主导，这违反了《规定》中“外文不得大于相应的中文”“外文应当与中文有对应关系”等规定。如图 2 所示，该样本的包装正面除商标及净含量的信息之外完全由日语和英语构成，甚至没有出现中文品名“棉花糖”。该样本中占优势地位的语言是日语，且日语与英文均无相对应的中文信息，显然不符合《规定》。

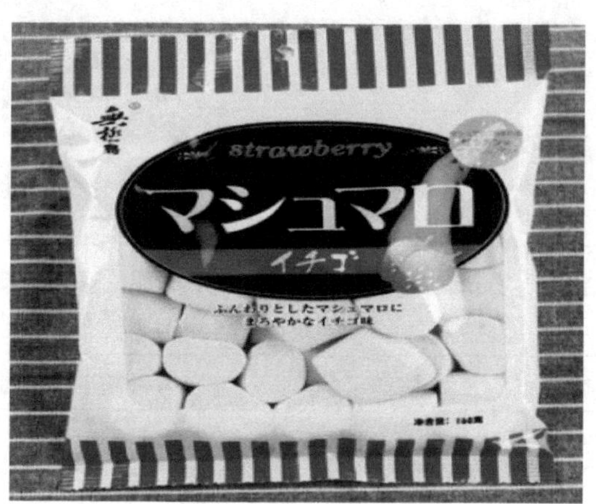

图 2　违反《规定》的日语主导样本

(五)样本包装的日语使用的正误情况

样本包装上日语内容的正误情况见表 6。表 6 显示，572 个样本中，包装上的日语内容有错误的样本数量为 370 个，错误率高达为 64.7%。

① 《食品标识管理规定》第三章第二十四条：食品标识所用文字应当为规范的中文，但注册商标除外。食品标识可以同时使用汉语拼音或者少数民族文字，也可以同时使用外文，但应当与中文有对应关系，所用外文不得大于相应的中文，但注册商标除外。

表 6　中国本土食品包装上日语内容的正误情况

样本上日语内容的正误情况	数量/个	占比/%
所有样本	572	100
日语内容无错误	202	35.3
日语内容有错误	370	64.7

为了探究高错误率的原因并为提高正确率提出有效建议，本研究将样本包装上日语内容的错误进行了归类。根据样本总体的实际情况，本文将日语错误分为语法错误、书写错误、翻译错误、汉日混用、不符合日语表达习惯，以及无法判断错误类型等 6 大类。如表 7 所示，370 个错误样品中所有错误类型共计出现了 473 次。

表 7　各错误类型的出现次数

<table>
<tr><th colspan="2">日语内容的
错误类型</th><th>出现次数(占比)</th><th>例</th></tr>
<tr><td rowspan="2">汉日混用</td><td>汉语与“の”的混用</td><td>121(25.6%)</td><td>上海の味道；山楂の气泡水</td></tr>
<tr><td>汉语与其他日语的混用</td><td>35(7.4%)</td><td>ライスライス米酥</td></tr>
<tr><td colspan="2">翻译错误</td><td>150(31.7%)</td><td>入り口がすぐ冷える　新鮮で長持ち
(中文：入口即凉 持久清新)</td></tr>
<tr><td colspan="2">不符合日
语表达习惯</td><td>66(14.0%)</td><td>良質の米の選択から作られる</td></tr>
<tr><td colspan="2">书写错误</td><td>62(13.1%)</td><td>高温、高湿、直射日光を避け，常温にて保存すゐこと</td></tr>
<tr><td colspan="2">语法错误</td><td>30(6.3%)</td><td>伝統おいしい</td></tr>
<tr><td colspan="2">无法判断
错误类型</td><td>9(1.9%)</td><td>のどがしよくりよぅ</td></tr>
<tr><td colspan="2">总计</td><td>473(100%)</td><td></td></tr>
</table>

上述数据显示，出现次数最多的错误为“汉日混用”，共出现 156 次。进一步分析后发现，“汉日混用”大致可分为两种情况：其一，汉语与“の”的混用，共计有 121 个样本出现了汉语与“の”的混用现象，占样本总数的 25.6%；其二，汉语与其他日语的混用。

汉语与“の”的混用现象，代表性的例子如“上海の味道”“山楂の气泡水”等，用“の”替代汉语的“的”连接两个名词。更有甚者，“の”超越了“名词＋名词”结构，出现在动词短语中。例如在调查中发现的“活の轻一点”“悦吃の越快乐”“手の打”等用法，已经超越了日语中词性的限制，也超越了日语文本的限制，不断扩大其使用范围。这是继日式汉语词汇之后，日语对现代汉语带来的显著影响。

居第二位的错误类型是“翻译错误”。调查中出现翻译错误的样本数量为150个，占总体错误数量的31.7%，其中不乏较低级的、基础性的错误。例如，将“脆皮蛋卷”译为“オムレツ”(中文意：欧姆蛋，又称西式煎蛋卷)，将“软糖”译为“マシュマロ”(中文意：棉花糖)，两个样本的汉日文信息所指代的对象完全不同，此类错误导致商品的名不副实，从而可能令外国消费者误判商品内容而影响购物体验，甚至会导致企业信誉降低。

除了翻译错误，调查过程中还发现了一种特殊的现象，有些产品包装上的中文汉字受日语文字书写标记的影响，使用了“゛”“゜”这样的记号(见图3)，它们是日语中“浊音”和“半浊音”的标记，只能附加在部分日语假名上，不能附加在汉字上。这种不规范的汉字书写现象值得警惕。食品安全国家标准《预包装食品标签通则》(GB 7718—2011，下称《通则》)的3.8条规定“应使用规范的汉字(商标除外)。具有装饰作用的各种艺术字，应书写正确，易于辨认”，而这类“杂交”汉字书写不规范，也难以定义其为“艺术字”，违反了《通则》规定。不同于上述语法错误、翻译错误等现象尚可以归结为包装设计者语言能力的不足，这种“杂交”现象无疑是一种有意的安排，反映了设计者规范语言意识的缺乏。本文认为“杂交”汉日双语的行为危害了汉字的正确性、纯洁性，亟须整顿。

图3 中文汉字周围出现的日语浊音、半浊音记号

篇幅所限，日语翻译的具体问题我们将另文说明。

四、食品行业中伴随式语言消费的功能

上述研究结果显示，中国本土食品包装上的日语使用已经形成了一定规模，涵盖了众多食品类型，在包装的含义、包装的功能等方面均呈现出了一定的丰富度。

近年来，日本的食品产业对中国产生了较大影响。日本农林水产省的统计显示，2019年，日本对中国大陆的农林水产品和食品的出口额大幅增加，达到1 537亿日元，仅次于中国香港地区，位居第二。其中，产品类型“加工食品”的出口额占559亿日元，

占到总额的36.4%。[①] 由此可见日本食品对中国市场有较大的影响。另一方面，访日的中国大陆游客中，对于日本食品的购买意愿也较为强烈。日本观光厅的统计显示，2018年，各国家和地区的访日游客中，中国大陆游客的零食消费额位居第一，为474亿日元，占访日外国人零食消费总额的29%。[②] 同机构的“访日外国人消费动向”2019年的年度报告显示，中国大陆游客的零食的购买率为76.6%，在各商品类别中位居第二，平均购入额达9 639日元，而所有境外游客的零食购入额平均为8 222日元，平均购买率为69.5%。[③] 上述数据说明，日本的食品对中国的消费者具有很大的吸引力。

顾凌君(2019)对416位中国大学生和社会人士进行了关于特产包装的问卷调查，在看了中国大陆、港奥台地区和日本的代表性特产的包装后，64.43%的受访者对日本特产包装的好感度最高，可见，从食品包装的角度看，日本的食品包装最受欢迎，中国消费者对日本的食品及其包装具有较高的认可度，因此不少食品企业在产品包装上加入直观的日本元素，即日语文字，以期迎合消费者的喜好，这是中国本土食品包装上日语语言景观涌现的重要原因。

此外，本次调查发现，线上店铺的商品详情介绍页中也出现了大量日语(见图4)。食品行业的其他业态如餐饮业，也出现了使用日语的现象。黄小丽(2018)对上海市日文语言景观中的业态统计显示，餐饮业的比例最高，达52%。

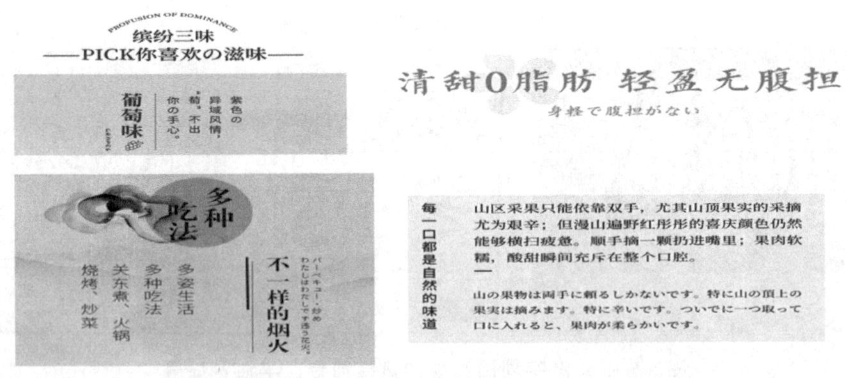

图4　线上店铺的商品详情介绍页中出现的日语

消费活动离不开对语言的使用，消费者在购买食品产品时，一般都会阅读产品包装上的文字信息，或浏览线上店铺的商品详情介绍，或观察餐饮店铺的招牌和菜单，或接受服务人员的语言服务。尽管消费者的主要消费内容为食品产品本身，并非语言文字，但在这一过程中，语言文字仍影响着消费者的消费行为和消费体验。食品行业

① 《2019年農林水産物・食品の輸出実績(国・地域別)》，https://www.maff.go.jp/j/shokusan/export/e_info/attach/pdf/zisseki—217.pdf(2021年3月15日检索)。

② 《2018年訪日外国人旅行者の食料品等の購入額(確報値)》，https://www.maff.go.jp/j/shokusan/export/e_info/attach/pdf/zisseki—180.pdf(2021年3月15日检索)。

③ 《訪日外国人の消費動向　訪日外国人消費動向調査結果及び分析 2019年年次報告書》，https://www.mlit.go.jp/kankocho/siryou/toukei/content/001345781.pdf(2021年3月15日检索)。

中的日语使用属于伴随在其他消费活动中的语言行为，虽然不同于以语言为核心要素或主导要素的语言产品(服务)，但其对于文化的传播、经济活动的进行等都有着直接或间接的影响(李艳，2017)。

语言消费的功能可分为直接功能与延伸功能，直接功能包括提升语言能力、感受语言魅力、优化消费体验三个主要部分(李艳，2017)。以食品行业从业者为供给主体的伴随式日语语言消费的直接功能主要是优化在华日语母语者消费体验，令中国消费者感受域外魅力，同时也有促进中国日语学习者的偶发性学习、提升日语能力的作用。除直接功能之外，作为其延伸功能的经济功能同样不容忽视，食品行业中合理的日语使用可以优化产品包装，促进商品销售；或提升店铺装潢效果，优化购物体验，提高经济效益。

在面向中国消费者的问卷调查中，研究者向受访者展示了设计风格相似、使用语言不同的同一饼干产品的两种包装。调查数据显示，559 位受访者中，302 位(54.0%)受访者表示更愿意购买包装上使用了日语的产品，86 位(15.4%)受访者表示更愿意购买中文包装的产品，171 位(30.6%)受访者则表示无所谓。向更愿意购买包装上使用了日语的产品的受访者询问原因后，54.6%的受访者认为包装上使用了日语的产品“看起来更高级”，45.4%的受访者认为包装上使用了日语的产品“看起来更可爱”。在更愿意购买包装上使用了日语的产品的受访者中，55.6%的受访者在该产品售价为中文包装的产品售价的 105%时，仍选择购买该产品。可见食品包装上的日语对消费者具有一定吸引力，对促进销售有积极作用。

同时，研究者对 4 名在华日本人进行了一对一的半开放式访谈。有 3 位受访者提到，如果在一些有日本特色的、日本人经常购买的产品上附上产品名称的正确日语翻译，一般日本消费者就能够迅速领会商品内容。例如，在日式调味料(寿司醋、芥末等)、日式点心(铜锣烧、仙贝等)等产品的包装上添加产品的日语名称，可以向在华日本提供有益的信息，从而促进销售。

另外，在企业电话访谈中，研究者发现食品生产企业也同样察觉了食品包装上日语对于消费者购物选择的积极影响，因而在包装设计中有意识地使用日语作为一项设计要素。本次采访的 15 家企业中，有 8 家企业的食品包装为自主设计，他们均提到日语的使用是产品的“卖点”，在食品包装上添加日语“可以提高销量”。他们对设计动机的具体解释包括“系列产品都采用偏日系的设计风格”“多元化”“制作工艺源于日本”“日文字符可以吸引消费者注意力”“中日文字形相通”“提升品牌形象”“沿用同品牌出口产品的设计”“日本生产的同类产品品质高口碑好，因此模仿日本的包装。在不侵权的情况下模仿国外包装是十分普遍的”等。

五、中国本土食品包装上的日语语言景观对消费者产生的影响

要使语言消费良好地发挥上述功能，需要优质的语言产品供给做支撑，不合格的

语言产品可能会产生反作用。中国本土食品包装上的日语使用现状不容乐观，存在外语正确率较低、缺乏规范的语言意识等问题，可能对中国消费者群体和在华日本消费者群体分别产生不同方面的负面影响。

(一)对中国消费者的影响

近年来，有学者开始关注语言景观在语言的教学与习得中发挥的作用。Cenoz 和 Gorter(2008)认为，语言景观是学习者二语习得过程中的一个重要的输入来源。他们发现，二语学习者在面对语言景观中的多语标牌时，大多会阅读标牌上的多种语言，而不是只阅读一种语言。尚国文(2017)指出，语言景观可以提供多种语言能力发展的真实输入，也可用来培养语言意识和语言多样性，促进偶发性学习。基于语言景观自身的特征以及其在城市空间中日益常见，有必要把它作为语言学习者语言输入的一个额外来源。

近年来，日语在中国社会语言格局中的地位逐渐凸显，中国的日语学习者群体日渐庞大。日本国际交流基金的海外日语教育机构调查显示，截至 2018 年，中国大陆有约 100 万位日语学习者，在 142 个国家和地区中排名第一，较 2015 年增长了 5.4%。此外，中国日语教师人数有约 2 万位，排名第一，较 2015 年增长了 10.4%。① 食品包装上的日语语言景观对广大中国日语学习者的影响是多方面的。对于初、中级日语学习者，食品包装中的日语误用可能对他们产生错误引导；对于高级日语学习者，错误的日语可能会降低他们对产品及企业的信任度，从而降低购买欲望；而食品包装上的汉日混用等现象所反映出的不严谨的语言意识则可能影响各阶段的日语学习者。

在面向中国消费者的调查问卷中，研究者向受访者展示了一款坚果产品的包装，其上印刷有“碧根の果仁”字样，559 位受访者中，335 位(59.9%)受访者认为这是不规范的语言使用。此外，这 335 位受访者中，又有 222 位(66.3%)受访者表示，若注意到此类不规范的语言使用，自己的购买欲望会下降。在问卷中，研究者还向 193 位日语水平为初级、中级或高级的受访者展示了一份含有错误日语的包装样本，让受访者判断正误，144 位(74.6%)的受访者选择了“错误”选项。同时，这 144 位受访者之中，121 位(84.0%)受访者表示，若注意到此类错误，自己的购买欲望会有所下降。

对于非日语学习者的消费者来说，食品包装上日语的出现也增加了他们对日语的认识，影响了人们对日语的态度。张日培(2018)指出，“语言产业和语言意识之间是相互建构的关系。父母们认为‘英语重要’，市场上面向孩子们的英语培训必然趋之若骛；反之，随处可见的英语培训机构进一步强化了‘英语重要’的社会语言意识。”同理，包装的语言选用亦对建构人们的语言态度有重要影响。考虑到部分消费者对日本食品的青睐心理，中国本土食品企业在产品包装上加上日语语码，而这样的语言景观或将再次促进日本品质在消费者心中地位的提升，不断加强日语在一些食品类型中的语言权势。

① 《海外の日本語教育の現状　2018 年度　日本語教育機関調査》，https：//www.jpf.go.jp/j/project/japanese/survey/result/dl/survey2018/all.pdf(2021 年 3 月 15 日检索)。

(二)对在华日本消费者的影响

除此之外，在华日本人群体也是食品包装上的日语语言景观的受众。日本外务省网站数据显示，截至2019年10月1日，在华日本人数约11万人，在各国家和地区中位列第二。在华日本人数最多的城市前三位为上海、北京和广州，分别有41 756人、8 151人和6 960人①。食品包装上的日语信息也承担着为在华日本人提供语言服务的功能，而错误的日语内容可能起反作用，带来负面影响。对产品名称、产品特性的错误翻译可能导致不通汉语的日语母语消费者误解产品内容和特征，从而降低他们的购物体验。例如，某方便面样本上印有“のどがしよくりょぅ”的日语信息，经检索发现，该日语信息还存在于其他食品的包装上，有网友在日本网络博客上附上了印有该日语信息的食品包装图片并用日语发表了评论“意味不明。書きゃいいってもんじゃない”(中文意：不明所以。并非写上日语就万事大吉)。同时，不恰当的日语使用可能损害产品的形象，降低日语母语消费者的购买意愿，这种负面影响同样可以从日本人常用的社交平台上的文章、发言中窥探到。例如，某样本的包装上印有“優の品撮”的字样，对此也有人使用日语发表评论“どう見ても日本のパクリなのだが…意味が分からず”(中文意：怎么看都是在模仿日本，但是意思却令人不明所以)、“撮を質に替えれば多少は通じるけどね”(中文意：把“撮”字改成“质”字，意思还能稍微通顺点)，体现了消费者对食品包装上错误的日语的困惑。可见，中国食品企业的模仿行为和对日语的盲目使用产生了一定负面影响，有损中国商品的国际形象。

此外，在对4名在华日本人的访谈中，3名受访者表示经常注意到印有日语的中国本土食品包装，并感到日语的错误率较高。在被要求对日语错误率做大致评估时，3名受访者给出的答案分别是80%、70%；商品名称之类的短语的错误率大约为20%—30%，较长的句子的错误率约为70%。另1名受访者表示对食品包装未曾多加关注，但经常注意到餐厅中的日语使用，并估计简单的日语单词的错误率约为30%，句子的错误率约为70%。4位受访者对中国食品行业的日语错误率的评估较为相近，也在一定程度上反映了现实情况。当被问及看到食品包装上存在错误日语时的心理活动时，3名受访者明确表示会产生负面印象，不会购买；1名受访者表示由于自己学习中文时也感到非常困难，所以能够理解错误的存在，同时他也指出，一般日本人不会购买印有错误日语的产品，日语错误也会使来中国短期出差、旅游等刚来中国的日本人感到困惑和不便。

六、对策与建议

为了更好地发挥语言消费的功能，避免食品行业中的日语语言产品产生上述负面

① 《海外在留邦人数調査統計　令和2年版(2020年)》：https：//www.mofa.go.jp/mofaj/toko/tokei/hojin/index.html(2021年3月15日检索)

影响，食品行业的日语语言产品的质量亟待改善。在生产语言产品的过程中，应重视语言的准确性和规范性。这需要语言规范与标准的制定部门、食品企业、语言产品供应商和学界的共同努力。就本研究发现的中国本土食品包装的日语使用中的若干问题，本文提出以下几点对策及建议。

(一)完善食品包装的语言文字规范与标准

随着学界对语言产品研究的不断深入，语言产业研究者认为语言政策与规划、语言规范与标准等非营利性的公共语言服务是语言产业发展的重要基础(李艳，2018)。食品行业的日语语言产品的健康发展需要相应的规范与标准作为基础。有关部门应继续细化有关食品包装语言文字规范的条例，加强监督和惩罚力度，以加强对企业的指导作用。卫生部发布的《食品安全国家标准：预包装食品标签通则》和国家质量监督检验检疫总局发布的《食品标识管理规定》中均对食品包装的语言文字规范有所涉及。前者适用于在中华人民共和国境内生产(含分装)、销售的食品的标识标注和管理，本文的研究对象均属于该范畴；后者适用于预包装食品，即预先定量包装或者制作在包装材料和容器中的食品，本文研究对象的一部分属于该范畴。目前相关国家标准和规定中有关语言文字规范的条例较少且较为宏观，有关部门应继续细化相关条例，如明确定义“规范的汉字”“外文”等概念、给出具体违规示例等，同时加强监督和惩罚力度，更好地发挥相关标准和规定的指导作用。

(二)食品企业应加强对语言服务的管理和认识

如前所述，食品包装上日语使用的正误情况不容乐观，基础性错误多发，且有较明显的机器翻译痕迹。研究还发现有不少样本的语言使用违反了国家的相关标准和规定，违反情况包括但不限于外文大于相应的汉字；外文与中文缺乏对应关系；以直接或以暗示性的语言、图形、符号，误导消费者将购买的食品或食品的某一性质与另一产品混淆。这说明众多食品企业在使用日语时对正确性和规范性的重视程度较低，对于企业内语言服务的管理和认识较为欠缺。《中国企业“走出去”语言服务蓝皮书 2016》(下称《语言服务蓝皮书》)调查了 213 家企业和事业单位后发现，“只有 32.4%被调查企业设有集中管理语言服务的部门，23.5%的语言服务管理分散在各个部门；40.8%没有管理语言服务的人员，需要语言服务时临时指定负责人。临时指定人可能是非专职语言服务管理人员，完全不了解语言服务知识；指定负责人可能身兼数职；每次指定负责人可能不固定”(王立非等，2016)。在企业访谈中，接近一半的受访者在询问公司设计人员后依然无法正确回答包装上日语信息的意义，这一现象在使用不规范日语的企业中尤为显著。由于食品包装上的语言文字选用为包装设计的一个环节，不排除该工作被直接交由不具备专业语言知识的美术设计者完成。综上，企业应加强对语言服务的管理和认识，聘请专业人员或与语言服务提供商合作，将语言服务融入企业经营和产品开发的过程中，以改善翻译质量，加强对国家的相关标准和规定的遵守，提高日语内容的正确性和规范性。

（三）提高语言服务提供商的专业水平，构建供需双方交流平台

食品企业需要提高对语言服务的认识水平的同时，语言服务提供商也应提高自身专业水平。《语言服务蓝皮书》的调查数据还显示，企业在选择语言服务供应商时，有62.9%的企业遇到的最大的困难是“语言服务公司不懂专业领域知识”。该书指出，今后语言服务公司需要加强专业领域的服务能力。食品包装翻译领域也是专业性较强的翻译领域，要求翻译人员掌握目标语言中食品相关的专有名词，包括食品类型、口味、原料、特性等方面的词汇。同时，食品包装多使用简洁凝练的语句，且多见修辞手法，更加考验翻译人员的专业素养。

语言产业中的翻译产业起步较早，发展较完善，已经形成了“政府支持、学界参与、产业推动”的良性发展模式，且翻译市场的产值已经超过100亿元（李宇明，2018）。尽管如此，35.7%的企业在选择语言服务提供商时仍遇到了没有权威渠道了解语言服务公司的困难（王立非等，2016）。食品行业相关组织应致力于搭建语言服务供需双方的交流平台，消除食品企业寻找语言服务提供商时遇到的障碍，对接好供需双方。

（四）加强对商品包装日语翻译的研究

目前学界关于商品包装翻译的研究几乎均为英语语种的研究，且商品包装英语翻译研究已经取得了一些成果，其中有很大一部分都是对食品类包装的翻译讨论。同时已经出现了一些专业的参考书籍，如《全球化营销翻译》《食品专业英语》等，对于包装英语翻译的实践起到了教学、指导作用。而对包装日语翻译的系统性研究还未出现。随着中日两国在食品行业交流的不断深入，食品包装日语翻译也亟待系统性的研究，并总结日译过程中面临的问题，以更有效地服务商品，提高商品形象和市场竞争力。

近年来，开设日语翻译专业硕士点（MTI）的高校逐年增长，目前已有60余所高校开设日语翻译专业（王鹏等，2018）。有学者指出，类似于合同、专利等法律法规文件，医疗、生化、机械等技术性资料，这些专业性非常强的笔译已经成为社会需求的主流，在MTI的课程设置和培养目标中需要改变以往文学类翻译为主的理念（钱晓波，2013）。食品包装的日译研究也将对翻译教学起到引导作用，助力提升翻译人员对食品行业材料的翻译能力，加强翻译产品供给与社会需求的适配性。

（五）制作食品包装相关语汇的中日对译表，促进食品包装日语翻译标准的建立和统一

食品包装翻译中主要涉及食品类型、口味、特性、工艺、食用方法、注意事项、过敏源信息等内容，其中包含大量各类食品共通的内容。食品类型（如饼干、果冻、糕点等）是有限的，对其口味的标注也往往有较为固定的格式。食品产业相关语汇的汉日对译表的出现可以统一食品类型、口味等基础性内容的翻译方式，同时术语表可以成

为机器翻译的学习对象，为翻译人员提供便利。东京都曾颁布《方便国内外旅游者的简明公示语标准化指南　东京都对译表》(下称《东京都对译表》)①，为公示语的汉日互译提供了参考，表8所示的节选部分将日本常见菜式翻译成了英语、汉语(简体字)、汉语(繁体字)和韩语。《东京都对译表》虽然是公示语翻译领域的尝试，对于中国食品包装的日语翻译领域亦具有参考价值。本文认为，食品包装相关语汇的汉日对译表的出现能在一定程度上改善当前中国本土食品包装的日语使用现状，促进日语使用的规范化。

表8　方便国内外旅游者的简明公示语标准化指南　东京都对译表(节选)

日语	英语	中文简体	中文繁体	韩语
焼肉	Yakiniku (BBQ)	烤肉	燒肉	야키니쿠(고기구이)
とんかつ	Tonkatsu (Pork cutlets)	炸猪排	炸豬排	돈가스
お好み焼き	Okonomiyaki (Japanese pancakes)	杂样煎菜饼	什錦燒	오코노미야키
牛丼	Gyudon (Beef bowl)	牛肉饭	牛丼	규동(소고기덮밥)
すき焼き	Sukiyaki (Japanese stew)	寿喜烧	壽喜燒	스키야키
しゃぶしゃぶ	Shabu-shabu (Thinly-sliced beef)	日式涮锅	日式涮涮鍋	샤부샤부

(六)合理借鉴日本食品包装的语言文字设计，把握语言文字创意行业的发展机遇

日本食品的高认可度不仅归功于食品质量，食品包装也是其中的重要因素，语言文字设计是食品包装设计中的重要一环。日本食品包装的语言文字设计水准较高。林娜(2007)认为，日本设计师根据商品本身的特征，将字体设计得或清新淡雅，或俏丽可爱，或华贵大方，形式多姿多彩，富有节奏感和韵律美，并注意与其他设计要素之间的协调关系。张夏(2011)指出，日本设计师在包装的文字设计上确有独到之处，他们具有深厚的文化底蕴和娴熟的编排技巧，将自己的创新意识发挥得淋漓尽致。

食品包装上的语言文字设计属于语言创意产品的一种。语言创意是将语言文字作为一种文化资源，以具有创意的方式来对语言文字进行组合、设计，形成具有差异性的、独特性的呈现或表达，并因此产生一定的价值(李艳，2018)。目前食品包装上的语言文字设计需求较大，食品包装上语种组合的多样化给语言文字编排、字体设计等提供了更广阔的创作空间，这也将成为语言创意行业的发展机遇。日本食品包装的语言文字创意有值得中国本土食品企业学习借鉴之处，同时中国本土的提供语言创意产品的企业应结合具体食品产品的特点和中国特色，为中国本土食品包装提供更多优秀的原创设计。

① 《国内外旅行者のためのわかりやすい案内サイン標準化指針　東京都版対訳表》：https://www.sangyorodo.metro.tokyo.lg.jp/tourism/755cb16a0906e4adb171e24f54471811.pdf(2021年3月15日检索)。

七、结语

本文从食品类型、产地、语言构成、优势语言、日语使用的正误情况等方面，对中国本土食品包装上的日语使用情况进行了考察，探讨了食品行业中伴随式语言消费的功能，分析了中国本土食品包装上的日语语言景观对消费者产生的影响，就中国本土食品包装的日语使用中的若干问题提出了相关对策和建议，指明了翻译行业和语言创意行业等语言产业业态在食品行业的发展空间。

日语在中国本土食品包装上的大量出现是我国经济发展、开放程度的重要体现，同时食品包装上的日语语言产品也存在许多问题亟待解决。在国际交流不断深入的背景下，相关部门应完善关于食品包装语言文字规范的相关国家标准和规定，加强监督和惩罚力度；食品企业应严格遵守相关国家标准和规定，加强对语言服务的管理和认识；语言服务供应商应提高自身专业水平，同食品行业相关组织一同构建供需双方交流平台；学术界应加强对商品包装日语翻译的研究，考察制作食品包装相关语汇的汉日对译表的必要性，促进食品包装日语翻译标准的建立和统一；语言创意行业应看到食品行业的语言文字设计需求，把握好发展机遇。

本文采用了考察语言景观的方式，分析了语言产业在食品行业的发展空间，探讨了食品行业中日语语言产品的生产现状和需求，为语言产业研究提供了一种微观视角。李艳(2018)指出，自 2010 年“北京语言产业研究中心”成立，语言产业研究在经过 10 年的研究积累后，将进入拓展阶段，这要求研究者将视角拓展到非语言行业乃至并非提供语言服务的行业中，对其中涉及语言产品、服务的相关问题进行研究。目前，语言产业研究的理论框架已经基本建立，在以后的研究中如何推动语言产业研究的全面化、充实化、具体化，需要进行更多探索。

参考文献

[1]李艳．语言产业经济学：学科构建与发展趋向[J]．山东师范大学学报(社会科学版)，2020(5)．

[2]Rodrigue Landry，Richard Y. Bourhis. Linguistic Landscape and Ethnolinguistic Vitality：An Empirical Study[J]. Journal of Language and Social Psychology，1997(1)．

[3]党莉莉．国内商品包装翻译研究 20 年(1998～2018)：趋势、问题与展望[J]．中国包装，2019(1)．

[4]顾凌君．日本のお土産に関する考察－中国のお土産市場への提言を中心に－[D]．上海：复旦大学学士学位论文，2019．

[5]黄小丽．上海市日文语言景观的立体化建设现状与思考[J]．外语电化教学，2018(5)．

[6]李艳．语言消费：基本理论问题与亟待搭建的研究框架[J]．语言文字应用，2017(4)．

[7]Cenoz，Jasone and Durk Gorter. The Linguistic Landscape as an Additional Source of Input in Second Language Acquisition[J]．International Review of Applied Linguistics，2008(3)．

[8]尚国文．语言景观与语言教学：从资源到工具[J]．语言战略研究，2017(2)．

[9]张日培．语言政策视角下关于语言产业的若干思考[J]．语言产业研究，2018(创刊号)．

[10]李艳．从“产业观”到“大产业观”：对语言产业研究演进的梳理与理论思考[J]．语言产业研究，

2018(创刊号).

[11]王立非，崔启亮，蒙永业．中国企业“走出去”语言服务蓝皮书2016[M]. 北京：对外经济贸易大学出版社，2016.

[12]李宇明．语言与经济的关系试说[J]. 语言产业研究，2018(创刊号).

[13]王鹏，陈俊勇，郭靖．日语翻译专业硕士点开设时间一览(MTI)[J]. 日语学习与研究，2018(6).

[14]钱晓波．探讨日语MTI建设过程中的若干问题——以东华大学外语学院为例[J]. 日语教育与日本学研究，2013(创刊号).

[15]林娜．日本小食品包装的趣味性[D]. 西安：西北大学硕士学位论文，2007.

[16]张夏．中日食品包装装潢设计比较研究[D]. 北京：北京林业大学硕士学位论文，2011.

作者简介：黄小丽，复旦大学外国语言文学学院副教授，研究方向为日语语言学、语言政策与规划。潘晓琦、葛铭禹，复旦大学外国语言文学学院本科生。

基于 CiteSpace 可视化分析的国内外语言景观研究比较*

闵　杰　侯建波

摘要：语言景观作为社会语言学中的重要研究议题受到学者广泛关注，现有的可视化研究是仅针对国际领域或国内领域的单边研究，对二者的对比研究尚未触及。论文借助计量分析软件 CiteSpace 对 2014—2020 年国内外语言景观相关文献进行可视化呈现并对比分析。研究发现：语言政策和多语现象是国内外共同的研究热点；国内语言景观研究高被引文献在内容上以综述和介绍为主，在形式上以期刊文献为主；国外高被引文献中，专著和期刊并存，且新的研究方法不断涌现；国际语言景观前沿研究主要体现在语言景观的新表征、多语景观的新视野、跨学科的新方法上，国内研究热点由文献综述阶段过渡到了实证型研究阶段。

关键词：CiteSpace；可视化对比分析；语言景观

A Comparative Study on Linguistic Landscape in Chinese and International Journals Based on CiteSpace

Min Jie，Hou Jianbo

Abstract: As an important research topic in sociolinguistics, linguistic landscape has received extensive attention from scholars. However, the existing visualization researches are only aimed at unilateral research in the international field or the domestic field, and yet the comparative researches remained untouched. With the help of the metrological analysis software CiteSpace, this article visualizes and conducts comparative analysis of the linguistic landscape-related literature published in relevant journals at home and abroad from 2014 to 2020. The research has found that: ① Domestic and foreign linguistic landscape research hotspots have their own focus and language policy and multilingual phenomena are common research hotspots at home and abroad; ②The domestic highly cited literature is mainly based on review and introduction in content, and journal literature in form. ③Mainly, in foreign highly cited documents, monographs and journal literature coexist in form, and new research methods are constantly emerging; ④The frontier research of the international linguistic landscape is mainly reflected in the new representation of the linguitic landscape,

* 本文系 2020 年陕西省教育厅一般专项科学研究计划“公共空间语言建设研究——以西安市旅游业语言景观为例”(项目编号：20JK0417)；2020 年度西安市社会科学规划基金世界城地组织专项课题“面向国际化城市建设的西安市语言景观翻译研究”(项目编号：CDW85)；2016 年上海外国语大学中国外语战略研究中心科研项目“丝绸之路经济带下的阿拉伯语言服务调查——以陕、甘、宁回族聚居区的语言景观为例”(项目编号：WYZL201606)的阶段性成果。

the new vision of the multilingual landscape, and the new interdisciplinary methods. Domestic research hotspots are gradually transitioning from literature review to empirical research.

Key words: CiteSpace; visualized comparative analysis; linguistic landscape

语言景观研究主要关注社会公共空间中各类标牌上的语言选择和使用问题，强调公共空间中不同形式的语言表征，并从象征功能与信息功能入手，考察语言实践背后的选择动机、社会机制、意识形态、身份认同、权势层级等社会问题。随着研究的不断深入，语言景观的学科边界不断扩大，与政治学、社会学、教育学、地理学、经济学等众多学科不断融合(张天伟，2020)；研究范围也在不断扩展，从真实公共空间延伸到虚拟公共空间。

以往基于语言景观国内外的可视化分析研究，仅针对国际或者国内开展单边研究(孔珍，2018；付文莉等，2020；吴剑锋等，2019；李振等，2020；李光慧等，2017)，对国内外语言景观研究的比较尚未触及。鉴于此，本文将基于 WOS、CSSCI 和 CNKI 数据库，以文献计量软件 CiteSpace 作为研究工具，对 2014—2020 年国际和国内语言景观研究动态进行量化分析及可视化呈现，深入挖掘数据，以期为相关研究的深入和拓展提供些许借鉴。

一、数据来源

国际文献研究数据来源于美国科学信息研究所(Institute for Scientific Information)的引文数据库 Web of Science 核心合集。国内文献来源中，囿于 CiteSpace 对 CNKI 数据库的支持有限，仅能开展作者、机构的合作网络分析以及关键词的共现分析，分析不够深入；同时，考虑到南京大学中文社会科学引文索引数据库(CSSCI)相关文献数量较少，覆盖不全面，故国内数据库采用 CNKI 和 CSSCI 结合分析。Web of Science 核心合集(Core Collection) 数据库和中文社会科学引文索引数据库收录的期刊论文分别代表着国内和国际社会科学研究的高水平成果，具有研究前沿的代表性，CNKI 在收录国内相关研究文献上较为全面，且覆盖范围广。

三个数据库的时间范围均设置在 2014—2020 年，对明显不相关的文献进行手动剔除筛选。选择 2014—2020 年为时间跨度的原因在于：国内 CSSCI 数据库中相关领域文献最早始于 2014 年。SSCI 检索字段选择主题为“linguistic landscape”，CSSCI 和 CNKI 汉语检索“语言景观”的字段。在 SSCI 数据库的筛选中，因发现“语言景观”可能出现于艺术学等非语言学领域的研究，故将学科类别限定为“linguistics, language linguistics”。搜索结果显示 SSCI 有效文献 256 篇，CSSCI 有效文献 28 篇，CNKI 有效文献 226 篇，搜索时间为 2020 年 11 月 25 日。

二、国内外语言景观研究对比分析

1. 研究热点分析

CiteSpace 的中介中心性(Betweennesss Centrality)是测度节点在网络中的重要指标，对不同关键词的中介中心性的可视化分析可以发现和衡量关键词的重要程度，由此可以发现研究热点。本文对 WOS 数据库的国际文献搜索时采用“linguistic landscape”进行检索；国内文献采用“语言景观”为检索词。搜索结果如图 1 和图 2 所示，linguistic landscape 和语言景观分别是 SSCI 和 CNKI 图谱中的核心节点。除去关键词中 linguistic landscape 和语言景观之外，表 1 列出了 SSCI 和 CNKI 文献中频率最高的 11 个关键词。

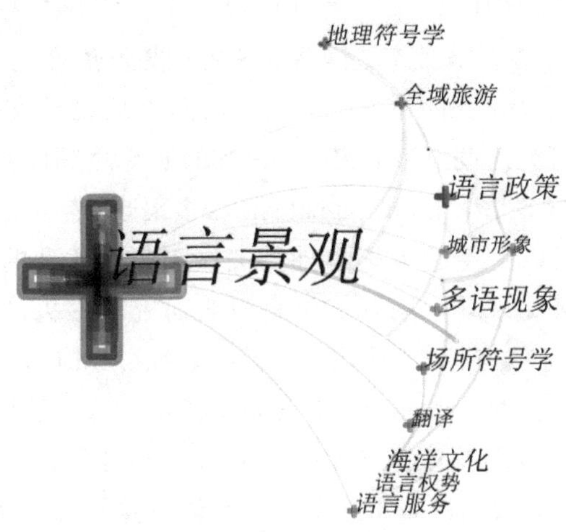

图 1　国内语言景观研究领域关键词共现图

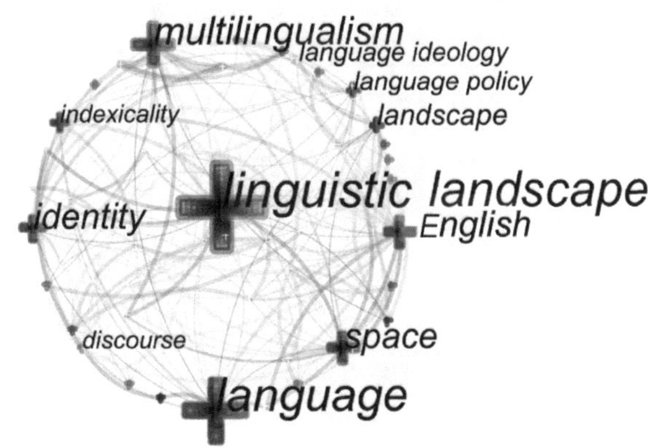

图 2　国际语言景观研究领域关键词共现图

表 1　国内外语言景观研究领域高频关键词表

序号	SSCI 关键词	频次	CNKI 关键词	频次
1	language	83	多语现象	9
2	multilingualism	38	语言政策	8
3	English	28	海洋文化	6
4	identity	28	场所符号学	6
5	space	25	语言服务	5
6	landscape	13	全域旅游	5
7	language ideology	10	地理符号学	5
8	language policy	10	城市形象	4
9	indexicality	9	语言权势	4
10	discourse	9	翻译	4
11	multimodality	8	公示语	4

从两个知识图谱(图 1 和图 2)中的线条疏密度可以看出，CNKI 线条密度低，关键词较为分散地分布于核心节点“语言景观”的四周；SSCI 线条密度高，关键词较为密集，更多关键词集中在核心节点“linguistic landscape”周围。从线条交叉的疏密情况来看，CNKI 的研究较为分散，研究之间联系疏松；SSCI 的研究之间联系相对紧密。

从表 1 中的共有关键词情况来看，multilingualism 和多语现象，language policy 和语言政策为两对共有关键词，说明以上主题为国内外相关研究都注意到的共同聚焦点和核心议题。从其他关键词出现的情况来看，国际的语言景观研究较多关注以英语为主要语种的语言景观作为语料分析，并注意到语言景观的多模态表征(Multimodality)。此外，国外研究中，语言景观的解读有的会发掘 identity 和 language ideology 等方面的内容。国内的语言景观研究较多从场所符号学或地理符号学入手展开语料分析，相当一部分研究从语言服务建设(如全域旅游)等角度来剖析城市形象、公示语设立及其翻译问题。

2. 文献共被引分析

本文选用 CSSCI 和 SSCI 数据库展开国内外对比分析。

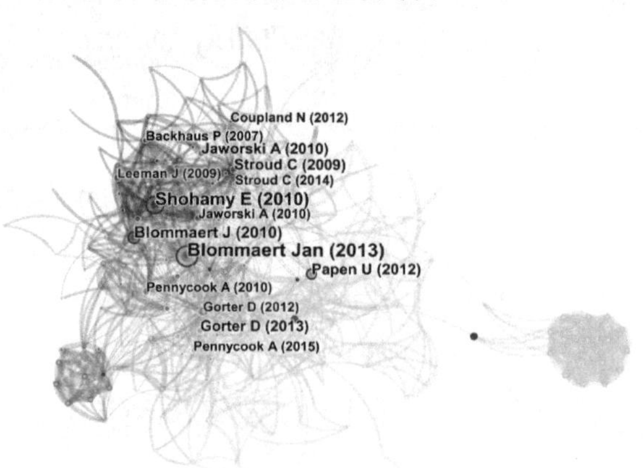

图 3　国际语言景观研究共被引文献分析图

根据 CiteSpace 分别对 CSSCI 和 SSCI 数据进行共被引文献可视化分析所得，这里分别统计了两个数据库中前四篇高被引文献(见表 2 和表 3)。

表 2　CSSCI 高被引文献

作者	年份	文献标题
尚国文、赵守辉	2014	语言景观研究的视角、理论与方法
尚国文、赵守辉	2014	语言景观的分析维度与理论构建
李丽生	2015	国外语言景观研究述评及其启示
徐红罡、任燕	2015	旅游对纳西东巴文语言景观的影响

表 3　SSCI 高被引文献

作者	年份	文献标题
Blommaert Jan	2013	Ethnography，Superdiversity and Linguistic Landscapes：Chronicles of Complexity
Shohamy E	2010	Linguistic Landscape in the City
Blommaert J	2009	A Sociolinguistics of Globalization
Gorter D	2013	Linguistic Landscapes in Multilingual World
Papen U	2012	Commercial Discourses，Gentrification and Citizens' Protest：The Linguistic Landscape of Prenzlauer Berg，Berlin

国内高被引文献中，尚国文和赵守辉于 2014 年发表的两篇文献对向国内引介国外语言景观研究起到了关键的作用。《语言景观研究的视角、理论与方法》一文介绍了语言景观的概念、功能、研究内容以及语言景观的研究对象、语料搜集方法、语料的分类、语料处理和分析方法(尚国文、赵守辉，2014)；着重介绍 Scollon Ron 和 Suzie Wong Scollon(2003)的场所符号学(Placeemiotics)理论及 Huebner (2009)提出的 Speaking 模型；对语言景观面临的挑战做了分析。《语言景观的分析维度与理论构建》一文在前文的基础上，分析了语言景观的早期研究及其局限，从认识论的基础上阐述了该研究领域兴起的物质条件和思想准备，从语言景观与语言权势和地位、语言政策与具体实施之间的落差、标牌语言的形式特征、英语的国际传播和扩散、语言景观的历史维度出发，梳理了语言景观研究所关注的问题(尚国文、赵守辉，2014)。这两篇文章综合考察了语言景观研究的背景、研究方法、理论视角、发展前景及挑战等，从语言景观研究的认识论基础、分析维度以及理论构建情况等方面，全面展示了这一领域的研究概况，为国内的相关研究提供了参考和借鉴。两文在 CNKI 数据库中的被引用量分别达到了 219 和 160，属于高被引文献。如图 4 所示，2014 年前国内相关文献较少，之后文献成指数级增长，在一定程度上说明以上两文对国内相关领域研究的引领作用。

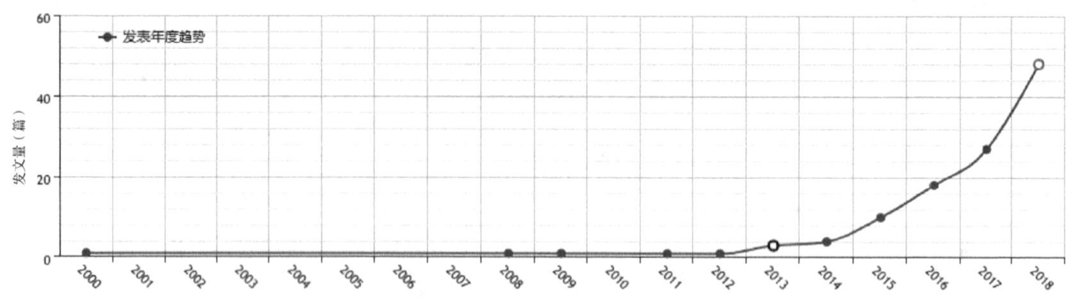

图 4　国内语言景观发文年度趋势图(2000—2018 年)

国内述评性论文还见于李丽生于 2015 年发表的《国外语言景观研究评述及其启示》一文。文章将语言景观研究中的常见主题分为多语言的使用、语言政策的实施、区域性少数民族语言的使用、英语的传播和扩散等。作者认为语言景观研究的重要启示意义在于拓宽社会语言学研究视野、对现有汉英公示语翻译研究模式的创新、思考语言景观与城市文化规划建设的关系以及拓展多民族语言地区的语言景观研究等方面(李丽生，2015)。值得一提的是，文章还以云南省部分少数民族自治地区城市语言景观标牌为例进行说明，对后来同类的实证型研究产生了一定影响。

除了以上综述性文章以外，国内也相继出现语言景观在旅游领域应用的研究文章。国内该领域早期研究以讨论旅游域内的语言景观为主。以徐红罡、任燕的《旅游对纳西东巴文语言景观的影响》一文为例，该文以丽江作为研究地，运用语言景观信息功能与象征功能的理论框架，对旅游影响东巴文语言景观的成因进行探讨。该研究采用影像记录、访谈、观察等方法，以束河古镇为语料采集地点，结合影像记录分析东巴文语言景观特征，了解政府与旅游业经营者怎样推动东巴文语言景观的形成以及居民、游客对东巴文语言景观的主观感知，探讨了旅游如何影响东巴文景观的制定，发现旅游业经营者对东巴文景观缺乏认同及旅游业经营者仅强调东巴文景观的象征作用等问题(徐红罡、任燕，2015)，该文是国内语言景观实证研究的较早文献。

国际被引文献中，Blommaert 的两篇文献分列第一和第三。在 *Ethnography*，*Superdiversity and Linguistic Landscapes* 一书中，作者将语言景观置于全球化和语言超级多样性的时代背景条件下，融合人类语言学的方法，将理论探讨与实证调查有机结合，在社会语言学学科理论建设和语言景观研究方法方面均有所创新(Blommaert，2013)。*A Sociolinguistics of Globalization* 一书作者整合了社会语言学研究 40 多年的成果，提出了全球化社会语言学的新概念：移动性，移动性即人通过语言符号的使用在社会空间中的移动以及移动的能力或潜力(Blommaert，2009)，涉及语言景观的相关论述表明全球化语境下的该领域所体现的研究范式转向(Blommaert，2009)。

Shohamy、Ben Rafael 和 Monica 三人合编的论文集 *Linguistic Landscape in the City* 从多视角论出发，重点关注城市语言景观，涉及城市空间的多语实践，并从全球各地的实证调查中以自上而下的权利流动来展开讨论，如特拉维夫(以色列)、布隆方丹(南非)、华盛顿唐人街(美国)、东斯蒂亚-圣塞巴斯蒂安(西班牙)、雷泽克尼(拉脱维亚）和基辅（乌克兰）等地的语言景观实证考察（Shohamy 等，2010）。

Gorter 和 Papen 的两篇论文同处于高被引文献的第四位。Gorter 的 *Linguistic Landscapes in Multilingual World* 是一篇综述性质的论文（Gorter，2013）。文章概述了该领域研究的主要成果，特别关注了社会多语现象下语言景观的理论路径与研究方法，并展现了如何利用语言景观作为研究工具和数据资源解决多语语言景观。Papen 的 *Commercial Discourses，Gentrification and Citizens' Protest：The Linguistic Landscape of Prenzlauer Berg，Berlin* 一文，将目光聚焦在前东德的柏林普伦茨劳堡区，通过对该地区语言景观的案例研究，揭示了商业话语的语境下公众领域、私人经济与国家之间的冲突，作者结合了文本和视觉分析、访谈标语制作者，从历时的角度描绘了东西德重新统一后的语言景观所反映出的社会变迁和城市发展（Papen，2012）。

图 4 中暖色调代表最近一年该领域的研究方向，图中呈现出"小聚集"的特征，这是个别共被引的关键文献起到了桥梁作用，如 David M. 于 2013 年发表的 *What is Multimodal Critical Discourse Studies*？

通过对高被引文献的分析，我们可以发现：从文献形式来看，国内文献以论文成果为主，国外有较多专著、论文集和论文，国外研究成果相对更为丰富；从研究内容来看，国内过去几年较有影响力的文献主要聚焦于对国外研究成果的引介，基于本土的高影响力实证文献较少；从研究视野来看，国外既有着眼全球的宏观社会语言学视野的文献，又有对世界各地多语及多表征语言景观现象的关注。

3. 研究前沿分析

Pemson 认为文献计量学中的引文形成了研究前沿（Pemson，1994）。由于 CiteSpace 仅可以基于 CSSCI 数据库中的关键词提取聚类名称，因此，本研究在聚类分析时对 CSSCI 和 SSCI 均选择关键词来提取名称，尝试找出研究前沿。

图 5　国内语言景观研究的被引文献聚类

Citespace 中有模块值[Modularity：聚类模块值（Q 值），若阈值 Q>0.3，则聚类结构显著，简称 Q 值]和同质性[Silhouette：聚类平均轮廓值（S 值），若阈值 S>0.5，则聚类合理，S>0.7，聚类有足够的信服力，简称 S 值]作为聚类效果的指标。模块值越大，则表示网络聚类越好，即聚类内部之间文献的关联性较好，Q 的取值区间为[0，1]，Q>0.3 则意味着聚类结构显著。Silhouette 是衡量网络同质性的指标，即不同聚

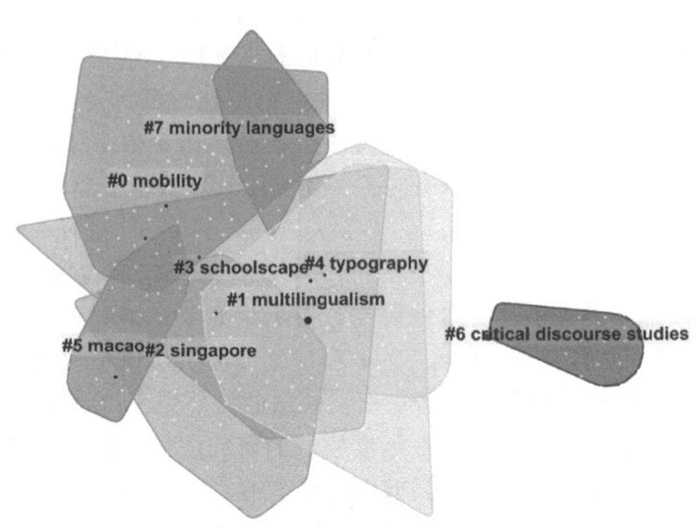

图 6　国际语言景观研究的被引文献聚类

类之间的区别度指标。S 值高于 0.5 可以认为聚类结果同质性较高，聚类与聚类之间区别度好。图 5 中，CSSCI 中的 Q 值＝0.4483，大于 0.3，S 值＝0.6884，大于 0.5，说明 CSSCI 聚类图的网络模块化较好，聚类的同质性较高；图 6 中，SSCI 中的 Q 值＝0.2181，接近 0.3，S 值＝0.8374，说明 SSCI 聚类图的网络模块化度欠佳，但聚类的同质性较高，达到了令人信服的程度（S＞0.7）。因此，笔者对 CSSCI 的两个聚类分别进行讨论，对聚类效果欠佳的 SSCI 聚类，笔者先根据表 4 对各聚类先分别讨论，然后对其进行定性分类，以便更加科学地进行分类。

表 4　SSCI 语言景观聚类结果

序号	聚类结果	共被引文献数/篇	平均轮廓值
＃0	mobility	54	0.856
＃1	multilingualism	40	0.675
＃2	singapore	37	0.813
＃3	schoolscape	25	0.186
＃4	typography	22	0.888
＃5	macao	21	0.920
＃6	critical discourse studies	20	0.969
＃7	minority language	16	0.928

CSSCI 共产生两个聚类：

聚类＃0 为“语言政策”，平均轮廓值为 0.568，包含 5 篇共被引文献；聚类＃1 是“文献综述”，平均轮廓值是 0.498，包含 4 篇共被引文献。聚类＃0“语言政策”中共被引文献包括了语言景观的源起、语言景观的定义及功能、研究中的常见主题等方面的文章，并结合相关研究重点讨论了语言景观研究对语言政策制定的启示(尚国文、赵守辉，2014；李丽生，2015)；聚类＃1 下的参考文献涵盖了语言景观方面的高被引文献，有对该领域宏观上的讨论，如对国外语言景观研究成果的引介、对研究情况进行综述并对国内研究的前瞻(章柏成，2015)，或是在综述过往实证研究情况的基础上开展一项新的实证研究(邓骁菲，2015；徐红罡、任燕，2015)。可见，国内研究前沿既聚焦于对国外相关研究的综述和介绍，也开始出现大量本土化实证研究。

SSCI 共产生八个聚类。聚类＃0“mobility”中，从聚类标签中可以看出语言景观研究方向的“移动化特征”，这体现在对新的语言景观表征的研究方面：社会行为者在公共场所(如在社交媒体网站和博客中)中用于个人抗议的标志并以其作为和解的工具(Chun、Christian W.，2014)；在全球化经济的流动特征下，英语商业标牌对当地商业和语言市场条件的动态塑造(Vandenbroucke，2016；Selvi，2016)；多模态作为语言景观新表征，被用来与多语言论相结合分析澳门文化娱乐活动海报的多模态数据(Zhang、Chan，2017)以及移动符号学框架下对移动符号(如火车涂鸦)的分析(Karlander，2018)等。可见具有“移动性”特征的语言景观成为当前的研究前沿。

聚类＃1“ multilingualism ”的内容涉及其他聚类的方方面面，在社会语言学走向全球化社会语言学的当下，多语语言景观成为全球化不同语境尺度所塑造的意义建构对象。

聚类＃2 所包含的几篇代表性引文，大多将调查视角固定在新加坡社会中的微观语言景观现象，如对新加坡邻里中心提供的商店名称中多种语言的显示方式的调查，揭示了国家的宏观语言政策、人口结构、种族和文化特征等多因素对语言景观不同生命力的影响(Shang、Guo，2017)；新加坡唐人街的一家裁缝店利用外来符号资源进行语言环境中本地和全球力量的相互作用和相互实践(Hult，F. M. 、Kelly-Holmes，2019)。

聚类＃3 主要包括了学校域的语言景观研究情况，如 Dovchin 对蒙古学校域的语言景观研究，从语言景观的角度研究了青年混合语言的习俗，捕捉当前跨国语言资源相对于其他语言资源的流动情况以及全球化进程中蒙古青年语言多样性对蒙古的语言教育者和语言政策制定的启发(Dovchin，2017)。

聚类＃4 虽被命名为“typography”，但实际上是对语言景观和身份标记以及人类学关系的探讨(Pietikainen，2014)。

聚类＃5 类似于聚类＃2，将研究的视角聚焦在澳门的多语语言景观环境中。

聚类＃6 的文献多发表于近两年，是该研究领域的“批评话语研究”的转向，有社会经济不平等加剧语境下语言景观的研究等(Vandenbroucke，2016)。

聚类＃7 则关注少数民族语言的语言景观现象。

综上，笔者将国外研究前沿总结为以下三类：一是语言景观的新表征，聚类＃0 中的前沿代表性文献注意到了移动社会语言学下语言景观呈现出的移动性以及多模态性的特征，拓宽了今后语言景观的语料选择范围；二是多语语言景观新视野，聚类＃2、＃3、＃5 和＃7 将研究前沿聚焦于微观多语语言景观(如学校域)，或是具有丰富多语语言景观资源的地区（如中国澳门、新加坡等）；三是跨学科新方法，聚类＃6 的“批评话语研究”为语言景观的研究范式注入了新的血液。

相比之下，SSCI 聚类结果表明国际语言景观研究领域更加具体，涵盖宏观和微观的研究视野，如学校域和全球语境，还有跨学科的方法交融，如语言景观与批评话语分析的融合，并且对新表征下的多模态及动态语言景观予以关注。

三、结语

本研究借助计量软件 CiteSpace 对 SSCI、CNKI 和 CSSCI 的语言景观相关文献进行了可视化分析，研究发现：

1. 近年来国内外语言景观研究呈现增长趋势，语言政策和多语现象是国内外共同的研究热点，但国外的研究热点更多聚焦于语言认同、语言意识形态的挖掘方面，国内更多关注语言服务领域下公示语的建设及翻译。

2. 在高被引文献中，尚国文、赵守辉发表于 2014 年的两篇文献是国内对语言景观研究引进的重要文献，在此之前国内对语言景观的研究几乎处于空白。国内高被引文献在内容上以综述和介绍为主、在形式上以期刊文献为主；国外高被引文献中，专著和期刊并存，且拓展到全球化的社会语言学视域下，研究视野广。相比较而言，国内相关研究数量还较少，这点在高水平核心刊物中体现得尤其明显。

3. 国际研究前沿话题不断涌出，研究前沿体现在语言景观表征多样化方面，如移动性和多模态、语言景观多语视野的全球化以及与批评话语分析结合的新方法。相对而言，国内语言景观研究起步较晚，在研究视野、研究方法和研究数量上还有较大发展空间。

通过对国内及国际文献进行可视化对比，我们在一定程度上厘清了 2014—2020 年国内外语言的知识结构。本研究还存在一定局限性，如国内相关文献的数量偏少，特别是 CSSCI 数据库中相关研究文献偏少，使得可视化效果受到影响。今后的研究可以通过聚焦更多相关文献，来进一步追踪国内外该领域的发展，以期推动学界对语言景观研究的重视，继续拓展和深化研究范围和研究主题，形成更多具有中国本土化特色的语言景观研究成果。

参考文献

[1]Ben-Rafael E.，Shohamy E.，Amara M. H. & Trumper-Hecht N.. Linguistic Landscape as Symbolic Construction of the Public Space：The Case of Israel[J]. International Journal of Multilingualism，2006(3)：7-30.

[2]Ben-Rafael，E. A. Sociological Approach to the Study of Linguistic Landscapes[C]//E. Shohamy & D. Gorter. Linguistic Landscape：Expending the Scenery，London：Routledge，2009.

[3]Itagi，N. H. & Singh. S. K. Linguistic Landscaping in India with Particular Reference to the New States[M]. Myscore：Central Institute of Indian Languages and Mahatma Ghandi International Hindi University，2002.

[4]Blommaert, J. Ethnography, Superdiversity and Linguistic Landscapes: Chronicles of Complexity [M]. Bristol: Multilingual Matters, 2013.

[5]Blommaert, J. A Sociolinguistics of Globalization[M]// Coupland, N. & Jaworski, A. The New Sociolinguistics Reader. NY: Palgrave MacMillan, 2009.

[6]Shohamy, E., E. Ben Rafael, and M. Barni, eds. Linguistic Landscape in the City. Buffalo: Multilingual Matters.

[7]Gorter D. Linguistic Landscapes in a Multilingual World[J]. Annual Review of Applied Linguistics, 2013(33): 190-212.

[8]Papen, U. Commercial Discourses, Gentrification and Citizens' Protest: The Linguistic Landscape of Prenzlauer Berg, Berlin[J]. Journal of Sociolinguistics, 2012(16): 56-80.

[9]David M. What is multimodal critical discourse studies[J]. Critical Discourse Studies., 2013.

[10]Chen C. CiteSpace II: Detecting and visualizing emerging trends and transient patterns in scientific literature[J]. Journal of the Association for Information Science and Technology, 2006, 57(3): 359-377.

[11]Pemson O. The intellectual base and research fronts of jasis 1986—1990[J]. Journal of the American Society for Information Science, 1994, 45(1): 31-38.

[12]Price D J. Networks of scientific papers[J]. Science, 1965, 149(3683): 510-515.

[13]Chun, Christian W. Mobilities of a linguistic landscape at Los Angeles City Hall Park[J]. Journal of Language and Politics, 2014(13): 653-674.

[14]Selvi, A. F. English as the language of marketspeak: Reflections from the Linguistic Landscape of Turkey[J]. English Today, 2016(32): 33-39.

[15]Vandenbroucke, M. Socio-economic stratification of English in globalized landscapes: A market-oriented perspective[J]. Journal of Social Linguistics, 2016(20): 86-108.

[16]Zhang, H. & Chan, B. H. S. Translanguaging in multimodal Macao posters: Flexible versus separate multilingualism[J]. International Journal of Bilingualism, 2017(21): 34-56.

[17]Karlander, D. Backjumps: writing, watching, erasing train graffiti[J]. Social Semiotics, 2018(28): 41-59.

[18] Shang, G. W. & Guo, L. B. Linguistic landscape in Singapore: what shop names reveal about Singapore's multilingualism[J]. International Journal of Multilingualism, 2017(14): 183-201.

[19]Hult, F. M. & Kelly-Holmes, H. Spectacular language and creative marketing in a Singapore tailor shop[J]. International Journal of Multilingualism, 2019(16): 79-93.

[20]Dovchin, S. Uneven distribution of resources in the youth linguascapes of Mongolia[J]. Multilingua-Journal of Cross-cultural and Interlanguage Communication, 2017(36): 147-179.

[21]Dovchin, S. The ordinariness of youth linguascapes in Mongolia[J]. International Journal of Multilingualism, 2017(14): 144-159.

[22]Pietikainen, S. Spatial interaction in Samiland: Regulative and transitory chronotopes in the dynamic multilingual landscape of an indigenous Sami village[J]. International Journal of Bilingualism, 2014 (18): 478-490.

[23]张天伟. 语言景观研究的新路径、新方法与理论进展[J]. 语言战略研究，2020，5(4)：48-60.

[24]李杰. CiteSpace 科技文本挖掘及可视化[M]. 北京：首都经济贸易大学出版社，2016.

[25]陈悦，陈超美，胡志刚，等. 引文空间分析原理与应用：CiteSpace 实用指南[M]. 北京：科学出版社，2014.

[26]孔珍. 国际语言景观研究现状与发展趋势分析[J]. 中南大学学报(社会科学版)，2018，24(2)：192-200.

[27]付文莉，白丽梅．国内语言景观研究的 CiteSpace 分析(2005—2019)[J]．云南师范大学学报(对外汉语教学与研究版)，2020，18(3)：61-70.
[28]吴剑锋，章近勇．国内语言景观研究现状、热点及趋势——基于数据量表和知识图谱的分析[J]．宁波大学学报(人文科学版)，2019，32(6)：50-56.
[29]李振，王雷宏．基于文献计量学的国内语言景观可视化分析研究(2009—2019)[J]．铜仁学院学报，2020(5)：95-106，121.
[30]李光慧，徐茗，卢松．近二十年国际语言景观研究的知识图谱分析——基于 Web of Science 数据库[J]．重庆交通大学学报(社会科学版)，2017，17(6)：139-145.
[31]王晓路．关键词与文学研究[J]．外国文学，2019(2)：84-92.
[32]尚国文，赵守辉．语言景观研究的视角、理论与方法[J]．外语教学与研究，2014，46(2)：214-223，320.
[33]尚国文，赵守辉．语言景观的分析维度与理论构建[J]．外国语(上海外国语大学学报)，2014，37(6)：81-89.
[34]李丽生．国外语言景观研究评述及其启示[J]．北京第二外国语学院学报，2015，37(4)：1-7.
[35]徐红罡，任燕．旅游对纳西东巴文语言景观的影响[J]．旅游学刊，2015，30(1)：102-111.
[36]章柏成．国内语言景观研究的进展与前瞻[J]．当代外语研究，2015(12)：14-18，77.
[37]邓骁菲．豫园商城和上海老街语言景观对比分析[J]．现代语文(语言研究版)，2015(10)：99-101.
[38]扬·布鲁马特，高一虹，沙克·科霍恩．探索全球化的社会语言学：中国情境的“移动性”[J]．语言教学与研究，2010(6)：1-8.

作者简介：闵杰，西安外国语大学博士生，研究方向为语言景观、话语研究、社会语言学；侯建波，西安外国语大学教授、博士生导师，研究方向为话语研究、功能语言学、认知语法。

国际中文教育微信公众号内容与传播效果调查*

惠天罡　刘瑾轩

摘要：本文调查了国际中文教育领域的5个具有代表性的微信公众号，从公众号主体、内容、方式、传播效果四个维度进行分析，发现微信公众号内容供给和传播效果中的优势及存在问题，以期进一步提升微信公众号的传播能力，推动国际中文教育市场化发展。

关键词：微信公众平台；国际中文教育；传播效果

Investigation on the Content and Communication Effect of the International Chinese Education WeChat Offical Accounts

Hui Tiangang，Liu Jinxuan

Abstract：This paper researches 5 representative WeChat official accounts in the field of International Chinese Education，and analyzes them from the four aspects，including the main body，content，method and communication effect. It finds out the advantages and problems in content supply and communication effect of the WeChat official accounts. It is expected to further enhance the communication effect of WeChat official accounts and promote the market-oriented development of International Chinese Education.

Keywords：WeChat official accounts；international Chinese education；communication effect

一、引言

iiMedia Research（艾媒咨询）发布的《2019年中国移动社交行业专题报告》显示，网民使用频率最多的三种移动社交产品分别是微信、QQ、新浪微博，占比分别为73.7％、43.3％、17.0％。97.5％的受访网民表示拥有微信号，其中拥有单个微信号的受访网民占48.6％，拥有两个及以上微信号的受访网民约占48.9％。使用便利、功能全面、已养成习惯是受访网民使用微信最主要的三个原因。2021年1月21日，微信上线十周年。在举行的微信公开课活动上，微信公布了最新数据：微信的日活跃用户

＊ 本文为2019年度北京市社会科学基金项目“北京地区汉语国际传播产业化的机制与策略研究”（项目编号：19YYB 007）的阶段性成果。

达到10.9亿；作为用户最多、使用频率最高的社交媒体，微信公众平台上随时使用、方便快捷的小程序和多种流量入口使其市场基础扎实。作为一个信息平台，微信公众号供给的资源具有重要价值。在以上背景下，微信公众号如何应对国际中文教育在新阶段的问题和需求，在利用新媒体技术进行内容供给、加强品牌建设、不断创新形式等方面可以有哪些作为？本文就此进行分析，并结合相关问题提出相应建议。

二、调查方法与对象

（一）样本公众号筛选依据

清博智能平台（原清博大数据平台）是本文研究对象的获取和数据分析的主要来源。清博智能平台拥有目前国内最大的第三方“两微一端”数据库，旗下的微信传播指数WCI、微博传播指数BCI因其独特权威的算法公式已成为行业标杆（周海晨、陆和建，2017）。其中微信传播指数WCI是评估微信公众号综合影响力的重要指标，根据微信传播指数WCI（V14.2）[①]的计算方式，评价指标由整体传播力、篇均传播力、头条传播力、峰值传播力四个维度构成。一般而言，WCI较高的微信公众号在传播效果上有较好的表现。

本文选取国际中文教育微信公众号作为研究对象，在研究样本的获取上遵循以下步骤：首先，基于清博智能平台的语言类公众号自定义榜单，榜单排行以微信传播指数WCI为评价指标。笔者搜索“对外汉语”“汉语国际教育”“中文”等关键词，人工筛选出榜单中综合排名前五的国际中文教育微信公众号，确定为样本公众号（名次统计来自2020年1月1日至12月31日的语言类公众号自定义榜单）。样本公众号包括“对外汉语”、“汉府中文”、“元任对外汉语”、“对外汉语公开课订阅号”和“对外汉语北京”。

（二）样本公众号研究设计

本文订阅上述5个公众号，浏览并持续跟踪记录各公众号的主要信息，结合清博智能平台提供的微信公众号数据资源，从平台主体、平台内容、传播效果3个方面进行数据抓取与比较分析，具体包括平台类别、认证信息、功能定位、发文数量、推文频次、推送内容、推送形式、微信传播指数、高阅读量文章等，同时观察样本公众号的点赞、在看、评论等情况。调查统计以样本公众号在1个月（2020年12月1日至31日）内发布的信息资料为依据展开。

---

① WCI（V14.2）是测算微信传播指数公式的优化版本，该优化公式对微信公众号的阅读数、在看数和传播力等权重和指标方面进行了调整。

三、国际中文教育微信公众号现状

(一)平台主体

1. 平台类别

微信公众平台的类别主要包括三种，分别是订阅号、服务号和企业号。订阅号主要用于传递信息，服务号主要用于服务用户，企业号主要用于组织内部管理。订阅号主要倾向于为用户传达资讯，功能类似于报纸杂志，1 天内可以群发 1 条消息；服务号主要偏向服务类交互，功能类似“12315”、“114”、银行，1 个月内可以推送 4 条消息；企业号，现更名为企业微信，主要定位于企业办公管理工具，与微信消息、小程序、微信支付等关联，协助企业进行日常内部管理，不限定推送消息数量。目前学术类的微信公众号的主要功能包括分享专业知识、传递学术资讯，进行知识传播扩散的需求远高于提供信息服务。因此，大多数知识传播主体在申请开通公众号时都选择了订阅号形式(徐媛媛，2020)。

国际中文教育类微信公众号属于教育类公众号，其主要功能和学术类的微信公众号近似。本文的样本公众号都属于订阅号形式，即主要用于传递信息、传播知识。

2. 认证信息

微信公众号根据认证与否分为两种，已认证公众号和未认证公众号，前者需要企业、组织等出具机构主体资质认证；后者则无门槛限制，个人或团体可以随时随地申请。微信公众号的认证或信息介绍功能是标明知识传播主体的重要途径，伴随着公众号阅读量、转发量等不断扩大，能有效提升自身影响力。

调查发现，本文样本公众号中，有三个公众号进行了微信官方认证，账号主体都是有社会统一信用代码的有限责任公司，表现为多平台同主体账号，以样本“对外汉语”为例，其账号主体下有五个同类公众号平台。其余两个公众号在账号主体或公众号简介中做了简单说明，没有办理微信官方认证，账号主体是个人。

3. 功能定位

微信公众号的功能介绍能够帮助平台主体精准定位业务范围和传播受众，也能为受众搜集筛选信息时提供参考便利。本文调查的样本公众号的功能介绍主要有三种表现。

第一，功能介绍中的高频关键词多为汉语教师、汉语教师证书考试、招聘、汉语教学等，与国际中文教育从业者的身份定位、职业发展和个人职业素养提升密切相关。

第二，经过认证的公众号功能介绍具体详细，能直接说明平台的功能。如“对外汉语公开课订阅号”，详细介绍了其在分享汉语教学知识与学术资讯、汉语教师招聘、志愿者与公派选拔、《国际汉语教师证书》、汉硕考研与考博、外语学习、中华才艺等多方面信息。而个人账号的介绍则较随意，多为口语化表达。

第三，对国际中文教育学科的表达缺乏统一性和规范性。样本公众号的表达有：

对外汉语、国际汉语教育、国际汉语教学、汉语教学。

总体而言，经过认证的订阅号比较重视功能介绍的表达，能直接表明平台提供的产品和服务，新用户在订阅公众号时也会对此予以一定关注。

(二)平台内容

1. 活跃程度

微信公众平台的活跃程度包括该平台在一段时间内的发文数量和推文频次。本文对样本公众号在2020年12月的所有推送内容中进行抓取。统计发现，5个样本公众号在当月共发布129次，累计389篇推文(如表1所示)。

表1　样本公众号2020年12月的信息发布情况

发文量排名	公众号	总发文数(篇)	总发布数(次)	平均每次发文数(篇)
1	对外汉语	101	28	3.61
2	对外汉语 公开课订阅号	101	30	3.37
3	汉府中文	79	31	2.55
4	元任对外汉语	66	23	2.87
5	对外汉语北京	42	17	2.47

根据12月份的发文总量统计，从发文数量来看，推送信息量排名前三的分别是“对外汉语”“对外汉语公开课订阅号”和“汉府中文”。其中，“对外汉语”和“对外汉语公开课订阅号”发文篇数持平，一个月内发布101篇，平均每次发文量为3.5篇左右；“汉府中文”排名第三，平均每次发文量2.55篇。发文数量最少的是“对外汉语北京”，仅为42篇，平均每次发文量2.47篇。

从推送信息活跃度来看，公众号“汉府中文”推送次数达到31次，保持每天至少一次的推送更新；其余4个公众号的推文数量在15次以上，基本保持每两天一次推送。总体来讲，样本公众号的信息发布和更新都比较及时，符合微信公众号的新媒体属性。从推送信息量上看，单次平均推送消息量都在2篇以上，保持在4篇以内，信息的集中式发布频次较为合理。用户可以免去长期的关注等待，也有利于用户深入阅读(姜春林、王晓萍，2020)。

2. 推送内容

张利满、杨迎春、白骅(2017)以汉语国际推广微信公众平台为例，将推送信息的内容大致分为新闻类、知识类、宣传类等三大类。新闻类信息主要包括专业领域的最新动态、考试信息等。知识类信息主要包括国际汉语教师所必需的汉语本体知识、中国文化知识、教学方法和技巧、教学案例分析以及海外教学注意事项类知识等。宣传类信息主要包括公众平台自身宣传、课程推广等方面的内容。

本文梳理样本公众号历史推送消息时发现，招聘信息占有较大比重，分为教师招聘信息和非教师招聘信息，教师招聘信息主要包括高校汉语教师、公派教师、志愿者以及国际中文教育校外机构教师、实习生等，非教师招聘信息包括部分事业单位行政岗位招聘信息等。

为方便归类统计，本文参考以上新闻类、知识类和宣传类的分类标准，将招聘类信息从新闻类中独立出来列为第四类，如表 2 所示。

表 2　样本公众号发布文章内容分类

内容分类	文章总数(篇)	所占比例(%)	主要内容
新闻类	84	21.6	领域内新闻[①]、高校学院内新闻、各类汉语考试通知、志愿者面试通知、国际汉语教师证书笔试、面试通知、汉教硕士博士招生信息、学术讲座通知等
知识类	31	8.0	汉语本体知识、中国文化知识、跨文化知识、教学方法和技巧知识、教学案例分析以及海外教学注意事项类知识等
宣传类	175	45.0	汉语教学感悟、学生活动记录、公众平台自身宣传、国际汉语教师资格证考试培训课程广告、语合中心志愿者面试培训课程广告、汉语国际教育硕士考研复试培训课程广告等
招聘类	99	25.4	高校国际汉语教师、校外机构国际汉语教师、公派教师、国际学校汉语教师、非教师岗位、事业单位编制类岗位等

从样本公众号发布文章的内容分类来看，占比最高的是宣传类文章，约占发布文章总数的 45.0%，这类消息主要是宣传公众号平台推出的关于国际汉语教师资格证考试、语合中心志愿者面试、汉语国际教育硕士考研复试等考试的培训课程广告。其次是招聘类信息，约占文章总数的 25.4%，这类消息已在上文提到，这里不展开论述。新闻类消息约占发布文章总数的 21.6%，与宣传类消息中关于各类考试的培训课程广告不同的是，这类消息中主要是公众号平台转发并解读语合中心、高等院校等官方组织发布的各类汉语考试通知，志愿者面试通知，国际汉语教师证书笔试、面试通知，此外还有教育部、语合中心等部门发布的国际中文教育行业相关政策，国际中文传播的最新动态等，具体包括来华留学政策、教育部认证的国际中文教育专业海外合作办学、汉语水平等级新标准等消息，以及汉语国际教育硕博士招生信息、学术讲座通知等。

3. 推送形式

从推送形式来看，样本公众号都做到了多种信息传递的方式，有文字、图片、原

---

① 领域内新闻主要是指教育部、语合中心等部门发布的国际中文教育行业相关政策，国内外国际中文传播的最新动态等，例如来华留学政策、教育部认证的国际中文教育专业海外合作办学招生信息、汉语水平等级新标准发布等消息。

文链接，还有视频等，图文结合的形式最为常见，原文链接主要集中于招聘类信息中，用户在阅读完公众号转发的信息后，可通过原文链接了解到更多信息，这些方式的同时使用，基本能为用户提供更加丰富的信息产品和服务。

总体而言，公众号运营主体偏好发布宣传推广课程类和招聘类信息，这也恰好反映了运营主体重视内容信息供给的经济价值，希望信息传播的同时满足用户需求，实现盈利的目的。

（三）传播效果

1. 微信传播指数

本文利用清博智能平台微信榜单中的“自定义榜单”功能，添加样本公众号并建立“我的榜单”，对样本公众号进行排名，选择月榜“2020 年 12 月 1 日至 31 日”，导出获得 2020 年 12 月国际中文教育微信公众号微信传播指数 WCI 排行榜。

表 3　国际中文教育微信公众号微信传播指数 WCI 排行榜

序号	公众号	认证与否	文章总数（篇）	发布次数（次）	阅读总数（次）	平均阅读数（次）	头条阅读数（次）	最大阅读数（次）	最大在看数（次）	WCI
1	对外汉语	是	101	28	100 000＋	1 032	69 574	6 275	36	641.38
2	汉府中文	否	79	31	96 088	1 216	54 631	4 339	7	640.79
3	元任对外汉语	是	66	23	46 595	706	41 775	4 602	25	558.42
4	对外汉语公开课订阅号	是	101	30	29 203	289	16 942	1 205	15	460.00
5	对外汉语北京	否	42	17	21 598	514	13 696	1 323	4	414.21

分析发现，样本公众号的微信传播指数 WCI 远低于教育类、其他语言类微信公众号。根据清博智能平台公布的 2020 年 12 月全网微信传播指数排行榜，前 100 名的公众号的 WCI 均在 1 560 以上，而样本公众号中微信传播指数 WCI 最高为 641.38。国际中文教育微信公众号以国际汉语教师、汉语国际教育专业学生等教学科研工作者、学习者为目标群体，专业程度较高、受众范围较窄，因此，微信传播指数 WCI 总体偏低也属正常。总的来说，经过官方认证的、个人类的微信公众号在微信传播指数 WCI 上有较好表现，微信传播指数基本超过 500。

2. 推文阅读量

内涵建设是微信公众号生存和发展的关键(赵勇，2017)。可以说，微信公众号推送文章的内容质量和运营技巧决定了个体对目标公众号是否具备关注行为、阅读行为、认同行为甚至是分享行为。

推送信息的阅读量可以反映信息的热度，但点赞量和留言量则能够反映该内容对受众的实用程度以及受众的参与热情(张利满、杨迎春、白骅，2017)。

本文再次运用清博智能平台微信榜单中的“自定义榜单”功能，选择月榜“2020 年 12 月 1 日至 31 日”，提取了 2020 年 12 月阅读量前十的文章。如表 4。

表 4　样本公众号阅读量 TOP10 文章列表(统计时间：2020 年 2 月 1 日)

序号	公众号	文章标题	类别	阅读量(次)	在看量(次)	点赞量(次)
1	对外汉语	HSK 将变成 9 级！三等九级汉语水平等级新标准即将发布！	新闻	6 275	36	32
2	对外汉语	最新招聘！2021 年孔子学院公派教师！即将截止！	招聘	4 703	5	6
3	元任对外汉语	【招聘】华东师范大学人才招聘启事	招聘	4 602	1	6
4	汉府中文	王炸组合＝奶奶裤＋打底衫＋大衣！2020 年证书面试，你可以这样穿！	宣传	4 339	5	6
5	对外汉语	紧急招聘！中央财经大学国际文化交流学院对外汉语教师	招聘	4 266	4	7
6	对外汉语	有编制！北京语言大学最新招聘	招聘	4 230	2	3
7	汉府中文	重要！上海外国语大学 2021 年孔子学院专职(储备)教师招聘！	招聘	3 597	5	6
8	元任对外汉语	2020 年语言学最有影响力学者排行榜	新闻	3 301	17	16
9	对外汉语	重磅！这 45 所高校拟新增汉语国际教育专业硕士！	新闻	3 229	6	13
10	汉府中文	有编制！本科起，华南师范大学附属中学招聘汉语国际教育的你！	招聘	3 142	2	4

样本公众号阅读量前十的推送消息呈现以下特征：

第一，排名第一的是新闻类文章，阅读量、在看量和点赞量都是最高。此外，在看量和点赞量排名前三的都是新闻类文章。“教育类微信公众号的使用与满足”可分为三个层面：流行性满足、娱乐性满足、资讯寻求性满足。教育类微信公众号将“知识点、信息元素经过内容搜集、整合、编辑和推送”给受众，形成资讯寻求性满足(王萱、杨浩、石可，2019)。此类文章满足了受众最为普遍的需求：资讯需求。阅读量前十名中，排名最高和最低的新闻类文章出自同一个公众号平台，这两篇文章都是头条消息，且都为转载。经过对比，我们发现《HSK 将变成 9 级！三等九级汉语水平等级新标准即将发布！》的内容明显更翔实，而且重点突出，图文并茂，用户体验感丰富，获得感明显，传播效果更好。

第二，招聘类信息占较大比重，且都是国际中文教师相关的岗位。包括公派教师、高校、国际学校等发布的汉语教师招聘信息，关注度较高。对比进入阅读量前十的三个公众号发布的招聘信息，“对外汉语”发布的公派教师的招聘消息中，包含岗位需求、人员条件及报名程序等信息，关于岗位详情和学校联系方式可以通过对话框回复获取。“元任对外汉语”发布的高校人才招聘启事中，包含学校概况、岗位设置、待遇、学校联系方式、学校二维码，并可直接跳转原文链接。“汉府中文”发布的专职汉语教师的招聘消息中，包含对专职汉语教师的由来、要求、应聘条件、薪资待遇等内容。相较前两个公众号，“汉府中文”的推送形式较为单一，以文字为主；内容方面不够凝练，并且在介绍岗位相关情况前先推广平台的课程，难免引起用户的反感。

第三，高阅读量文章采取了一定的传播策略。具体来说，采用了头条置顶和“标题党”的方式，标题和内容多采用疑问、感叹语气，如《最新招聘！2021 年孔子学院公派教师！即将截止!》《王炸组合＝奶奶裤＋打底衫＋大衣！2020 年证书面试，你可以这样穿!》，引起用户好奇，产生代入感，进而点击阅读。

第四，宣传类的文章，用和国际汉语教师相关考试密切相关的知识点作为铺垫，比单一的培训课程广告传播效果更好。唯一一则进入阅读量前十的宣传类消息《王炸组合＝奶奶裤＋打底衫＋大衣！2020 年证书面试，你可以这样穿!》就采用了这种办法。推送形式上，文字、图片、视频等同时使用，以面试穿衣搭配为切入点，引入流行元素“奶奶裤”，内容具有趣味性，迎合了年轻用户的审美需求，并且通过展示证书面试培训班学员的经验分享视频和学习反馈截图等侧面证明课程质量。同一类公众号，其内在的服务品质可能趋同，但每个公众号推送的文章内容并不相同，用户的体验也随之不同，用户满意度越高，信息传播效果就越好。

3. 分类信息传播效果

下面通过分类信息的阅读量、在看量、留言量探讨其传播效果，如表 5 所示。

表 5　分类信息传播效果

类别	文章数量（篇）	传播效果							
		阅读量（次）		点赞量（次）		在看量（次）		留言量（条）	
		总量	平均	总量	平均	总量	平均	总量	平均
新闻	84	77 541	923	333	4.0	257	3.1	14	0.2
知识	31	20 763	670	149	4.8	100	3.2	13	0.4
宣传	175	88 405	505	426	2.4	353	2.0	60	0.3
招聘	99	129 854	1 312	203	2.1	163	1.6	4	0.04

从样本公众号传播效果的几个衡量维度来看：

第一，招聘类信息的关注度和热度最高，其次是新闻类消息，宣传类消息关注度最低。招聘类信息与国际中文教育从业者（包括汉语教师、汉语国际教育学生）的职业发展紧密相关，也说明这方面的市场需求很高，而新闻类消息确实能帮助从业者更快捷、准确地获取行业资讯和学术动态。宣传类消息中，围绕国际中文教育相关考试呈现的各类课程广告占比较高，不过，因为课程主办方并非正规高校或权威机构，师资、教材及教学效果难以保证，培训课程的“性价比”难免让人怀疑，大量重复推送，传播效果可能适得其反。

第二，知识类和新闻类消息的认可度和传播力较其他两类消息更强。这类文章是平台主体在整理转载的文本基础上加上评述，没有推广营销的迫切感和行业竞争的排挤感，用户往往乐意浏览并转发。

第三，样本公众号的互动性普遍很弱，尤其是招聘类信息，因为都是转载推广其他来源的消息，且大多附有原文链接，用户可根据需要自行延伸阅读。

4. 样本公众号的传播效果

上文分析了样本公众号的运营主体内容的供给特点，下文将从传播效果方面探讨样本公众号的阅读量、在看量、留言量情况。

(1)“对外汉语”

该公众号招聘类信息的关注度最高，新闻类次之，新闻类的传播力和认可度最高，基本和其内容供给匹配。

表 6 “对外汉语”分类信息传播效果

类别	文章数量(篇)	传播效果							
		阅读量(次)		点赞量(次)		在看量(次)		留言量(条)	
		总量	平均	总量	平均	总量	平均	总量	平均
新闻	33	40 133	1 216	93	2.8	78	2.4	0	0
知识	2	1 384	692	3	1.5	0	0	0	0
宣传	24	11 099	462	28	1.2	31	1.3	1	0.04
招聘	42	56 078	1 335	67	1.6	53	1.3	0	0

(2)“对外汉语公开课订阅号”

该公众号的内容供给方面，宣传占主要比重，是招聘类信息供给量的近两倍，但是招聘类信息明显关注度较高。就传播力和认可度上来讲，宣传类平均值较高，说明供给内容受到了用户的认可。如果在此基础上，供给求职、面试类的课程信息，可能有助于增强公众号的市场黏性。

表 7 “对外汉语公开课订阅号”分类信息传播效果

类别	文章数量(篇)	传播效果							
		阅读量(次)		点赞量(次)		在看量(次)		留言量(条)	
		总量	平均	总量	平均	总量	平均	总量	平均
新闻	31	6 618	213	56	1.8	46	1.5	1	0.03
知识	2	503	252	8	4.0	4	2.0	1	0.5
宣传	43	9 013	210	111	2.6	86	2.0	24	0.6
招聘	25	16 213	649	51	2.0	43	1.7	0	0

(3)“汉府中文”

该公众号的重点也放在了课程推广和平台宣传方面，但是受关注度最高的依然是招聘类信息。值得注意的是，虽然新闻类信息推送量不大，但是转发和点赞值较高，说明这类信息整合呈现效果不错，可以沿着这个方向调整。

表 8 “汉府中文”分类信息传播效果

类别	文章数量(篇)	传播效果							
		阅读量(次)		点赞量(次)		在看量(次)		留言量(条)	
		总量	平均	总量	平均	总量	平均	总量	平均
新闻	11	16 824	1 529	63	5.7	48	4.4	9	0.8
知识	0	0	0	0	0	0	0	0	0
宣传	53	55 167	1 041	241	4.5	206	3.9	34	0.6
招聘	15	31 582	2 105	51	3.4	52	3.5	3	0.2

(4)“元任对外汉语”

“元任对外汉语”的招聘类信息是发布最少的，但是其平均阅读量非常高。本文通过微信客户端在“元任对外汉语”平台搜索了考察期(2020 年 12 月)内阅读量最高的招聘类信息，发现这篇推送文章内容完整、结构清晰，字体、背景颜色等给用户带来良好体验，还整理出了招聘单位的详细联系方式，附有二维码链接和原文链接，图文并茂。随后在微信搜索栏搜索题为《【招聘】华东师范大学人才招聘启事》的文章，发现只有“元任对外汉语”一家公众号转载，该公众号与高校保持长期合作，帮助高校等单位整理发布招聘信息。由此可以看出，推文的形式对阅读量也起到一定作用。

表 9 “元任对外汉语”分类信息传播效果

类别	文章数量(篇)	传播效果							
		阅读量(次)		点赞量(次)		在看量(次)		留言量(条)	
		总量	平均	总量	平均	总量	平均	总量	平均
新闻	7	12 630	1 804	118	17.0	82	12.0	4	0.6
知识	5	10 547	2 109	108	21.6	81	16.2	12	2.4
宣传	50	12 328	247	46	1.0	30	0.6	1	0.02
招聘	4	13 186	3 296	28	7.0	10	2.5	1	0.02

(5)“对外汉语北京”

该公众号的招聘类信息平均阅读量也是类别中最高的。本文通过统计，选择该类公众号中阅读量最低的一篇文章《上海市静安区教育系统 2021 年向社会公开招聘教师》，发现这篇推送文章形式单一，为纯文字形式，缺乏图片、音频、视频等。而且后面附上了平台的课程广告，原文链接处是平台课程的链接，可以看出该公众号的运营方式有待提高。

表 10 “对外汉语北京”分类信息传播效果

类别	文章数量（篇）	传播效果							
		阅读量（次）		点赞量（次）		在看量（次）		留言量（条）	
		总量	平均	总量	平均	总量	平均	总量	平均
新闻	2	1 336	668	3	1.5	3	1.5	0	0
知识	21	8 329	397	30	1.4	15	0.7	0	0
宣传	6	798	133	0	0	0	0	0	0
招聘	13	12 795	984	6	0.1	5	0.4	0	0

（四）平台传播效果分析

结合样本公众号调查与数据分析的结果，可以发现，大部分国际中文教育类微信公众号的推送活跃程度不足，信息发布不够密集；推送内容多为转载，多是将“知识点、信息元素经过内容搜集、整合、编辑和推送”给受众，原创能力有待提升，缺乏引爆朋友圈的内容亮点和话题性，缺乏品牌塑造的整体布局（张叶青，2016）。推送形式看似都是图文并茂，有的还附有视频，但图片关联度不强，缺少信息传递的趣味性、新颖性、针对性，视频也多是平台自身宣传。此外，虽然像“对外汉语”这类经过认证的订阅号有意识地开设微店，设置了电商平台接口向销售环节导流的渠道，但是营销手段过于简单直接，商业气息过于浓厚，用户似乎并不买账，即宣传行为向消费行为的直接转化率较低。综上所述，该类微信公众号对新媒体属性理解不够深入，对如何利用微信平台经营和兑现品牌价值缺乏规划。

四、相关建议

（一）充分利用微信的新媒体属性，兑现品牌价值

吸引用户关注，增强用户黏性，提高用户转化率，在更大范围内兑现品牌价值，是经营微信公众号的重要任务。微信构筑的是强关系间的社交圈，而微信公众号同样也具备“强关系”特征，因为它汇聚的是一个具有明显标签的社群。今后，国际中文教育微信公众号应充分利用微信公众号的交互性与及时性、个体化与社群化等特点，基于重点需求构建和维护用户群，通过后台数据分析，精准定位用户群体，完善产品供给，强化供给端与用户之间的连接和沟通，从而解决信息流不对称导致的重复供给、低效供给和无效供给等问题。

今后，国际中文教育微信公众号应充分发挥后台服务功能，通过数据采集，分析

用户的阅读喜好、信息关注点、资讯热点等动态信息数据，进一步勾勒“用户画像”，更为精准、快速地了解用户需求，从而让产品的持续、有效供给更具针对性。

（二）优化供给内容与形式，丰富用户阅读体验

持续供给精品内容、不断提升有效服务的能力是微信公众号的发展目标。读字与读图结合、音频与视频结合，亦静亦动，有助于充分调动用户的多个感官，持续优化用户的阅读体验，同时会让供给内容更具辨识度。

同类微信公众号容易出现“同质化”“同源化”现象，即供给内容相似度高、差异性弱。这种情况容易导致用户注意力分散，“供需关系”稳定性差。因此，国际中文教育领域的不同公众号应找准自身市场定位，进行差异化、精细化内容生产，获取在同类公众号中与众不同的特点与价值。此外，国际中文教育公众号在内容编排上还可以进一步完善与拓展，充分发挥微信小程序作用，将公众号中无法展现的内容在小程序中得以完善，进而强化内容呈现效果。这样，小程序的配合使用延伸了内容供给方对用户的服务，甚至可能促进用户成为相关内容的生产者，进一步丰富用户的体验感和参与感。

（三）多方合作供给资源，充分释放新媒体功能

国际中文教育的发展主要基于三个层次的供给：1. 上游供给：国家政策引领发展方向，相关研究成果跟进，为实践活动提供指导；2. 中游供给：校企合作、产教融合，形成产学研一体化的多方供给服务模式；3. 下游供给：以“三教”问题为主的教与学问题，如各层次的国际中文教育专业人才实践能力培养、汉语国际教育专业课程设置、“互联网＋”课程开发建设与远程教育模式发展、建立针对不同群体的各类课程的教学标准等。国际中文教育微信公众号的内容供给如能围绕国际中文教育的三个层次的供给进行将更为有效。国际中文教育的发展与国际气候、国内政策、双边及多边外交关系等因素关系紧密，微信公众号应密切关注以上因素的变化，及时发挥新媒体传播快捷、传播范围广泛、传播形式多样、传受双方互动性强等优势，及时推送与国际中文教育发展密切相关的国内外信息，包括国际交流讯息、最新教育政策等，使微信公众号与其他相关媒体互为补充、相互呼应，形成全方位、多层次、多类型的内容供给，助力国际中文教育新发展。

（四）发挥新媒体的时效性优势，传播知识信息与提供咨询服务并举

充分利用微信公众号自媒体的日发文频次，并结合影响国际中文教育发展的内外部因素，选择合适主题进行推文。比如，热点事件自带流量，一般来讲，以“蹭热点”的方式做选题，往往能带来更多关注度。国际中文教育微信公众号中，有不少内容缺乏亮点和话题性，因此，充分利用平台特点，精准整合、创作与当下关注热点相结合的优质内容是十分必要的。比如，“两会”期间不少代表为教育建言献策，尤其是有关语言文化传播的提案在业界备受关注，国际中文教育类公众号如能以此作为话题切入

点，发布相关内容，既能强化微信公众号自身的市场定位，也能增强用户对公众号的关注度与黏性。

五、结语

本文以5个具有代表性的国际中文教育微信公众号作为样本，借助相关数据平台的技术支持，分析了微信公众号供给主体在供给内容及传播效果等方面存在的问题，并提出相关建议。以期能为国际中文教育公众号内容的完善、供给方式的改进、传播效果的优化提供一定参考，助力国际中文教育市场化的可持续发展。

参考文献

[1]姜春林，王晓萍．基于典型微信公众号的科普计量研究[J]．科技管理研究，2020(2)：252-261.
[2]王萱，杨浩，石可．教育类微信公众号的传播效果研究[J]．中国电化教育，2019(4)：79-84.
[3]微信传播指数WCI(V14.2)[EB/OL]．http：//www.gsdata.cn/site/usage，2021-01-20.
[4]徐媛媛．学术微信公众号知识传播的现状与特征分析——以语言类公众号为例[J]．新闻知识，2020(5)：59-67.
[5]周海晨，陆和建．"985工程"高校图书馆微信公众号研究[J]．大学图书学报，2017(1)：46-52.
[6]张叶青．教育类出版社微信公众号运营现状调查分析及对策[J]．中国出版，2016(15)：42-47.
[7]赵勇．如何在微信公众号中进行学术话语再生产[J]．探索与争鸣，2017(7)：41-43.
[8]张利满，杨迎春，白骅．微信公众平台在行业发展领域的调查与分析——以汉语国际推广为例[J]．出版广角，2017(5)：81-86.

作者简介：惠天罡，首都师范大学国际文化学院副教授、跨文化教育研究院研究员、博士，主要研究方向为国际中文教育、汉语国际传播、语言产业研究等；刘瑾轩，首都师范大学文学院汉语国际教育专业硕士研究生。

"汉语＋中医药"的汉语国际传播模式研究

张天骄

摘要：2020 年，新冠肺炎病毒肆虐全球给人类的生存发展造成了严重威胁。在中国人民抗击疫情的过程中，中医药发挥了重要的作用，也为世界各国提供了一个认识中医药文化的窗口。2020 年同样也是孔子学院进行机构调整的重要一年。孔子学院品牌改由民间公益组织"中国国际中文教育基金会"负责。在此重要时间节点上，我们有必要对与汉语国际传播和中医药文化发展相关的话题予以梳理和讨论。本文从"汉语＋中医药"这一具体的汉语国际传播模式入手，梳理其历史与现状，总结其规律与特点，分析其面临的困境与挑战、机遇与方向，并在此基础上思考汉语国际传播策略。

关键词：汉语国际传播；"汉语＋中医药"；中医孔子学院

A Study on Chinese International Communication Model of "Chinese ＋ Traditional Chinese Medicine"

Zhang Tianjiao

Abstract: In 2020, novel coronavirus pneumonia (COVID-19) has been prevailing in many countries over the world, which has threatened human survival and development. Traditional Chinese Medicine plays an important role in the process of Chinese people fighting against the COVID-19 pandemic and provides a window for countries around the world to understand the traditional Chinese medicine culture. The year 2020 is also important for the institutional adjustment of Confucius Institute. The leadership of the Confucius Institute change to the civil common wealth organization "Chinese International Education Foundation". In this key period, it is necessary for us to sort out and discuss the issues concerning Chinese international communication and Traditional Chinese medicine culture. The paper started from the concrete model of "Chinese ＋ traditional Chinese medicine", sorting out its history and present situation, finding out its rules and characteristics, analyzing its difficult position, challenges, opportunities and directions. And then it proposes strategies for international communication of Chinese.

Key words: Chinese international communication, "Chinese ＋traditional Chinese medicine", Confucius institute of traditional Chinese medicine

一、"汉语＋"的提出与"汉语＋中医药"的内涵

"汉语＋中医药"是汉语国际传播中一种具有典型性、代表性和现实意义的模式，

它源出"汉语＋"这一核心理念，是这一理念的具象化。要理解"汉语＋中医药"，离不开对"汉语＋"的阐释。"汉语＋"是一个出现时间较短、大众熟悉度相对较低的新名词、新概念，它作为一个整体词汇进入我们的视野始于 2018 年，此后"汉语＋"或"汉语＋××"开始逐渐见诸各类新闻报道、会议和学术研究。国务院副总理孙春兰在第十三届全球孔子学院大会上正式提出实施"汉语＋"项目，开设技能、商务、中医等特色课程，"汉语＋孔子学院特色发展"成为会议核心议题之一[①]。

笔者认为，汉语国际传播的根本目的应当是通过汉语的传播促进他者对中国的了解，进而理解、认同中国人的思维方式和价值理念，使汉语和各国语言享有平等的国际话语权，"汉语＋"理念中的"汉语"也并非单纯的"汉语教学"，其范畴应当更加广泛。因此，笔者将"汉语＋"理念定义如下：

1."汉语＋"是一种多元、开放、互动、融合的汉语国际传播理念。

2."汉语"包括但不局限于汉语语言教学。

3."＋"号前后关键词的关系是平等互动、水乳交融的。

在对"汉语＋"理念进行定义后，我们需要厘清"汉语＋中医药"的内在关系与发展逻辑。"汉语＋中医药"是在"汉语＋"理念下发展衍生而来的一种汉语国际传播模式，但它并不是唯一的、封闭的模式。虽然"汉语＋"一词出现至今只有两年多的时间，但它实际上是在大量实践基础上总结、升华而来的概念，而这些实践就是"＋"后关键词的重要来源。它既可以是音乐、戏剧、舞蹈、武术、书法、中餐这类与中华传统文化密切关联的事物，也可以是商务、管理、高铁、旅游、农业等现代行业或职业技能类的项目。在如此众多的可以与"汉语＋"相搭配的特色项目中，"汉语＋中医药"之所以成为本文的切入点和论述中心，除了新冠肺炎疫情这一全球性公共卫生事件的现实背景外，更为重要的是汉语与中医药之间本身即具有天然的、不可拆解的关系，二者的结合更是为汉语国际传播模式未来在经济、社会等多方面、多层次的探索奠定了基础。

语言是文化的载体，同时也是文化的一部分。一个民族的语言与文化是在内在互动中得以形成和发展的，人们无法脱离该民族的语言而掌握其文化，也无法脱离该民族的文化而习得其语言。与西医相比，中医药具备丰富的文化内涵和哲学根基，其最根本的基础理论是阴阳、五行，它们在中医诊疗中体现为脏腑、经络与五运六气学说的综合运用，表现在中药配伍上就是四气五味、君臣佐使与七情和合 。阴阳、五行属于中国古代哲学的范畴，是文化的重要组成部分，因此中医药本身就具备明确的文化属性。汉语与中医药在文化属性和价值理念上同根同源、在思维方式和实际运用上相通互连，二者具有天然且紧密的内在关联性、同构性和互动性。

和音乐、戏剧、舞蹈、书法等文艺类特色项目相比，中医药文化的实用性更强、科技含量更高、未来的产业化空间更宽阔；相对于商务、高铁、旅游、农业等职业技能类项目，中医药的中国传统文化色彩更突出，接触到海外民众的可能性也更大。此

① 孔子学院编：《第十三届孔子学院大会在成都召开　孙春兰副总理出席开幕式并讲话》，《孔子学院》，2019 年第 1 期。

外，中医药文化也是海内外公认的最能代表中国文化的元素之一。根据当代中国与世界研究院于2020年最新发布的《中国国家形象全球调查报告2019》，海外受访者认为最能代表中国文化的三个元素是中餐、中医药和武术①，这说明中医药文化在海外传播上具有一定群众基础。

二、"汉语+中医药"的历史与现状

历史方面，本文按照地缘关系结合传播历史长短、影响大小这两个要素对"汉语+中医药"的汉语国际传播进行简要概述，中医药典籍以汉语汉字作为载体，必须特别关注。现状方面，与汉语、中医药相关的官方机构、政策制定是我们的主要关注对象。

（一）"汉语+中医药"的历史

汉语和中医药文化在亚洲地区的传播要远远早于世界上其他地区，而在亚洲内部，综合汉语传播的历史长短、地缘远近和影响大小也可粗略分区为东亚、东南亚、中亚、西亚、南亚。亚洲以外的区域，即欧洲、非洲、美洲、澳洲，这些区域接触汉语和中医药文化的历史较短，历史上的影响力也远远小于亚洲。

1. 东亚：以朝鲜（今朝鲜、韩国）、日本为代表的东亚地区与中国地缘最近、接触汉语汉字的时间最早，影响持续至今。《汉书·地理志》记载，"箕子去之朝鲜。教其民以礼义"制"犯禁八条"，礼法条文制定离不开已形成体系的汉语和汉字。中医药实践至迟在汉武帝设四郡时随官吏派遣传入朝鲜半岛，中医经典《内经》和《伤寒论》也在三国时期传入。朝鲜半岛有组织地遣留学生来华学习是在唐代武则天时，新罗设医学博士传授《神农本草经》《素问》《明堂经》《针经》《脉经》②。宋元时期，医药交流活动表现为中国应高丽国请求送医书及龙脑、朱砂、牛黄等药材，而朝鲜则向中国进贡和交易人参、硫黄、麝香。医学典籍方面，宋真宗将官修方书《太平圣惠方》100卷赠予高丽使者，高丽则刊刻《八十一难经》《伤寒论》《小儿药证》《肘后备急方》等医方经典流通和馆藏，这些经典全部由汉字书写。在这种长时间、大规模的文化和医药传播下，到明代朝鲜本土医师许浚编著了影响深远的《东医宝鉴》。直至今日，朝鲜仍将传统的中医药称为"东医"，韩国则在20世纪50年代"去汉字化运动"的浪潮中改称为"韩医"。

汉字和中医药最初通过朝鲜半岛这一中介传入日本：汉字传入约在魏晋时期，后形成一套借汉字来表音的系统——万叶假名；中医药约在南北朝时传入。日本与中国直接联系进行语言文化与中医药交流则是隋唐时期，《四海类聚方》《诸病源候论》等大量医典即是此时由遣隋史、遣唐使、留学僧和医官带回日本。日本现存最早的官修正史，全部采用汉字书写的《日本书纪》（成书于唐玄宗时）也编纂于此时。隋唐以后，被称为"汉方医学"的中医药在日本扎根并迅速发展，到江户时期（对应明清时期），日本

① 于运全、王丹、孙敬鑫：《中国国家形象全球调查分析报告》，《人民论坛·学术前沿》，2020年第20期。

② 孔卓瑶、张宗明：《中国古代医药文献对外传播及其影响》，《医学与哲学》，2015年第1期。

汉方医学界中尊崇《伤寒论》的"古方派"和重视金元时方的"后世派"分庭抗礼，调和两派的"折衷派"形成。

2. 东南亚：东南亚地区有大量华人华侨和社区，这是华语和中华传统文化在海外繁衍生息的重要依托，也是汉语国际传播的支撑力量。越南，古称"安南"，与朝鲜半岛、日本一样，同属于"汉字文化圈"，秦汉时置郡县直接管辖，后为藩属国。文字方面，古代越南官方只采用汉字，民间则以仿效汉字的"字喃"与汉字共同使用来标记读音。中医药与越南本地传统医药相融合被称为"东医"或"南医"，其历史可追溯到春秋战国时在越南行医的医生崔伟，其所著医书《公余集论》至今仍在越南流传。由于越南长期为中国属地，所以医生和医药典籍的流通极为寻常，三国名医董奉，唐代的许多医师、学者，都曾赴越南旅居，《黄帝内经》《脉经》也在此时传入越南[①]。明清时期，中国移民大规模迁入越南，更多的后世医书和时方被介绍到越南。

3. 中亚、西亚、南亚：广义的"西域"包括了现在的中亚、西亚和南亚部分地区。相比于东亚和东南亚地区，汉语和中医药文化在西域的传播交流活动稍晚，影响力也没有东亚和东南亚地区持久，随汉代张骞、班超出使西域而传播至中亚、西亚地区，而传至南亚则是唐代的事情。中亚地区，"中东医圣"的伊本·西纳撰写《医典》(成书于1013年前后)一书，直到17世纪仍被西方奉为经典医学巨著，其中脉学部分与王叔和《脉经》部分内容相近[②]。西亚地区，伊朗翻译、编纂了《伊利汗中国科技珍宝书》[③]。这是一部介绍中国文化、古典哲学和中医药学的巨著，其主体部分是中国的脉诊、针灸和脏器知识，由既懂汉语又懂波斯文的学者汇同在伊朗行医的中国医生共同将中医古籍翻译为波斯文，历时71年(1247—1318年)才得以竣工，此时正值宋元时期。

4. 欧洲：和亚洲相比，欧洲与中国的各类接触交流要晚得多。中欧之间较为知名的人员接触记载是元时来华的马可·波罗。明末清初，传教士利玛窦、金尼阁、汤若望等来华，这是欧洲与中国较为确切的、有记载佐证的直接接触，其中《利玛窦中国札记》对大黄等中草药和中医脉诊理论进行了首次描述，到17世纪时已有传教士将中国的针灸医学介绍到了法国。俄罗斯与中国的直接交流比西欧更晚，直到17世纪末，沙俄才开始有计划地派遣留学生赴华学习语言。1694年，天花病毒在世界各地传播，沙俄派遣留学生来北京专门学习防范、检疫和种痘预防的方法。18至19世纪，欧洲汉学开始确立学科地位，除大量翻译儒道经典外，《本草纲目》《中国医学和脉理》等中医药书籍也被翻译、介绍到欧洲。

5. 非洲、美洲、澳洲：中国与非洲、美洲、澳洲的语言文化交流比欧洲更晚。18世纪末中美之间才有较为直接的贸易往来，19世纪初针灸通过欧洲渠道传入美国，直至19世纪40年代末，随着大批华人华侨赴美，汉语和中医药才进入美国。中国与澳洲的交流历史就更加短暂了。在接受度上，由于文化、宗教、思维方式方面差异巨大，

---

① 蔡捷恩：《中医药学在越南》，《北京中医》，1993年第2期。

② 刘国伟、李琳：《中医在五个典型历史时期的海外传播概述》，《中医临床研究》，2015年第3期。

③ 时光：《〈伊利汗中国科技珍宝书〉校注》，北京：北京大学出版社，2016年版。

历史上北美和澳洲对中医药的接受度一直较低，汉语和中医药文化在北美、澳洲也主要是在当地华人华侨中传播。而非洲和南美地区虽然与中国文化接触较晚，但由于本身就有自己的传统医药学体系，因而对中医药文化的接受并没有太多障碍。

综合概括各大洲“汉语＋中医药”的汉语国际传播在历史和当代的情况如表 1 所示。

表 1　中医药对外传播情况表

地区	地缘关系	交往历史	影响程度	发展潜力
亚洲	最近	1 000—3 000 年不等	影响深远，延续至今	基本盘，潜力大
欧洲	较远	500 年左右	影响低于亚洲	潜力大
北美和澳洲	远	＜200 年	影响小，接受度低	潜力小
南美和非洲	远	＜200 年	影响小，无抵触	潜力较大

(二)“汉语＋中医药”的现状

2008 年全球首家中医孔子学院成立；2010 年国家中医药管理局组织召开了对外汉语教学与中医学科结合模式座谈会；2019 年中医特色孔子学院中方合作院校工作联盟成立。这种“汉语＋中医药”的发展模式目前仍处于不断探索阶段，但大量实践表明其深度融合发展的趋势已十分明朗。

三、“汉语＋中医药”的具体实践

汉语国际传播的途径和方式多种多样，既包括人际传播、大众媒介传播，也包括各种形态的组织传播，例如孔子学院(包括孔子课堂)、华文学校等各类汉语教育机构，海外中国文化中心、基金会，甚至海外中资企业。本文以中医孔子学院和海外中医药企业为例探讨其实践及特点。

(一)海外中医孔子学院的实践

孔子学院具有地域分布范围广、系统性、权威性等特点，以中医药为特色的孔子学院是实践“汉语＋”理念的广阔平台。全球首家中医特色孔子学院成立于 2007 年，到目前为止共有 18 家海外中医孔子学院，2019 年底“中医特色孔子学院中方合作院校工作联盟”的成立标志着“汉语＋中医药”的汉语国际传播模式初步形成。

笔者将 18 所中医孔子学院(课堂)的基本信息以表格的形式整理如下。在考量中医孔子学院总体情况后，笔者选取了其中 8 所特色突出的学院进行简要介绍和分类归纳，提取其特点。通过梳理，笔者发现中医特色孔子学院在履行“汉语国际传播”职责的同时，分别在语言文化、医疗实效、中药市场、国家形象、学术科研 5 个方面展现了不同特色，从多方面为汉语国际传播的可持续、多元化发展积累了经验、探索了道路。

表 2　中医孔子学院(课堂)情况表

序号	所属国家	孔子学院(课堂)名称	成立年份	中方承办单位
1	英国	伦敦南岸大学中医孔子学院	2008	黑龙江中医药大学 哈尔滨师范大学
2	日本	神户东洋医疗学院孔子课堂	2008	天津中医药大学
3	泰国	东方大学孔子学院	2009	温州大学 温州医科大学
4	澳大利亚	皇家墨尔本理工大学中医孔子学院	2010	南京中医药大学
5	日本	学校法人兵库医科大学中医药孔子学院	2012	北京中医药大学
6	美国	奥古斯塔大学孔子学院	2014	上海中医药大学
7	匈牙利	佩奇大学中医孔子学院	2014	华北理工大学
8	韩国	圆光大学孔子学院	2014	湖南中医药大学 湖南师范大学
9	圣马力诺	圣马力诺大学孔子学院	2015	北京城市学院 同仁堂
10	韩国	世明大学孔子学院	2015	江西中医药大学
11	泰国	华侨崇圣大学中医孔子学院	2016	天津中医药大学
12	斯洛伐克	斯洛伐克医科大学中医孔子课堂	2016	辽宁中医药大学
13	葡萄牙	科英布拉大学孔子学院	2016	浙江中医药大学 北京第二外国语学院
14	德国	施特拉尔松德应用科技大学孔子学院	2016	合肥学院
15	新西兰	奥克兰孔子学院孔子课堂	2017	复旦大学
16	南非	西开普大学中医孔子学院	2019	浙江师范大学 浙江中医药大学
17	爱尔兰	高威大学中医与再生医学孔子学院	2019	南京中医药大学
18	巴西	戈亚斯联邦大学中医孔子学院	2019	河北中医学院 天津外国语大学

1. 对接当地需求，功能发展全面

伦敦南岸大学基于其卫生健康专业的需要申请成立中医孔子学院，这是世界上第一所中医特色孔子学院，该学院采用中英双语教学，其汉语和中医药课程面向英国全境和海外申请者开放。中医药类高校的对外汉语和对外中医药教学的经验此时尚不丰富，所以由黑龙江中医药大学和哈尔滨师范大学两所高校共同作为中方承办单位。师资分配上，黑龙江中医药大学派遣具备一定英语水平的医药专业教师教授中医药知识和文化，哈尔滨师范大学则承担对外汉语教学的任务，派出汉语教师和汉办志愿者。课程安排上，除对外汉语教学外，先期中医药课程以中医针灸、推拿和养生文化为主，后期随学习者汉语水平的提高开始进行中医药文化及专业知识教学。经过3年探索，到2011年，除本科生外，伦敦中医孔子学院开始招收首届针灸专业硕士研究生，该专业学生毕业后即可成为英国针灸协会会员，获得开业接诊的资格。孔子学院内设诊所，在为当地居民提供中医诊疗的同时，也为该校中医专业学生提供了实习的机会与场所。这种汉语学习、专业学习、实习、职业相接轨的模式对其他孔子学院起到一定的示范作用。

2. 展示医疗实效，筑牢民间基础

东方大学孔子学院是泰国第一所中医药特色的孔子学院，下设2个课堂和20个汉语教学点，并在多所中小学开展汉语文化和中医药体验活动，注册学生人数过万。该校孔子学院的定位是服务泰东地区汉语教学与中医药理疗需求。

华侨崇圣大学中医孔子学院位于泰国首都曼谷，是唯一一所由泰国华人华侨捐资兴办的私立大学，其教育目标在于为华人子弟和泰国人民提供学习汉语和中国传统文化的机会，普及中医药知识、传播中医药理念。两所孔子学院都会定期举办基层义诊活动。泰国华人华侨数量多，具有华人血统的占泰国总人口三分之一，这是其学习汉语和中医药文化主动性高、隔阂少的重要原因之一。2000年，泰国成为除中国外第一个宣布全面中医合法化的国家。

综观泰国两所中医孔子学院，其共同特点可概括为两方面：一是各类汉语和中医药文化活动丰富，各大学孔子学院和中小学之间的交流非常频繁；二是中医孔子学院走出校园，走进泰国人民的生活之中，以中医药的医疗实效筑牢了泰国民间各阶层对中医药的信任，增强了泰国人民对中国文化的好感，真实地推动了汉语国际传播。

3. 致力汉方研制，开拓中药市场

兵库医科大学是一所专注医药人才培养的学校法人大学，该校中医药孔子学院除医疗汉语课程外，还设有中医学入门、中医治疗学、临床中医治疗类专业课程，此外还开设了极富特色的中医方剂学课程、汉方研究实习和汉方颗粒剂系列讲座。这种紧紧围绕“汉方”而设置的高细节化、高实用性的专业汉语课程、中医课程、专业讲座甚至临床实习和赴华访问，在现有中医孔子学院中较为少见。

施特拉尔松德应用科技大学孔子学院是德国第一所中医特色孔子学院，2015年在中德两国总理的共同见证下签署协议。其定位为中医药传播与培训、打造本地区中国语言文化交流中心，成立以来为当地居民提供了汉语文化、中医养生课程以及太极气功、烹饪和食疗保健活动。这些课程和活动的开展培养了当地居民对中医药文化的兴趣、增加了当地对中药药品的需求。2019年，由施特拉尔松德应用科技大学孔子学院牵头，安徽亳州济人药业与该市拉茨药房的合作得以落实，德国第一家销售中医配方颗粒的药房正式成立，这也是高品质中药配方颗粒第一次进入德国市场。

文化来源、医疗传统和思维方式差异巨大的日、德两国在中医孔子学院的建设上都不约而同地将目光聚焦在中药配方和中药剂型研发上，这种一致性值得我们去思考。

首先，日、德两国关注中药配方和剂型改进的根本源头都在于市场需求，这不禁让我们思考世界其他地区是否也潜藏着对中药药品的市场需求，这种市场需求是否有别于国内药品市场的需求而呈现出新特征，中医孔子学院或其他特色型孔子学院是否能够及时觉察到特色性市场需求，或者通过孔子学院的各类课程与活动去培养海外市场、为市场引流。其次，我们在以中医孔子学院或其他孔子学院为桥梁进行文化传播和学术交流时，不但要有敏锐的知识产权保护和商标注册意识，还应培养中药配方保密意识和原产地生物多样化保护意识，尤其是对以云南白药、雷允上六神丸、漳州片仔癀等为代表的国家级非物质文化遗产的配方保密意识更应加强。

4. 关注第三世界，展现国家风范

南非西开普大学中医孔子学院是非洲大陆的第一所中医特色孔子学院，其办学目标是将汉语教学工作和中医药学科相结合，推动中非在教学、医疗和职业领域的合作。一直以来，中国都在为非洲医疗系统较薄弱的发展中国家提供专家支援、医师培训和医疗援助，新冠肺炎疫情发生后更是捐赠了大量的医用口罩、防护服、试剂盒和药品来帮助非洲国家抗击疫情，展示了中国作为一个大国的担当。

戈亚斯联邦大学中医孔子学院是巴西也是整个拉美地区唯一一所中医孔子学院。2020 年 8 月，中国专家组同巴西医学专家的新冠肺炎防控视频交流会即是由该校中医孔子学院协助举办的，这一线上会议分享了中国的抗疫经验，对巴西的防疫、抗疫工作起到了积极作用，也为拉美地区的抗疫工作提供了中国方案，推动了汉语和中医药文化的国际传播。

西开普大学和戈亚斯联邦大学的中医孔子学院都是 2019 年下半年才揭牌成立或签署合作协议的，受 2020 年初新冠肺炎疫情暴发后世界各地停航停学、封闭管理的影响，两地孔子学院还没有完全恢复线下汉语教学活动。但在这次全球性卫生事件中，两地都通过在线上开设防疫知识普及课程助力疫情防控，承担了中医孔子学院应有的责任，也传播了中国"生命至上"的理念，展示了中国作为一个大国的担当，为以后"汉语＋中医药"的发展奠定了基础。

5. 拓展中西合作，专注学术科研

爱尔兰国立高威（又译戈尔韦）大学中医与再生医学孔子学院是一所历史悠久的公立研究型大学，其联盟机构——爱尔兰皇家外科医学院学术成果丰厚，与世界各地的医学类大学有广泛合作。2019 年，高威大学基于其下属的医学护理与健康科学学院和爱尔兰皇家外科医学院对传统中医药与现代再生医学学术科研合作的需要，向孔子学院总部申请成立中医与再生医学孔子学院。由于这是一所刚刚开设不久的中医孔子学院，且开设的重点在于医学学术交流与科研合作，所以几乎无法找到它在汉语教学方面的有效信息。虽然如此，但高威大学的中医与再生医学孔子学院也不失为孔子学院深度参与西方学术科研前沿的一次创新性尝试，有助于提升汉语在学术科研相关领域的参与度与话语权。

(二)海外中医药企业的实践

以"同仁堂"在海外的发展为例，北京同仁堂(集团)有限责任公司传承自有350余年历史的著名中药老字号"同仁堂"，拥有8项非遗中医药技艺项目、37位非遗代表性传承人。2006年，同仁堂在香港建立第一家海外生产研发基地，瞄准海外目标市场进行新产品、新剂型的研发工作。同仁堂集团同时具有文化品牌优势、经济市场实力和科研创新能力这三方面的优势，为其海外发展奠定了良好基础。但在如何真正进入和开拓海外市场上，同仁堂面临着诸多难题，要解决这一难题，还需从语言文化与经济科技的互动入手。

1. 语言文化传播对经济科技的促进作用

医药疗效、产品科研、市场销售是同仁堂之所长，而要想开发异域陌生的、消费者根基薄弱的海外新市场，绝非仅靠自身产品质量就可以通关。同仁堂海外发展首先面临的第一关就是海外消费者的语言文化和思维方式差异，这一关的打通需要企业与语言文化教育行业的共同努力。为此，同仁堂做出战略布局：与北京城市学院签署合作协议，依托该校生物医学部相关专业为自身打造"订单式"中药后备人才培养基地；2015年北京城市学院与圣马力诺大学共同承办了以中医药为特色的圣马力诺大学孔子学院，次年，同仁堂在该孔子学院捐赠建成了欧洲第一家中医药博物馆——"同仁堂中医药博物馆"。孔子学院的语言文化或中医专业课程、体验活动、讲座，在很大程度上可以起到为海外中医药市场引流的作用，而这座中医药博物馆不仅提供了针灸铜人模型、中药材标本展览、制药技艺展示和中医药文化双语讲解，而且为海外受众和潜在消费者了解中医药提供了难得的文化环境。中医药文化环境的营造必然有助于增进参观者对中国语言文化的了解，中医药课程、讲座及相关文化活动等的开展也使得市民和游客获得直观感受中医药文化、亲身体会中医药疗效的机会，中医药海外"粉丝群"由此得以形成和壮大，为中医药市场在海外的立足积累了人脉资源。上述过程即是以语言文化传播推动经济科技发展和海外市场形成的逻辑链条。

2. 经济科技发展对语言文化传播的推动作用

同仁堂的主观目的在于扩大企业自身在海外的知名度和影响力，客观上则促进了"汉语＋中医药"的汉语国际传播与经济、科技的互动。在中药材的研制生产、海外投放、门店经营这些本职专业上，同仁堂具备先进的科研优势和经验积累。但同仁堂也深知中药品牌的海外市场必须依托于中医行业而存在，因此，在海外一些分店通过当堂问诊、以医带药的方式使患者获得良好的诊疗体验和疗愈效果，从而培养和扩大海外中医药消费者人群。从1993年在境外开设首家药店开始，到2018年，同仁堂已在27个国家和地区建立起近150家包括中药材零售终端、中医诊所、医疗中心、文化养生中心和中成药产研基地在内的中医药网点，接诊海外患者超3 000万人次。可重复性的临床诊疗效果验证了中医药的科学属性，也引发了海外生物学界、医药学界对中医药展开探索科研的兴趣，患者真实的中医药临床诊疗效果会促使其自身和周围亲友对中医药产生信任和认同、对中医药文化产生兴趣，甚至对与西医对抗性思维大相径庭的重整体辨证、重和谐平衡的中医理念有所体会和认同，继而产生对中国语言文化的学习意愿。大量的类似案例在某些地区形成集聚效应，患者、医师、药师、中医诊所、中药产品批发零售点位、中药材进出口贸易、中成药本地加工厂等都会在此聚集，以中医药为核心的经济圈开始形成，汉语国际传播的需求市场也随之得到扩大。这即是经济科技或者说市场推动语言文化传播的逻辑链条。

四、"汉语＋"的策略和建议

相对于"汉语＋中医药"这一具体的汉语国际传播模式而言，"汉语＋"的理念更为开放和多元。笔者将从四方面对"汉语＋"的汉语国际传播提出导向性的策略或建议。

（一）语言文化导向——"＋"号前是根本

语言文化导向是"汉语＋"理念中最能体现汉语国际传播性质的导向性原则，强调语言文化的导向性就是在强调"汉语＋"理念中"＋"号之前的内容。"汉语＋"中的"汉语"绝不仅仅是单纯的汉语语法、发音练习，而是与文化水乳交融的"汉语"。

这里需要特别提出一个问题——汉语国际传播到底应该传播什么样的语言和文化。

传播的是现代汉语标准语——普通话和现代规范汉字。除孔子学院外，华人华侨开设的海外华文学校也是汉语国际传播的重要组成部分之一，但相当一部分华文学校的教学采用当地约定俗成的汉语方言和繁体汉字。对于这种情况我们应当予以尊重，因为汉语方言不但是许多海外华人华侨的家庭用语，母语方言和繁体汉字更是海外中华文化传承的根脉所在。但也应当明确，我们的汉语教师、志愿者或官方人员在孔子学院所进行的汉语国际传播以及在海外正式场合所使用的汉语应当是现代汉语标准语——普通话，所使用的汉字应当是现代规范汉字。

传播的是当代中国的文化。中国文化不只是传统的、古典的中国文化，更包括现代的、当下的、正在发生的、鲜活的中国文化。我们在观察中发现，以往的汉语国际传播中对中国古代文化介绍的比重远高于对当代中国文化的传播。这一方面是由于某些传播者对外国人喜好的一味迎合，另一方面也是由于我们对自己所处的当代中国文化不了解、不自信。厚古而薄今可能造成汉语国际传播的受众对中国的印象停留在百年以前，从而对今天的中国产生种种误解甚至偏见。因此，应当对这种厚古薄今甚至"厚古无今"的倾向予以纠偏，树立正确的汉语国际传播观。

（二）内容需求导向——"＋"号后是关键

内容需求导向将焦点聚集在"＋"号之后。如果以某一国家或某一区域的整体作为目标受众，不同群体的受众对内容的需求不同；同一个群体的受众在过去、现在、未来的不同社会发展阶段对内容的需求也不同。如果以学习者个体作为目标受众，不同的个体受众对内容的需求可能不同；同一个体受众在不同的个人发展阶段对内容的需求也不同。此外，全球或地区性公共事件的突发及其影响的延续，也会导致受众对内容的需求发生紧急变化。

因此，要根据目标受众对内容的不同需求以及这种内容需求的变化(既可能是随时代的发展而慢慢产生的内容需求变化，也可能是突发性的内容需求变化)来制定、变更“汉语＋”策略，或对紧急情况做出及时回应。

(三)多元媒介导向——“＋”号自身的重要作用

“汉语”与“内容”是如何连接起来的呢？多元媒介导向关注的就是如何“＋”的问题。广义上，“媒介”可理解为“使双方(人或事物)发生关系的物质”。这里所说的“多元媒介导向”中的“媒介”，即是能够使人与人、物与物、人与物发生联系的物质。笔者主张采用多种形式的媒介去连接“＋”号前后的汉语与内容，并认为相关部门和机构不但应当允许，而且有必要主动探索、开发更多元的媒介形式来为未来“汉语＋”的汉语国际传播发展增加新动力。

以往，较为人们所熟知的汉语国际传播途径主要是对外汉语教学。从教学媒介发展变化的角度出发，教与学从最原始的声音媒介(即口耳相传)，发展为文字图画媒介(即纸质教材)，继而发展为视听媒介(如教学幻灯片、教学录音、教学影像等)，再到2011年以来风靡各高校的“慕课”(MOOC)形式以及2020年新冠疫情暴发以来在全球范围内得到大范围普及的线上直播课程。新冠肺炎疫情期间，国内外线上课程的大规模普及使众多师生不得不采用网络这一新媒介，这使得各对外汉语教学机构都经历了从教学方法到管理理念诸多方面的巨大变革。同时，师生线上互动效果差、课下作业批改与反馈不及时、网络运行不畅、国内设备和平台兼容性等问题集中暴露，但这也为线上教学方法的改进与创新，以及网络设备类问题的解决提供了机遇和动力。

对于汉语国际传播来说，对外汉语教学只是它的一部分而并非全部，笔者认为，凡是能够使中国走向世界的语言传播都应归属于汉语国际传播的范畴。“汉语桥”系列的各种语言赛事、夏令营，“新汉学”计划的博士培养项目、学术研究项目，“鲁班工坊”系列的科技体验、职业实践教育等也都是汉语国际传播的重要组成部分。上述各类计划和项目虽然已不是传统形式上的课堂教学，却仍然难以摆脱语言学习的套路。因此，我们不妨跳出“教”与“学”的思维惯性，寻找更为多元的媒介来连接汉语与内容。例如已经具备一定发展基础的影视媒介以及颇受年轻人欢迎的动漫媒介、网络游戏媒介，还有新兴的各类短视频媒介。这些新媒介都是语言与内容的结合体，它们以故事情节感动人、以激烈对抗及奖励机制吸引人、以短小的形式和轻松的氛围使人会心一笑，从而达到传统教学媒介所难以企及的传播效果。我们的目的在于以他人能够接受的方式讲述中国故事，传递友好、正向的中国情感，只要能够为构建中国话语体系服务，就不必拘泥于媒介的表现形式。

(四)价值观念导向——汉语国际传播的初衷与使命

价值观念的主体是人，它是人在社会化过程中形成的“关于客观事物价值的观点与信念”。汉语国际传播最直接、最基础的实践主体是“人”，即传播者；汉语国际传播的最终对象依然是“人”，即受众。强调汉语国际传播中价值观念的导向性作用，就是要强调“人”的观点与信念的重要作用，尤其是强调传播者的价值观念是正确的、是符合汉语国际传播初衷与目的的。只有这样才能保证传播的内容与传达的价值观念正确，进而使目标受众接收到正确的、符合我们汉语国际传播初衷的内容与价值观念。那么，什么是正确的、符合汉语国际传播初衷的价值观念呢？笔者认为，汉语国际传播的初衷与目的就是通过汉语的国际传播促使他国民众了解当下的、真实的中国，进而理解乃至认同中国人的思维方式、认知方式和价值理念。这是我们汉语国际传播活动的出发点和落脚点，但也是最容易为人所忽略的部分。

传播者可以是人，也可以是机构，但机构归根结底也是由个体的人组成的，因此，传播者在进行汉语国际传播实践时不可避免地带有个人特色、个人风格，这是合乎情理的。但传播者本身必须持有正确的汉语国际传播价值观念，这样才能保证由其所主导的具体的汉语国际传播实践能够传递正确的价值理念，对目标受众起到正面的引领作用。

参考文献

[1]第十三届孔子学院大会在成都召开　孙春兰副总理出席开幕式并讲话[J]. 孔子学院，2019(1)：6-9.

[2]于运全，王丹，孙敬鑫. 中国国家形象全球调查分析报告[J]. 人民论坛·学术前沿，2020(20)：90-95.

[3]吴应辉，刘帅奇. 孔子学院发展中的“汉语＋”和“＋汉语”[J]. 国际汉语教学研究，2020(1)：34-37，62.

[4]李宇明. 重视汉语国际传播的历史研究[J]. 云南师范大学学报(对外汉语教学与研究版)，2007(5)：4-6，10.

[5]周延松. 中医孔子学院的语言文化传播及其模式构建[J]. 世界中西医结合杂志，2014，9(11)：1241-1242，1260.

[6]孔卓瑶，张宗明. 中国古代医药文献对外传播及其影响[J]. 医学与哲学，2015，36(1)：86-89.

[7]蔡捷恩. 中医药学在越南[J]. 北京中医，1993(2)：59-62.

[8]刘国伟，李琳. 中医在五个典型历史时期的海外传播概述[J]. 中医临床研究，2015，7(3)：1-5.

[9]时光.《伊利汗中国科技珍宝书》校注[M]. 北京：北京大学出版社，2016.

作者简介：张天骄，首都师范大学文学院汉语国际教育专业硕士研究生。

“一带一路”背景下高校留学生专门用途汉语能力需求分析模型及发展探讨*

肖　珊　廖雅璐　徐成慧

摘要：本文对专门用途汉语(Chinese for Special Purpose，CSP)能力进行了定位，并从需求分析角度出发，研究出系统性学术汉语(SCSP)和非系统性学术汉语(USCSP)两大类需求分析模型，并以中国地质大学(武汉)地质类专业的留学生为例，综合考量影响CSP能力发展的变量因素及存在的问题，并提出相关的发展对策。

关键词：“一带一路”；高校留学生；专门用途汉语能力

Discussion on Needs Analysis Model and Development Strategy of CSP Ability of Foreign Students under the “Belt and Road Initiative”

Xiao Shan，Liao Yalu，Xu Chenghui

Abstract：This paper accurately defines the CSP ability. From the perspective of needs analysis，it innovatively establishes two types of needs analysis models：Systematic Chinese for Special Purpose (SCSP) and Un-systematic Chinese for Special Purpose (USCSP). Taking the foreign students of geology major from China University of Geosciences as an example，this paper comprehensively considers the variables and problems affecting the development of CSP ability，and proposes relevant development countermeasures.

Key words：the Belt and Road Initiative，foreign students in colleges，CSP ability

目前，已有136个国家和30个国际组织与中国签署了195份共建“一带一路”合作文件①，建设主要集中于港口、铁路、公路、电力、航空和通信六大基础设施领域。“一带一路”建设要求培养“同时具有扎实的学科背景知识、丰富的实践经验、较强的沟通协调能力的复合型人才”(包敏娜、韩塔娜，2019)，包括培养具有国际化视野、精通汉语、适应“一带一路”发展需求的留学生专门型人才。据2019年4月教育部发布的数

* 本研究获国家社会科学基金项目“跨语言多义性句式分析及语义地图构建研究”(18CYY003)和中国高等教育学会外国留学生教育管理分会2020年科研项目(CAFSA2020-Y026)的资助。

① https：//www. yidaiyilu. gov. cn/xwzx/roll/77298. htm。

据[①]显示：截至2018年，在华接受学历教育的留学生为258 122人，占总在华留学生总数的比例高达52.44%，其中研究生占在华生总数比例比2017年增加了12.28%。

我国教育部国际合作与交流司及国家留学基金委自2005年启动了中国政府奖学金本科来华留学生预科教育改革试点工作以来，截至2019年6月，已从最初的两所高校发展到了包括中国地质大学(武汉)、吉林大学在内的17所高校[②]；2018年10月教育部印发《来华留学生高等教育质量规范(试行)》的通知[③]，作为开展来华留学内部和外部质量保障活动的基本依据。本文尝试从专用汉语能力培养角度，解析当前我国来华留学生教育中存在的问题及影响因素，并提出相应对策。

一、学历留学生专门用途汉语能力需求分析

CSP称为专门用途汉语，是指适用于某种专门学科、领域、特定范围或场合的汉语(李泉，2011)。2017年11月发布的《外国人才签证制度实施办法》以及中资和中外合资企业等对"汉语+专业"留学生人才需求的增加，对学历留学生CSP能力的培养及发展提出了有针对性的要求，也对CSP能力的定位及能力提升的指标方面有影响。结合需求，我们对CSP能力进行了大致分类，如图1。

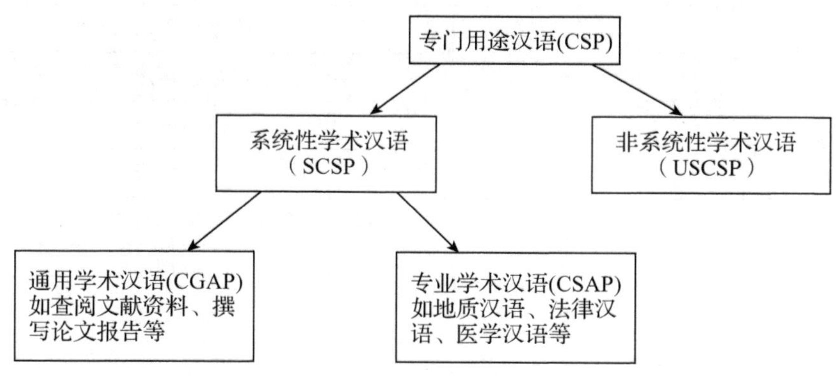

图1 专门用途汉语(CSP)分类示意图

总体来说，专门用途汉语(CSP)分为系统性学术汉语(SCSP：Systematic Chinese for Special Purpose)和非系统性学术汉语(USCSP：Unsystematic Chinese for Special

① 目前教育部网站来华留学生数据更新至2018年。http://www.moe.gov.cn/jyb_xwfb/gzdt_gzdt/s5987/201904/t20190412_377692.html。

② 中国政府奖学金本科来华留学生预科教育院校分别是：对外经济贸易大学、北京语言大学、东北师范大学、山东大学、首都师范大学、北京第二外国语学院、南京师范大学、天津大学、同济大学、华中师范大学、中央财经大学、北京中医药大学、吉林大学、上海财经大学、中国地质大学(武汉)、华南理工大学、华侨大学共计17所。

③ http://www.moe.gov.cn/srcsite/A20/moe_850/201810/t20181012_351302.html。

Purpose)两大类，前者指有规定的学制要求及详细完整的培养方案，进行长期的、有规划的汉语学习，一般以在学校内部学习为主，比如地质学科汉语学习等。系统性学术汉语可进一步分为通用学术汉语（即学科汉语）和专业学术汉语（即领域汉语）两类，通用学术汉语（CGAP：Chinese for General Academic Purposes）是指学生在学习过程中掌握的涉及学术的基础汉语知识，如查找文献资料、撰写论文报告、进行论文答辩所运用的汉语知识；专业学术汉语（CSAP：Chinese for Specific Academic Purposes）则具体到各专业，比如地质类汉语知识及野外实际技能的运用，医学类汉语知识的获得及临床医学的运用等；后者指为某一业务目的进行短期学习及培训，目标确定，针对性强，范围特定但学习场所不限于学校，比如某展览会或会议口译交流、商务谈判以及为某竞赛做短期培训准备等。

从需求分析角度出发，结合 CSP 分类示意图，我们勾画出系统性和非系统性学术汉语需求分析模型，如表 1 和表 2 所示。

（一）系统性学术汉语需求模型

表 1　系统性学术汉语需求分析模型

类型	维度
个人需求	学能差距需求
	学习过程需求
	个体内驱需求
	外部环境需求
社会需求	个人基本情况需求
	工作汉语应用需求
	学术汉语教学需求
	多方合作交流需求
学校/学科需求	课程安排
	教学情况
	评价考核

具体来说：

1. 学生个人需求

对中国地质大学（武汉）地质类专业 351 名在籍学历留学生[①]进行调查分析，按照调研的时间顺序，分为两个阶段发放调查问卷：

第一阶段：入学前留学生个人基本信息及汉语能力情况调研。2020 年 11 月底 12

① 包括硕士和博士学生，具体来说包括：地球科学学院（45 人）、工程学院（61 人）、资源学院（129 人）、地球物理与空间信息学院（26 人）、环境学院（73 人）和地理与信息工程学院（17 人），共计六大学院。

月初发放调查问卷共计351份(其中硕士225人，博士126人)，收到有效问卷共计334份。一方面了解学生国别、性别、年龄等个人基本信息，另一方面了解学生进入专业学习的意愿、期望毕业后达到的学习目标和掌握知识的能力。

第二阶段：入学后留学生汉语/专业学习过程及体验度调研。2021年3月底至4月初发放了调查问卷共计351份(其中汉语授课学生267人，英语授课学生84人)，收到有效问卷共计329份。主要了解经过第一学期汉语学习(对象为以汉语授课的地质类硕博生)或专业学习(对象为以英语授课的地质类硕博生)之后，调查他们已开设的通用汉语、科技汉语以及地质课程或实习课程中的体验及满意度。

结合以上调查内容，我们发现学生个人需求可分为四个维度：

维度1：学能差距需求，包括(1)入专业前汉语学能基本情况，掌握基础汉语听说读写，词汇、语音、语法等知识；(2)专业学习中汉语学习时间分配，指目前除了上课学习专业课程以外，平均每天能用来学习专业汉语的时间长度。

维度2：学习过程需求，包括(1)学习内容，提高或重新学习关于专业方面的基础知识，包括专业词汇概念、释义、语法，提高专业听说读写能力；(2)学习策略，包括短时期内提升专业学习效能和学习技巧；提升学习兴趣、理解力。

维度3：个体内驱需求，包括(1)个体愿望，个人专业汉语学习的目的或动机，诸如为了未来找到相关工作，提升薪酬、中外贸易合作交流、为了继续专业深造(比如硕士到博士)等；(2)知识获取，学生获取专业知识的愿望，达到专业课目标、完成专业学习要求，诸如提高查阅专业文献资料能力、课程论文撰写、毕业答辩的愿望。

维度4：外部环境需求，包括(1)对教学老师的需求，教师教学的连续性，教师工作态度、讲课能力，师生关系融洽度等；(2)对课堂方法的需求，来源于但不同于基础汉语教学的授课方式，因材施教，因专业施教，教辅设施的使用；(3)对学习资源的需求，不同于专业教材的专门性汉语教材，包括难易度、专业相关度、趣味性等；(4)对课时的需求，专业汉语课时与专业课的课时比例平衡度。

2. 社会需求

在"一带一路"倡议的推动下，沿线国家基础设施建设成果丰硕，推动企业"走出去"和"引进来"相结合，需要大量具有国际化视野的"专业＋汉语"复合型人才。结合当前社会实际情况，社会需求可以分为四个维度：

维度1：个体基本情况需求，包括(1)对年龄的需求，在不同工作中，由于不同的工作性质和强度，对年龄有不同要求；(2)对专业的需求，指企事业在招聘时，不同的岗位需要相应专业对口的人员，例如矿产普查勘探工作，需要地质学专业基础及野外实操技能兼有的人员。

维度2：工作汉语应用需求，包括(1)汉语的重要性，如中资企业由于日常工作交流的需要，对专业人才要求具备"专业＋汉语"的应用能力；(2)汉语的工作使用频率，在不同专业领域，汉语使用范围及频率不同，比如中外经贸领域更为侧重商务汉语口头交流及书面表达。

维度3：学术汉语教学需求，包括(1)教学内容的实用性，当前学术汉语的教学内容是否能满足留学生的需要，是否满足“专业＋汉语”复合型人才的培养需要；(2)教学成果的实用性，学术汉语教学成果对留学生日后发展的影响，例如官方商务汉语考试证书(BCT)在留学生求职过程中的影响力，是否成为其必备条件。

维度4：多方合作交流需求，这个主要指国家层面的交流，包括(1)目标上注重互利共赢，多方互帮互助推动多领域全方位的合作及共同进步；(2)范围上着眼“五通”，促进政策沟通、设施联通、贸易畅通、资金融通和民心相通，加强各方互联互通，深化务实合作，增进各国人民福祉。

3. 学校/学科需求

不同专业留学生的学术能力需求具有层次性和多样性。从学校和学科需求角度，可分为三个维度：

维度1：课程安排，包括(1)实践课和理论课的比例协调，包括课时安排比例均衡、课时顺序先学后用；(2)语言课和专业课的过渡，在语言课学习中应有意识地增设一些与专业相关的基础课学习，如进入地质类专业学习之前开设一些数理化强化课程；(3)增加与毕业相关的必修课课时数，如用汉语进行论文写作、论文开题、答辩相关事宜。

维度2：教学情况，包括(1)教学内容的安排，指应符合培养目标及学生发展需要制定的一系列科学的专业汉语内容学习；(2)教学活动的安排，包括针对日常课堂教学内容的实际操练活动，与专业课相结合的活动，如地质野外实习、找矿案例分析课等。

维度3：评价考核，包括(1)考核形式的选择，指通过书写或者口语形式进行考核，闭卷或者开卷形式进行考核；(2)考核标准的效度，指当前考核标准是否能有效评判学生水平，平时成绩和考试成绩比例是否均衡等。

(二)非系统性学术汉语需求模型

表2　非系统性学术汉语需求分析模型

类型	维度
个人需求	学习目的需求
	学习过程需求
社会需求	基本情况需求
	汉语应用需求
	形势政策需求

1. 个人需求

维度1：学习目的需求，包括(1)学习者为了达到某一具体目标而进行的学习，目的性较强，短时间内有成效，例如为了地质技能大赛而进行的为期两到三个月的专业汉语短期培训，包括理论知识学习、野外地质技能加强、地质标本鉴定等内容；(2)获取能快速运用于实践领域的其他知识。

维度2：学习过程需求，包括(1)学习时间要求，短、快、密集；(2)期望值，学习效果显著；(3)学习内容，具有极高的专业针对性。

2. 社会需求

维度1：基本情况需求，包括(1)学习者专业基础能力相当，专业背景一致；(2)学习者来源近似，便于更好地进行集中教学培训，如商务谈判技巧。

维度2：汉语应用需求，包括(1)学习实用性强，要求更为快速、直接、有效的汉语学习，学即能用；(2)学习目的明确，能直接运用于相关领域、范围或某一具体场合。

维度3：形势政策需求，包括(1)经济全球化的影响，带动各领域交流合作；(2)"一带一路"倡议的推动，使不同专业领域产生复合型人才的需求，同时也催生了短期成效性汉语学习的形成。

从理论上来讲，上述模型是适用于所有专业、学历的留学生的需求分析，但在实际过程中我们还需要在此基础上做进一步的调查统计，结合不同的专业、不同的学生层次(本硕博)、不同的生源国特点、社会经济发展动态等各方面的变量要求来进行更为细致的划分，才能找出不同学科、领域或特定范围场合下对CSP能力的具体要求、特点和问题，使得整个模型更为科学完善。

二、专门用途汉语能力培养中存在的问题

影响CSP能力发展的变量因素很多，不同的学科、专业、领域、范围对于CSP能力的要求是不一样的，我们以中国地质大学(武汉)地质类专业学历留学生为例，通过调查发现以下问题：

1. 培养目标还有待清晰

以中国地质大学地质为例，从硕士和博士的培养目标来看，强调创新，但使用"较好的学习能力""一定的学术能力"等表述，一方面不能准确评判来华留学生的学术水平，进而影响具体课程的设置和开发，教师们只是凭借自身教学经验和教学意识来决定教学的内容和形式；另一方面与社会环境的适应度、关联度不够，很难满足留学生的个人学习需求，课堂学到的东西不能灵活运用于实际生活中，从而影响了留学生的学习兴趣和积极性，不利于专业领域留学生人才的培养。

2. 课程设置还有待丰富

就当前对不同阶段、不同层次的地质类留学生课程设置情况(以学术型硕士生和博士生为例)来看，公共学位课虽以汉语知识为主，但仍以英语为授课语言，学生对汉语知识的学习和运用仍存在较大问题。教学课程设置看似多样，但实际效度仍然比较单一，只考虑到学生的基本语言交流能力，但是在专业领域、求职领域以及论文写作等直接关系到留学生应用能力方面的领域很少涉及，很难提高学生的CSP能力，汉语课需求的多样化要求课程设置更加多元化。

3. 专业教学过渡衔接有待加强

中国地质大学(武汉)的学历留学生可以分为两种情况：一种是接受汉语授课的中

国政府奖学金生，这部分学生已获得 HSK 四级及以上证书、具备基础汉语知识能力后进入专业学习，以硕士和博士为主，有少量本科生；另一种是接受英语授课的中国政府奖学金生，不需具备基础汉语能力可直接进入专业学习。尽管这两类学生在授课类型、授课方式、学时及学习年限等方面存在差异，但因为同一专业的培养目标是一样的，他们都需要在中国取得专业的文凭，因此掌握更高水平的汉语交际能力和写作能力对他们来说是基本条件。特别是其中汉语授课的学生在掌握了汉语语法知识之后，其所掌握的专业词汇的数量及准确性会对其口语交流、书面语表达有很大的影响。

目前，对外汉语专业词汇教学的现状有两个问题值得关注：一是大多数高校的对外汉语教学还多为通用汉语(CGP)词汇教学，缺乏专门用途汉语(CSP)的词汇教学，学生进入专业学习以后，需要额外花大量的时间和精力去自学专业词汇术语；二是虽然有《汉语水平考试词汇及汉字等级大纲》的指导，但教师在通用汉语实际教学中，“遇词讲词”的局面较为普遍，讲多少是多少，缺乏词汇之间的联想性及系统组织性。因此，在课时、教材、师资等方面，从基础汉语能力培养到专业知识能力培养之间缺乏衔接，从而导致学生进入专业后各种不适应，成绩受到影响。

4. 学术汉语评估体系有待搭建

现阶段，大部分院校仍以 HSK 成绩作为评价留学生汉语学习效果和教师教学效果的标准。但是，通过对大量留学生的调查，发现在一些学校存在“重阅读书写轻听说”的问题，HSK 考试(四级)只涉及笔试，所以，HSK 成绩的高低并不能说明学生专业汉语能力的强弱、综合语言技能的高低。当前，只有一部分学生，比如预科留学生在数理化、科技汉语方面有相应的考评体系和标准，与专业相关的考试形式目前也仅涉及商务汉语，例如商务汉语考试(BCT)，尚没有涉及其他领域范围。所以，目前高校留学生学术汉语教学的评价体系还没有统一的标准，专业汉语基本技能的考核评估体系还有待完善。

三、留学生专门用途汉语能力培养对策

不同院校有不同的特色以及研究方向，例如地质研究、医学研究等，只有充分将这些特色和研究方向展现出来，才能更好地发挥出不同院校的作用。为此，需要邀请经验丰富的专业教师和对外汉语教师共同参与培养目标的制定，同时，要面向留学生进行详细、深入的问卷调查，了解不同专业、不同层次(学士、硕士、博士)留学生的学习动机和具体需求，使培养方案和课程内容更具针对性。

首先，针对不同专业、层级的留学生，设置不同的“汉语＋专业技能”课程。在专业课学习阶段，结合学生专业特点，可以在公共学位课中设置专业汉语类课程。对于本科生阶段的留学生，可以考虑在一年级设置一些中华文化的体验课，让留学生在文化体验中感知中华文化；在三、四年级，开设科技汉语阅读、论文写作、专业术语词汇等课程，通过多样化的课程设置，为提升留学生专门用途汉语能力打好一定的基础。

其次，探索教学策略，实现从基础汉语学习到专业汉语学习的平稳过渡衔接。对

外汉语教师应将二语习得研究与专门用途汉语研究结合起来，拓展自身的教学能力，以汉语词汇的学习为例，基础阶段的学习注重于日常交际词汇含义，有些词汇到了专业学习阶段会产生不同的专业含义，如"作用"一词，《现代汉语词典》中的基本定义是"对事物产生的影响"，而在地质学领域中的定义是"由于受到某种能量的影响从而引起地壳组成物质、地壳构造、地表形态等不断变化和形成"，这种"影响"就是一种力的影响，在语义上有相似性也有差异性，从而可以构建起"地质科技词汇系统性语义网络"（肖珊，2015）。这就需要对外汉语教师增强对专业汉语词汇的敏感度和熟悉度，让留学生在基础汉语词汇学习阶段就开始适量接触专业内容。

最后，建立留学生教育质量评价体系，为提升留学生专门用途汉语能力提供保障。一是建立来华留学生教育质量评价体系，并组建相应评估专家团队，最大限度地确保评价结果的可靠性、真实性、具体性，为留学生教育的健康发展提供决策参考；二是建立高效的留学生培养机制，可以考虑产学研合作培养的模式，促进留学生专门用途汉语的学习和专业能力的提升。

参考文献

[1]包敏娜，韩塔娜．"一带一路"背景下内蒙古蒙汉双语翻译人才需求分析及思考[M]//李艳．语言产业研究(2019 年卷)．北京：首都师范大学出版社，2019：157-163.

[2]陈冰冰．国外需求分析研究述评[J]．外语教学与研究，2009，41(2)：125-130.

[3]陈冰冰，王欢．国内外语需求分析研究述评[J]．外语与外语教学，2009(7)：18-21，28.

[4]陈冰冰．大学英语需求分析模型的理论构建[J]．外语学刊，2010(2)：120-123.

[5]郭素红，吴中平．留学生汉语需求分析的理论与方法[J]．汉语学习，2012(6)：91-96.

[6]李欣蓓，张艳华．基于 ESP 理论的商务汉语学习者学习需求分析及教学建议[J]．现代语文，2019(4)：169-176.

[7]倪传斌，刘治．外语需求的特性分析[J]．外语与外语教学，2006(2)：21-24.

[8]彭湃，胡晓研．专门用途汉语教师的培养模式及自我发展[J]．东北师大学报(哲学社会科学版)，2017(3)：109-114.

[9]束定芳．外语教学改革：问题与对策[M]．上海：上海外语出版社，2004.

[10]王海啸．个性化大学英语教学大纲设计中的需求和条件分析[J]．中国外语，2004(1)：21-26.

[11]夏纪梅，孔宪．外语课程设计的科学性初探[J]．外语界，1999(1).

[12]肖珊．关于对外汉语科技词汇教学系统性的探讨——以地质科技词汇为例[J]．汉语教学与研究，2015(16).

[13]余卫华．需求分析在外语教学中的作用[J]．外语与外语教学，2002(8)：20-23.

[14]张黎．商务汉语教学需求分析[J]．语言教学与研究，2006(3)：55-60.

[15]张健，李莉．ESP 需求分析理论下零基础商务汉语教学述评[J]．海外华文教育，2017(10)：1427-1432.

[16]赵新，韦建刚．"一带一路"视角下高校留学生教育发展对策探讨[J]．黑龙江高教研究，2018，36(6)：150-153.

[17]Lambert C. A task-based needs analysis：Putting principles into practice[J]. Language Teaching Research，2010，14(1)：99-112.

[18]Richterich R. A Model for the definition of Language Needs of adults learning a Modern Language [M]. Strasbourg：Council of Europe，1972.

[19]Sadeghi B，Hassani M T，Hessari A D. On the relationship between learners' needs and their use of language learning strategies[J]. Procedia-Social and Behavioral Sciences，2014，136(9)：255-259.

作者简介：肖珊，中国地质大学(武汉)国际教育学院副教授，研究领域为汉语国际教育、国际学生培养与管理；廖雅璐、徐成慧，中国地质大学(武汉)国际教育学院助教，研究领域为对外汉语教学。

罗马尼亚语言智能发展现状及面临的挑战*

董希骁

摘要：进入21世纪后，罗马尼亚在数据库建设、语义识别、语音交互、机器翻译等方面取得了一定的成果。但由于网络普及率相对较低、人才流失严重、竞争能力不足、缺乏宏观规划等原因，该国的语言智能化水平与其他欧洲国家相比仍存在一定差距。通过对现状的梳理和对当前面临问题的分析，本文对罗马尼亚语言智能化的发展趋势，以及中罗两国在该领域的合作进行了展望。

关键词：罗马尼亚；语言智能；现状；问题

The Language Intellectualization in Romania — Status and Challenges

Dong Xixiao

Abstract: After 2000, Romania has made achievements in database construction, semantic recognition, voice interaction and machine translation. However, due to the relatively low Internet coverage rate, serious brain drains, insufficient competitiveness and lack of macro planning, there are still gaps between this country and other European countries in terms of language intellectualization level. Through analyzing the current state and problems, this article makes predictions about the development trend of language intellectualization in Romania, and looks forward to the Sino-Romanian cooperation in this field.

Key words: Romania, language intellectualization, current state, problems

人工智能是引领未来的战略性技术，在移动互联网、大数据、超级计算、传感器、脑科学等新的理论和技术以及社会经济发展强烈需求的共同推动下，人工智能迅速发展，呈现出深度学习、跨学科融合、群智开放、自主操控等特征(冯志伟，2018)。语言智能作为人工智能皇冠上的明珠，是一门运用计算机信息技术模仿人类语言，分析和处理人类语言的科学(周建设、吕学强、史金生、张凯，2017)。语言智能技术自产生以来，经历了从自然语言处理到人机对话，再到智能写作、智能批改、智能翻译和智能问答等多领域应用阶段(胡开宝、田绪军，2020)。进入新世纪后，语言智能在更

* 本文系北京外国语大学2019年度“中青年卓越人才支持计划”资助项目“罗马尼亚国家语言能力研究”(编号：215500120013)的阶段性成果。

广阔的领域得到应用，成为事关国家信息安全的关键技术。因此，文秋芳(2019)在修订国家语言能力理论体系时，从国家战略高度出发，将语言智能化水平列为国家语言核心能力的评价维度，认为政府应有效运用智能化技术输入和处理不同语言，从而满足机器翻译、人工智能、智慧教育等方面的需求。

世界各国的经济实力、科技水平、核心诉求千差万别，发展语言智能技术的实力也存在较大差异。但不可否认的是，在信息化时代，各国都存在使用语言智能技术的巨大需求，且在处理本国语言方面享有得天独厚的优势。深入了解不同国家的语言智能化状况，有助于在此领域开展更为高效的国际合作，进而以语言和科技为桥梁协同推进人类命运共同体建设。罗马尼亚既是北约和欧盟成员国，又是“一带一路”沿线国家和“中国—中东欧国家合作”成员。对该国的语言智能发展状况加以梳理，可以更全面地了解欧盟语言技术的发展，并为中罗乃至中欧科技合作拓展空间。

一、罗马尼亚语言智能化肇端与发展

与世界上的大部分国家相比，罗马尼亚的语言智能化建设起步并不晚。早在20世纪80年代初，罗马尼亚就依托科学院旗下的研究机构和部分高等院校，在计算语言学和自然语言处理领域产出了一些研究成果，但当时无论是政府还是整个社会都对语言智能化的价值和意义认识不足，未对相关成果给予应有的重视(Trandabăţ *et al*. 2012: 2)。1990年后，该国步入长达10年的艰难转型期，经济持续低迷，但信息技术却得益于科技开放度和市场需求的提升，出现了逆势增长，增幅远超西方国家。

表1 罗马尼亚信息技术市场增长与部分发达国家的对比(1992—1999年)(单位:%)

消费类别	罗马尼亚	美国	日本	德国	英国	世界平均值
信息技术与通信总消费	16.2	7.8	8.1	3.9	6.4	7.5
电信市场	24.8	5.2	17.2	1.8	5.5	8.5
软件市场	24.7	14.1	9.1	12.3	11.3	12.5

数据来源：崔维军(2007)。

这种态势一直维持到21世纪初，崔维军(2007)在对比了2005年中罗两国信息化指标后指出，两国的信息化建设背景非常相似，同属“缓慢快跑者”，网络整备度和数字上网两项指数的排名极为接近。这为罗马尼亚在语言智能化领域的发展打下了基础，但该领域真正步入正轨则是在2000年之后，主要体现在以下三个方面。

1. 全社会对语言智能化的需求日益攀升

某一科技领域的持续发展，首先是由内生因素驱动的。2000年后，罗马尼亚结束了漫长的转型期，政治制度架构基本完成，经济从休克中得以复苏，社会各界在文化、教育、通信等方面的需求也随之增长。对语言智能化的需求，主要体现在民众和学界两个层面。

对普通民众而言，制度转型带来的最大益处在于个体自由度的提升，包括人员流动自由、信息获取自由和观点表述自由。2000年后，大批罗马尼亚公民移居海外，其中既有外语能力较强的高学历移民，也不乏文化水平不高的普通务工者，语言成为其融入当地社会和提升薪资水平的主要障碍。为满足此类需求，由罗马尼亚本土企业，甚至个人开发的各种翻译软件在21世纪初大量出现。但由于技术水平的限制，大多数产品只能提供词汇层面的对译，起到双语电子词典的作用，且以离线软件居多，数据升级和产品推广都面临较大困难(Cristea şi Tufiş，2002)。随着谷歌(Google)等跨国企业的多语种在线翻译产品日渐成熟，罗马尼亚本土开发的翻译类软件大多销声匿迹了。

学界最为关心的则是如何在信息化时代保持罗马尼亚语(简称“罗语”)地位，维护罗语特性。由于罗语数据库的开发和应用远远滞后于网络普及速度，民众用计算机写作和在线交流时大量使用英语字符和“自创”的正字规则，对罗语的规范性造成了极大威胁。虽然也有一些本土公司开发了罗语字库和纠错软件，但价格昂贵，且兼容性较差。技术水平落后导致民众的语言规范意识日益淡薄，其中甚至包括语言学专业的学生。笔者2002年在罗马尼亚完成硕士论文时，竟成为全班(共16人)唯一在打印文稿中使用罗语特殊字符者。

2. 对语言智能化的认识与欧盟迅速接轨

20世纪70年代后期，欧盟的前身——欧共体就意识到了语言科技对于促进欧洲统一的重要性，开始资助研发EUROTRA系统。按设计构想，该系统将成为能翻译所有欧洲共同体国家语言的多语系统(逐对翻译)，其基本原理是由模块化设计来实现多语之间的翻译，使多语转换模块跟单语分析模块和单语生成模块严格分开(King、刘敏，1985)。1990年后，罗马尼亚将“回归欧洲—大西洋体系”作为国家发展的首要目标，各领域发展理念和管理制度与欧盟保持高度一致。与此同时，如何在“融入欧洲”进程中保持本民族的语言和文化特性，也成为包括罗马尼亚在内的转型国家普遍关注的问题。1992年，欧共体委员会针对多个欧洲国家的语言状况开展调研，分析了各国对语言的开发利用能力。调研报告指出，在未来社会，一门语言如果无法在数字化、信息化领域被自由使用，就会迅速降格为一种方言，并最终衰亡(CILR，2001)。这一论断使罗马尼亚学界和相关政府部门认识到实现语言智能化的紧迫性。此前，让人们普遍焦虑的问题是英语的普遍使用会对罗语造成侵蚀，却未曾想在数字化进程中，特别是在学术、法律、金融等领域，罗语正被日益边缘化(Trandabăţ *et al*. 2012：2)。在此背景下，语言信息化、数字化问题引起了罗马尼亚政府的高度重视。1994年，罗马尼亚科学院成立了“米哈伊·德勒格内斯库”人工智能研究所(Institutul de Cercetări pentru Inteligenţă Artificială，Mihai Drăgănescu，RACAI)，并将自然语言处理列为重点研究内容。

3. 管理、研究和人才培养机制相继建立

鉴于上述原因，2000年，罗马尼亚政府正式将语言智能化纳入国家信息领域研究和发展计划，并出台了一系列举措支持语言信息化、数字化建设，因此这一年常被视作该国的语言智能化元年。是年，罗马尼亚教育部启动了"信息社会"(Societatea Informaţională，INFOSOC)项目，团队成员包括来自微软罗马尼亚公司(Microsoft România)的代表和罗马尼亚科学院的研究人员。同年，在科学院的倡议下，布加勒斯特大学(Universitatea din Bucureşti，UNIBUC)语文系罗马尼亚语教研室在全国率先招收计算语言学硕士，雅西"亚历山德鲁·约安·库扎"大学(Universitatea „Alexandru Ioan Cuza" din Iaşi，UAIC)计算机系也在次年设立了计算语言学硕士专业。上述两个硕士研究生培养项目均得到罗马尼亚教育部的专款资助。

2001年10月，科学院成立了罗马尼亚语信息化委员会(Comisia de Informatizare pentru Limba Română，CILR)，成为该国语言智能化建设的标志性事件。该委员会在创立之初的职责较为宽泛，包括为罗语信息化创造必要的社会环境，为高校师生提供接触学科前沿的机会，在虚拟世界为罗语的使用扫清障碍等。从国家层面制定语言智能化规划并建立相应机构，既是顺应全球科技发展潮流的需要，也是民间科研"倒逼"的结果。语言智能研究具有明显的跨学科特点，既要有计算机专家开放适用的语言处理工具，又需一定的语言学知识储备。在高校培养的专业人才尚未成熟的时代，罗马尼亚已有众多计算机爱好者开始研制语言处理标准和工具，并尝试将部分辞书进行了数字化处理，但其使用的语料未经授权，对语言学问题的解释也往往缺乏专业性。鉴于此，CILR也担负起了整合跨学科资源，并对相关工作加以引导和规范的职责(CILR，2001)。2002年，RACAI成为人类语言技术欧洲卓越网络(European Network of Excellence in Human Language Technologies，ELSNET)成员，国际合作渠道进一步拓展。

二、21世纪罗马尼亚语言智能化主要成果

近20年来，罗马尼亚科学院旗下的研究机构和各大高校在数据库建设、信息挖掘、机器翻译、人机交互等方面的合作日趋紧密。除了上文提到的UNIBUC和UAIC之外，积极参与语言智能化建设，并取得显著进展的高校还有布加勒斯特理工大学(Universitatea Politehnică din Bucureşti，UPB)、雅西"格奥尔基·阿萨基"科技大学(Universitatea Tehnică „Gheorghe Asachi" din Iaşi，TUIASI)以及克卢日-纳波卡"巴贝什-博尧伊"大学(Universitatea „Babeş-Bolyai" din Cluj-Napoca，UBB)等。2000年以来，罗马尼亚在语言智能研究领域取得的成果主要集中在数据库建设、语义识别、语音交互、机器翻译等方面(见表2)，很多项目借助国际合作平台完成。

表 2　罗马尼亚语言智能研究主要成果(含国际合作项目)

成果类别	研制单位	成果描述
数据库建设	RACAI	RORIC-LING：最初是一个由短句(平均句长 9 个单词)构成的罗语语义树库，主要采自新闻语料。后扩充了一个包含长句(平均句长 37 个单词)的树库，涉及不同历史时期的功能性语料
		RASC 罗语语音语料库：大型匿名口语语料库，向所有研究罗语语音识别的团队开放
	罗科学院设在布加勒斯特、雅西、克卢日的语言学研究所，UAIC，以及民间团队	数字化辞书：包括《罗马尼亚语释义词典》《罗马尼亚语词典》《罗马尼亚语宝典》等大型辞书
	TUIASI	SRoL 罗语语音资料库：涉及罗语元音、辅音、双元音、带有情感状态的句子，以及一些地域语音变体，含女性和男性的声音
	摩尔多瓦共和国科学院数学和信息学研究所(Institutul de Matematică şi Informatică „Vladimir Andrunachievici”)	罗语屈折词库：包含罗语单词的形态变化、释义、同义词，以及罗俄和罗英词汇对照功能
	摩尔多瓦共和国科技大学(Universitatea Tehnică a Republicii Moldova，UTM)	罗语单词搭配数据库
		罗—俄平行情感词数据库：基于语料库对罗语和俄语中带有情感的词汇进行对比分析
	志愿者团队	Dexonline 平台：收录 30 余部罗语辞书
语义识别	RACAI	文本识别和纠错工具：对未使用 a、ă、â、î、ş、ţ 等特殊字符的罗语文本进行识别，并自动纠错
		罗语词缀自动识别系统：依据罗语作为罗曼语族语言的派生特点，对词缀进行识别，推动自然语言处理的发展
	UAIC、RACAI	罗语语义搜索工具：适用于 Lucene 等搜索引擎，其中包括一个专有名词识别模块，可识别人名、组织机构名、大事件等
	UAIC	罗语语义分析器：基于带语义标记的语料库开发而成，可识别句子成分的语义功能，并与英语语料实现对齐
		自动摘要系统：可对较短的文本进行缩写、总结，并形成摘要
		网络学习优化系统：通过植入多语工具和语义识别工具来提升在线学习资源的获得效率
	UAIC、克卢日-纳波卡智能基金会(Intelligentics din Cluj-Napoca)	情感和观点分析系统：对论坛、博客，以及各种社交网络进行监控，并提取用户意见

续表

成果类别	研制单位	成果描述
语音交互	UPB、罗马尼亚科学院雅西分部理论信息学研究所(Institutul de Informatică Teoretică al Academiei Române, Filiala Iaşi)	语音合成
	UPB	SpeeD实验室开发的罗语词库：收词超过6万条，为建立语音识别系统创造条件
		自动语音识别系统(ASR)：多个研究团队从事相关研究，其中UPB团队的研究最为深入
		讲话人追踪系统：利用简化算法在多人对话中识别并追踪讲话人，准确率达80%以上
		JustASR系统：2010年罗马尼亚司法部招标项目，被列入《2013—2017司法部IT战略》，旨在基于罗语法律语言的自动监测建立人机交互系统，对法庭上的语音信息进行自动转录
机器翻译	RACAI	包括基于例句或统计进行自动翻译，以及从双语平行语料库中抽取译文等。与国外同类研究相比，研发进程明显滞后

数据来源：Trandabăţ et al.(2012)。

从上表可以看出，下面几家机构在罗马尼亚语智能化进程中发挥着关键作用：1. 科学院人工智能研究所(RACAI)广泛涉足各个领域，不仅是标准创制和技术研发的主体，还与政府部门合作发布研究课题，起到了政策引导的作用；2. 雅西"亚历山德鲁·约安·库扎"大学(UAIC)充分利用在语言学和信息学研究领域的学科优势，立足数据库建设等基础工作，在语义识别方面成果颇丰；3. 布加勒斯特理工大学(UPB)依托该校的声学研究基础，成果集中在语音交互领域；4. 值得一提的是，摩尔多瓦共和国(1991年脱离苏联宣布独立，并将罗语作为国语)的研究人员凭借精通罗语和俄语的优势，积极参与或共同建设罗马尼亚的语言智能化项目，并在构建双语语料库、研发机器翻译工具等方面发挥了重要作用。

三、罗马尼亚语言智能化面临的主要挑战

尽管罗马尼亚在语言智能化方面取得了一定进展，但发展速度依然难以跟上世界潮流。与其他欧洲国家相比，该国2012年前后就已经在该领域处于劣势。欧洲多语种技术联盟(Multilingual Europe Technology Alliance)按机器翻译、语音处理、文本分析、有声和文本语料四项指标对31种欧洲语言的数字化水平进行盘点后发现，罗语的所有评价指标均处于中下游水平(见表3)。

表 3 欧洲语言数字化水平评价(2012)

评价指标	很好	较好	一般	断续	较差
机器翻译	—	英语	法语、西班牙语	罗语等 7 种语言	21 种语言
话语处理	—	英语	捷克语、荷兰语、芬兰语、法语、德语、意大利语、葡萄牙语、西班牙语	15 种语言	罗语等 7 种语言
文本分析	—	英语	荷兰语、法语、德语、意大利语、西班牙语	罗语等 16 种语言	9 种语言
有声和文本语料	—	英语	捷克语、荷兰语、法语、德语、匈牙利语、意大利语、波兰语、西班牙语、瑞典语	罗语等 15 种语言	6 种语言

数据来源：http：//www. meta－net. eu/whitepapers/overview(2021. 2. 15 读取)。

同年，来自欧洲 30 多个国家的学者对互联网上各种语言的显现度进行了调研。报告显示，罗马尼亚人口约为马耳他的 50 倍，但罗语的显现度尚不及马耳他语，更无法与英语相比。互联网上每出现一次关于“罗语”的表述，就会对应出现 350 余次关于“英语”的表述。罗马尼亚学界对此忧心忡忡，认为罗语如果无法在自然语言处理方面实现长足进步，就有可能在互联网上被其他语言吞噬。首先是被国际电子商务领域淘汰，然后被排挤出国际学术话语圈(digi24，2012)。造成这一状况的原因较为复杂，可大致归结为以下四个方面。

1. 网络普及程度相对较低

尽管罗马尼亚近年来经济形势整体向好，互联网普及率也逐年提高，但与其他欧洲国家相比依然落后。特别是在 2012 年以后，罗马尼亚的网络用户增速明显落后于其他国家。欧盟统计局公布的数据显示，2000 年罗马尼亚全国网民数量仅占总人口的 3.6%，到 2012 年已增至 35.5%(其中六成每天都要上网)，在欧洲名列第八。换言之，网民占比在十年间增长了 10 倍。2013—2018 年间，罗马尼亚家庭上网率虽然从 58% 升至 81%，但仍低于欧盟平均水平(89%)，在欧盟 28 个成员国(当时英国尚未脱欧)中

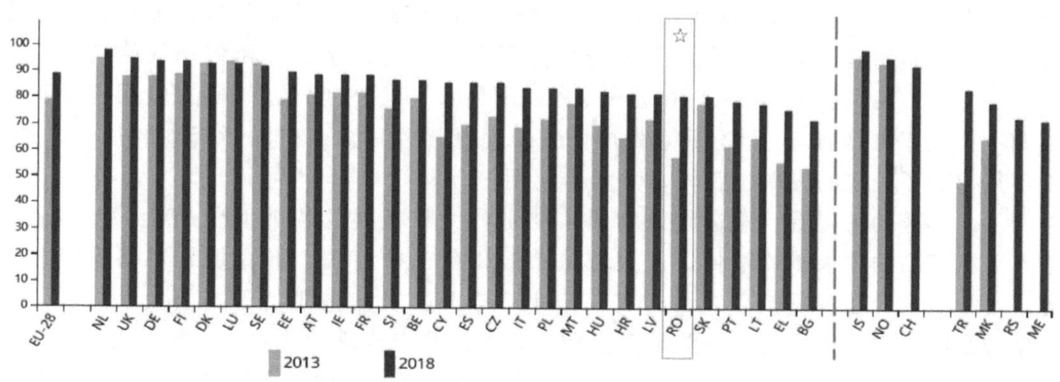

图 1 欧洲及世界主要国家家庭上网率(%)(2013/2018)

数据来源：https：//ec. europa. eu/eurostat/statistics-explained/index. php? title = Digital _ economy _ and _ society _ statistics _ — _ households _ and _ individuals/ro(2021. 2. 15 读取)。

仅居第23位(见图1)。罗马尼亚的宽带速率长年居全球前五，说明该国的网络基础设施建设状况尚可，家庭上网率偏低主要是因人口规模持续走低，老龄化严重(2019年，65岁以上人口已近20%)，农村空心化等原因导致的(家庭上网率统计以户为单位，未将在国外务工的青壮年计算在内)。由于居住在农村的老龄人口占比较高，在一定程度上限制了该国语言智能化需求的增长。

2. 相关专业人才流失严重

1990年后，大批罗马尼亚人移居西方发达国家，其中包括大量技术移民，不乏IT领域专业人才。2007年，罗马尼亚正式成为欧盟成员国，人员流动自由度空前提升，导致人才流失现象愈发严重。罗马尼亚培养的IT人才因良好的专业素养而广受海外市场的欢迎，国内语言智能研发力量因而被大幅削弱。2017年后，由于国外生活成本高昂，以及罗马尼亚国内产业潜力初显、工作岗位增多、薪资待遇改善等原因，在国外工作的IT人士中约有80%考虑回国工作。2017—2020年间，罗马尼亚IT产业年均增长率保持在15%左右，每年约可吸纳7 000余名相关专业毕业的大学生，但就业市场仍存在约5 000个人才缺口(debizz，2018)。人才回流对于该国的信息化建设而言无疑是利好消息，但与语言智能化相关的研究，目前仍由科学院和高校主导，产业化程度不高，且人才蓄积能力有限。

3. 本土企业处于竞争劣势

罗马尼亚的综合国力有限，且已将本国的发展战略完全纳入“欧洲—大西洋体系”内，谋求深度融入，对语言智能产业的本土化要求不高，也没有独立维护本国的语言信息安全的能力和意愿。因此，罗马尼亚现有的语言智能化资源和人才中，有很大一部分是为具有西方背景的跨国公司服务的。2020年的统计数据表明，罗马尼亚IT人才最青睐的前三名公司分别是甲骨文(Oracle)、微软(Microsoft)和亚马逊(Amazon)，均为美资企业(catalyst，2020)。如果单纯以国别进行统计的话，罗马尼亚本土的语言智能企业占比极小，所从事的领域大多局限在罗语数据库(包括辞书网站)建设等方面。科学院及高校旗下的语言智能研究机构，也普遍与外资企业合作，研究人员在语音识别、语音合成、机器翻译等方面取得的成果，多被集成在大型跨国公司的产品生态中。例如，由于罗马尼亚技术人员的深度参与，微软Office办公系统多语言包和谷歌在线翻译系统不断完善，由本土公司开发的外挂字库、语言纠错工具和翻译软件已经逐渐被市场淘汰。反观Dexonline网站(www. dexonline. ro)因仅收录罗语辞书(网站说明中强调不提供双语辞书)，且坚持免费、开源的理念，暂时游离在国际资本的视线之外，近年来得到了较快的发展，获得了大量本土用户。

从产业链的角度看，语言翻译和语言培训作为最重要的两个下游产业，近年来对语言智能产品的需求持续增长，但大部分市场份额已被跨国企业占据。罗马尼亚本土的语言智能企业在罗语教育领域尚有一定生存空间，目前主要负责提供教学内容，技术架构仍需依靠跨国公司。当前市面上较受欢迎的几个罗语学习网站，如loecsen、lingohut、duolingo、funeasylearn等，都仅仅是在外资公司搭建的多语学习平台上增设了罗语内容而已。

4. 国家层面缺乏宏观引领

尽管罗马尼亚21本世纪初就提出过语言智能化计划，但政府对此项工作的关注并不充分，且在欧洲一体化背景下，也缺乏扶持本国语言智能化企业的动机，相关项目基本上靠研究机构或个人的学术兴趣驱动。例如，当前市场认可度最高，收录罗语辞书最多的 Dexonline 网站就是程序员弗仑古(Cătălin Francu)在麻省理工学院求学期间，带领志愿者团队建成的。总体上看，政、产、学、研的协作不够紧密，除了司法部所需的 JustASR 系统之外，鲜有政府部门直接策划或招标的语言智能化项目。即便在参与欧盟项目时，罗马尼亚相关部门也往往跟进缓慢，配套乏力。例如，欧盟的 PSP-ICT 项目也给罗马尼亚大学提供了拨款支持，但该项目并没有得到罗政府的后续资金支持(Trandabăţ *et al*. 2012：3)。罗马尼亚通信和信息社会部(Ministerul Comunicaţiilor şi Societăţii Informaţionale，MCSI)作为国家信息化建设的主管部门，将基础设施、电子商务和电子政务的发展作为重点工作内容，2012—2018 年的工作报告中对语言智能化只字未提。这并不意味着罗马尼亚社会不存在对语言智能产品的需求，一些民间组织先于政府部门出台了举措。例如，罗马尼亚全国中小私营企业理事会(Consiliul Naţional al Întreprinderilor Private Mici şi Mijlocii din România，CNIPMMR，2018)发布的《中小企业数字化支持措施》中明确指出，语言技术的良好发展能够帮助产业部门在数字市场化进程中克服语言障碍。但在语言智能产业尚未成熟的情况下，要科研部门提升成果产出速度和市场适应能力，实现与企业需求的对接，绝非一朝一夕之功。

四、总结与展望

综上可见，罗马尼亚的语言智能化建设在很多方面都有待提高，今后的发展也面临诸多挑战。但机遇与挑战并存，目前已出现以下两个利好因素。

首先，顶层架构已现雏形。2020 年，罗马尼亚数字化管理局(Autoritatea pentru Digitalizarea României，ADR)成立。该机构隶属于政府办公厅，由总理直接负责协调，其职能包括制定数字化转型战略规划、参与制定相关规章制度、管理并推进各类数字化项目等，国家语言智能化建设也在其管辖范围之内。该机构的设立充分体现出政府层面对数字化建设的重视，语言智能化事业能否在今后得到更好的宏观引导，在很大程度上取决于该机构制定政策的科学性、有效性，以及政府对科研机构和企业的协调能力。

其次，软件产业整体回暖。由于政府激励创新，专业人才回流等原因，罗马尼亚的软件产业自 2017 年后持续回暖，2019 年和 2020 年的产值同比增长分别达 73 亿欧元"20%"和 82 亿欧元(12.5%)，2020 年从业人员约有 13 万(Abrihan，2020)。新冠疫情暴发后，罗马尼亚民众的活动范围受到极大限制，网络空间成为维持正常工作和社交的重要场所，疫情客观上刺激了软件产业的发展。在参与电子商务、远程会议、在线教学等活动时，民众对语言智能化的需求大幅提升。以大学生为例，在线上学习过程中，大量使用文本识别、机器翻译、语音转写等语言智能服务或产品。由于网络访问量过大，该国一向引以为傲的全球网速排名迅速下滑。这些变化让罗马尼亚社会各界充分意识到语言智能和网络基础设施建设的重要性，这些方面势必引起有关政府部门和业界的关注。

对中国而言，目前在“中国—中东欧国家合作”框架下与罗马尼亚开展的合作主要集中在基建、能源、电信、商贸等领域，在语言智能化领域的合作尚有待探索。2020年，罗马尼亚布加勒斯特大学的师生开始参与北京外国语大学主持的汉罗双语平行语料库建设。目前该库的语料规模还极为有限，计划在3—5年内初步成形，为语言学习、汉罗互译、话语分析等提供一定帮助。我国在语言智能化方面已经积累了丰富的经验，拥有一批极具实力的企业，某些领域的技术已经走在世界前列。中罗两国加强语言智能化方面的合作，不仅可以拓宽双边技术交流维度，还有助于突破语言瓶颈，促进其他领域的融通。

参考文献

[1]Abrihan，R. Topul dezvoltatorilor de software din România，domeniu în care lucrează peste 130000 de IT-iști［EB/OL］. https：//www. startupcafe. ro/afaceri/top — software — angajati — it. htm (2020. 12. 2)(2021. 2. 22 读取).

[2]catalyst. Topul celor mai doriți angajatori în 2020[EB/OL]. https：//www. catalyst. ro/topul-celor-mai-doriti-angajatori-2020/ (2020. 6. 23)(2021. 3. 7 读取).

[3]CILR. Ședința de lucru din 1 octombrie 2001[EB/OL]. http：//consilr. info. uaic. ro/consilr/ro/index. php? showpage = 030101 (2001. 10. 1)(2021. 2. 22 读取).

[4]CNIPMMR. 2018. 4. 16. Măsuri de sprijin pentru IMM-uri pentru digitalizare[EB/OL]. https：//cnipmmr. ro/2018/04/16/masuri-de-sprijin-pentru-imm-uri-pentru-digitalizare/ (2021. 2. 22 读取).

[5]Cristea，D. și D. Tufiș，Resurse lingvistice românești și tehnologii informatice aplicate limbii române [C]. în Ichim，O. și F. — T. Olariu (eds.)，*Identitatea limbii și literaturii române în perspectiva globalizării*，Iași：Editura Trinitas，2002：211-234.

[6]debizz. Aproape 80% din specialiștii IT români stabiliți în străinătate iau în calcul revenirea în țară - studiu Deutsche Bank[EB/OL]. https：//www. debizz. ro/aproape-80-din-specialistii-romani-stabiliti-strainatate-iau-calcul-revenirea-tara-studiu-deutsche-bank/ (2018. 9. 23)(2021. 2. 22 读取).

[7]digi24. Limba română，cel mai puțin cunoscută pe internet[EB/OL]. https：//www. digi24. ro/stiri/actualitate/evenimente/limba-romana-cel-mai-putin-cunoscuta-pe-internet-16475 (2012. 12. 3) (2021. 2. 22 读取).

[8]King M，刘敏. EUROTRA：多语机器翻译的尝试[J]. 国外语言学，1985(1).

[9]Trandabăț D，et al. Limba română în era digitală[M]. Berlin：Heidelberg，Springer-Verlag，2012.

[10]崔维军. 罗马尼亚信息化建设现状及其对我国的启示[J]. 情报探索，2007(1).

[11]冯志伟. 机器翻译与人工智能的平行发展[J]. 外国语，2018(6).

[12]胡开宝，田绪军. 语言智能背景下的MTI人才培养：挑战、对策与前景[J]. 外语界，2020(2).

[13]文秋芳. 对“国家语言能力”的再解读——兼述中国国家语言能力70年的建设与发展[J]. 新疆师范大学学报(哲学社会科学版)，2019(5).

[14]周建设，吕学强，史金生，等. 语言智能研究渐成热点[J]. 中国社会科学报，2017(7).

作者简介：董希骁，北京外国语大学教授、欧洲语言文化学院副院长，主要研究方向为罗马尼亚语言学、中东欧国家语言政策、中东欧社会与文化。

俄罗斯对汉语产品的消费状况研究

董潇逸

摘要：作为我国最大的邻国，俄罗斯也是我国汉语传播和经贸往来的重点国家之一，本文从语言产业的角度进行国别性质的市场与消费研究，对了解目的国语言政策、改进语言文化传播策略等有着重要研究意义。

本文分为三个部分：第一部分对俄罗斯国内语言教育行业的市场状况进行了研究，通过对产品、消费者群体、从业者群体的调查，勾画出俄罗斯语言教育行业与语言翻译行业的市场状况。第二部分从新闻媒体的角度入手，通过俄罗斯媒体对汉语语言产品相关报道的数量、主题、情感态度，研究俄罗斯市场对汉语语言产品的消费态度，对未来俄罗斯汉语语言产品消费趋势进行判断。第三部分以问题为导向，对研究所发现的俄罗斯语言消费市场中的问题进行分析，并探讨其消费市场状况对我国汉语传播事业的影响，思考俄罗斯语言消费市场的相关状况对我国语言消费市场发展的借鉴意义。

关键词：俄罗斯；语言消费；语言产业；汉语传播

Research on the Language Consumption of Chinese Products in Russia

Dong Xiaoyi

Abstract: As China's largest neighboring country, Russia is also one of the key countries in our country's Chinese language communication and economic and trade exchanges. The research on market and consumption in specific country from the perspective of language industry is significant in giving insight into the country's national policies, as well as having inplication on china's language transimission strategies.

This article is divided into three parts: The first part studies the market conditions of the domestic language education industry in Russia, and outlines the market conditions of the Russian language education industry and language translation industry through the investigation of products, consumer groups, and practitioner groups. The second part starts from the perspective of the news media, and studies the consumption attitude of the Russian market towards Chinese language products through the number, themes, and emotional attitudes of Russian media related reports on Chinese language products, and judges the future consumption trends of Russian Chinese language products. The third part analyzes the problems in Russian language consumer market and discusses the impact of the consumer market conditions on China's Chinese language communication business, and considers the relevant conditions of the Russian language consumer market on China's language consumer market Reference significance for development.

Key words: Russia; language consumption; language industry; Chinese communication

对俄罗斯进行国别研究，能够更加清晰地了解俄罗斯的语言产业状况与语言消费状况；同时，重点分析“汉语语言产品消费”，可以避免涉及多语种语言产品导致的实证研究不足问题。目前国内语言学界对俄罗斯的国别区域研究多在语言政策、语言教学、语言传播等几个角度开展，从语言消费、语言产业角度进行的研究还不多。本文从语言消费的研究角度入手，既借鉴了中俄两国学者对俄罗斯语言政策与语言教学状况的研究成果，又能够为其进一步的研究提供经济层面的理据，具有一定的学术意义。

我国近些年来在俄罗斯放缓了创办孔子学院和孔子课堂的速度，但随着两国合作的不断深化，俄罗斯赴中国留学的学生数量逐年增加。在这一背景下，研究语言消费状况能够提供一个比较清晰的尺度，以衡量我们目前汉语传播的方式与规模是否能够满足俄罗斯国内的汉语需求，除了国家层面的传播之外，俄罗斯当地汉语教学机构能否以及如何在汉语传播中发挥积极意义，也可以在对语言学习消费和语言培训市场的研究角度下进行讨论。将研究对象限制在“汉语语言产品(服务)”的范围内，除了研究汉语传播之外，还对翻译服务、语言出版及语言艺术产品与服务的需求进行研究，多产品、多服务的研究能更好地为我国语言文化传播提供对策参考，具有一定的应用价值。

我国学者将语言产业分为九大业态，分别是：语言培训行业、语言翻译行业、语言出版行业、语言文字信息处理行业、语言康复行业、语言测试行业、语言创意行业、语言艺术行业、语言会展行业。其中，对语言培训业的研究，在我国经历了一个从窄到宽的变化过程，最初只关注营利性质的语言培训，近些年将非营利性质的语言教育纳入研究范围，随着“大语言产业观”的形成，开始以语言教育培训行业为研究对象来进行调查。本文聚焦于语言培训行业，从语言产业的研究角度出发，从市场、产品、教师三个维度对俄罗斯语言培训市场进行描述，并以市场集中度为指标对俄罗斯目前的语言培训市场的市场结构进行分析。通过对市场状况的把握，对俄罗斯汉语传播的优势与劣势进行研究。

一、俄罗斯语言培训行业状况研究

俄罗斯作为我国最大的邻国，是我国汉语对外传播的重点区域之一。早在2006年，俄罗斯就曾举办汉语年活动，推动了两国语言文化交流。至今，我国已在俄罗斯境内建有19所孔子学院，4个孔子课堂。近些年，我国放缓了在俄罗斯建立孔子学院与孔子课堂的速度，但随着汉语学习热度的上升，俄罗斯在2019年将汉语列入了大学入学考试科目的范围。随着中国经济发展水平的提高，来华留学及工作的俄罗斯公民数量也日益增加，语言需求不断上升。同时，除汉语外，英语以及欧盟各国语言的外语培训在俄罗斯已有悠久的历史，伴随着全球化的不断推进，俄罗斯公民的语言学习需求逐年增加，其表现为俄罗斯营利与非营利性质的外语教育行业不断发展，开设语种持续增多。2008年，俄罗斯外语教育培训市场的规模仅为3.5亿美元，而到了2017

年底，这一市场的总价值估计达到了约700亿—800亿美元，市场规模扩大非常迅速。

（一）俄罗斯语言培训行业供需状况研究

目前，俄罗斯提供语言培训的机构按上课方式来分主要有线上、线下教学机构以及提供线上、线下两种课程的机构。当前，线上课程的发展速度最为迅速，在2017年就占据了市场份额的40%，并且近几年所占份额持续扩大。在线课程在俄罗斯最初的目标受众是进行跨国业务的商人，之后由于市场的发展，各个机构大都开设了自己的线上课程，课程类型更加多样化，逐渐吸引了具有不同学习目的与需求的学习者。

从开设主体来看，俄罗斯的外语培训课程可分为独立课程与非独立课程。独立课程包括民间创办的营利性质外语教学机构和州立的外语教学机构，其均为独立开设课程的主体。非独立课程是依附于其他组织机构开设的课程，包括高校对外开设的外语教学机构、商业组织办的外语教学机构以及孔子学院、歌德学院等机构提供的外语培训课程。市场中的主要参与者为独立机构，其面向的群体主要是处在启蒙阶段的儿童、中学生，以及为公司员工提供外语培训服务。而对于希望通过外语学习或是获得证书以提高自身人力资本进入外语行业，以及以出国留学为目的的学生，在条件允许的情况下，则更多地选择非独立开设外语课程的组织。如大学面向社会开设的外语教学课程，学员在完成学习之后能够得到国家认可的毕业证书。对于希望出国工作或学习，需要参加目的国外语考试的学习者来说，孔子学院、歌德学院、塞万提斯学院、英国文化协会等文化组织开设的课程可以更好地帮助学生参加外语水平测试，对于进入目的国工作或学习的帮助更大。

要了解俄罗斯学习者对于不同方式所开设课程的态度，我们可以从就业市场对工作者外语素质的需求量来进行分析。

俄罗斯的外语培训学校以英语课程为主，在培训英语课程的同时，部分学校开设了德语、法语、意大利语、汉语、日语等多个语种的学习。俄罗斯独立性质的培训机构所开设课程以小班教学为主，多为5—10人的教学班级，并且多数都提供线上和线下两种课程。尤其是在疫情期间，所有依旧在持续开展教学活动的课程机构都提供了线上课程的服务。

俄罗斯的语言培训机构都会为学习者提供试听课程，时间从20—90分钟(2个课时)不等。机构自主制定自己的教学大纲，并提供免费或付费的教材。课程价格会根据上课时间有所调整，工作日的上午最便宜，下午次之，周末的价格最贵。同时，目的语国家母语教师所提供的课程要比俄罗斯本土教师提供的课程价格更高，通常高出30%—40%。

语言培训机构对学生年龄的最低限制为2岁以上，对年龄的上限没有要求。产品按照不同需求的群体而设计，包括商务外语、旅游外语、儿童外语等特色产品以及针对各种类型考试的外语培训产品。

School Rate网站是俄罗斯境内专注于对英语教学机构进行评估和信息汇总的网站，在同教学机构官网的价格一一比对后能够确定其信息真实可信。根据俄罗斯School

Rate 网站的统计数据，莫斯科语言培训产品的平均价格见下表。

表 1　莫斯科语言培训产品价格[①]　　（单位：元）

1 课时价格	平时/周末	母语教师课程	包月学习费用	单独授课	企业培训
最低	17.7/18.55	156.16	567.8	85.2	61.52
最高	100.51	331.24	3236.7	190.23	296

数据来源：https：//www. schoolrate. ru/stoimost－kursov－anglijskogo. html。

在俄罗斯首都莫斯科市，目前提供外语培训产品的机构有 138 家，其中能够按月缴费的有 135 家，其平均每月的价格为人民币 890.5 元；133 家可按课时计费的机构平均价格为人民币 51.1 元。

其中，每课时（45 分钟—1 小时）价格在人民币 94.64—189.28 元的有 6 家；66.25—85.18 元的有 10 家；47.32—56.78 元的有 48 家；28.39—47.32 元的有 63 家；9.46—18.93 元的有 6 家，我们按照每 20 元人民币价格差为一档来进行呈现，如下图：

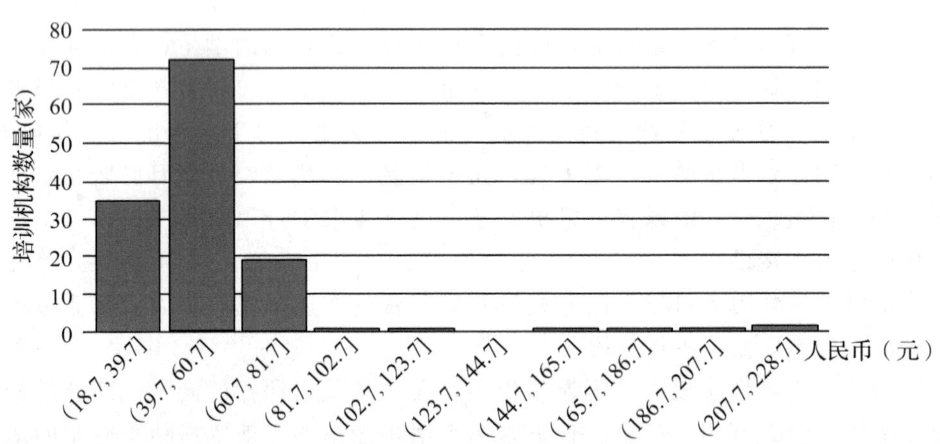

图 1　每课时具体价格分布

在这样的产品价格下，我们再来关注莫斯科地区教师的收入问题。首先，关注俄罗斯在 2019—2020 年的人均收入。根据俄罗斯国家统计局的数据，2019 年，俄罗斯人均收入为每月 4 340 元，其中莫斯科人均收入为 8 584 元；俄罗斯境内的人均最低收入为 1 031.33 元，莫斯科为 1 713.58 元。

从行业来看，由于俄罗斯国家统计局对行业统计隔年更新，我们目前能关注到最新的是 2018 年的信息。2018 年，俄罗斯所有行业的平均收入为 4055.93 元，而教育行业人均收入为 3 141.63 元，低于各行业平均工资约 914.3 元。

① 按照 2020 年 4 月 24 日汇率，1 卢布＝0.09464 人民币。表 1 中的产品价格均为人民币。

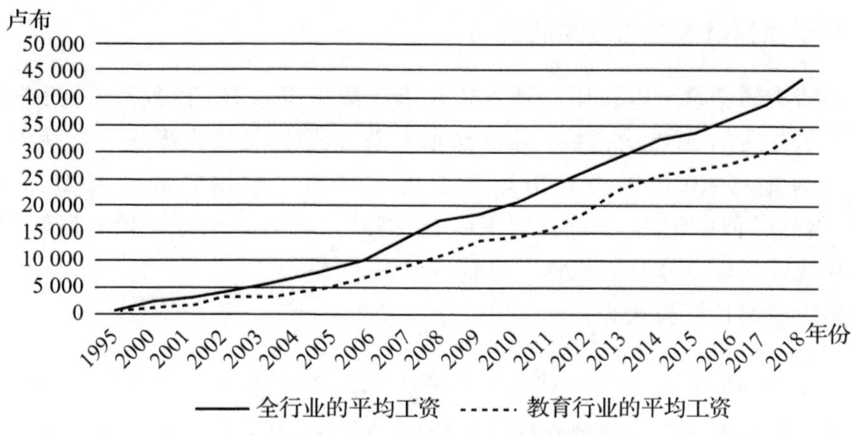

图 2　全行业与教育行业工资走势

数据来源：俄罗斯联邦统计局：https：//www.gks.ru/labour _ costs。

从图 2 中我们可以发现，从 1995 年起，教育行业平均工资虽然随着工资水平不断上涨，但始终低于各行业的平均工资，并且上涨速率低于全行业的平均工资，且有逐渐偏离平均工资水平的趋势。

综上所述，在俄罗斯，教师的工资水平在各行业中始终处于较低水平。低收入的现状一定程度上抑制了俄罗斯培训行业的发展。那么外语培训行业的教师待遇如何，在对招聘网站中外语培训教师的招聘信息进行分析后发现，在授课时拥有同等教学对象与课时的情况下，各语种教师的薪资在同一机构内完全一致，而我们重点关注的是汉语教师的待遇，因此，我们根据近两个月俄罗斯境内的汉语教师招聘信息来进行分析。

我们分析了俄罗斯最大的搜索引擎 Yandex 旗下的求职数据库 Yandex. Work 中 2020 年 2 月 16 日至 4 月 16 日共两个月的信息，共得到招聘信息 51 条，在 51 个岗位中，兼职岗位为 23 个，占据了将近一半，兼职教师的一般收入为 27—73 人民币(元)/小时，母语教师能达到 137 人民币(元)/小时。全职岗位 22 个，工资 914—6 857 人民币(元)不等。全职或兼职均可的岗位 6 个，工资基本等同全职和兼职的工资水平。

在对人员的素质要求方面，有 22 家机构要求 1—3 年不等的工作经验，有 15 家机构要求教师有相关的语言水平证书，其中 6 家机构要求有 HSK4 级及以上证书，有 21 家机构要求教师有语言学、教育学的学科背景或是师范类大学的毕业生。

我们可以发现，相对教育行业的平均薪资，外语培训的薪资较高，但同时对教师自身素质的要求也比较高，尤其是对工作经验和语言水平证书的要求，并且大多将教师的学科背景限定在语言学和教育学之内。对于商业培训机构来说，母语者的招聘岗位较少，对本土教师的需求量相对更大，一些对教师语言水平需求较高的语言培训岗位要求本土教师通过 HSK 等级考试或具有在中国生活学习的经历，有 HSK4 级以上证书和有在中国生活学习经历的中文教师月平均薪资能够比普通的本土教师高出约 91.4—274.3 元人民币。

(二)基于供需状况的市场结构分析

对市场结构的度量可以使用三种方式：市场集中度(CRn 指数)、洛伦兹曲线、基尼系数和赫尔芬达尔-赫希曼指数。本文选取 CRn 指数的计算来度量市场结构，选取的数据为莫斯科地区 2018 年语言培训企业的资产额，数据来源于 СИНАПС 网站。СИНАПС 网站类似中国的“企查查”“天眼查”网站，其数据来源于俄罗斯联邦税务局、俄罗斯联邦统计局等 8 家官方机构，可信度较高。

市场集中度的计算公式为：

$$CR_n = \sum_{i=1}^{n} X_i \ / \sum_{i=1}^{N} X_i$$

在这里，我们共得到有完整数据的机构 73 家，选取 n=4 和 n=8，可计算出 $CR_4 = 0.420\,874\,678$；$CR_8 = 0.609\,582\,863$。

美国经济学家贝恩和日本通产省对产业集中度的划分标准，将产业市场结构粗分为寡占型($CR_8 \geq 40\%$)和竞争型($CR_8 < 40\%$)两类。其中，寡占型又细分为极高寡占型($CR_8 \geq 70\%$)和低集中寡占型($40\% \leq CR_8 < 70\%$)；竞争型又细分为低集中竞争型($20\% \leq CR_8 < 40\%$)和分散竞争型($CR_8 < 20\%$)。由于 $40\% \leq CR_8 < 70\%$，可以判断莫斯科的外语培训市场为低集中寡占型；在寡占型中，$CR_4 \geq 85\%$时为寡占Ⅰ型，$75\% \leq CR_4 < 85\%$时为寡占Ⅱ型，$50\% \leq CR_4 < 75\%$时为寡占Ⅲ型，$35\% \leq CR_4 < 50\%$时为寡占Ⅳ型，$30\% \leq CR_4 < 35\%$时为寡占Ⅴ型，$CR_4 < 30\%$时为竞争型。由于 $35\% \leq CR_4 \leq 50\%$，可判断市场结构为寡占Ⅳ型。

根据罗宾逊夫人在《不完全竞争经济学》中的分类，可判断莫斯科的外语培训市场处在垄断竞争的状态。垄断竞争的市场上同类企业很多，但并没有占非常多的市场份额。同类产品间的差异性很大，在语言培训方面，可以表现为师资差别、课程产品差别、教材差别等多个方面，由于差别的存在，不同类型培训机构之间能够相互排斥，因此定价较为自由。同时，在垄断竞争的市场内，进入和退出的壁垒较低，因此在有利可图时可能会出现大量的语言培训机构，但当机构较多、利润下降时，一些语言培训机构就会离开市场，培训机构的增长量和语言需求的增长正相关。

(三)我国在俄罗斯进行汉语传播的策略分析

在对宏观学习需求、教师收入以及市场结构进行分析后我们可以发现，俄罗斯的语言教育培训市场呈现出对教师专业素质要求较高、成年学习者语言需求旺盛、市场垄断性较弱、教师待遇相对较低等特点，在就业市场中，外语水平也会对工作者的职业发展道路有着比较大的影响。

从专业素质和教师待遇上来看，俄罗斯语言培训市场对从业者的素质要求较高，但低于平均收入的教师工资又会制约外语人才从事教育行业，这种矛盾必然会造成师资力量的缺乏，也会制约外语教育水平的进步。针对汉语师资，从招聘信息上可以看出，孔子学院的师资力量仍不能满足俄罗斯的汉语学习需求。在独立的培训机构中，母语师资普遍价格昂贵，需求量较少；另一方面，过低的收入无法吸引中国有俄语基础的汉语教师进入俄罗斯的汉语教学行业，本土师资又无法满足汉语学习者的需求，且招聘岗位中兼职比例很大，这些因素都会在一定程度上阻碍俄罗斯汉语教学服务的发展。

从市场结构上来看，俄罗斯较大城市的外语学习机构具有比较强的竞争力。其所提供的教学产品种类较多，能够针对不同群体开设不同课程，竞争和产品差别化带来了较大的市场活力。同时，我们也可以看到，在俄罗斯注册外语培训机构的成本较低，很多机构流动资金仅有几万卢布，中小型教学机构比例很大，新成立的独立培训机构需要承担的生产成本较低，进入障碍相对较少。

从人才市场和成年人的语言需求来看，俄罗斯企业对员工的外语素质要求较高，因此成年人和大学生接受外语培训的需求量很大。从机构的产品类型中可以发现，多数机构都提供了面向成年人的外语培训课程，很多机构承担公司外包的外语培训课程，在线课程的发展也为这类学习者提供了更多的学习渠道。可以预测，针对成年人的外语培训会在俄罗斯的外语教育培训市场中占据更加重要的地位。

二、基于媒体大数据的俄罗斯汉语产品的市场态度分析

前文分析了俄罗斯汉语产品消费的市场状况与消费需求，对语言培训中行业汉语语言产品的主要需求进行了梳理。新闻报道能够反映一个国家整体的舆论情况，而对汉语消费产品的态度能够直接体现消费者的消费心理，本文抓取俄罗斯 2012 年 1 月至 2020 年 2 月的新闻标题语料，从新闻数量、新闻内容、情感态度三个方面，对“一带一路”倡议下的俄罗斯汉语言产品的消费状况进行研究，以分析未来汉语言产品消费的前景状况。

本文使用中译语通的舆情分析系统进行数据抓取，抓取了语言培训、语言翻译、语言测试、语言出版四个行业的新闻标题。每个行业根据不同情况以产品为关键词进行抓取。

语言培训行业选用了 6 个关键词，分别为：Изучение китайского языка（汉语学习）、Обучение китайскому языку（汉语培训）、Институт Конфуция（孔子学院）、Учебные заведения китайского языка（汉语培训机构）、Преподавание китайского языка（汉语教学）、Семинар по обучению китайскому языку（汉语教学研讨会）。

语言翻译行业选取了 4 个关键词，分别为：Китай и Россия плюс выставка（中俄展会）、Семинар по китайскому языку（中文研讨会）、Китайский язык плюс машинный перевод（汉语机器翻译）、Перевод на китайский язык（汉语翻译）。

语言出版行业选取了 7 个关键词，主要为教材名称：Китайский＋издательский（汉语＋出版）、《Практический курс китайского языка》（《实用汉语教科书》）、《новый практический курс китайского языка》（《新实用汉语课本》）、《Вводный курс китайского языка》（《实用汉语教科书》）、《Практическая грамматика современногокитайского языка》(《现代汉语实用语法》)、《Новый объект》(《汉语新目标》)、《Начальный курс китайского языка》(《中文》)。

语言测试行业选取了1个关键词：HSK＋Россия(HSK＋俄罗斯)。

按照行业分别进行数据抓取，共得到新闻3 359条，其中语言培训行业2 049条，语言翻译行业863条，语言出版行业72条，语言测试行业101条。下面，我们按语言培训、语言翻译、语言测试、语言出版四个行业进行分类，对新闻标题进行分析。

(一)语言培训行业

语言培训行业的2 049条新闻在不同年份呈现出数量上的差别，具体见下图：

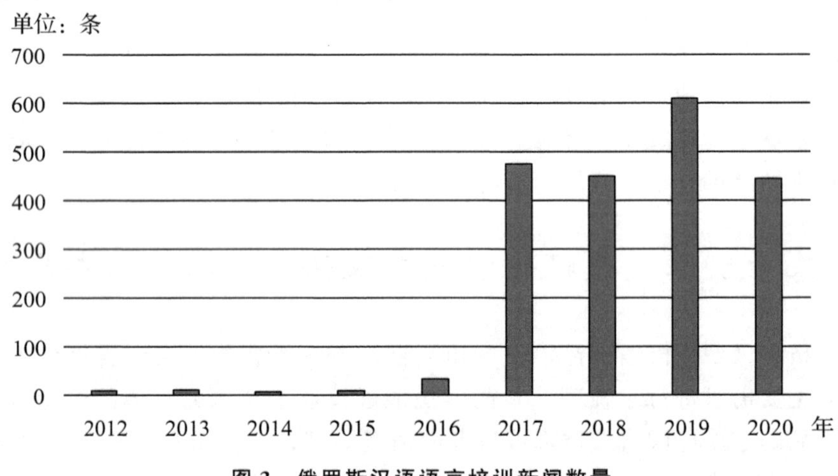

图3　俄罗斯汉语语言培训新闻数量

可以看出，关于汉语培训服务的新闻在2012—2016年数量相当少，自2017年开始显著增加。

语言培训行业在四个行业中新闻数量最多，涉及范围也相对较为广泛，受到主要媒体与地方媒体的关注。主流媒体中，关注汉语培训最多的6个媒体依次为：《真理报》66次、《俄罗斯报》33次、俄罗斯卫星通讯社27次、塔斯社25次、俄罗斯国际新闻通讯社25次、《独立报》17次。

地方性媒体中，“符拉迪沃斯托克时间”与“奥伦堡新闻”对汉语语言培训问题最为关注，“符拉迪沃斯托克时间”报道了相关新闻102次，“奥伦堡新闻”报道了93次。

整体来看，6个主流媒体主要关注的内容包含以下几类：1. 孔子学院；2. 俄罗斯国内各个学段的中文教学；3. 中美语言文化的合作与分歧；4. 俄罗斯举办的各类中国语言文化活动；5. 汉语软实力。

地方媒体的关注点与主流媒体有部分不同，关注点主要集中于孔子学院情况、本地区高校组织的语言文化活动、中俄留学生情况三个方面上。

由于新闻数量巨大，其中包含部分中文学习广告、中文语言文化活动预告等新闻，难以分析出俄罗斯媒体对汉语言产品的态度，因此选取俄罗斯官方媒体与地方媒体所关注的关键词来进行筛选，关键词包括孔子学院、中文教学、中美关系、软实力、语言文化活动。

在语言培训的新闻中，提到孔子学院的有 127 条，其中 21 条为负面新闻，多为对美国媒体对孔子学院看法的引用与评论，但多数媒体在评论中对美国媒体的说法并不认可。其余 116 条新闻全部为对孔子学院、孔子学院举办的学术与文化活动的报道，呈现积极态度。

中文教学的新闻有 377 条，其中 39 条新闻与中小学生学习汉语相关，有 26 条与汉语教师相关，56 条与各级别公立学校开设汉语课程相关，有 50 条与面向不同人群开设的汉语课程相关，20 条与汉语比赛相关，15 条与线上中文课程相关，22 条与在中国学习汉语相关，26 条与民间开设的汉语学习机构相关，剩余 123 条报道则是与中国文化、其他国家的汉语教学相关，并未有明显的情感倾向。

关于中美在汉语学习方面合作与分歧的报道有 87 条，其中 2017 年的 9 条新闻态度比较积极，而在 2017 年后的 78 条新闻全部为负面新闻，报道多为美国对孔子学院的指责与污名化。

关于文化“软实力”的报道有 27 条，全部为负面新闻，认为中国的海外汉语教学是为了增加中国文化的渗透力，提升中国文化的软实力。但 27 篇报道均非俄罗斯官方媒体的报道，官方媒体的报道中并未使用“软实力”这一说法。

关于语言文化活动的报道共 127 条，主要为各类型活动的报道，并未有明显的情感倾向。这类报道主要集中于 2017—2019 年，共 112 条，2020 年受到疫情影响，文化活动减少，因此这一类型的报道较少。

(二)语言翻译行业

检索到 2012—2020 年汉语语言翻译服务的新闻 863 条，时间分布如下：

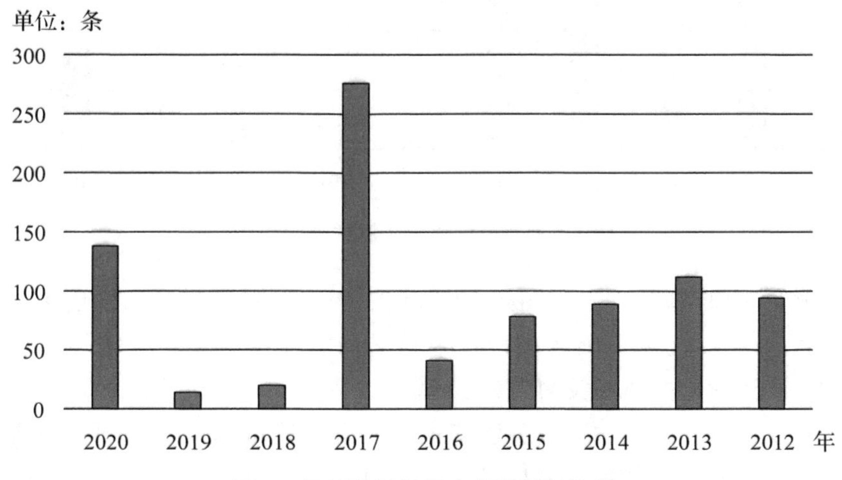

图 4　俄罗斯汉语语言翻译新闻数量

2018 年与 2019 年的数据由于被网站加密，无法全部爬取，因此不具备代表性。但我们仍可以看到，与语言培训行业相同，2017 年语言翻译行业的新闻数量大量增加。

汉语翻译行业的相关信息主流媒体关注不多，从内容上来看，汉语机器翻译、中文翻译服务、书籍翻译为主要的新闻关注点。

汉语机器翻译的新闻 80 条，主要是对各类涉及中文和俄语转换机器翻译技术的报道，其中出现的公司包括 Google、yandex、Facebook、Skype 等公司所开发的机器翻译系统，以及翻译系统间中文翻译准确率的对比与测评。

中文翻译服务的新闻有 193 条，内容涉及汉语翻译服务的提供方、价格、翻译职业待遇等内容。主要介绍了各类翻译公司在汉语服务领域的基本状况。

书籍翻译主要为中俄之间翻译的各类经典文学作品与文学作品翻译竞赛，共有新闻 57 条，主要内容为介绍中俄经典的文学作品译著，以及各类型文学翻译比赛的状况。俄罗斯文学在世界文学史上占有重要地位，文学作品的外译在俄罗斯的翻译服务中始终占有一席之地。

(三)语言测试行业

检索到 2012—2020 年汉语语言测试行业相关新闻共 101 条，新闻数量最多的年份为 2017 年，时间分布如下：

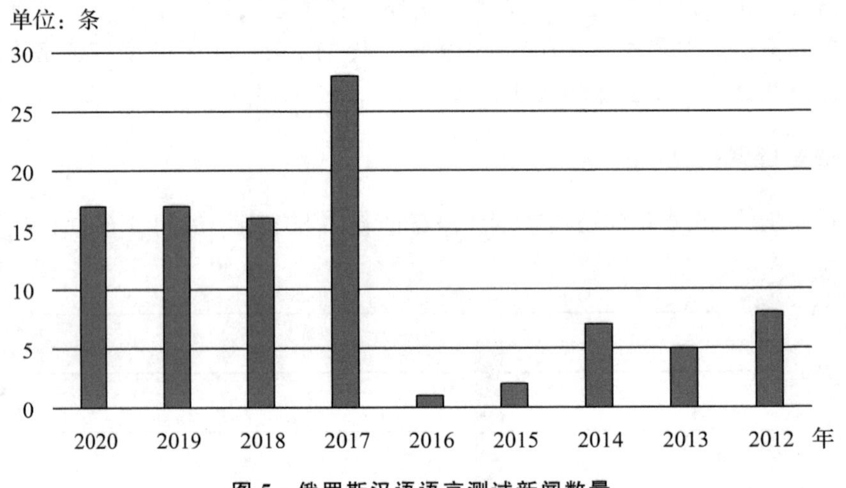

图 5　俄罗斯汉语语言测试新闻数量

语言测试的主要新闻中，与到中国留学相关的文章有 42 篇，与汉语考试、汉语竞赛相关的文章 11 篇，与俄罗斯各类学校与教学机构开设中文课程相关的文章 36 篇，与中国文化及汉语学习方法相关的文章 12 篇。

可见，在汉语语言测试方面，关注度最高的是与测试结果直接相关的培训课程及来华留学，这些新闻不具备情感倾向性，但能显示出在这一行业中的关注热点。关于来华留学的新闻报道有 42 篇，其数量逐年递增，即使受到疫情影响，这一主题在 2020 年的新闻数量仍能够与 2019 年持平，占据报道总数的四分之一。机构开设中文课程相关的报道有36篇，呈现出了特殊的时间分布，2017年的报道数量占据了相关报道的一半，在一定程度上说明目前俄罗斯对各类以通过语言考试为目的的测试班关注度不高。在语言测试的相关培训课程中，孔子学院开设的课程最受关注，中国近年放缓了在俄罗斯开办孔子学院的步伐，这或许也与测试课程的关注度降低有着一定的联系。

(四)语言出版行业

检索到2012—2020年语言出版行业的新闻共72条，时间分布如下：

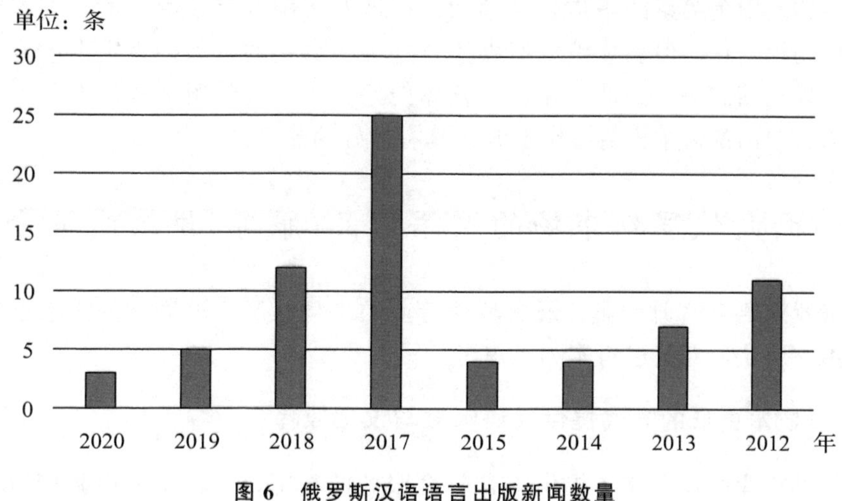

图6 俄罗斯汉语语言出版新闻数量

汉语语言出版类产品的关注度总体较低，新闻内容主要为汉语教材的出版与使用，新闻内容不具有情感倾向性。

(五)小结

从四个行业的新闻数量来看，2017年是一个很重要的时间节点，四个行业中汉语产品与服务相关的新闻都在这一年开始大幅增加或是达到了峰值。分析原因，笔者认为新闻数量的上升主要受到“一带一路”倡议的影响。在2015年，中俄签订了“丝绸之路经济带与欧亚经济联盟的对接声明”，并在2016年签署了《中蒙俄经济走廊规划纲要》，这两个年度中俄并未开展实质上的大规模经济合作，但这两个文件为“一带一路”背景下的中俄经济合作奠定了基础，这一阶段的新闻数量呈现稳定上升的态势。在2017年，中国与俄罗斯签订了《关于深化中欧班列合作协议》，中俄开始了在交通运输方面的实质性合作；在2017年5月10日，中国以包括俄语在内的7种语言发布了《共建“一带一路”：理念、实践与中国的贡献》，进一步阐释了“一带一路”建设的内涵、理念和实质；2017年5月，首届“一带一路”国际合作高峰论坛举办，形成了76大项、270小项的具体合作成果；2017年7月，中国提出“冰上丝绸之路”，与俄罗斯计划开展北极航道合作；2017年7月亚洲金融合作协会(亚金协)成立——搭建亚洲金融机构交流合作平台；2017年12月，中俄亚马尔项目首条LNG(Liquefied Natural Gas，液化天然气)生产线投产——全球最大的北极液化天然气项目。这些项目均有俄罗斯的参与，在“一带一路”框架下中国与俄罗斯的密切合作对汉语语言产品的市场开拓具有非常大的影响。

可以看到，政治经济领域的密切合作，对于推动语言产品与服务的发展具有重要作用；同时，语言产品与服务又对两国间的政治、经济与文化交流具有重要意义，“一带一路”需要语言铺路，两国间的合作前景，直接影响语言产品的市场前景。

目前，在中美关系紧张的背景下，中俄之间的合作日益紧密。我们可以看到，俄罗斯媒体中涉及中美关系的报道数量很大。而涉及美国的报道中，不乏美国对中国语言文化传播的污名化，但多数俄罗斯媒体对这种污名化的行为持否定态度，总体的舆论环境仍呈现正面态势。因此，在舆论整体向好、在中俄各领域合作不断推进的背景下，汉语语言产品的需求也将继续上升，具有较好的前景。

三、面向俄罗斯市场的汉语产品(服务)供给对策分析

在对俄罗斯语言培训行业、语言翻译行业的市场状况、汉语产品需求进行分析的基础上，本文对供给对策进行了如下思考。

(一) 以成本更低的方式提供汉语师资与汉语课程

语言培训行业的核心在于提供语言教育服务的教师，但在研究中我们发现，俄罗斯教师行业的薪酬水平常年低于人均收入水平，即使是对专业水平要求较高的外语教师和修业年限长、考核复杂的语言治疗师，收入也低于俄罗斯国内的平均收入水平。一方面，过低的待遇无法吸引本土年轻人进入语言培训行业，导致师资储备不足；另一方面，过低的收入也无法吸引我国国内的汉语教师赴俄进行汉语教学。

待遇过低的问题是俄罗斯整体教育行业的问题，与俄罗斯国内经济状况与历史遗留问题有关，要解决潜在汉语师资不足的问题，我们只有控制学习的成本，既包括物质成本，也包括时间成本。

俄罗斯开设汉语专业的学校很多，学习人数也持续上升，这些学习者本身学习过包括国际政治、国际贸易、跨文化交际等专业，且具有汉语学习的背景。在我们对俄罗斯语言培训市场的考察中，这部分学习者由于没有教育学的相关背景，无法作为兼职教师进入汉语语言培训行业。那么我们可以通过网络教学的方式，开设针对汉语师资的教育类培训课程，在完成一定课时的学习后为其颁发相应的证书。这样可以为一部分只具有汉语学习背景的学习者提供教育学背景，吸引其作为兼职教师进入汉语培训行业，在一定程度上弥补师资不足的问题。

(二) 编写更适合俄罗斯学习者的汉语教材

在对俄罗斯各层次学校选用的汉语教材进行调查时发现，我国出版社出版的教材多为孔子学院选用，而俄罗斯本土的大中小学只有部分初级教材选用了我国所出版的

教材，更多的学校倾向于使用俄罗斯专家编撰的教材。语言学习教材是语言出版行业的重要产品之一，包含着很高的经济价值，而除了经济效益之外，教材对于学习者的学习效果也有着非常大的影响，因此，我们有必要思考，如何提高我国专家编撰的教材在俄罗斯汉语教学市场中的使用率。

首先，我们可以对俄罗斯热门的汉语教材进行评估，以了解其与我国国内编撰的汉语教材有什么区别，并且大致摸清其教学材料的适切性。汉语教材一方面对汉语学习者非常重要，另一方面也能体现我国的国家形象，如果教材中的情况不符合实际，很可能会损害我国的国际形象。而目前，对于俄罗斯本土教材情况的研究还比较少，我们有必要进行这方面的研究，促进我国俄汉语教材编撰工作的进步。

其次，对俄罗斯汉语教材的市场进行更加清晰的调查，提高对俄罗斯汉语教材需求方的认识。在本文的调查中发现，俄罗斯的很多大学都没有能够使用的视听说教材与翻译教材，这两门课程的材料多为教师自行准备。因此，我们需要调查清楚俄罗斯国内汉语教材的消费市场有多大，才能更加明确地认识我们是否需要编撰教材、编撰哪些领域的教材投入俄罗斯的汉语教学市场。

（三）以多样化的方式提供翻译服务

俄罗斯语言翻译市场成熟度高，有着悠久的历史，并且已经形成了一套比较完备的译员培训系统，从学校的课程教育到从业后的培训都有着比较丰富的方向与课程。

具体到汉语翻译产品方面，近年来，随着中俄之间经济文化交流的增加，合作领域扩张迅速。过去以石油、天然气等资源进出口为主的贸易，开始逐渐转变为更加多样化的经济文化交流。而随着科技的进步，翻译产品的形式也不断变化，尤其是众包翻译业务和远程同传技术的发展，使得翻译模式发生了非常大的变化。为了适应这种变化，我们应当面向俄罗斯市场，了解俄罗斯目前所使用的各项翻译技术，并制定更加适切于俄罗斯市场的翻译方案。

受到新冠疫情的影响，中俄在 2021 年将举办各类型的学术会议与科技交流活动，多数都选在线上进行。为了适应这种变化，我们应当转变自身的翻译模式，由面对面的交互传译向远程同传进行转变。再比如旅游领域，疫情期间，中俄之间的旅行人数大幅减少，那么也就预示着在疫情结束后可能会迎来旅游业务订单的井喷式增加，传统导游人工翻译的模式已经难以适应市场的形势，在这种情况下，我们更应该以旅行翻译机、旅行翻译 App 等产品打开俄罗斯市场，既能推广我们的语言产品，又能降低俄罗斯游客来华旅行的门槛，促进翻译产品与旅游产品的发展。

（四）重视语言舆情对语言消费的影响

在对俄罗斯媒体关于语言行业的相关报道进行调查后，我们发现媒体关于四个语言行业的报道比较正面和积极，但也可以发现，涉及中美关系的报道往往比较负面。因此，在我们制定语言传播政策时，一方面要考虑到语言产品在国外市场中的适切性，另一方面，也要考虑到目的国对于语言产品的态度。对语言产品的态度很大程度上能够体现目的国对于中华文化的接受度，对语言态度进行调查，对于推广汉语产品具有非常重要的意义。

对语言消费的舆情调查，可以从多方面来开展。本文主要以新闻媒体对汉语相关产品的报道进行调查，以确定媒体对汉语产品的态度，以此为线索反推俄罗斯国内对整体语言消费的态度。除了媒体之外，我们还可以通过实地调查的方式，更为直接地进行语言产品的态度调查，以便更精准地制定相关的语言产品推广方案与语言传播政策。

（五）重视新技术在语言行业中的使用状况

近些年，随着科学技术的进步与发展，语言产品的形态和提供语言服务的方式也在不断发生着变化。具体到俄罗斯的语言消费市场上，线上形式的语言培训课程逐渐增加，各个语言教学机构都开设了线上课程。语言翻译行业方面，远程同传、辅助翻译、线上众包平台等技术被越来越频繁地使用。语言出版行业整体呈现出线上购买纸质出版物与使用电子阅读器阅读的倾向。语言技术行业与语言康复行业更是不断在技术上更新换代，不断扩大应用范围与使用效率。

在技术不断进步的背景下，对俄汉语传播需要时刻关注新技术、新平台在俄罗斯的发展与应用，提高汉语产品的传播与使用效率。

俄罗斯与我国语言消费的市场状况类似，语言培训与语言翻译行业占据主流地位，而语言技术行业潜力最大，并且不断为语言培训与语言翻译行业提供新的服务方式。因此，我们要给予语言技术行业更多的关注，一方面将我国最新的语言技术应用于语言培训与语言翻译市场中，另一方面也要关注俄罗斯本土的技术发展，以最契合市场使用习惯的方式，推动汉语产品的升级，促进汉语产品在俄罗斯的传播。

参考文献

[1]陈鹏．行业语言服务的几个基本理论问题[J]．语言文字应用，2014(3)．

[2]陈颖．“一带一路”背景下中国—东盟自贸区的潜在语言市场研究——基于中国—东盟博览会调查数据的实证分析[J]．语言文字应用，2017(3)．

[3]崔钰．俄罗斯汉语教材问题研究[J]．黑河学院学报，2011(4)．

[4]复旦大学国际问题研究院，俄罗斯国际事务委员会，俄罗斯科学院远东研究所．中俄对话：2019模式[G]．2020．

[5]高传智．当前我国语言产业的发展状况及相关思考[J]．云南师范大学学报，2013(9)．

[6]高凤兰，曲志坚．俄罗斯语言教育目标规划述评[J]．外国教育研究，2008(12)．

[7]郭军，于泽凡．中国—东盟博览会语言服务与语言消费问题研究[J]．西昌学院学报(社会科学版)，2017(4)．

[8]贺宏志，戈兆一．北京语言产业的现状问题与发展思路[J]．前线，2014(5)．

[9]李现乐．语言消费的个体差异——基于南京服务行业的语言调查[J]．语言政策与规划研究，2014(2)．

[10]李现乐．关注服务活动中的依附性语言消费[J]．中国社会科学报，2013(3)．

[11]李艳，陆洁．产品供给视角下的美国语言教育培训行业分析[J]．云南师范大学学报(哲学社会科学版)，2013(9)．

[12]李艳．对当前英国语言产业及语言服务状况的调查与思考[J]．云南师范大学学报(对外汉语教学与研究版)，2018(5)．

[13]李艳．从"产业观"到"大产业观"：对语言产业研究演进的梳理与理论思考[J]．语言产业研究，2018(8)．

[14]马艳红．许昌市语言培训需求调查研究[J]．产业与科技论坛，2017(20)．

[15]倪传斌，刘治．外语需求的特性分析[J]．外语与外语教学，2006(2)．

[16]王宁．消费社会学[M]．社会科学文献出版社，2011．

[17]周玉萍．浅谈英语语言消费中的误区[J]．商，2014(20)．

[18] Артюшевская С. В. ЯЗЫКОВО — ОБУЧАЮЩИЙ ТУРИЗМ КАК СПОСОБ ИЗУЧЕНИЯ ИНОСТРАННЫХ ЯЗЫКОВ И КУЛЬТУР[J]. Психология и педагогика：методика и проблемы практического применения，2016.

[19] А. И. Едличко. КОММЕРЦИАЛИЗАЦИЯ ЯЗЫКА В АСПЕКТЕ ЯЗЫКОВОЙ ПОЛИТИКИ ГОСУДАРСТВА[J]. Вестн. Моск. ун — та. Сер. 19. Лингвистика и межкультурная коммуникация，2017(4).

[20] Волкова Т. Р. ПУТИ ПОВЫШЕНИЯ КОНКУРЕНТОСПОСОБНОСТИ ЯЗЫКОВЫХ ШКОЛ [J]. Бизнес—образование в экономике знаний，2015.

[21] Данилов Никита Владимирович. УСЛУГИ ДОПОЛНИТЕЛЬНОГО ОБРАЗОВАНИЯ В СФЕРЕ ИНОСТРАННОГО ЯЗЫКА：СОСТОЯНИЕ РЫНКА И ПРОБЛЕМА ФОРМИРОВАНИЯ КОНКУРЕНТНЫХ ПРЕИМУЩЕСТВ[J]. Russian Journal of Education and Psychology，2011.

作者简介：董潇逸，首都师范大学文学院语言产业研究方向博士研究生。

海外中文市场的发展趋势研究

北京赛酷雅科技有限公司

一、语言的全球化

语言、商业、文化和身份的划分互相联结，互相依赖、互相影响。语言作为文化的一种表达形式和符号载体帮助联结了有相似背景的群体。语言通过文字、声音和画面的表达，组合成能够被共享和理解的含义，随着文化和时间不断变化。语言与商业，与代表不同身份的社会阶层在特定的历史时期发挥着不同的作用。

世界各国政府划分的国内市场的保护性壁垒和设置的结构性障碍都迅速被突破，即使是最小的公司也可以拥有或接触世界各地的客户、供应商和合作商。“全球化”正是基于这种跨越国界的贸易和营销的活动。

语言的“全球化”开始得很早，实际上，语言的扩散很早就跨越了各国官方设置的贸易和市场设置的壁垒，政府也很难控制外语的发展。自 20 世纪以来，跨国家和边界语言的“渗透”速度超越了之前的任何时间段。互联网、信息技术和电信行业的发展让人们之间的联结达到了前所未有的可能。

在全球化的冲击下，语言、文化和身份在国家与国家之间、民族与民族之间、群体与个人之间加速了两股力量之间的较量：守护对自己先辈的语言、原生文化和身份之根的偏向性的力量，与为了适应所在生活、工作和社交环境的需求，由外界社会和经济环境所推动的少数服从多数被同化的力量。

截至 2021 年，全球有 7 139 种“活着”的语言。其中汉语、英语、印度语、西班牙语、阿拉伯语、葡萄牙语、俄语、孟加拉语、日语和德语作为全球排名前十的语言，仅占所有语言种类的 1.4%，却有着超过 50%的人口在使用。不到 300 种语言，全球 95%的人在使用。在联合国，阿拉伯语、汉语、英语、法语、俄语和西班牙语等六种语言作为官方语言和工作语言。

全球化对世界各国的语言和文化都产生了巨大的冲击，英语也是借力于商业全球化的进程成为世界的通用语言。相对于比较成熟的英语的市场推广和传播策略，我们可以看到语言和文化是全球化最直接的表现形式。英语基于政治、经济、地理、科学、技术和语言等方面积累的优势成为一种跨文化的世界主流语言之一，甚至是很多国家的第一外语。在商业竞争的环境中，如果本土语言和文化代表的是一种产品，与全球化的语言和文化代表的另一种替代产品发生了“冲突”或“对抗”，这时候客户选择产品的倾向往往是由产品给用户所带来的价值决定的。竞争对手通常会选择一种或几种策略来获得竞争优势，正如哈佛商学院的 Michael Porter 在他的竞争战略框架中定义的低成本领袖策略、差异化领袖策略、利己市场领袖策略。这种跨文化交际面临的压力和挑战是巨大的。从市场角度来看，无论是市场配比，还是市场占有率都在不同程度上受到了冲击。

二、国际中文教育事业的践行者

当前，全球 70 多个国家将中文纳入国民教育体系，4 000 多所国外大学开设中文课程，中国以外正在学习中文的人数的约 2 500 万，累计学习和使用中文的人数将近 2 亿。中国的国际地位日益攀升，中文学习者也如雨后春笋般在全球萌生。在这样的时代背景下，中文教育和学习却面临着前所未有的困难和挑战。中文教育者受制于教学门槛和生源，教师得不到专业系统的跟踪指导，工作中实现不了自身价值，导致无数人放弃了所学所爱不得不另选他行；中文学习者受阻于客观条件，无条件获得最合适的教育资源和最匹配的教师，或找不到合适的学习工具和学习场景，以致学无所成；而教育机构和学校也无法真正实现教、学、产、研的有机结合，致使各部门各自发展，出现相互间脱节发展的状况。国家政策的指引，语合中心、中文联盟等组织的设立在很大程度上加快了中文教育事业的发展。新冠疫情下，中文教育事业更是在科技的带动下呈现出蓬勃之势，不仅展现出其国际性和优越性，更将全球中文教育的自信和中文学习的热情再一次点燃。

北京赛酷雅科技有限公司，是全球领先的系统化课程内容提供商和综合解决方案供应商，致力于运用互联网、大数据等手段，在全球范围内推广“大中文”教育。在海外，赛酷雅为华校及相关国家政府和社会机构输送优质中文教育内容，以“中华文化，世界表达”为课程设计内在逻辑，尊重各国文化风俗，颇受好评。赛酷雅也将国际化视野、国际化教育理念引入课程体系中，打造适合中国学情的中文教育体系，为全球华校、教育机构提供快速精准的中文教育解决方案和服务。同时，强调联动学生、教师、学校、家长及优势企业，打造有中国特色文化内涵的创新型数字化教学资源矩阵，解决中文及文化学习中的研、教、学、用的问题，以丰富创新的教育内容、教育产品、教育途径和技术手段来实现数字化中文教学资源的生态化发展。

作为国家高新技术企业、“一带一路”校企联盟发起单位、“中文联盟”发起单位、国际中文教育发展智库论坛成员单位、“全球华校联盟”指导委员会创始单位、中关村高新技术企业、2019—2020 年度“中国企业履行社会责任优秀企业”，赛酷雅致力于“用中文沟通你我，让文化点亮世界”。2020 年疫情期间，赛酷雅服务了 129 个国家的 61 444 名学员。不断推出新的课程产品，包含了儿童汉语、商务汉语、HSK 考试、中华文化、“非遗”历史、笔墨中国、动漫绘本、汉字趣学、阅读与写作、国际表达课等系列课程。授课模式采用“交互直播＋AI 录播”的 OMO 模式，其教学及产品的好评度和满意度几乎达到 100%。赛酷雅对互联网教育的态度是学习的核心是学习者，学习的效率来源于学习方法，技术为教育赋能，让学生如何更轻松、更快捷地掌握知识而不是取代学生学习的过程。赛酷雅的线上教学不是简单地把线下教学搬到线上，而是运用多种手段和方法来保障学员的最佳学习效果和学习体验，不断打造系统化、个性化、标准化、智能化的教学产品和服务体系。

（一）从结构矩阵到生态矩阵的发展

锦灵中文是赛酷雅公司旗下的自有品牌，主要面向海外用户，核心用户分为两大群体——教育者和被教育者。因此数字化资源建设的根本立足点是让教育本身发挥最大效应的同时，也要有生命力的高效服务于这两大群体。那么，教育本身是纯粹的，所以让受益人发挥能动性变成施益人，让学习与教育互补互融，才能真正实现学有所成，教学相长。基于此建立的大中文教育矩阵应是良性闭环，在数据的测算和跟踪下客观评测和指导其发展，使其始终保持在生态发展的轨道上。

搭建各个目标“基站”。锦灵中文的“基站”，指的是针对不同用户和功能实现的快速信息传输点。目前锦灵中文已有的数字化教学资源基站包括：针对教师群体的锦灵好备课平台——中文教育者备课、学术提升、教学交流的国际化平台；针对学生的锦灵国际学院——中文学习者上课、学习、活动等综合学习实践平台；针对中文教育单位的锦灵书院——中文教育单位学习、交流、共建共荣的平台。其他基站包括作为融合创新科技的智慧信息数据平台的锦灵智慧工厂等。

去中心化共建发展。锦灵中文数字化基站的建设覆盖了互联网资源平台，教育资源及产品、智能信息技术等多种形态资源建设。每一个基站的建设都围绕基站本身特点且非单一性的发展。关联促进式的迭代发展模式是锦灵中文数字化基站建设的最佳路径。去中心化，以需求为发展导向的矩阵建设才能最大限度地发挥出“大中文”平台的价值。

（二）赛酷雅数字化产品案例

1. 锦灵好备课

这是锦灵旗下服务于教师的平台，该平台面向全球中文教育工作者，从平台测试阶段就被广泛关注。目前已有注册用户 15 万人，覆盖 129 个国家和地区，访问量高达 300 万人次。教学资源包括但不限于教师学习资源库、备课素材库、教学工具库、课程产品库、讲练测评活动库。好备课不仅能为教育者提供大量的教学素材和工具，也能帮助教育者更加便利的实现教学质量的监管和评测，在教务管理、教学管理以及课堂应用管理等方面也充分发挥出其“智慧”和高效。为了便于教师们自我提升和交流，还开设了特殊的论坛板块和“好论文”产品平台。

以备课素材库为例，现已有课件素材（含教案、活动方案、动画素材、视频素材等）864 个，开设素材库半年内数据下载量达 1 734 次。好备课里的备课素材资源做到了好多、好找、好用、好精彩。让老师们释放了更多的备课时间，让备课变得简单。

以课程产品库为例，现已有自主研发课程 2 000 节以上，动漫 IP4 000 余个，包含了儿童零基础语言课、青少年中文基础课，成人商贸口语速成课、HSK 系列课程、国际绘本表达课、文化通识类课程、“非遗”历史课、笔墨中国课、汉字的故事课、趣味写作课，以及其他特色文化课。锦灵中文自主研发的课程产品包括视频类课程、教材、动画、H5、游戏、测练 App、教学资源包、活动衍生品等。除此以外，课程内容还包括中文教育领域中的主流教程教辅以及样课讲解、活动设计等都可以在这里找到。课程以简洁、活泼、创新互动的形式多维度呈现，视频课程、在线班课、一对一课程等传统的授课形式都融合了创新的教学内容和手段，特色的 OMO 智慧课堂，辅以 AI 智能教学系统可以实现成长式跟踪教学记录和评测，并推送匹配教学策略和工具。在探索和建设中取得了较好的应用成效，课程的好评率几乎达到 100%。

教师学习库是好备课的特色板块，有专家的讲座、名师的样课，还有最前沿的理论技术和最有料的教学讨论，能够让教、学、研、用快速高效地融合、渗透，让教育者挖掘出自己的闪光点，并能够发挥出最大的价值。

好备课最大的优势是能够实现“交流”，它不仅是单一的获取资源的平台，也是能够通过上传和交流记录自身教与学成长的平台。老师们可以通过上传自己制作的教学资源，获得更多的匹配推送；可以通过授课交流的积累，获得更多学生的关注和专家的指导，可以说好备课平台会发展成一个以教助研、以教促学的集结地，它不仅能促进中文教育的长足发展，也能为国际中文教育事业的数字化生态建设做出客观有效的尝试。

2. 锦灵国际学院

锦灵国际学院，是面向海外中文爱好者及学习者所推出的“线上课程平台”。锦灵国际学院提供系统化的中文教学及中国传统文化课程服务，并为海外中文学习用户提供交流分享的平台。目前，已上线的课程除了基础的语言、文化、考试类课程以外，还包括很多教师指导课程、家长共学类课程以及特色定制课程和学习方案。这些课程内容的选择不仅方便了学生及时地自评、自测、自学，也能帮助学生快速匹配到适合的学习内容和方法。上线 5 个月的统计数据即覆盖 119 个国家，访问用户 32 000+，特别是 HSK 及商务汉语需求占比 95%。目前用户主要来自印度尼西亚、越南、印度、巴基斯坦、墨西哥、埃及等国家，在这些已服务的用户反馈中好评如潮。

未来的锦灵国际学院将由四部分模块组成，即：【找课程】提供课程检索，为平台用户精选“量身定制”的课程。【找老师】解决师资与学生之间供需矛盾，用户随时预约，随时享受优质的教学服务。【学习工具】可以独立应用的课程学习评练端，通过数字化手段量化用户学习成绩，便于查漏补缺；还可提供导、学、测、研、练等多环节教学辅助。【媒体社区】开放媒体社区交流平台，用户（教师/学生）可以在这里以图片或短视频的方式传播学习类、生活类内容，便于用户与用户之间中文的应用与文化的交流。

在创新技术赋能、教与学的素材、学习方法、工具产品应用等方面将会不断升级和突破。截至 2020 年 10 月，锦灵中文线上平台访问量近 300 万人次，注册用户 15 万人，单节课最高 23 964 人次观看，海外业务覆盖 129 个国家的 831 所学校，累计学员 61 599 人，在读学员 14 238 人。针对华裔用户的调研结果显示，90%以上的用户认可锦灵中文的平台及资源，对锦灵中文未来的发展和教学数字化资源建设充满期待。

3. 锦灵学堂

面向国内K12培训机构、幼儿园及学校，基于互联网技术所开发的教育平台。平台主打“学习传统文化从启蒙开始”的设计理念，涵盖线上版权课程、线下衍生品、锦灵智慧教室三大板块；以动漫、交互游戏课件、丰富版权IP等为亮点，提升孩子传统文化学习的兴趣，陪伴孩子成长。

锦灵学堂的阶梯性课程体系，良好串联幼儿园、小学和机构，形成完善的生态闭环。幼儿园课程为启蒙课程，通过文化课＋实践课＋戏剧课为主，让学生初步接触传统文化；小学课程在难度上进一步提升，通过文化课＋历史课＋“非遗”课为主，让孩子对于国学经典有进一步理解；机构课程为幼儿园和小学的进阶版，通过文化课＋演讲课＋艺术课为主，从简至深挖掘人文精神内涵，深入了解传统文化。

三、赛酷雅的未来之路

在国际中文教育的传播和传承中，类似赛酷雅公司这样的社会力量逐渐成为了中文学习产品走向世界的重要供给主体。一个国家的软实力植根于文化的吸引力，语言文化企业需要继续深耕，从技术、产品、资源、平台、人才等方面全方位铸造核心竞争力，更好地实现“用中文沟通你我，让文化点亮世界”。

后疫情时代促进网络空间多语言使用的相关思考

全球说

目前，新冠病毒仍在全球肆虐，在这场空前危机中，逆全球化、社会分化、合作乏力、全球治理、国际交往等问题尤为明显。在巨大的不确定性中，我们只能从自身确定的现状出发，大力推动网络空间多语言发展，以虚拟交流促进和延续世界原本的国际合作和全球化进程，重构新时空下世界进步和人类发展的命运共同体。在这方面，联合国教科文组织(United Nations Educatione, Scientific and Cultural Organization, UNESCO)28 年前启动，至今仍在不懈推动的"世界语言地图"项目，从其"网络空间多语言使用和多元文化传承"的宗旨和角度，为我们打开了突破人类目前交往困境的一个新方向。

"世界语言地图"是 UNESCO 促进网络空间多语言使用，促进多元文化交流与传播的一项全球性公益工程，其目的是促进世界各国民众在更大程度上参与世界可持续发展的进程。2017 年，UNESCO 与世界上语种最多的在线语言学习平台"全球说"(talk-mate)合作，共建网络空间的"世界语言地图"，规划建设一个全球互动、合作、开放的在线平台，加强各国政府、全球语言使用者即公众对语言现状和保护世界语言多样性的认识，推动不同语言文化间的平等对话、和谐共荣。经过四年多的建设，目前该平台已积累了全球 4 000 多种语言的各类信息(全球现存 7 000 多种语言)，开发了 120 多种语言的完整的学习课程(规划开发全球所有国家 240 种官方语言的学习课程)，目前已上线 89 种语言的课程，用户规模达 632 万多人。

疫情打破了以往人们交往的状态，必然会塑造出截然不同的"新常态"，这是否是我们拓展网络空间里多语言交往的新机遇？在这样的情况下，我们何不利用当今信息技术的进步，适应性地改变人们的生活与交往方式，利用社交隔离为自动化和数字化技术创造的良好土壤，开发出更多方便人们通过不受限的网络空间顺畅进行交流与交往的、打破语言障碍的新产品与新技术？在这一点上，诞生于我国本土的多语言平台——"全球说"一直在探索与实践。

一、网络空间的多语言时代即将来临

语言与国家有着密切联系。在信息化、全球化时代，语言的工具作用得到强化，已经成为社会治理的利器、经济发展的资源、科技创新的新宠、国际博弈的砝码和安全保障的要素，并已成为国力的重要组成部分。

信息化和全球化发展使语言的价值提升到一个新的战略高度，作为重要经济资源的语言，语言能力是人力资本，也是生产力，随着信息化和网络技术的发展，以语言信息处理为核心的信息技术是当代科技创新的重要基础、动力和源泉。在信息社会，语言信息处理能力的强弱，标志着一个国家科技水平和科技竞争力的高下。

近年来，语言问题逐渐进入国家战略视野，语言学界已开始从国家战略高度探究语言规划、外语教育政策和语言管理问题。鉴于语言日益反映国际形势，与国家发展和社会进步的现实诉求密切相关，加强语言资源管理，提升国家语言能力，是切实维护我国语言文化安全和为国家利益拓展提供保障的重要任务。

我国是一个本土语言资源丰富的国家，同时又是一个外语资源“穷”国。随着中国全球化的发展、“一带一路”倡议的深入发展和共建“人类命运共同体”理念的推进，国家对语言使用和服务不断提出新的要求，建立完善的国家语言服务体系和语言应急援助机制势在必行。“全球说”提高国民语言素质着眼、聚焦语言教育服务，响应UNESCO世界语言地图“促进网络空间使用多语言建议书”，使用现代信息技术和网络技术嫁接多语言教育，进而优化我国的语言教育系统，提升传统语言教育的效能，为推动国民语言能力和国家语言能力建设贡献智慧。

综观世界各国语言教育的状况，我们发现：许多发达国家除了无一例外地高度重视本民族国家语言或官方语言的教育外，也制定了许多外语教育的政策，这些政策改变了人们的外语学习态度，随着互联网技术的发展和普及，许多国家也采用网络技术开展在线语言的学习、监测和服务等。基于这些实践展开的相关研究，目前国内外文献资料还比较少见，倒是有不少国外的实践给我们许多启示。

如英国兰开斯特大学计算机科学家一直在研制一种语言自动分析工具，它能够根据聊天者使用的语言风格等信息特征，自动识别出他们的年龄和性别等，这种技术一旦形成突破，在网络语言教育中将发挥巨大的作用。

法国学校中，为提高学习效果，学校已开始利用信息技术创造数字化学习环境。此外，他们还要求每一所高中必须同一所外国教育机构结成友好学校，以便学生进行语言实习和寻找语伴。这使得法国所有学校中学习两门外语的学生占学生总数的77%，作为选考项目的语种多达56门，法国成为欧洲外语教育可选择语言种类最多的国家。

德国的歌德学院致力于全世界范围内传播德语知识，同时也资助多种语言的译作。该学院传播语言的重要途径就是他们的网站。据统计，歌德学院的网页平均每月的浏览量就达到1 800万次。

美国的外语教育在“9·11”之后发生了戏剧性的变化，开始变为全民重视的事情。美国学生现在学习的语种达到204种，传统教学方式无法满足如此多样化的需求，于是网络多语言教育必然成为人们的重要学习渠道。

澳大利亚是一个典型的多元文化国家，该国在20世纪70年代就开始建设全国性的语言服务基础设施，以此适应语言多元主义的要求。这些设施包括电话翻译服务系统、国家翻译人员认证机构、澳大利亚特别广播局和国家笔译与口译服务处等。这些基础设施目前无一例外也都转型建设了他们的网络服务平台。

日本的语言研究计算机化近年来正在迎头赶上。其代表性的产物就是语料库的建设。日本在2011年建设完成现代日语书面语平衡语料库，建设规模达到1.1亿条，日本国立国语研究所目前仍在建设一个以互联网日语语料为收录对象的超大规模语料库。

上述这些实践都是基于网络信息技术进行语言能力建设与提升的做法。随着我国国际语言服务需求的日渐旺盛，我们"全球说"基于在线语言学习平台的实证研究，为进一步展开更广泛层面的"在线多语言学习研究与实践"打下了良好的基础。

二、"一带一路"发展凸显我国多语言短板

习近平主席2014年访问法国和德国时曾说："一个国家文化的魅力、一个民族的凝聚力主要通过语言表达和传递。掌握一种语言就是掌握了通往一国文化的钥匙。"语言作为人类最基本的交际工具，只有互通，才可能发展后续的经贸往来、文化交流、文明互鉴、民心相融。由我国提出的"一带一路"倡议，其所有愿景与规划的实现，都需要以语言沟通为基础。

"一带一路"的推进，需要世界几十个国家和地区之间进行合作，需要与数百个不同文化背景的民族打交道。"政策沟通、设施联通、贸易畅通、资金融通、民心相通"的"五通工程"都需要以语言铺路。但是，我国的语言人才储备无论是数量还是质量均明显不足，语言应用人才、语言应用研究及教学人才及非通用语种人才严重短缺。这已经成为制约我国"一带一路"建设和发展的一个瓶颈，需要我们加快短缺语言人才培养。

"一带一路"倡议会催生庞大数量的企业参与其中的经济建设，它们势必与当地的人员密切接触，这必然需要使用当地的民族语言，原有的小语种供需平衡就会打破，语言问题就会变得特别突出。即使在我国已开设多年的各语种课程，每年培养大量语言人才的情况下，由于语种结构不尽合理，在"一带一路"的宏大事业中，所需语言人才储备也呈现出严重不足的状况。

(一)"一带一路"国家语言概况

据来自联合国教科文组织——全球说"世界语言地图"项目组(UNESCO－TALKMATE NEXES)的数据，沿线65个国家使用的官方语言有53种，这些语种涉及汉藏、印欧、乌拉尔、阿尔泰、闪-含、高加索及达罗毗荼等语系。目前统计，"一带一路"沿线国家使用的民族语言多达2 400多种。因此，就"一带一路"语言服务来看，我们面临的形势非常严峻。

"一带一路"建设的关键是互联互通，互联互通的基础是语言相通。当前我国面向"一带一路"沿线国家非通用语种的语言资源严重匮乏，已成为影响互联互通的突出障碍，迫切需要国家层面组织和开展"一带一路"语言资源建设。该建设应该覆盖沿线国家全部语种，充分利用现代信息手段，从语言资源的开发、共享与应用三个层面出发，组织系列工程实现其重要使命。

(二)我国为“一带一路”提供语言服务能力现状

据统计，目前我国拟赴“一带一路”沿线国家进行共建布局的企业已达 110 000 多家，无语言沟通障碍的企业少之又少。我国约有 5 万多家旅游企业，只有 15 家走出国门，原因就是缺乏懂外语的高级管理人才，可见我们构建“一带一路”语言服务和语言人才培养的战略工程任重道远。从宏观层面看，经济合作与人文交流是“一带一路”建设的两翼，而语言服务和语言人才培养是其基础工程。

我国是一个本土语言资源丰富的国家，但又是一个外语资源贫乏的国家。目前世界上的语言有 7 000 多种，而我国所了解的顶多 100 多种，能够较好使用的有 20 种左右，高校能够开设的外语课程不到 50 种，这显然对于我国“一带一路”建设极为不利。

语言是工具，也是文化，是民族的象征，也是国家软实力的体现。语言的兴衰与国力的强弱紧密相连。而现实情况是，我国已成为世界第二大经济体，但我国的语言能力与大国地位严重不符。

下面，我们从语言服务业态中的语言教育培训角度梳理一下我国的语言能力状况。

1. 政府机构和大学层面

据国家语言能力发展研究中心统计，截至 2016 年，我国高等院校共开设 72 个外语专业，其中非通用语种专业 65 个，覆盖了欧盟国家 24 种官方语言和东盟 10 国官方语言。外语类专业的绝对招生人数在持续增长，在校本科人数 81 万，有 14 所外国语大学。在国内高校开设的语言课程中，尚有“一带一路”沿线国家的 11 种官方语言未开设课程。

在针对外国人的汉语教育方面，我国政府取得了比较大的成绩和进展，创办于 2004 年的孔子学院和孔子课堂，一度取得骄人的成就，但后来的发展日益受阻。

此外，国家语委主导主办了全球中文学习网络平台，面向全体国民及海外中文学习者，提供中文智能学习服务。平台于 2019 年全面启动，以普通话学习和规范汉字学习为核心，以国学经典诵读等中华传统文化学习为亮点，面向全球用户开展大规模在线自主学习。

2. 社会与民间机构层面

作为传统语言产业典型代表的语言培训机构，我国目前的机构数达到 5 万余家，仅北京地区就大约有 3 000 余家。新东方、环球雅思、韦博国际等都声名远扬。但这些机构绝大多数只开设英语课程，受限于小语种老师严重不足，只有极少数机构开设了少量其他语种课程，语言专业学术分类意义上的非通用语种，社会机构几乎未能涉足。

随着网络技术的发展，除一些传统线下语言培训机构纷纷“触网”外，近几年来，也兴起了一大批在资本的追捧下迅速发展起来的在线语言教育机构，沪江网、51Talk、VIPabc 等声名鹊起，不受学习场所和固定时间限制的方式激发了大量潜在的语言学习需求，这类机构成为我国语言教育领域一支新的生力军。

尽管我国外语培训机构的绝对数量很多，但绝大多数教授的是英语，语种结构不合理的状况与“一带一路”的现实需求出现巨大反差。有专家认为，“一带一路”建设中跨越语言障碍，单靠人力短期内显然不能完成如此艰巨的任务，于是提出了提升机器语言能力实现语言互通的建议，以克服短期内语种能力不足的短板。可喜的是，“互联网+”飞速发展的这两年，我国在这方面的技术有了重要的突破。科大讯飞的智能语音服务支持 27 个语种的语音识别与合成，并支持国家通用语到英语、俄语等语言的翻译。百度机器翻译目前覆盖 24 个外语语种，涵盖了 35 个“一带一路”沿线国家的 15 种官方语言。随着这些机构语音大数据库的不断建设，我国的机器翻译能力将会不断提升。

3. 外国政府背景的语言推广机构及外资语言教育机构

英语作为当今世界上最强势的语言，全球学习人数在 10 亿人以上。1934 年英国政府成立的语言推广机构“英国文化协会”，已知全球设有 230 家分支机构和 138 家教学中心，学生人数达到 1.3 亿，其中“雅思”国际标准化考试系统成为世界最热门的英语水平考试系统之一，该系统仅语言教学和语言服务所创造的年收入就达 130 亿欧元。

也有大批的国外英语或多语言培训机构随着中国市场的旺盛需求纷纷进入国内市场，例如侧重线下培训的华尔街、英孚、戴尔、勤思和在线外语培训的罗塞塔、英语流利说和多邻国等。

除英国外，许多国家政府都直接或间接支持本国的语言机构到其他国家开疆扩土。如法国的法语联盟、德国的歌德学院、西班牙的塞万提斯学院、意大利的但丁学院等，都在我国设有规模不等的正式语言教学机构。除此之外，还有少量其他外国公司或个人在中国的一线城市开设本国语言的教学点或教学班，不过规模都非常小。

三、“全球说”正在致力于推动网络空间多语言应用

我国目前的语言能力建设与发达国家相比还存在较大的差距。从传统语言培训机构脱胎而来的我国本土语言技术公司——全球说，借助与 UNESCO 的合作，在共建“世界语言地图”、促进多语言在网络空间的使用等方面持续发力，已开始在非通用语种教学的能力方面处于国内外第一梯队。

“全球说”是目前世界语种数量第一的在线多语言学习平台，是 UNESCO 的全球伙伴和中国教育部的最佳合作伙伴。本机构专注于多语言教育的内容创新与技术研发，现拥有 100 多个语种的儿童和成人系列课程、300 多项内容与技术的自主知识产权、2 000 多位世界各国的母语志愿者，是目前世界上唯一的拥有“一带一路”沿线国家全部 53 种官方语言的多语言教育机构。“全球说”多语言学习系统自 2016 年上线至今，已进入 80 多所学校，超过 600 万学员正在使用其多语言系统进行学习。

作为 UNESCO 的全球合作伙伴，“全球说”同时担负着承载“世界语言地图”项目平台的职责。“世界语言地图”项目是 UNESCO 立项的保护和传承世界 7 000 多种语言并将其数字化的全球性项目，建成后将大大提升国家和地区组织之间分享语言知识的能力，促进创造者、使用者和学习者之间的多语言内容交流。

“全球说”原创的母语学习法、母语教学法等课程标准已成为 UNESCO 的通用语言课程标准。具有国际领先的语音识别技术、机器学习和人工智能技术使“全球说”具备

了许多独具特色的功能。

“全球说”构建了一个多语言学习的国际平台。除自己的官方多语言课程外，该平台还上线了3 000多种国内外机构开发出版的语言学习和文化介绍类语音课程，堪称“语言文化超市”。

“全球说”设置的“语伴”功能使其成为一个多元文化的交流平台。注册成为“全球说”会员后，中外学员可以利用平台的即时通信功能结为“语伴”，互为师生，母语技能交换使得人与人之间的交往增加了互信友好的基础。

“全球说”设置了主题化、游戏化学习语言的教程，其母语学习法能使学习者在不学语法、不用背单词的情况下，仅用200个小时就能学会一门新语言。特别适合短期内大规模培训小语种应用型人才。

2017年7月，“全球说”与上市公司“真视通”合作研发了“多语言云课堂”系统，该系统实现了一个母语教师授课，分布在全球各地的学生可以同步学习、实时互动的功能。UNESCO第38届大会主席斯坦利·穆通巴·西马塔亲赴“全球说”观看演示后，认为该项目具有很高的互动性，认为这一技术解决方案将为未来世界多语言的学习和传承提供高效的实现手段。

为配合“一带一路”建设步伐，“全球说”制定了对各利益相关方开放合作、构建语言生态圈的发展战略。“全球说”充分发挥自身技术开发、教学研发、产品研发的优势，拿出自己的核心资源，与不同语言教育机构共同打造面向终端用户的语言教育产品，这样可使自身语种第一的优势迅速裂变，使得大规模快速度地开展小语种的培训成为可能。

早在2016年，“全球说”也制订了自己的“一带一路”行动计划，该方案计划引进“一带一路”沿线各国优质语言教育内容，满足不同人群、不同层次的个性化需求。积极与沿线国家教育机构在课程体系、辅导教材、教学办法、考试标准等方面探索合作，培养人才。

习近平主席在第二届世界互联网大会主旨演讲中指出，网络空间是人类共同的活动空间，网络空间前途命运应由世界各国共同掌握。在当今世界云计算、大数据和移动互联网等新技术快速发展的背景下，我国如果能快速提升网络空间的国家语言能力，就很容易搭载这一浪潮实现“弯道超车”。

以“全球说”为代表的一大批互联网语言教育机构，将信息技术和语言服务高度融合，其创新共享的商业模式和合作模式，会给世界各国的语言教育机构带来新的转型升级的机遇。多语言云课堂的现代通信技术可以有效解决师资瓶颈，可以方便、快捷、低成本地实现语言学习的普惠目标，语言服务业的服务链将缩短，服务效率也会提高，服务人群会广泛覆盖。在互联网开放分享的新特征下，语言服务将呈现开放的技术水平、开放的语言资源共享和开放的社区交流等特点。语言服务在各行各业中的必要性和重要性将凸显。随着语言服务业与其他行业的联系变得前所未有的紧密，跨行业的融合将越来越多地出现语言服务行业的身影，集成语言服务将成为其他行业平台实现全球化的驱动力。相信在不久的将来，网络空间里的多语言应用会越来越频繁，在应用带动下的基于多语言的产业发展会越来越繁荣。

便捷沟通　语言无界

新译信息科技（深圳）有限公司

新译信息科技（深圳）有限公司（简称“新译科技”）成立于2016年3月，为国家高新技术企业，总部位于广东省深圳市南山区，在北京设有全资子公司。新译科技以机器翻译技术为驱动，致力于构建以新译智能翻译系统为核心、连接全球译员和企业级翻译需求的一站式智能编辑服务平台，解决全球B端企业语言沟通问题。公司以人工智能自然语言处理技术为支撑，根据企业客户对及时性、精准性和保密性的不同需求，与全球合作的翻译组织和机构共同为客户提供全场景的文本及音视频翻译解决方案，助力企业客户将翻译融入日常工作流。

自2016年以来，先后获得清华力合科创集团、美亚梧桐、博将资本、凯泰资本、远宁资本等共计近2亿元的融资。2017年公司智能翻译产品通过国家科技成果认定，以及人工智能最高奖——吴文俊人工智能科学技术奖。2018年至今，公司创始团队和核心技术骨干，先后获得深圳青年技术奖、北京市海聚工程专家、深圳市地方领军人才等荣誉和奖励。

一、智能翻译价值不断凸显

2017年5月14日，国家主席习近平在“一带一路”国际合作高峰论坛开幕式上发表主旨演讲时强调：“要坚持创新驱动发展，加强在数字经济、人工智能、纳米技术、量子计算机等前沿领域合作，推动大数据、云计算、智慧城市建设，连接成21世纪的数字丝绸之路。”2020年又提出“新基建”，数据中心概念和意义再次在人工智能时代被给予认可。具有深远意义的“一带一路”倡议涉及俄罗斯、印度、泰国等超过六十个国家、近四十亿人口、四十多种语言，这就需要大量的翻译与语言服务，而完全依赖传统的人工翻译将无法肩负起“一带一路”赋予中国文化国际传播的语言服务重任。另外，随着国内各行业的蓬勃发展，对外交流、对外经济合作不断扩展，翻译市场对于经济、科技、法律、商务、赛事等翻译的需求也越来越多，中国的翻译人才将无法满足各行各业日渐增多的翻译需求。

在国家的社会经济和科学技术进步的同时，翻译所带来的语言资源的功能和价值也空前提升，语言资源已转化为国家安全的战略资源，如何在满足国家政治、经济、军事等各方面翻译市场需求的同时，确保翻译语言的信息安全也是维护国家长治久安和根本利益的迫切需要。

智能翻译系统相比人工翻译，可涵盖多领域、多行业的海量词典和翻译模型，可在不同场景下进行翻译，智能翻译正在为人们的生活带来各种便利。人们可以通过智能翻译，解决衣食住行中遇到的语言难题。小到出国旅游、科技文献翻译，大到国际贸易、跨语言文化交流、多语言信息联通需求，智能翻译在其中都发挥着重要的价值作用。让机器扮演翻译这一重要角色，不仅具有很强的战略意义，在实际经济和文化生活中也具有举足轻重的作用。另外，随着人工智能技术、神经网络翻译等新技术的快速发展，智能翻译也完成了从传统的基于统计的智能翻译到基于神经网络的智能翻译的变革，智能翻译的效果逐步开始走向实用(化)。

2006 年以来，以深度学习为代表的机器学习算法在机器视觉和语音识别领域取得了极大的成功；2017 年开始，在神经网络模型的算法下，机器翻译的准确性大幅提升，使人工智能再次受到学术界和产业界的广泛关注。云计算、大数据等基础层技术在提升运算速度、降低计算成本的同时，也为人工智能发展提供了丰富的数据资源，协助训练出更加智能化的算法模型。事实上，人工智能不仅涉及语音、图像等领域，还包括文本方向。人工智能文本方向的两个典型的应用是搜索引擎和机器翻译。搜索引擎已经造就了谷歌、微软、Naver、百度和搜狗等巨头，当前机器翻译被认为是下一个最能落地的人工智能技术。从人工智能发展规模看，当前其主要集中在数据标记、语音识别、语义识别、计算机视觉等技术领域以及安防、医疗、金融等应用场景，而智能翻译技术及应用还处于爆发应用的前夜，是未来一段时间必争的技术点和创新点。

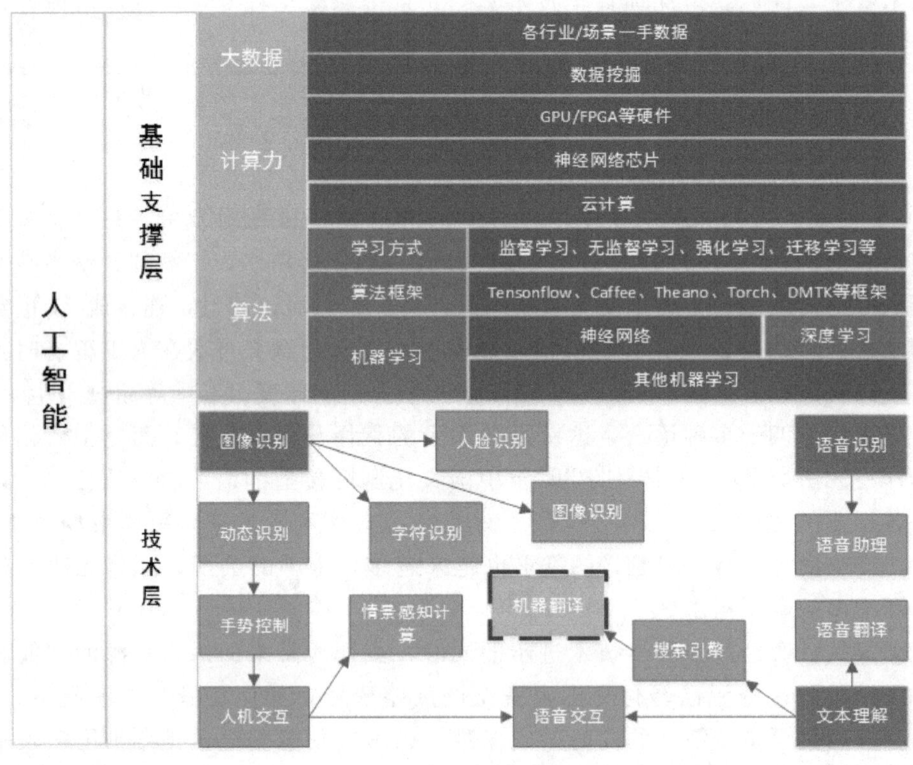

图 1　人工智能知识图谱

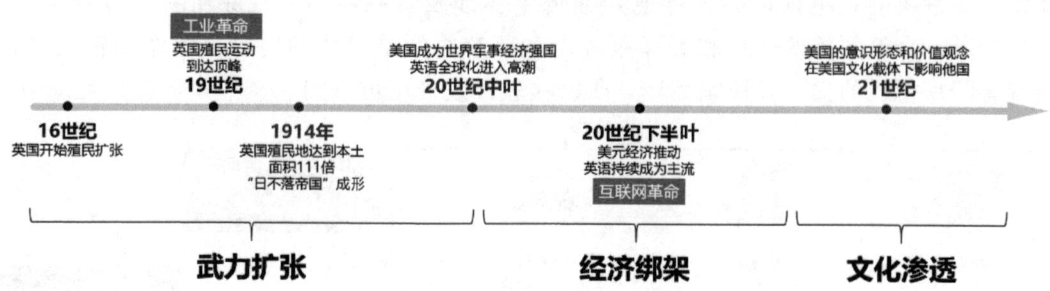

图 2　英语语言霸权成长历史

自中美贸易战以来，再加上全球新冠肺炎的国际新形势、英语的语言霸权地位等，导致我们在政治、文化交流、经济活动等多方面的沟通交流出现障碍。语言作为文化及价值观的载体，是这场角逐赛中的主角。突破语言沟通障碍，不仅是全球化发展的需求，更是构建"人类命运共同体"的基础支撑。目前中国传统语言服务市场规模约 350 亿元，潜在市场需求超过 2 000 亿元人民币，预计到 2030 年全球市场将达到万亿元规模，市场空间巨大且呈现快速增长态势。语言能力是国家硬实力，也是比其他基建更有战略价值的"新基建"，而这一切都离不开最核心的技术底层——机器翻译等技术加持。

二、智能编辑平台打破语言巴别塔

新译智能编辑平台是一款基于云计算环境的软件系统，能够将翻译人才和需求方连接在一起，并促成双方合作，进而提升需求方应用程序功能性和质量性需求，满足公司(包括翻译公司)和自由译员的翻译工作流程需求，既是一款计算机辅助翻译软件，又是一种全球化翻译管理软件和外包平台(翻译中的 CRM)。

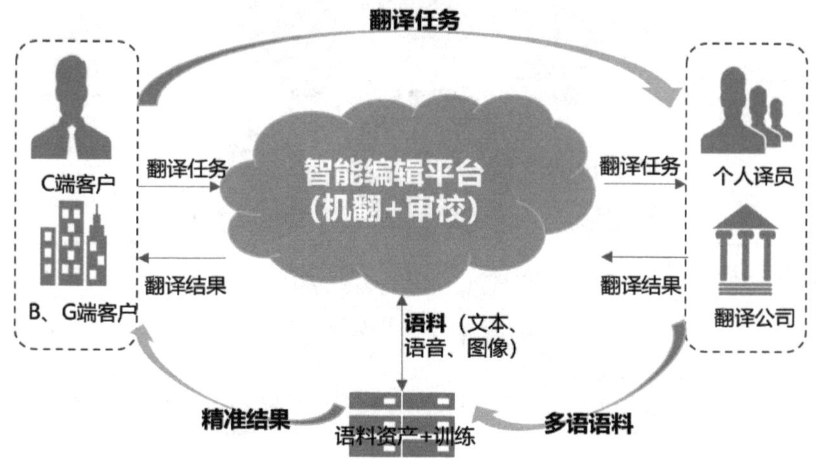

图 3　直接连接翻译需求方，为其提供高质量、高效率、低成本的翻译服务

从工作流程上看，智能编辑平台主要涉及 8 种文件内容的翻译编辑工作，主要包括文本文档编辑中的文字翻译、文档翻译、字幕翻译(如 SRT 文件)等不同格式的翻译，主要解决的是笔译内容；音视频编辑主要涉及音频听写、视频听写、音频翻译、视频翻译、会议同传的转写和翻译服务，主要解决的是口译的内容；图像编辑主要包括带有图片格式的文本和视频翻译，所以在软件设计中可以归入文本和音视频类别中。

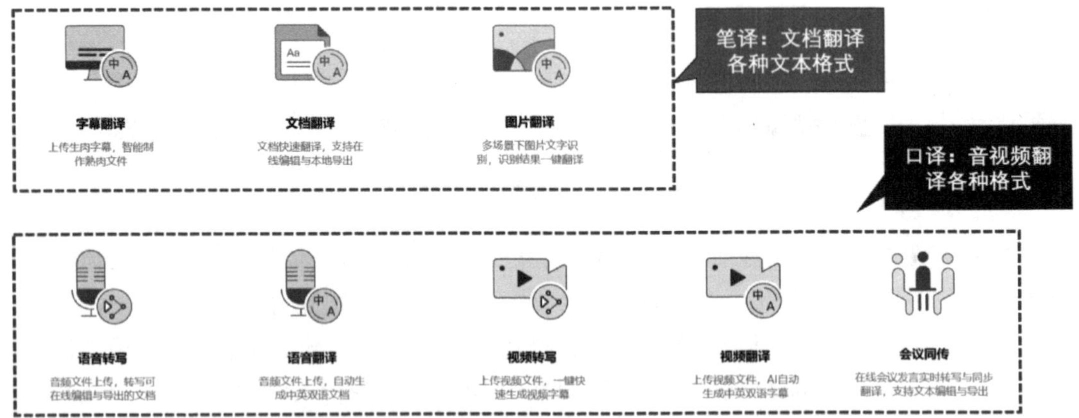

图 4　智能编辑平台处理文件内容分类

从平台特点来看，智能编辑平台能够轻松地通过项目 API 嫁接需求方的应用产品，包括新闻采编系统、出版社图书系统、CMS、ECM、EDM、SVN、OA 等自动传输翻译文件。换句话来讲，只要用户传递这类翻译(标注)任务过来，智能编辑平台就能帮助其完成相应的工作。久而久之，智能编辑平台积累了各种数据，为大数据的分析和更精准的自动翻译提供最原始的训练素材。

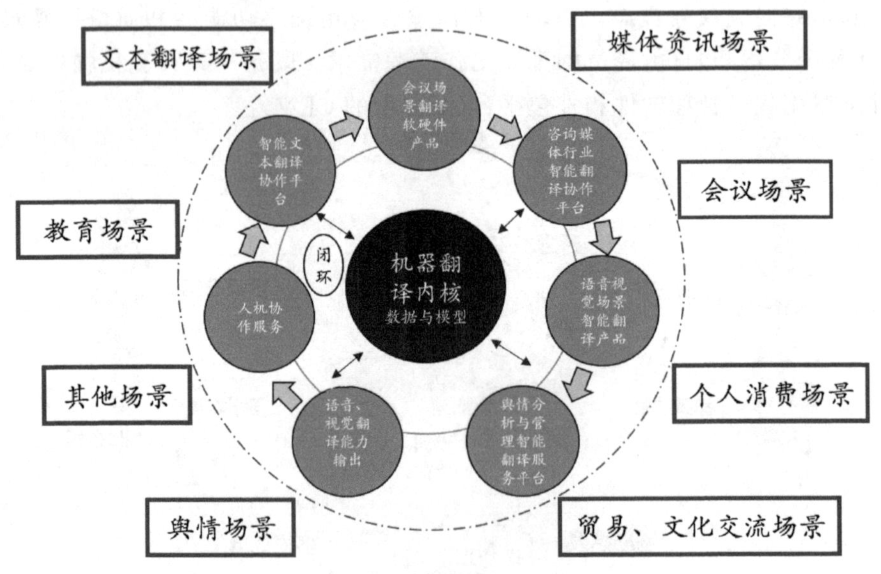

图 5　多个垂直应用场景

通过各垂直领域的数据积累，我们可以构建更多的垂直应用场景，包括媒体会议场景、旅游翻译场景、会议场景和教育场景等。最终，经过多个维度的不断打磨，可以在多语言、多领域进行不断地积累，构建人机协作平台，达到即时性、高质量输出，满足生产实际。

三、多维度产品构建沟通无障碍体系

在编辑平台的基础上，新译科技一直想构建沟通无障碍的体系，与中译语通、澳门大学、航空工业等单位进行深度合作，使用户从下飞机、乘坐出租车、入住酒店、吃喝玩乐、商务会谈等都可以实现无障碍沟通，而这些场景都是需要独立的产品来支撑的。

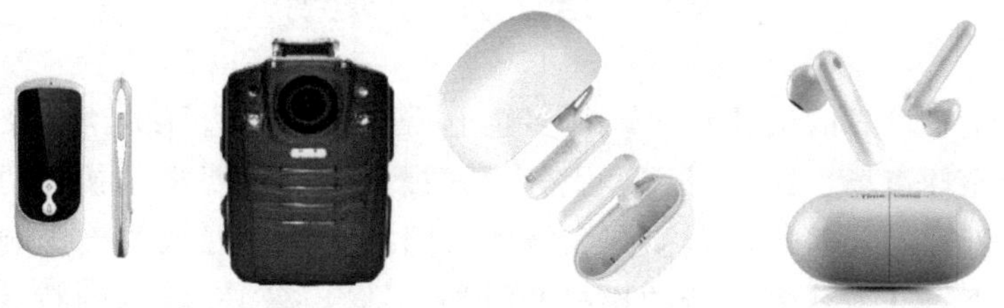

图 6　语音翻译产品

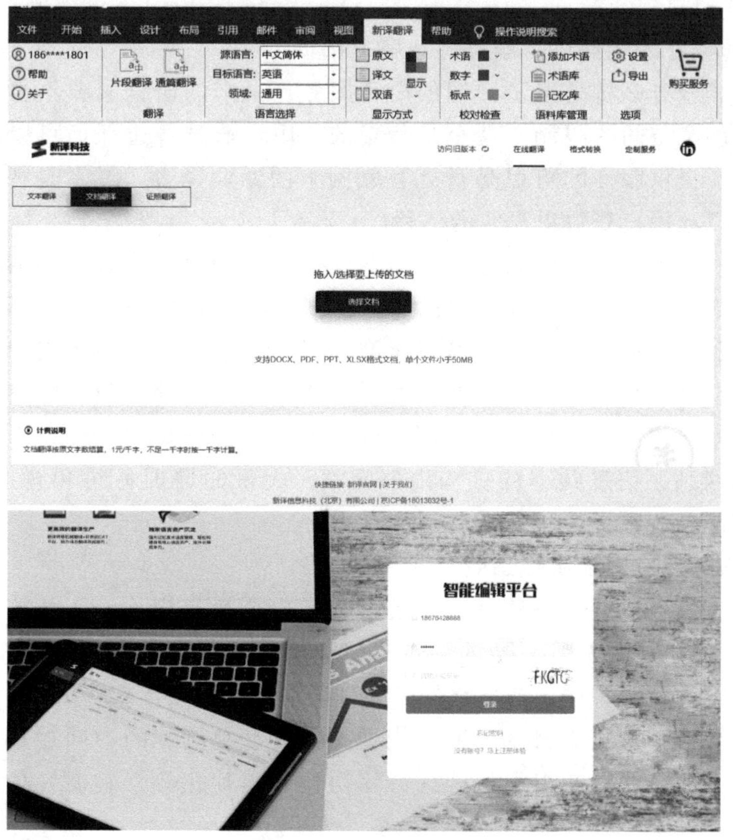

图 7　文本翻译产品

围绕出行、住宿、旅行等场景，我们推出了新译翻译机、翻译耳机，主要攻打海外市场，连续三年在亚马逊平台中销量第一；针对公检法司体系的需求，推出双屏系统、智能翻译执法仪，解决该场景下的语言沟通问题；在办公体系中，推出了新译文档翻译从而解决用户的全自动快速翻译，新译辅助翻译系统解决翻译的全流程项目管控，与此同时，我们也推出了翻译插件组合，以满足在office、浏览器中进行便捷翻译的需求。为了解决多语言的移动端需求，我们也推出了“智译”和“与会通”视频App。正是因为有了编辑平台的不断迭代和优化，新译的机器翻译和语音翻译的译文水平才得以不断提升。

四、语言服务趋势

随着智能信息世界的迅速扩张，很多企业需要借助无边界的网上交易平台将其产品迅速推广至全球市场，这就对语言服务模式提出了新的要求。技术的发展推动语言服务行业探索新的商业模式，而社交媒体和协同技术的发展也的确影响了语言服务产业链的交互形态，并为其带来新的挑战和机遇。结合移动互联网的特点，基于语言服务行业在移动互联网中应有的思维，新译科技团队认为未来的语言服务行业将会呈现出以下特点。

(1)语言服务在云端提供，服务链条扁平化

未来的语言服务必将是基于云端的语言服务。未来的语言服务不再需要面对面的服务，不受时间和空间的限制，甚至是免费的，用户通过身边任何可以接入网络的设备都可以获得。提供服务的可以是身处互联网上的专业译者，或者是智能机器人，而多媒体技术可以让用户获得更真实的体验。

信息技术和市场需求的发展是推动语言服务技术和服务模式发展的动力，信息化与自动化是提高语言服务能力和效率的有效方式，自动化的流程减少了语言服务过程中的人为干预和效率损失，既可以提高速度，降低成本，又有助于提升质量。语言服务提供商的客户关系管理、项目管理、语言资产管理、质量管理、供应商管理等各种语言服务流程都将更为自动化，语言服务的采购流程也将更集中化、自动化，对于多语言大型媒体网站、信息共享的机构内部网站、大量的培训材料和客户反馈记录等，自动化的语言服务流程将会广受客户青睐。

(2)语言服务通过网络协作高效完成

从全球语言服务行业看，语言服务资源分散，企业规模小、人才非组织化等是造成行业效率低下的主要原因，要进一步提高语言服务的效率，需要更高级的组织模式——基于云端的翻译协作，打造智能云端翻译平台。

现实中，翻译不是最终目的，而是商业、贸易、交流等的中间过程，智能云端翻译是互联网带来的新的生产组织形式，群体协作和碎片化等众包翻译的特征，可以大幅度地提高翻译效率。

智能云端翻译平台可以整合市场、技术、数据、人才和资金等资源，可以为全球

范围内的语言服务需求者、语言服务提供商、语言技术提供商、语言服务人才、语言服务行业组织和语言服务上下游企业等提供服务协作，打破语言服务的时空限制，提供基于云端的无边界的虚拟化组织协作，实现语言服务产业规模化和全球化的发展。

(3)互联网思维催生新的语言服务商业模式

开放共享是互联网时代的特征，未来的语言服务也将是开放的语言服务，将出现更多的免费服务。互联网语言服务的开放性体现为开放的技术平台、开放的语言资源共享和开放的社区翻译。

机器翻译等智能技术大量代替人工服务，互联网的大规模经济降低了服务的边际成本，语言服务和其他产业的融合使服务支付环节发生转移，如广告、分润、付费订阅、分次计费等，语言服务的费用将与其他领域的产品和服务整合打包，以上这些变化推动直接语言服务向免费开放获取的方向发展。

利用互联网思维，对产业进行颠覆式创新。通过语言服务产业和其他产业的融合，产业链不断拓宽，开发出更多上下游产品，创造新的盈利点。盈利不仅仅靠语言服务本身，也可以靠增值业务来创造。互联网产品的实用性、趣味性、社交性等特征增强了用户的参与感和黏着度，从而带来互联网用户，互联网的流量概念为盈利增长带来无限可能。

(4)互联网将创造垄断性语言服务企业

全球化推动语言服务行业规模不断提升，语言服务市场中的竞争更加充分和激烈，语言服务产业内的企业不断整合与并购，推动了行业整合。在全球化的背景下，语言服务行业内的大型公司必须通过并购扩大自身规模、获取新兴技术、增强竞争力，才能进入新领域、开拓新市场，在下一轮竞争中获取竞争优势。未来几年中，能够整合行业资源的语言服务企业规模将迅速扩大，甚至出现垄断性的大型企业。

整合与并购产生的大型企业将会向语言服务需求更集中、语言人才供应更充分、与其他行业融合更便捷的地域聚集，催生行业基地的形成。行业基地将成为资源整合的重要推手，它逐渐成为地域性的语言服务、翻译人才培训、国际文化传播中心。

在互联网和移动互联网的推动下，具有先进语言服务技术的企业和机构将成为热门的并购对象或者实施并购的主体。大型语言服务企业必须通过网络化和去实体化实现进一步的全球化扩张，一方面聚集全球译员资源，一方面打开全球各地业务。语言服务平台将应运而生，并成为提供语言服务和与其他行业平台进行整合的主体，通过云语言服务平台，可以实现大量资源的集聚，并整合产业链中的不同环节，高效智能地完成资源的分配。各类客户、语言服务提供商、技术开发商和译员等依托此平台进行交易，平台的规模不断扩大，拥有云语言服务平台的企业将有实力提供全球化的服务。

(5)语言服务将成为其他行业平台实现全球化的驱动力

全球化进程提升了语言服务在各行各业中的必要性和重要性，随着语言服务行业与其他行业的联系变得前所未有的紧密，跨行业的融合将越来越多地出现语言服务行业的身影。

首先是商业、传媒业、教育业、服务业等跨区域发展较为突出的行业。其他行业国际化发展催生出大量的语言服务需求，服务对象都不只局限于本区域，而是面向全球，这些行业所服务的客户对产品、内容或服务有着不同的接受方式和文化理解，语言服务必须更深入地融合到这些行业中，才能提供足够令人满意的服务。

在各行各业中都有一系列大大小小的平台，这些平台具有独特的品牌号召力和传播力，但往往局限在某一个或几个语种中，不同语种间有大量重复的同质服务和平台。在互联网时代，这些平台要继续发展则需要打破语言障碍，未来更需要集成语言服务并为用户提供无缝、个性化的通用服务，才能跨语言满足用户的需求，获得更大的市场。

五、结语

语言服务从国家层面来看，解决的是国际话语权和传播问题；而从企业来看，解决的是信息传递问题，或者说是数字化问题。尤其是新冠疫情的暴发迫使很多企业更加坚信：未来的工作将越来越数字化，未来的商务将越来越多地依赖于网络。

在智能机器翻译等新技术层出不穷、大数据推动一切的智能信息时代，语言服务行业也必将作为新生力量，成为一个跨界跨行业的朝阳产业。

胶东俗语的文化蕴涵

——评兰玲的《乡音不改》

贾小瑞

摘要：兰玲的《乡音不改》以俗语为精神线索，复现了胶东乡土的全貌，也大体折射了中国阔大多姿的乡村社会。同时，论著在每篇俗语的探究中由此及彼、由表及里，呈现出成熟文化绵绵瓜瓞的迁移特性。《乡音不改》所涉及的深层文化甚为广泛，最能凸显民族特性的为礼仪文化。《乡音不改》引用文学经典作品解说、渲染俗语的韵味，也带来自身的趣味性、文学性。对俗语深厚蕴涵的迷恋、热爱与赞美是《乡音不改》另一内含的情感魅力。

关键词：《乡音不改》；俗语；文化蕴涵

The Cultural Implications of Jiaodong's Proverbs

——Comment on Lan Ling's *No Change in Local Tone*

Jia Xiaorui

Abstract: Lan ling's *No Change in Local Tone* takes proverbs as spiritual clues, which reproduces the whole picture of Jiaodong's countryside, and generally reflects the vast and colorful rural society in China. At the same time, in the exploration of each proverb, the author discusses from one aspect to the other, from exterior to interior, showing the migration characteristics of the flourishing of mature culture. The deep culture involved in the novel is very extensive, and the one that can highlight the national characteristics is the etiquette culture. *No Change in Local Tone* quotes literary classics to explain and play up the charm of common sayings. And it also brings its own interest and literary character. The infatuation, love and praise of common sayings is another emotional charm of the novel.

Key words: *No Change in Local Tone*; proverb; cultural implication

李健吾先生说："有些好书帮人选择生活，有些好书帮人度过生活，有些书——那最高贵的——两两都有帮助。"[①]我深以为然。有的书好比师长，予你生活的真义与启迪，帮你在歧路处做出正确的选择。有的书恰如老友，以亲切的话语勾起人的陈年记忆，又予修正、丰富，可使人从自我生活的单薄走向群体记忆的丰厚。《乡音不改》属

① 李健吾：《咀华集·咀华二集》，上海：复旦大学出版社，2005年版，第56页。

于后者，它在乡土上深耕细作，从乡土中呈现中国文化的精髓，陪伴我们在历史的纵深处度过生活。

鲁迅说面子是中国人的精神纲领，我想，俗语可谓乡村生活的精神线索。乡村生活如路旁随意摆出的地摊，没有规划好的一目了然，但有源于自然的丰富多彩。丰富的好处是信手拈来皆文章，困扰却是眉毛胡子一大把，怎个好抓？兰玲兰心蕙性，定睛之间抓来了乡村生活的言语结晶——俗语，如同抓住了牵一发而动全身的网梗，可将纵横交错的乡村之网全部牵动起来。

精心择取的100条胶东俗语几乎复现了胶东乡土的全貌，也大体活现中国乡村社会的林林总总，20世纪中国乡间的生产生活、婚丧嫁娶、年头年节、戏耍游乐在活色生香的俗语中获得了记录与评说，得到了传播与传承：这一畦是四季农耕的姹紫嫣红，“九九耕牛满地走”“春寒冻死拗”“男人发愁拔麦子，女人发愁坐月子”等以农耕事象为言语端头，铺展开田间村社的大好风光。那一处是节日礼仪的庆典之堂，“正月十五闹花灯”“二月清明花在前”“三月三，大燕小燕做一千”“轧五丝”“六月六，吃兔肉”“七月七日天河配”“别等着人家来送月饼了”“过了腊八就是年”“上天言好事，回宫降吉祥”，排出365天的喜庆阵仗。还有散落在父子、婆媳、夫妻等家庭关系间的民间俗语：“扁担不是草长的”“打懒老婆”“多年的媳妇熬成婆”“女婿是高客”。“不撞南墙不回头”“把门将军”“葫芦生人”“是蚕就得眠个茧”等则是与建筑、物产、神话、副业有关的智慧之言。兰玲找到了重新耕读乡土的精神线索，阔大多姿的乡村社会在《乡音不改》的精神之域次第重建。

俗语源头有别，但其牵扯出的意蕴往往是由此及彼、由表及里，呈现出成熟文化绵绵瓜瓞的迁移特性。兰玲不紧不慢、悠然自得地将之一一道出。《萝卜不济，辈（背）儿大》一篇从平凡处落笔，先讲萝卜的食用价值，归结处又是一条俗语——“萝卜就饭，家得万贯”，接着谈及的是萝卜的耕种与收藏，又以农谚“中伏萝卜末伏菜”“立冬萝卜，小雪白菜”佐证，然后才解释“萝卜不济，辈（背）儿大”的深层所指，并较为详细地介绍了“五服九族”的含义，充分地将家族文化根深蒂固的影响解说明白。再如“不撞南墙不回头”，既是胶东的地域性俗语，同时也为各地人所熟知、活用，但为什么撞的是南墙，而不是东墙、西墙或北墙？兰玲在答疑解惑中将俗语所包蕴的建筑知识、民间信仰等娓娓道来，开掘出俗语背后的深层文化。

《乡音不改》所涉及的深层文化甚为广泛。其中，最能凸显民族特性的首推礼仪文化。钱穆曾说：“中国人之所以成为民族就因为‘礼’为全中国人民树立了社会关系准则……中国的核心思想就是‘礼’。”[①]早在《史记·礼书》就有“故礼，上事天，下事地，尊先祖而隆君师，是礼之本也”[②]的论说。可见，“礼”不仅蕴含在中国人与天地自然沟通的宇宙观中，也是社会人伦、国家制度的内在秩序和外在规范，至大可上达祖宗、国家，至小可下渗到百姓的生活点滴中。兰玲敏锐地感应到中国文化的内核，在《乡音不

① ［美］邓尔麟著，蓝桦译：《钱穆与七房桥世界》，北京：社会科学文献出版社，1998年版，第9页。

② 司马迁：《史记》，北京：中华书局，1982年版，第1167页。

改》中梳理了众多体现礼仪文化的俗语。“隔席不插言”“父子不同席”“红事叫，白事到”“别等着人家来送月饼了”“鲅鱼跳，丈人笑”“萝卜不济，辈（背）儿大”“出门出到初八九，没有饽饽也没有酒”等囊括了婚丧宴席、走亲访友等人际交往中约定俗成的规矩与礼节，描述了围绕着礼仪活动的乡村事象，既充满了纯朴美好的生活情趣，又彰显了我们君子之国的婉婉有仪。

研究者认为：“从文学视角来看，汉语俗语具有鲜明的民间文学特征。”[①]俗语的文学特征在《乡音不改》中并不是作者着眼的重点，但良好的研究关系一旦建立，研究对象的某种特性常会在潜移默化之间渗入研究者的思维、情感之中，使研究者在不经意间滑入研究对象的特性中。在《乡音不改》中，我们会发现作者常常用文学经典中的民歌、诗句、故事、人物、情节来解释、呼应、衬托胶东俗语的字面含义、言外之意与文学品性。如在《荷花生人与连年有余》一篇中，兰玲引用了李渔的《芙蕖》，民歌《西洲曲》《江南》，民谣中的诗文，解说莲花的构成，渲染莲与爱情、水的紧密关系，印证鱼多子的特质。其他篇也多用此妙招。《山海经》《诗经》《论语》《史记》《三字经》《朱子家训》《西游记》《西厢记》《淮南子》等经典著作，屈原、李白、杜甫、王建、王安石等的诗句，如硕星明亮，不时闪耀在兰玲所描述的俗语上空。《乡音不改》铺展开的研究思路与叙述话语早已超越了俗语之语言范畴，在无意间从俗语的文学品性延展开来，仿佛落墨于宣纸，让俗语的文学性慢慢洇开，自然而然地呈现出俗语与文学内在的亲缘性。自然，《乡音不改》自身的趣味性、文学性也由之而生成，由之而散发出亲切耐读、丰富迷人的魅力。

好书不仅囊括宽阔的视界、深入的探究，还一定少不了质朴的真情自然而然地流淌其间。《乡音不改》为胶东乡言村语笔记，重中之重是记录胶东俗语的来龙去脉，当然不适宜反复渲染浓情蜜意，也不便于直抒胸臆。但细读慢品，读者就会咂摸出隐含在字词、句段中的深情厚谊。其中，最显豁的是兰玲对俗语津津乐道的喜爱与赞美。正是源于对俗语的迷恋，兰玲孜孜不倦地垒字叠句，集几年光阴流转，为生于斯长于斯的热土奉献自己的精耕细作。她会情不自禁地赞美俗语饱含的百姓智慧，赞美民间语言的无与伦比。她说：“民间用语的精当令人惊叹”[②]，“民间语言就是这样的富有情趣”[③]，更多的是在叙述、描写中暗含着朴实无华的情义。“出门出到初八九，没有饽饽也没有酒”一篇铺展开的是正月里走亲访友的热闹场面与人情礼仪，但细读类似“出门做客的人热盼盼，迎接待客的主家也热盼盼，这中间盼的就是一份热乎乎的情义”[④]的句子，谁又能否认作者流露在字里行间的情感？那是超越物质多寡的精神向往，那是对其乐融融的人际关系的渴慕，那是对亲朋好友、乡里乡亲共享情义的祝福。隐秘的抒情当然不止这一处，兰玲常会在一篇俗语的文末引发自己的思考，在这些主观性较强的议论中，兰玲或感慨时代的变迁，或微讽世风的疾病，或叮咛一句人生的要义，

① 沈玮：《论汉语俗语的文学图像》，华东师范大学博士学位论文，2010 年。
② 兰玲：《乡音不改》，北京：商务印书馆，2019 年版，第 34 页。
③ 兰玲：《乡音不改》，北京：商务印书馆，2019 年版，第 197 页。
④ 兰玲：《乡音不改》，北京：商务印书馆，2019 年版，第 24 页。

或表达一份美好的祝愿，往往同时都蕴含着情牵天下而来的惦念、忧虑、焦灼与渴盼。这些不易觉察的情感看起来好像可有可无，但在感发读者的情思意绪方面，却是必不可少的。法国古典作家拉罗什富科曾说：“唯有感情是始终具有说服力的演说家。”①此言甚妙。因为“人类在出生时，就是带着感情而来的”②，征服不了感情的征服，即使可能，也必将昙花一现或流于浅表。唯有真情能醉人，唯有真情能唤起久远的记忆，让我们沉浸在俗语所串联的乡间小道中回味人间至情，体会乡土风情中的人性奥义，感慨历史行程中的常与变。

作者在《后记》中说写作此书的原因之一，是为自己的女儿辈解开俗语中的“所以然”，因为下一代已远离了乡土。我想追问的是：即使身在乡土的晚辈，对俗语耳熟能详、应用自如者又有几人？俗语是有生命的，它们是一棵棵青茏的树木，长在自己的土壤上，被属于自己的阳光、雨露滋养着，才能茁壮、才能参天。而时至21世纪，城市包围农村的发展大势与乡村城镇化的历史进程无异于拔除了乡间俗语的土壤与养分。在《六艺与各习一经》一篇中，兰玲忍不住叹惋：“如今，‘六艺’这种说法，在乡间也只有中年以上的人懂得意思并会用这个词了。”③

因此，这本书的价值更加显而易见。它在为将要消逝的文化祭起一盏灯火，这盏灯火会照亮我们童年期的初路，照亮记忆中农耕文化的清晰与混沌，或许可以让我们在城市喧嚣不已的噪音中辨认出根系所在，辨认出亲人面影，可以让我们在言语的拥抱中再一次还乡。

参考文献

[1]金路．中国俗语[M]．上海：东方出版中心，1996.
[2]曲彦斌．民俗语言学[M]．沈阳：辽宁教育出版社，1989.
[3]李健吾．咀华集·咀华二集[M]．上海：复旦大学出版社，2005.
[4]邓尔麟．钱穆与七房桥世界[M]．蓝桦，译．北京：社会科学文献出版社，1998.
[5]司马迁．史记[M]．北京：中华书局，1982.
[6]德·拉罗什富科．道德箴言录[M]．杜伟华，译．北京：光明日报出版社，2011.
[7]德富芦花．自然与人生[M]．周平，译，上海：文汇出版社，2011.
[8]沈玮．论汉语俗语的文学图像[D]．上海：华东师范大学，2010.

作者简介：贾小瑞，鲁东大学文学院副教授，主要研究方向为中国现当代文学、海洋文学。

① ［法］德·拉罗什富科著，杜伟华译：《道德箴言录》，北京：光明日报出版社，2011年版，第89页。
② ［日］德富芦花著，周平译：《自然与人生》，北京：文汇出版社，2011年版，第78页。
③ 兰玲：《乡音不改》，北京：商务印书馆，2019年版，第102页。

胶东方言常见海洋生物指称的语言资源价值

兰　玲

摘要：方言词语广泛使用于社会生产和生活的各个层面，承载着民风民俗、社会心态和礼俗信仰等多元文化，是对普通话汉语词汇的丰富与补充，是研究地域文化的重要语言资源，也是全人类语言文化的宝贵财富。胶东半岛在地理位置和方言体系上都有着明显的独特性，具有海洋文化特色的方言词语众多而且特征分明，仅胶东方言常见海洋生物指称中就体现出形象色彩、感情色彩和地域色彩等色彩义，从中可见鲜明的胶东地域特色。

关键词：胶东方言；海洋生物指称；语言资源

The Language Resource Value of Common Marine Organism Reference in Jiaodong Dialect

Lan Ling

Abstract: Dialect words are widely used in all aspects of social production and life, bearing multi－culture such as folk custom, social mentality, etiquette and belief, etc. They are the enrichment and supplement of Mandarin Chinese vocabulary, the important language resource for the study of regional culture, and the precious wealth of human language and culture. Jiaodong peninsula has obvious uniqueness in terms of geographical location and dialect system. There are numerous and distinct dialect words with Marine culture characteristics. Merely the reference of common Marine Organism in Jiaodong dialect embodies the distinctive features of Jiaodong peninsula in terms of lexical connotations of image, emotion and regions.

Key words: Jiaodong dialect; marine organism reference; language resource

胶东半岛在地理位置和方言体系上都有着明显的独特性。半岛三面环海，海洋渔业发达，海产品丰富，人们的生产和生活与海洋有着密不可分的关系，体现在语言上，有许多内陆地区所没有的、具有海洋文化特色的方言词。同一名物，胶东方言中又有不同的指称，使得语言生动有趣，富有生活气息。仅常见的胶东海洋生物中，几乎每一种都有自己的俗称，如海洋鱼类里，真鲷叫“加吉鱼”；鲻鱼叫“梭鱼”；白鳞鱼称“鳌鱼”；鲈鱼称“青寨”；带鱼称“刀鱼”；孔鳐称“老板鱼”；鲳鱼称“镜鱼”；牛尾鱼称“摆甲鱼”“辫子鱼”；绿鳍马面鲀，脸长似马脸，便称“马面鱼”，因其厚厚的鱼皮、凶狠的习性，又俗称为“扒皮狼”等，不胜枚举。当地人并不知道这些海洋生物的学名、书名是什么，完全用俗称去表述沟通，形成一个成熟稳定的方言文化圈。

词汇意义分为概念义和色彩义，色彩义是附着在词的概念义之上，表达人或语境所赋予的特定感受。[①] 具体说，色彩义体现在形象色彩、感情色彩、语体色彩、时代色彩、外来色彩、地方色彩等方面。词语的色彩义对增强词义的明晰性，构筑丰富的同义关系，加强语言的表现力有重要的作用。[②] 方言是当代汉语词汇系统中的特殊部分，方言词语同一般汉语词汇一样具有色彩义。

近年来，出现了一些关注方言词色彩义的研究，如王娇娇的《四川方言词汇的色彩义》[③]，杨松柠、王静敏的《浅析黑龙江方言词语的色彩意义》[④]，李林、孙萌、杨伟苹的《论鄂西利川方言重叠式词语的色彩意义和语法意义》[⑤]等，但论述较为简单，尤其对于方言词与地域文化之间的关系研究涉猎不多。本文旨在从胶东方言中常见海洋生物指称的色彩义来探讨这些方言词汇与当地文化之间的关系，并就地域特色语言资源的社会、文化、经济价值进行思考。

一、胶东方言中常见海洋生物指称的色彩义特点

(一)呈现生动形象的色彩意义

词语的色彩义中最明显直接的就是形象色彩。“词义的形象色彩是客观事物的形象直接作用于我们的感官，反映在大脑中所产生的心理印象以及由此而产生的关于客观事物的联想。”[⑥]主要由我们的视觉、听觉、味觉、嗅觉和触觉这些感官从名物的性质、状态、颜色、声音等获得而来。

1. 表现名物的性质和状态

体现形象色彩最多的就是由名物的性质、状态而来。如各种海螺，胶东地方统称为“波螺”，又细分为记波螺、花波螺、盘波螺等。记(乡人称痣为记)波螺因其头部顶着一个圆圆的硬盖来保护自己，很像一颗天然的大痣；花波螺外壳长有不同花纹，但肉不太容易挑食，有俗语道，“花波好吃肉难挑”；“辣波螺”称“辣斗”“辣肉”，因其味道带点辣味，形状似小漏斗。并有俗语“麦子上场，辣肉上床”，说陆上打麦子的季节，辣波螺纷纷爬上礁石产卵，最易捡拾。大的海螺叫“瓦楼”，它们坚厚的外壳如同带棱的瓦成就的一幢幢楼房，空了的螺壳还是寄居蟹、寄居虾的好住处。由于大海螺如拳头大小，又称之为“瓦楼拳”“瓦楼牛”。而此“牛”非指黄牛、奶牛一样体型庞大的大型畜力，实指蜗牛，因为它们与蜗牛一样同属腹足纲类，如蜗牛一样有触角与黏液，会在细细的滩涂上爬行出一道道行进的轨迹。同样，学名织纹螺的小螺，也称之为“海牛

① 黄伯荣、廖序东：《现代汉语》上册，北京：高等教育出版社，1991年版，第264页。

② 马琳：《试论汉语词语的形象色彩及其表达功能》，《南昌大学学报》，2003年第2期。

③ 王娇娇：《四川方言词汇的色彩义》，《语文学刊》，2013年第6期。

④ 杨松柠、王静敏：《浅析黑龙江方言词语的色彩意义》，《大庆社会科学》，2010年第6期。

⑤ 李林、孙萌、杨伟苹：《论鄂西利川方言重叠式词语的色彩意义和语法意义》，《绥化学院学报》，2017年第11期。

⑥ 孙维张：《浅谈词义的形象色彩》，《吉林大学社会科学学报》，1981年第5期。

儿”，因小，吃起来类似嗑瓜子，又被称之为“海瓜子”；一种尖螺，细长有尖，人称“海锥儿”，因需啜吸其肉，海阳称“抽抽儿”，乳山称“啜啜儿”，形象之外又具有很强的动态感。

2. 表现名物的声音和动态

同称尖螺为“抽抽儿”“啜啜儿”一样，胶东方言对常见海洋生物的很多指称都兼具其形象、声音和动态。虾蛄，一般称爬虾，有硬壳有利刺，像穿着一身盔甲。因其身体多节，且弓弹有力，在弹动身体时可发出声响，海边人称之为“琵琶虾”；因其腹部有圆片状类似串串小铜钱的组织，在水里游动时唰啦有声，如同数钱，又称“数钱虾”。两个指称都与爬虾的声音和动态有关。

3. 根据颜色来指称

软体海洋动物中，乌贼科的墨鱼，肚子里有墨囊，胶东人称“乌鱼”。黄海、渤海还盛产一种笔管蛸，与乌鱼一样也有墨囊，人们称之为“乌蛸”，因其游走速度快，烟台、青岛的一些地方称之为“海兔儿”。形小者乳山地方即称“乌鱼剂儿”“小乌蛸”，因其煮熟后颜色同梧桐花色接近，又俗称“梧桐花”。因其小，常被用来做酱，做成的酱即称之为“梧桐花儿酱”“海兔儿酱”。这里的“乌”与“梧桐花”的颜色都很分明。

4. 形象色彩中蕴含比喻义

形象色彩若要准确传神离不开修辞，其中以比喻最多见。胶东人称打快板为打“呱嗒板”。小偏口鱼，大小如打快板用的薄板，人们就叫它“呱嗒板鱼”；胶东多槲树、柞树，人们俗称之为“柠椤树”，有一种大“柠椤叶”有十一二厘米长，六七厘米宽，常用来蒸馒头、包子，端午节还用来包粽子。小的偏口鱼大小与它极为相似，尤其是晒成鱼干后，轻薄如叶，人们又称说其为“小柠椤叶鱼”。这两种指称都形容其薄其小，在大小规制上构成相似。

需要指出的是，几乎所有具有形象色彩的指称里都含有一定的比喻义。这些形象色彩有时独立出现，更多时候则是几种形象交叉重叠在一起，但都是用形象来描绘形象，形声色兼备，因此这些指称的描写性很强，使整个词的形象感更加明显。

(二)包含一定的感情色彩

词语是社会的产物，是人们对客观对象的概括反映。在汉语里，有一部分词语的意义蕴含或附带着人们的思想感情和主观评价。① 我们将词义中蕴含的思想感情称之为词语的感情色彩。其中，褒义词指带有肯定、赞许的感情色彩的词，贬义词指带有反对、贬斥的感情色彩的词，中性词指既没有褒义，又没有贬义的词。而从感情色彩的意义上，又可以分为尊敬、严肃、郑重、赞许、谦虚、骄傲、讽刺、嘲笑、厌恶、痛恨、焦急、责备、惊讶、粗俗、高雅、诙谐、幽默等多种。

1. 褒贬色彩鲜明

短鳍红娘鱼，形状像从前三寸金莲的小红鞋，称之为“毛红鞋鱼”“红鞋鱼”。“小红

---

① 章炎：《浅谈词语的感情色彩》，《辽宁大学学报》，1983年第5期。

鞋”某种程度上是女子的指代，因此从这个方言词语上很容易感受到对所指称物的喜爱。

百甲鱼，学名鲬鱼，胶东地方最常见的叫法是“辫子鱼”，因为这鱼的形状很像人绑在脑后的一根独辫子，乳山一带则叫它“财主辫子”，更具形象。除此之外，这鱼还有“村长鱼”“秘书鱼”“狗腿鱼”的别称。

“疥巴子”是胶东人对一种大蟾蜍的俗称。鮟鱇鱼，因其丑，嘴巴巨大，便被俗称为“疥巴子鱼”，区别于淡水和陆地上的疥巴子，称为“海疥巴子”。民间还称之为“丑老婆子鱼”“干部鱼”。这些“村长鱼”“秘书鱼”“狗腿鱼”“丑老婆子鱼”“干部鱼”的指称，很容易让人联想到文艺作品和现实生活中的某一类具有了符号色彩的人物形象，同时兼有了时代色彩。用一条鱼便将几类人的形态呈现尽致，不必言他，一个指称褒贬自现。

2. 带有褒贬倾向

有些词褒贬色彩并不鲜明，但也不是中性的零感情色彩。水母，胶东俗称“海蜇”，海边人又有细分，乳山有沙海蜇、清海蜇之分，荣成则有海蜇与海豆腐之分等。胶东人用“熊”这个词表达人不行、无能。人们认为海蜇无骨，虽在海里很能耐，捕捞上岸后就会瘫软成一堆，因而也说其“熊”，因此胶东沿海地方用“海蜇熊”来指称软弱无能的人。“沙海蜇”体积庞大，动辄就是几百斤，如大碾盘一样厚重。由于海蜇的肉体颤动如人类体胖者的脂肪，所以人们在说人胖的时候，不直接说胖而说是“沙海蜇”。这两个词在人们的日常用语中作名词用，使用频次很高，成为“无能”与“胖”的代名词，有一定的戏谑成分，但对人对己都可用，感情色彩不甚分明。

二、胶东方言中常见海洋生物指称的地域性特点

方言词必定带有地域色彩，各种名物的指称及意义已经约定俗成，所以当地人交流通畅，这是语言的社会属性所致，因此，了解方言词有助于理解名物指称间的同义关系，对于了解地域文化有重要作用。

(一)特有的地方名物指称

方言名物指称的地域色彩有些是因为其本身属于地方特产。如天鹅蛋，学名紫石房蛤，属海洋双壳贝类。天鹅蛋有的长达 115 毫米以上，重量超过 0.5 千克，因个头大及形似而得名。海肠子，学名单环刺螠，是一种长圆筒形软体动物，浑身无毛刺，浅黄色，人称“裸体海参”。两者都属于只生长在胶东半岛滨海海域的海洋生物。

还有些名物指称或为胶东半岛沿海之外的人所不知，或与其他沿海的指称不同。如人们一般把贝类总称为蛤蜊，但胶东沿海却有细分，文蛤也叫花皮蛤、刀劈蛤；花蛤叫蚬子；锉蛤因身上有棱如锉而得名；西施舌，俗称沙蛤，因生长在沙滩含沙较多得名；毛蛤、黑蛤、海毛蛋皆因各自的形状和颜色得名。海沙子，学名兰蛤，称为珍珠蛤、纳米蛤蜊，最小的一种有着雪白的极薄的外皮，像大米一样，洁白如雪，胶东海边人便称之为“贡米蚬子”。

(二)指称体现地域文化

地域色彩更多的还是与地域的生活特点相关。胶东的海藻类主要有海带、裙带菜、石花菜、海莴苣等。海带、裙带常见，也因形状得名，胶东沿海地方过年的“隔年菜”里必有海带，称之为“江白菜”。牛毛菜也叫石花菜，过年节的时候人们用石花菜来“打冻”，也叫“熬冻”，放到锅里熬煮，熬化后舀到盆里冷却，即成晶莹剔透的“冻”，如同果冻一般爽滑、透明，因此石花菜又被称之为“冻菜”。别的地方会有猪皮冻、猪蹄冻、鸡肉冻等，但胶东沿海最认的就是石花菜冻。

胶东半岛南部沿海地域的海鸭蛋以蛋白质含量高、营养价值高而闻名，海鸭蛋指的是以鱼、虾、贝、藻类为食物的鸭子所产的蛋。薄壳，学名寻氏肌蛤，因壳薄如蝉翼得名。其形似凤眼，也被称之为“凤眼”。尽管有如此诗意的名字，但胶东海边人却因为它的颜色和花纹称之为“牛皮癞”，因为主要用来喂食鸭子，更是直接称之为“鸭巴食”。与薄壳同称为“鸭巴食”的还有藤壶，胶东海边人称之为“马牙”，及上文提到的“贡米蚬子”。两者都体现出胶东沿海海洋生物及与之相关的美食特点。

(三)形成地域性的常用熟语

地域色彩还体现在一些与海洋名物相关的俗语、惯用语、歇后语等，成为人们常用的熟语。在此，仅以饮食方面的熟语为例。

鲅鱼，学名蓝点马鲛，春天新鲜鲅鱼下来的时候，在胶东西部的莱州、青岛等地，有年轻人给老人送鲅鱼的习俗，有俗语说“鲅鱼跳，丈人笑”。春夏之交莱州等地也有女婿给岳丈家送“针梁鱼”的习俗，有“不吃针梁鱼，不算过鱼市”的说法。

莱州湾的三疣梭子蟹最负盛名，俗称“梭子蟹”，也称“飞蟹”，胶东沿海最常见的还有“赤甲红”。赤甲红每到麦黄、豆鼓的季节就特别肥，也就是春末和中秋最肥，渔民们常说的“麦黄蟹”“豆黄蟹”，就是指这两个季节的蟹子。当地还流传着“八月蟹子顶盖肥”“春吃尖脐秋吃圆”的谚语。内陆人很少吃蟹子，嫌麻烦。人们看到有做事情找不到头绪的人会说：“北山二子吃蟹子——不知道从哪里打嘴。”是海边人戏谑不靠海的人的话，但也是实情。

海蜇是胶东沿海人常见的美食，生活中也便产生了与海蜇有关的民间语言。有俗语说“海里海蜇熊，地上老人熊”，用来说老人年老体衰，力气自然小，更深层意思则是说老人拿自家孩子最没办法，在孩子面前最无奈，再强势的父母在孩子面前也只能示弱，这话常用来说那些不孝敬、不赡养老人的个别社会现象。因海蜇离开海水很快就会化成水，所以若有人尿频总去厕所，就会有人笑他“化了海蜇”。若不知海蜇为何物，不懂海蜇习性，焉能有如此精当的描述。

三、胶东方言常见海洋生物指称的语言资源价值

语言既是一种交际工具，也是一种文化现象①。2017年，中共中央办公厅、国务院办公厅印发的《关于实施中华优秀传统文化传承发展工程的意见》中，也明确指出要"保护传承方言文化"。作为一种语言资源，最值得重视和保护的是其文化现象范畴的价值，这些文化现象包含了胶东地域文化的各个层面。

(一)胶东沿海方言指称是我国海洋语言资源的组成部分

许多时候，胶东沿海的人在描述事物时都有自己独特的表达。如：因为不新鲜的鱼眼睛发红，于是说人眼红就会说他像"隔了潮的鱼"；而形容鱼新鲜会说"金翅金鳞"，会说"你看那个鱼眼锃亮的"；说有的人霸道会说他"属蟹子的——横着走"；说有的人不大方，上不得台面，会说他"属啜啜虾的——一拉一紧紧"；等等。

这其中还包含了一些隐语、咒语、委婉语，"隔了潮的鱼""属蟹子的""属啜啜虾的"都有这样的含义。再如胶东有俗语说"海猫子叫了快落锚""海猫子不识潮流(水)"。这里的海猫子指海鸥，前一句是说归航的渔民听到海鸥的叫声，就知道离陆地近了，要准备抛锚靠岸；后一句是说海鸥不管潮涨潮落，都会跟随渔船飞。因为海鸥知道渔船上会有它们需要的食物，所以常常会远远地就来迎接归航的渔船，开航时也会把渔船送出去老远。若不知道"海猫子"是什么，理解这样的民间语言就会形成一些障碍。而如果说某人"海猫子不识潮流(水)"，言外之意则是说此人外行，不懂其中的门道。

(二)了解方言指称是解读胶东地域文化的重要路径

作为人类最重要的交际工具，语言是了解地域文化的重要路径，如"无鱼不成席""客不翻鱼""能应许人一头猪，不能应许人一条鱼""缺了黄花不烧纸""一潮去了"等俗语中就渗透了胶东沿海的节庆文化、礼俗文化、饮食文化等。

孔鳐，胶东沿海人称"老板鱼"，在威海地方的婚礼上，人们多喜欢上一道"老板鱼"，因其与"老伴"谐音，希望新人能白头偕老；春天老板鱼上市，有些小的老板鱼，海边人认为不值得吃，会在鱼头下端勒一下，挂在门口，风干后的老板鱼脸部极像猴子脸，又有长尾巴，即称之为"老板猴"，此举并不仅因其形似猴子随意而为。在胶东，端午节的时候，很多人家除了在门楣上挂一把用红布系在一起的艾蒿、桃枝、铃铛麦(即野燕麦，乡人也称瞌睡草)等，还贴猴子剪纸和挂布猴子，并有与之相关的歇后语："五月端午的猴儿，四月八就贴出来了""五月端午的猴儿——搐(出)上了"。因此挂"老板猴"与这些应节物件一样，既是节日门饰的点缀，又能辟邪祈福。而因为山野中的真猴子一般瘦而灵活精干，民间说某人瘦常会说"像个瘦猴儿一样"，于是说人长得瘦而干巴，也会调侃道"长得像端午节搐的猴儿似的"，或者说"瘦得和老板猴一样"。一种

① 曹志耘：《发掘语言宝藏的价值——我国语言资源保护的现状和意义》，《光明日报》，2021年5月3日第5版。

鱼，与婚俗、节俗和常用的俗语都有了关联。

无疑，色彩义的存在使方言词语的表意更加生动、形象、透彻。胶东海洋生物的指称多样，一种名物甚至有多个指称，方言的色彩义极为丰富，其观察之细致，描述之形象，用词之准确，全赖人们用心生活所赐，尽显民间智慧的高明，也尽显方言的魅力。而熟语尤为体现鲜明的地域特点。这些方言词语虽说主要为口语所用，却蕴含了深厚的民间文化，体现了方言的社会性、人文性和地域性，具有重要的海洋语言资源价值。

参考文献

[1]刘叔新．词语的形象色彩及其功能[J]．中国语文，1980(2).

[2]孙维张．浅谈词义的形象色彩[J]．吉林大学社会科学学报，1981(5).

[3]章炎．浅谈词语的感情色彩[J]．辽宁大学学报，1983(5).

[4]黄伯荣，廖序东．现代汉语(上册)[M]．北京：高等教育出版社，1991.

[5]崔梦楼．形象色彩词语探析[J]．石家庄师范专专科学校学报，2000(1).

[6]梁艳．关于词语的形象色彩的探讨[J]．南宁师范高等专科学校学报，2000(3).

[7]马琳．试论汉语词语的形象色彩及其表达功能[J]．南昌大学学报，2003(2).

[8]杨振兰．词的色彩意义历时演变特点试析[J]．山东大学学报(哲学社会科学版)，2003(3).

[9]杨振兰．色彩意义发展的语言诱因[J]．文史哲，2003(5).

[10]杨松柠，王静敏．浅析黑龙江方言词语的色彩意义[J]．大庆社会科学，2010(6).

[11]王娇娇．四川方言词汇的色彩义[J]．语文学刊，2013(6).

[12]李林，孙萌，杨伟苹．论鄂西利川方言重叠式词语的色彩意义和语法意义[J]．绥化学院学报，2017(11).

[13]曹志耘．发掘语言宝藏的价值——我国语言资源保护的现状和意义[N]．光明日报，2021-5-3.

作者简介：兰玲，鲁东大学文学院副教授，主要研究方向为民俗学、民间文学。

中国语言产业研究院大事记(2010—2020)

2010 年 9 月 28 日，“北京语言产业研究中心”(以下简称为“中心”)成立，系北京市语言文字工作委员会首个研究基地。作为国内首个专门、系统进行语言产业研究的开放式学术平台，依托首都师范大学，陈鹏教授担任中心主任。

2011 年 6 月，承担北京市语委项目“北京语言产业发展现状及政策研究”。

2011 年 9 月，承担国家语委项目“语言产业的界定及其在新兴产业结构中的地位分析”。

2012 年 1 月，出版国内第一部语言产业研究专著《语言产业导论》，主编贺宏志、副主编陈鹏，由首都师范大学出版社出版。该书首次尝试针对语言产业问题做系统的研究，对语言产业这一新研究领域的开拓起了奠基作用。

2012 年 8 月，《语言文字应用》为“中心”刊载“语言产业研究”专栏论文 5 篇。

2012 年 12 月 1 日，举办“第一届中国语言产业论坛”。教育部副部长、国家语委主任李卫红，北京市副市长、市语委主任洪峰出席论坛开幕式并讲话。来自国内相关领域的领导、专家学者和语言企业代表 100 余人参加论坛。

2012 年 12 月，《语言文字报》为“中心”设立《语言产业》专栏。

2013 年 3 月，承担北京市语委重大委托项目“行业领域语言文化建设标准研制及推行”。

2013 年 4 月 25 日，陈鹏、贺宏志在《人民日报》发表文章《语言产业发展亟待加速》。

2013 年 5 月 24 日，贺宏志、陈鹏在《经济日报》发表文章《给语言产业发展添把力》。

2013 年 6 月，承担北京市语委重点委托项目“行业领域语言文化建设研究”。

2013 年 10 月，承担北京市语委重点委托项目“北京语言产业经济贡献度研究”。

2013 年 10 月，推出国内第一套“语言产业研究丛书”，总顾问李宇明，总主编贺宏志，副总主编陈鹏，语文出版社出版。首批书目包括《语言产业引论》《欧洲语言产业规模研究报告》《行业语言服务概论》《语言会展业研究》《语言康复业研究》《语言产业经济贡献度分析》等。其中，《语言产业引论》是《语言产业导论》的修订版。

2013 年 12 月，承担国家语委重点委托项目“行业语言服务的理论研究及标准制订”。

2013 年 12 月，承担国家语委重大委托项目“中国语言产业经济贡献度研究”。

2014 年 6 月，承担国家语委项目“城市社区语言文化建设的理论与实践研究”。

2014 年 8 月，《语言文字应用》为“中心”刊载“语言文化建设研究”专栏论文 4 篇。

2014 年 11 月，承担国家语委项目“语言产业视野下语言康复行业现状与发展对策研究”。

2015 年 11 月，承担国家语委项目“语言会展业的界定及发展策略研究”。

2016 年 6 月，承担国家社科项目“‘一带一路’建设中的语言消费新问题及其对策研究”。

2016 年 8 月，《语言文字应用》为“中心”刊载“语言产业研究”专栏论文 5 篇。

2016 年 10 月 22 日，举办“第七届中国语言经济学论坛暨第二届中国语言产业论坛”。5 位专家做主题报告；小组报告环节，20 余位学者围绕语言产业的概念及边界、语言资源的经济功能、语言政策与语言经济、“一带一路”语言规划和语言服务等问题发表见解。

2016 年 12 月 12 日，李艳副教授担任“北京语言产业研究中心”第二任主任。

2016 年 12 月 18 日，微信公众号“语言产业研究”上线。

2017 年 5 月，承担北京市语委委托项目“2022 年冬奥会语言服务研究”。

2017 年 5 月，承担文化部委托项目“语言产业对‘十三五’时期文化发展目标实现的助推功能与策略研究”。

2017 年 8 月 21 日，举办“第三届中国语言产业论坛”。本届论坛由内蒙古大学承办，与会专家学者和业界代表围绕“‘一带一路’建设中的语言产业”这一主题进行了大会主题报告、平行会场报告以及互动讨论。6 位学界、业界代表发表了主旨报告；平行会场报告环节，20 余位专家学者进行了交流研讨。

2017 年 9 月，《语言战略研究》为“中心”刊载“语言产业研究”专栏论文 5 篇，迎接首届“中国北京国际语言文化博览会”(以下简称“语博会”)。

2017 年 9 月，“语言产业研究”微信公众号参与首届“语博会”宣传报道工作。

2017 年 10 月，承担北京市教委智库项目“城市人文形象构建下的行业语言服务研究”。

2017 年 11 月，承担北京市语委重大项目“北京语言生活状况研究”。

2017 年 12 月，承担国家语委委托项目“北京语言文化数字博物馆系统优化与推广”。

2018 年 4 月 28 日，在国家语委支持下，“北京语言产业研究中心”更名成立“中国语言产业研究院”。教育部语信司田立新司长，北京市教委李奕副主任，首都师范大学校长孟繁华、党委副书记徐志宏，鲁东大学副校长亢世勇等出席成立仪式。李宇明教授任名誉院长，贺宏志研究员任院长，李艳教授任执行院长。“中国语言产业研究院”学术委员会也于当天成立，并举行学术委员会第一次会议，审议了研究院工作计划、学科建设规划和博士生、硕士生培养方案。学术委员会组成(以姓氏拼音为序)：主任委员李宇明教授；顾问卞成林教授、屈哨兵教授、苏培成教授、姚喜双教授、周建设教授；委员郭熙教授、黄少安教授、洪波教授、贺宏志研究员、亢世勇教授、李艳教授、马自力教授、孙茂松教授、徐大明教授、张维佳教授、赵世举教授、周洪波编审、周庆生研究员。

2018 年 5 月 16 日，“第二届中国北京国际语言文化博览会筹备工作会”在首都师范大学举行，研究院院长贺宏志研究员担任筹备工作领导小组副组长。

2018 年 6 月，承担国家语委委托项目“新技术与新需求视角下的 2022 年冬奥会语言服务研究”。

2018 年 6 月，研究院执行院长李艳教授当选北京语言文字工作协会第二任会长。

2018 年 8 月 18—19 日，第四届中国语言产业论坛暨第六届汉语辞书高层论坛在鲁东大学举行。本届论坛包括语言产品(服务)的消费与供给，公共语言服务的现状、问题与对策，行业语言服务的相关问题，省域特色语言资源与语言产业发展，语言服务人才培养与相关学科建设，语言产业、语言服务与国家语言政策、语言规划，辞书产业及辞书相关理论等七个议题。17 位专家发表了主旨报告，36 位学者分三个平行论坛做交流发言。

2018 年 8 月，中国语言产业研究院主办的《语言产业研究》(创刊号)出版，在第四届中国语言产业论坛暨第六届汉语辞书高层论坛上首发。本刊是国内第一本聚焦语言产业研究的学术刊物，目前以年度集刊的形式，由首都师范大学出版社出版。

2018 年 10 月，承担国家语委委托项目“2022 冬奥会文化与语言服务读本研编和普及”。

2018 年 10 月，李艳、贺宏志主编的《北京语言生活状况报告(2018)》由商务印书馆出版。《北京语言生活状况报告》是我国语言生活状况报告(俗称“绿皮书”)的首部省域版及城市版。

2018 年 10 月 25—28 日，策划论证并参与举办的第二届“中国北京国际语言文化博览会”成功举行。

2018 年 12 月 27 日，“李宇明教授兼职教授聘任仪式暨语言产业学科人才培养研讨会”在首都师范大学文学院举行。

2019 年 3 月 23 日，中国语言产业研究院在珠海横琴主办“粤港澳大湾区语言文化学术沙龙”。院长贺宏志研究员致辞，执行院长李艳教授代为宣读了名誉院长李宇明教授的书面发言，澳门城市大学副校长孔繁清教授、教育部语用所所长助理王晖研究员以及来自澳门大学、广州大学、科大讯飞的专家学者做主旨发言。

2019 年 4 月 25—26 日，赴延庆、张家口两地就 2022 年冬奥会和冬残奥会的语言服务供需状况、语言环境建设等问题进行调研。本次调研团队由中国语言产业研究院、北京语言文字工作协会、北京冬奥组委语言服务处组成。

2019 年 5 月，国家语委立项《中国语言产业发展报告》，由中国语言产业研究院负责研编。

2019 年 6 月 18 日，“中国语言产业研究院发展规划与学科建设研讨会”在首都师范大学国际文化大厦举行。孟繁华校长为李宇明教授颁发北京市特聘教授聘书。本次会议在研究院首届硕士生、博士生招生完成之际，旨在对接新时代语言文字事业发展的要求，回顾总结 2010 年成立以来的发展情况，进一步明确研究院下一个十年(2020—2030 年)的发展目标、任务、内容和要求，使建设思路更清晰、服务定位更明确、任务设定更可行。

2019 年 7 月 5 日，中国语言产业研究院首个研究生实践教育基地在“声望听力”北京总部举行揭牌仪式。

2019 年 8 月 16—18 日，中国语言产业研究院协办南国书香节珠海活动，受邀组织“语言文化与科技”展览展示板块，使珠海市民享受到一场语言文化与科技的盛宴。院长贺宏志研究员接受《珠海特区报》、珠海电视台采访。

2019 年 9 月，“语言产业研究”方向第一届博士研究生朱海平入学。

2019 年 10 月，《语言产业研究(2019 卷)》出版。10 月 24 日在第三届中国国际语言文化博览会系列论坛中的首个论坛——“第五届中国语言产业论坛暨第四届语言服务高峰论坛”上首发。

2019 年 10 月 24 日，在首都师范大学实验楼报告厅举办“第五届中国语言产业论坛暨第四届语言服务高峰论坛”。11 位专家做主旨发言；专题对话环节，17 位学者就“语言资源保护开发与产业化发展”“区域语言服务”两个专题进行了热烈交流与讨论。

2019 年 10 月 24—27 日，第三届“中国北京国际语言文化博览会”在中国国际展览中心举行。中国语言产业研究院负责策划论证并参与语博会举办。本届语博会主论坛“语言智能与语言多样性”国际语言文化论坛由首都师范大学承办，中国语言产业研究院承担具体筹备组织工作，李艳教授主持了主论坛专家对话。

2019 年 12 月，承担国家语委重点项目“新时代我国语言传播与语言出版的优化策略研究”。

2020 年 1 月，承担北京市哲学社科规划办、北京市教委重点项目“北京语言产业的经济贡献度及其发展策略研究”。

2020 年 1 月 7 日，李艳教授接受中央广播电视总台《汉语世界》栏目“语言服务冬奥”专题访谈，对冬奥会“一书两刊”的编撰情况、冬奥会语言服务的相关情况、语言技术在冬奥会中的应用情况、语言服务人才的培养状况等情况进行了详细介绍。

2020 年 2 月 22 日，李艳教授在《光明日报》发表文章《语言是生产力，也是战斗力》，对新冠疫情中语言服务的三个阶段进行了研究，并对语言在疫情中的战斗力与语言应急机制进行了探讨。2 月 26 日，“学习强国”平台转载该文。

2020 年 2 月，中国语言产业研究院、国家语言文字推广基地——北京语言文字工作协会联合推出短视频《战袍！战袍！》致敬白衣战士，并在中国教育电视台作为抗疫公益宣传片播出。

2020 年 4 月 11 日，李艳教授、贺宏志研究员在《光明日报》发表文章《语言产业助力粤港澳大湾区建设》，文章发表后被“学习强国”平台转载。

2020 年 6 月，《语言产业研究》与《中国学术期刊(光盘版)》电子杂志社有限公司签订许可使用协议。8 月，《语言产业研究》2018、2019 年两卷已可在中国知网搜索阅读。

2020 年 7 月 1 日，“京疆情”推普帮扶助力脱贫攻坚公益活动启动仪式在线举行，教育部语用司副司长王晖出席并致辞。本次活动由国家语言文字推广基地——北京语言文字工作协会具体实施，中国语言产业研究院负责项目策划和学术指导，科大讯飞免费提供技术支持。来自北京 50 所学校的 1 400 余名教师与阿克陶县 66 所小学 2 000

名教师结成帮扶小组，帮助阿克陶教师提高国家通用语言文字应用能力。

2020 年 8 月，承担国家语委重点项目“面向社会的语言文字与传统文化公益讲堂建设”。

2020 年 9 月，《山东师范大学学报(人文社会科学版)》为中国语言产业研究院刊载《语言产业研究》专栏论文 3 篇，纪念中国语言产业研究第一个十年。

2020 年 9 月 18 日，《光明日报》以《京疆结对，帮教师提高普通话水平》为题报道“京疆情”推普帮扶公益活动。

2020 年 9 月 24—28 日，作为学科建设系列调研项目，中国语言产业研究院组织团队赴新疆就语言产业、语言文化建设与新疆大学、新疆师范大学等单位进行座谈交流，对“京疆情”推普帮扶阿克陶公益活动开展情况进行座谈调研。研究院院长贺宏志研究员带队，执行院长、北京语言文字工作协会会长李艳教授与科大讯飞汉语产品线总监潘泽亮、声望听力集团董事长李琼、新疆昆仑文化董事长李志民等参与调研。

2020 年 9 月 28 日，在中国语言产业研究院成立十周年的纪念日，中国语言产业研究院和科大讯飞股份有限公司签署合作协议，共建“产学研合作基地”。

2020 年 10 月 1 日，“语言产业研究”公众号发表《迎接新十年：“中国语言产业研究”笔谈》。从 2020 年 10 月开始至 2021 年 5 月，邀请 10 位知名学者和企业专家做“迎接新十年”专题学术报告。

2020 年 10 月 9 日，院长贺宏志研究员、执行院长李艳教授应邀出席山东师范大学齐鲁语言文化建设研究中心揭牌仪式暨新文科视野下的语言文化建设学术研讨会。

2020 年 10 月 10 日，在全国语言文字会议召开前夕，李艳教授、贺宏志研究员在《中国教育报》发表文章《大力发展语言产业　服务国家语言战略》。

2020 年 11 月 8 日，作为学科建设系列调研项目，中国语言产业研究院调研团队到达拉萨，11 月 9 日、10 日分别与西藏大学、拉萨师范高等专科学校进行座谈交流。调研团队由研究院院长贺宏志研究员带队，执行院长、北京语言文字工作协会会长李艳教授以及北京师范大学科技园产业发展顾问陈继军、声望听力集团董事长李琼等参加调研，怀着对雪域高原的一腔热忱，希望与西藏高校同仁共同努力，挖掘、保护、传承西藏的语言文化资源，做好西藏语言文化建设工作，推动西藏语言产业发展，共同肩负起服务国家发展大局，铸牢中华民族共同体意识的历史使命。

2020 年 12 月 8 日，教育部印发《“京疆情”推普帮扶公益活动深入实施　助力新疆阿克陶县提升教师国家通用语言文字能力——“教育系统决战决胜脱贫攻坚”系列之十二》(教育部简报〔2020〕第 50 期)。随后，教育部语用司向中国语言产业研究院寄发感谢函。

2020 年 12 月 10 日，“中国语言产业研究院、科大讯飞股份有限公司产学研合作基地”揭牌仪式在科大讯飞声谷基地合肥办公区举行，这是研究院进入新十年的一次具有重大意义的活动。

2020 年 12 月 18 日，“第六届中国语言产业论坛”在北京举行，来自全国 20 个省市自治区和澳门特区的 70 余位代表，在线下、线上围绕“迎接新十年：中国语言产业研究的使命与任务”主题进行了深入研讨。13 位专家发表了主旨报告；在专题对话环节，19 位学者围绕“区域语言产业发展状况调查”“语言产业发展与国家语言战略”做了发言。在本届论坛上，中国语言产业研究院聘请声望听力集团傅建彤总裁、科大讯飞教育事业群汪张龙总裁、中译语通张晓丹副总裁、全球说杨利民副总裁、赛酷雅教研中心杨阳副总裁为“客座研究员”，并举行了聘书颁发仪式。

2020 年 12 月 25 日，鲁东大学海洋语言文化建设研究院成立。贺宏志研究员、李艳教授应邀出席揭牌仪式并分别做题为《语言文化建设的内涵、使命与任务》《中国语言产业研究的使命与任务》的学术报告。28 日，李艳教授还应鲁东大学商学院邀请，做《语言消费与旅游文化传播》学术讲座。